教育部人文社会科学研究青年基金项目（11YJCZH041）

龚茂富◎著

中国民间武术与社会变迁

基于四川地区民间武术的研究

中国社会科学出版社

图书在版编目（CIP）数据

中国民间武术与社会变迁：基于四川地区民间武术的研究/龚茂富著．—北京：中国社会科学出版社，2018.6

ISBN 978－7－5203－1185－4

Ⅰ.①中…　Ⅱ.①龚…　Ⅲ.①武术—关系—社会变迁—研究—四川　Ⅳ.①G852②D668

中国版本图书馆 CIP 数据核字(2017)第 249834 号

出 版 人　赵剑英
责任编辑　郭晓鸿
特约编辑　席建海
责任校对　李　莉
责任印制　戴　宽

出　　版　中国社会科学出版社
社　　址　北京鼓楼西大街甲 158 号
邮　　编　100720
网　　址　http://www.csspw.cn
发 行 部　010－84083685
门 市 部　010－84029450
经　　销　新华书店及其他书店

印刷装订　北京君升印刷有限公司
版　　次　2018 年 6 月第 1 版
印　　次　2018 年 6 月第 1 次印刷

开　　本　710×1000　1/16
印　　张　25.25
插　　页　2
字　　数　325 千字
定　　价　108.00 元

凡购买中国社会科学出版社图书，如有质量问题请与本社营销中心联系调换
电话：010－84083683

自　序

民间武术是整个中国武术的根底所在。然而，总体上看，长期以来民间武术研究却极其寂寥，这与当前中国武术其他研究的一片繁荣之势形成了鲜明的对比。令人欣慰的是，近年来一批学者对民间武术的持续关注，多少让这一尴尬的境况有所改观。

笔者对民间武术的关注由来已久，已陆续出版了一系列相关研究成果。尽管如此，仍时时感到对民间武术的理解与认识不够深刻。基于此，笔者于 2011 年申请了教育部人文社会科学研究青年基金项目的资助，尝试对民间武术开展进一步的研究，有幸获批，喜莫大焉。然而，在课题研究过程中一系列困难接踵而至，远远超出了前期的预想，田野调查三年，前后共历经五年，始成书稿付梓。这也算是没有辜负课题管理部门的信任、家人的支持、友人的鼓励及自我的付出。

书稿完成之际，最想表达的还是感谢：感谢授业恩师郝勤先生将我引领至奇妙无穷的研究领域。尽管我早已从先生处完成了博士学位修读，但先生无时无刻不在关心课题研究进展，并给予必要的督促与交流。每次与先生吃茶雅谈都让我有所领悟。感谢教育部相关部门给予我必要的资助及研究时间上的宽限，让本研究的深入进行获得了保障。感谢家人无私的付出，他们的支持永远是我前进的最大动力，并总能给我信心。四川省武术运动管理中心任刚主任为本课题的田野调查提供了诸多便利，并慷慨地将其收藏的大量民间武术文献资料借阅于我，不胜感激。对与我交流探讨，提出建议的良师益友，以及接受调研访谈的大量的拳师们表示由衷的感谢，名字太多，此处无法逐一列举，没有你们，我无法将理想付诸实现。

课题进展期间，我获得了国家留学基金委全额公派博士后赴美国康奈尔大学（Cornell University）的留学资助。这一关于民间武术的研究也顺理成章地成了我博士后期间的主要研究项目之一。国家留学基金委的全额资助让我获得了更充裕的时间与精力投入研究与思考，以及与美方相关学者交流探讨的机会。由衷地感谢合作导师康奈尔大学历史系著名学者 TJ Hinrichs 教授。她不但无私地为我提供各种方便，与我分享研究资源，而且与我讨论该研究，邀请我参加“East Asia Martial Arts History”课程，这让我受益匪浅。与康奈尔大学人类学系著名学者 Steven Sangren 教授，以及美国自由学者 Benjamin N. Judkins 博士等师友的长谈，也让我获益良多，在此一并感谢。康奈尔大学图书馆为我开展研究提供了大量的文献查阅与传递帮助，他们一流的服务值得称赞！

作为课题组负责人，我还必须在这里感谢我的课题组团队里的每一位成员，他们均不同程度地为该研究做出了积极的贡献。

呈现在读者面前的成果主要由两大篇部，共九个章节构成。上篇从历史的角度对民间武术进行了寻踪解读，下篇从当代视角对当下的民间武术进行了深度阐释分析。本研究以四川民间武术作为案例展开研究，使我们能够把视线集中在一个特定区域，集中精力剖析其各个方面，获得对民间武术的细微理解和精准把握。不过，本研究并没有局限于此。在论述的过程中，时常还引入横向的对比性分析，尝试在横向与纵向的交叉性分析中呈现出民间武术的整体性画卷来。虽然在研究方法上，本研究主要采用了历史学常用的文献资料分析与人类学拿手的田野调查法，但需要强调的是该研究的跨学科属性，它涉及更为广阔的论题与论域。本研究遵循人类学研究的一般规范，对于不愿意或不方便透露姓名的相关人员及门派，一律隐去或以字母代替。由于学养、精力有限，难免会存在一些局限，希望能够在后续的研究中进一步得到完善。

像诸多学者一样，对作为中国传统文化重要组成部分，以及中国武术根底的民间武术进行观照、研究、阐释，是一种深刻的文化自觉，也是一种良知使之然也。我衷心祝愿这本《中国民间武术与社会变迁——基于四川地区民间武术的研究》对人们较具体、深入地了解、认识民间武术思想与传统能有所助益，对民间武术发展能提供学术的、理论的支持。

龚茂富

2016 年 2 月

于美国康奈尔大学

Preface

Academic study of martial artshas, until quite recently, suffered from perception of martial arts as "popular" and "low" practices, beneath such "high" subjects as politics, the military, and classical literary culture. Despite the influence of Marx, calls for "history from below" and the anthropology of everyday life, scholars have neglected this important aspect of local societies. The marginalization of martial arts studies may be due mainly to its social status, but I suspect it also stems from the irrelevance of martial arts to the lives of most intellectuals. Until very recently, in China and in the U. S. , martial artists rarely became intellectuals, and intellectuals rarely practiced martial arts. Although modern academic disciplines place high value on adisinterested objectivity that comes from the outsider position, the case of martial arts illustrates the advantages of personal experience and connection.

I first noticed the power of shared practices to foster communication during an encounter some years ago. An older Judo（柔道） instructor from Japan visited me. Although he had originally come as a tourist, instead of sightseeing, each day he accompanied me to Aikido（合气道） practice. After formal practice, he would join people on the mat to try out a few techniques. One evening after class my friend Sioux Hall, one of the Aikido instructors, joined my Korean – Japanese friend and me for dinner. Although my visiting friend spoke only Korean and Japanese, and Sioux only spoke English, they were able to communicate well, almost entirely without translation. Sioux remarked, "We communicate heart – to – heart because of our love of Budo（武道）."

When martial artists meet for friendly exchange, their shared passion for martial arts can indeed bridge the distance of disparate languages, generations, and genders. It was in such a spirit that Gong Maofu came to Cornell in the spring of 2015. His rare combination of deeply embodied martial arts skills and academic expertise made him an ideal interlocutor for local martial artists, for our small community of martial arts studies scholars, and for the students in my Cornell History course "East Asian Martial Arts."

We were delighted to have Gong Maofu visit us at Cornell. He opened up a whole world of Chinese martial arts scholarship to me, my colleagues, and our students. I am thrilled to see the fruition of the work that Gong Maofu did while at Cornell; his《中国民间武术与社会变迁——基于四川地区的研究》, benefiting as it does from Gong Maofu's rich practical experience and interdisciplinary training, is a wonderful contribution to the field. I read it with great pleasure, and was greatly honored that he requested this preface.

TJ Hinrichs

Department of History

Cornell University

June 6, 2017

目　录

下篇 当代发展

绪 论

第一节 研究缘起

民间武术是对流传在中国民间的武术的总称，它主要包括与之相关的组织、信仰、仪式、技艺、传承人等。这是一个涉及特定文化空间的、具有很大包容性的概念。民间武术集儒、释、道精华于一身，融武、易、医、气于一体，它是“活化石”般的民族文化遗产。因此，它也成为中华传统文化的重要构成部分和载体之一。中国武术即使一直都处于中国社会的底层和边缘，民间武术在当代中国社会中仍然具有非常重要且不可忽视的地位与作用。浸淫于中国武术研究，笔者接触了众多的民间拳师。他们的一言一行，他们在社会空间中的实践都强化了他们的独特与自成一体。

民间武术并不局限于狭义的“套路”与“散打”，它主要是生存在特定民间社会空间中的更广泛的武术集合。在某种意义上，它也是民间武术拳师/传承者/习练者在民间社会的聚集。民间武术保留了较为完整的中国武术文化内涵，换句话说，中国武术文化在民间社会这个空间中得到了较为完整的传承与保护。在各级各类武术代表队中，套路、散打、摔跤以及武术养生功法等均被细致地分门别类，即使在各类院校中，武术也是被拆分成套路、散打等细目进行学习与操练。但是，在民间武术拳师眼中，那些被拆分得七零八落的东西并不是他们心目中的“武术”，甚至有人将专业代表队练习的武术套路戏称为“舞术”。2015 年，笔者在美国做田野调查，考察当地武术（Martial Arts）文化。美国很多武术（Martial Arts）俱乐部中的人认为，那种所谓的竞技武术套路不是武术（Martial Arts），它们更像是舞蹈。而且他们的语气中对“竞技套路”充满了鄙视与不屑。在这方面，兼有体育史学者与四川僧门武术传承人双重身份的程大力教授于 2013 年申报并立项的国家体育总局体育哲学社会科学研究项目——“武术改革新路径探索——竞技套路发展为武术舞蹈可行性研究（编号 1853SS13014）”便是例证。这既是一种创新，也是对现状的批判。

民间武术与体制内的武术从内涵到外延都有着明显的区别。体制内的武术是“体育”的类属，但民间武术拳师是无论如何都不能接受他们也是在练习或教授“体育”这一说法的。民间武术门派的传承者将本门派的套路、搏击格斗、功法等进行综合练习，使身体得以改造，最后获得一种特殊的能量，进而改变并驱动他们的人生。这最大限度地保留了武术的整体表现形式。当各类各级武术代表队队员或大专院校武术专业学生被问及“你是练什么的”时候，他们的回答经常是“练套路的”或“练散打的”。他们很少会说，“我是修习武术的”。武术是一个宏大的整体性概念，专业代表队与高等院校武术专业将武术拆分得过于细致，以至于他们很难得到民间武术家的认同。相反，如果到民间武术群体中问这些同样的问题，他们会回答说，“我是练××拳、××门（派）的”。如果再追问下去，他们又会说，“我现在还处于懂劲阶段”或“师父最近正教我们拆招”等。[①] 民间武术与体制内的官方武术之间的差异也引起了中国武术主管部门的注意，

① 有意思的是，当笔者在美国从事田野调查时，有些人也会问诸如“你是哪个门派”这样的问题。可见美国人对中国民间武术的认同。

中国武术运动管理中心已于2011年提出了“大武术观”的概念，试图改变近几十年武术在体制内越走越窄的局面，同时也是向武术本真回归的尝试。

图绪-1 民间武术授拳、拆招、喂招与打桩练习

民间武术也是我们可以借以理解中国社会深层结构的重要路径之一。民间武术群体并非“乌合之众”，他们所继承或产生的群体文化是中国社会深层次结构以及中华民族所特有文化的反映。比如，民间武术中祖师爷崇拜所体现出的中华民族重祖崇宗的意识，民间武术群体行为方式与结构所反映出的关系、人情、面子等中华社会的微观社会逻辑，民间武术中蕴藏的忠、孝、仁、义等儒家文化要素，内家拳中所体现的“道法自然”的道家文化观念，以及民间武术以祖师爷为中心的聚群结构等，诸种事项，无不如此。田野调查也印证了这一点。一些民间武术习练者告诉笔者，他们所习练的武术技术远不及围绕武术所建构的生活重要。民间武术意味着关

系、人脉、圈子、友谊等。就像某门派的一位传承人所言："民间武术是个圈子，师父为我们搭建了平台。我们师兄弟中有很多都很厉害（事业有成或有一定的经济实力等），有些事情就很容易办成。"

民间武术除了保存了整体性武术训练、修习体系，它还最大限度地保留有武术中的"社会文化"部分。如民间武术讲究师承，拳种体系清晰，各门派拥有自己的祖师爷，门规戒律严明，存有仪式文化，是日常生活的重要组成部分等。这些文化基因是民间武术重要的文化表征，也是中国社会文化在武术中的折射与反映。然而，这些内涵在中国武术管理部门推行的武术中却被有意或无意地消弭掉了。反观日本武技的传承却与此不同，美国康奈尔大学（Cornell University）中有一个合气道（Aikido）俱乐部，主要由亚洲研究系的一位日裔老师负责管理和教授，她每次课必须要做的就是把他们祖师爷的照片摆放在上位，并在课前和课后进行行礼祭拜。在康奈尔这样的世界一流学府，没有人阻止这种行为，也没有人认为这是不对的或是"低劣的"民间文化，更没有人认为这是封建迷信。相反，参与者（康奈尔师生为主体）都敬而从之。这迫使笔者不得不对中国武术的改造进行反思。

近年来，在中华民族传统文化复兴的大背景下，民间武术的一些文化表征出现了被不断强化的趋势。四川民间武术诸多门派在练功房或大厅中悬挂大幅祖师爷头像；僧门更是将师祖传承下来的门规刻于竹简上以增加其古朴之韵，还为入门（磕头拜师）的弟子颁发"腰牌"以示身份和等级；松溪内家拳则赐予入门弟子"字号"，以示辈分等级与门内秩序。事实上，这些几乎都是对传统文化的认同，对门派观念的强化，也是对门派凝聚力和归属感建设采取的有效措施。无疑，对这些事项的观察和参与能够不断加深对民间武术的理解。

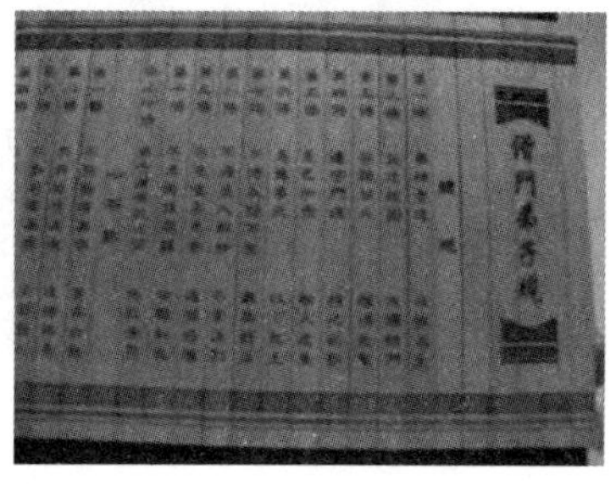

图绪-2 僧门武馆练功房与僧门弟子规

对民间武术进行研究充满了挑战。这不仅仅是相关研究匮乏所带来的参考资料不足的困难，更来自采用多学科理论突破既有研究局限的努力与尝试。很多时候，由于资料的匮乏，民间武术需要基于人类学田野调查来开展研究和写作。如此一来，客观合理地组织与重构在此之前相关经历与田野调查所获的素材就构成了一大挑战。对于一个生于斯长于斯的武术习练者、教育者能否将关于本土民间武术的田野研究做好，也充满了挑战和未知。浸淫民间武术之中，可以带来深入的体验、观察与思考，但也伴随着“跳不出去”的危险。不过，社会或文化人类学家的基本工作之一就是在陌生的熟悉和熟悉的陌生之间进行转换。通过长期的田野调查，有些陌生的东西渐渐地变得熟悉，当回到书斋再一次面对它时，又觉得这已熟悉的东西突然又变得陌生了。这一熟悉和陌生的辩证关系充满了民间武术研究写作的全过程。对本土文化的深描，社会或文化人类学家必须重新捕获知识，这在某种意义上就是对既有文化的再次陌生化，然后在研究过程中再将这些新奇转变为熟知。对于作者而言，这一过程即是如此。

二十年前，在邻村一位拳师的引领下，笔者接触了民间武术。此后，笔者一直都在习练武术，并从一个习练者逐渐成长为一位深度参与的教育者和研究者。很多陌生的、非常的、奇特的、神奇的身体冲击已经变成了熟知的知识、经验与日常实践。研究民间武术并将其呈现为作品的努力，使笔者不得不重新发现并找寻那些能够刺激思考的关于民间武术的各种田野调查经历。

当从民间武术习练者成长为武术教育者与研究者的时候，笔者发现民间武术是一个边缘化的底层存在。民间武术生存在特定的社会空间，它与中国武术这个宏观武术概念有着特殊的关系。中国武术成熟于明清时期，这已经成为学界的定论。那时，所谓的武术尚无民间武术与其他武术的分野。明末清初，伴随着冷兵器时代的结束，一刺一杀的阵战武艺逐渐向作为一种自我防御或娱乐的民间社会武术过渡。套路随之出现，门派观念渐生。清末、民国期间，列强对中华民族的瓜分让民间武术卷入了强国保种、救亡图存的民族保卫战之中，武术因此也成了中华民族的身份象征之一，并得到了“国术”[①] 的称谓。国术不仅仅是武术在特定历史时期的名称代词，它更是一种至高无上的荣誉。也正是在这一特殊历史时期，知识分子、军人、政治家、武术习练者等共同将目光投向了武术。武术得到前所未有的重视与礼遇。为了培育国民的尚武精神，养成健硕的身体，民国政府开创性地成立了兼具政府官办与军方色彩的中央国术馆。民间武术出身、随后从军的马良也开始对武术进行改良实践。同时，各级学校也开始推行武术教育。此时的武术已经出现了明显的分野：一部分武术仍然停留在民间社会；一部分武术被加以改造并成功登上了庙堂。当代，武术被作为技击、体育和传统文化来进行修习，民间武术盛行在广大的民间社会之中。

像很多“80后”的同龄人一样，笔者对四川地区民间武术不真实的最初了解是从武侠文学作品、电视剧、电影中得来的，尤其是武侠小说所构筑的“江湖”社会精神融进了中国人的日常生活。还珠楼主的《青城十九侠》《蜀山剑侠传》以及金庸的《笑傲江湖》等诸多武侠小说作品对四川民

---

① 经唐豪考证，“国术”一词始自李烈钧。他在民国二十九年为《中国武艺图集考》作的序中说：“查国术这一名词，创始自李烈钧。”见唐豪《中国武艺图集考》（自序），山西科学技术出版社2008年版，第9页。

间武术流派（峨眉派、青城派）的描写深入人心。2006 年，笔者从中国东海岸的江苏来到素有“天府之国”之称的四川，走进了四川民间武术生生不息的空间。从那一刻起，笔者被四川民间武术的氛围包裹起来——结识了四川民间武术流派的传人，渐渐了解了四川武术中的青城派、松溪内家拳、黄林派、盘破门、赵门、僧门等民间武术流派的来龙去脉。四川民间武术的熟悉与陌生，反复地在笔者的脑海中转换生成。

在田野调查过程中，有一位民间拳师对我说，“你这个研究不容易，我们四川民间武术丰富的很。其他地区有的拳种四川几乎都有，四川有的拳种其他地方不一定有”。这一论断虽不一定完全正确，但至少说明两个问题：第一，四川拳种数量较为丰富。这一点从 20 世纪 80 年代武术挖掘整理成果之一的《四川武术大全》能够得到佐证；第二，四川有些民间武术可能还存在较为保守的心态，不愿意将所传武术散播到更远的地方，或者是这些拳种的传人行事低调，满足于自我的把玩所致。抽身田野以后，细细回味四川民间武术时，那位拳师的忠告一次又一次回响在我的耳际，事实确实如他所说，也确如我所推断。

通过对四川民间武术的长期关注与田野调查，以及在授业恩师郝勤先生的帮助下，笔者在做博士学位论文研究时就直接选取了“青城派武术”作为研究对象，并出版了专著。这也成为本研究的一个前期基础之一。笔者所工作和生活的成都市居四川之“中”，是中国西部最为繁华的国际性都市，也是四川民间武术传承人聚集之地。以成都为中心向外辐射做田野调查着实占据了地利、人和之便。本研究正是在这一基础上对四川民间武术这一案例进行的深入研究。这项研究主要是基于 2011 年课题立项之后三年时间进行田野调查的资料，同时它也涉及笔者在此之前和正在进行的相关研究。

关于四川民间武术与“峨眉武术”之间的关系问题，一直让很多研究者纠结。有些研究者以峨眉武术来代指四川民间武术，有些研究者又坚持峨眉武术仅代表峨眉山的武术。其间，还有四川民间武术门派传承人宣称自己所传承的武术就是自己所代表的门派，它不属于其他任何门派武术的范畴。这些争论有些由来已久，在笔者尚未入川之前早有耳闻；有些则是在田野调查过程中的收获。从研究的角度看，这些问题是民间武术中特有的文化现象，可以根据研究对象和研究需要来进行界定，出现不一致无须大惊小怪。2013 年，四川省武术协会委托我撰写《峨眉武术史略》时，从多种因素考虑，并在广泛征求专家建议的基础上，建构了较为宏观的峨眉武术概念。作为本研究而言，并不打算纠结于这些论争，而是将其化整为零，以“民间武术”进行统领，如此就可以针对各种文化现象，具体探讨四川地区民间社会流传的武术资源与文化现象。

事实上，峨眉武术涉及一个文化表述或叙述策略问题。峨眉武术与少林武术、武当武术有着截然不同的区分。少林武术、武当武术分别尊达摩、张三丰为祖师，各自有着不同的祖师爷信仰。从技术上看，少林武术主刚，属于外家；武当武术主柔，偏向内家，特色鲜明。从符号上看，少林为禅宗，以佛家为主要文化符号；而武当属道教，以道家为主要文化符号。然而，峨眉武术却没有共同的祖师爷信仰，难以寻求统一的技术风格，更没有一致的文化符号。有人说峨眉武术就是一个字——乱，笔者不敢苟同。峨眉武术之所以成其为峨眉武术，它是存有区别于少林与武当的特质的，比如它自身的文化结构。因此，如果从民间武术的角度来解读峨眉武术，可能它就不乱了，也容易找到它内在的逻辑与发展脉络所在。

民间武术的庞杂性不仅在于拳种数量，更在于门派。四川地区民间武术的门派，有的因拳种而成，一个拳种就是一个门派，如松溪内家拳；有的因地域而名，如青城派（青城武术）；有的以技法而名，如缠闭门；有的以历史传说而定，如绿林派；有的又以门派创生者所属的宗教特性而命名，如僧门等，不一而足。民间武术门派的形成以祖师（师父）为凝聚中心，以传承和发扬武术技术为目标。在当代社会，因师承、技术创新等原因，上述门派还在不断生发。如松溪内家拳在南充地区又生发有陈氏松溪内家拳、松溪武术等子门派。此外，近几年犹如雨后春笋般的“研究会”，也成为各门派重要的组成部分或一种新的民间武术门派。如王树田武学研究会，其核心成员主要来自王树田的入门弟子，其传承的武术技术也主要以王树田所传技术为主，似乎已经形成了“王树田派”或“王树田门”。

“门派”既是民间武术生存的社会空间与传承组织，也是重要的民间武术文化现象。传承人通过武术融入门派，又通过门派而发扬所传承的武术。四川民间武术传人在各自门派内部传承各自的武术技术及门派文化划定着门派边界，最后他们又与其他门派一道形成或被生发为更大的门派。四川民间武术庞杂的原因主要在于门派多样，其相互之间又关系复杂。据《四川武术大全》记载，当时四川有民间武术门派及拳种近 70 个，另有其他拳种套路60 余套。《四川武术大全》引用湛然法师《拳乘》（残本）之说，将四川民间武术分为“五花八叶”。“五花”一般指门派流传地域，即丰都的青牛、通江的铁佛、开县的黄陵、涪陵的点易、灌县的青城；“八叶”系指流传较广的“僧、岳、杜、赵、洪、化、字、会”八门派别。虽然此为附会之说，但或许可以从中看出四川民间武术之繁盛。经过近三十年的发展，四川民间武术也在不断地发生变迁，这在门派上体现得较为明显。《四川武术大全》记载的有些武术门派已经隐匿于民间，有些门派随着地理行政区域的重新划分，[①] 其文化主体生存的主要地域空间有所变化，[②] 有些门派则发展得较为兴旺。作为一个专题研究，很难把四川地区民间武术门派全部呈现出来。笔者尝试在田野调查的基础上，选取比较典型的个案进行深入探究。

---

① 1997 年，四川省重庆市、万县市、涪陵市、黔江地区合并，成立重庆直辖市。

② 尽管因重庆直辖市的划分导致原四川民间武术，如曾经以赵子虬为代表的化门，被划入重庆，但这些民间武术在当今四川地区仍有大量流传，而且因川渝两地历史的共享性以及文化的通融性，两地民间武术交流频繁，互融互进。

随着社会的发展，民间武术习练者在传习武术时侧重不同。有些门派，如绿林派、松溪内家拳仍十分强调技击格斗；有些门派，如青城派则重视养生实践。在全国一片“养生热”中，更多的民间武术门派则趋向于突出他们的养生、康健特色。民间武术既不是绝对的格斗技术，也不是现代意义上的体育，它是一种需要持之以恒的用身体不断感知、思考与实践的特殊的身体运动文化形式。

不言而喻，将兼具民间传统文化典型性和代表性的民间武术作为研究对象展开研究具有多方面的意义。一方面，在微观层次上，这有助于我国民间武术相关理论的研究和总结。一直以来，学术界所建构的“传统武术”“竞技武术”“实战武术”“学校武术”等概念，没有一个能够完全概括与表达“民间武术”。民间武术有自己特殊的历史、空间与文化向度。对民间武术展开研究，必然有助于为我们关于民间武术有限的理解注入新鲜血液，并为研究中国武术提供大量的生成性资源，也可为实现民间武术文化的深度阐释提供一种新的思考问题的方式；另一方面，在宏观层次上，本研究并非仅仅将民间武术作为“体育”来单独看待，而是试图突破体育研究的阈限，将民间武术放在整个社会和国家的层面考察。借此来理解国家和社会之间的复杂关系，揭示民间武术文化背后社会机制与社会文化的变迁，理解民间文化与国家权力的互动，使我们更好地理解民间传统文化的社会价值与意义。另外，本研究还可以弥补当前研究中仅从体育属性进行研究的不足，使民间武术体现其自身的学术研究价值。

在实践应用维度上，本研究力求为民间武术的生存、保护和利用提供一种新的思路和例证，这可为进一步引导、培育与推进我国民族民间传统体育文化可持续发展提供理论参考与现实依据。另外，本研究有助于从日常生活实践维度正确认识民间武术传承者的群体特征、日常生活阈限，有助于改善民间武术的边缘化处境，也可以为相关部门更好地管理民间武术提供参考。最后，本研究对促进我国民族民间传统文化资源保护和可持续发展有着重要的参考价值，同时可为国家与社会的互动提供一些有价值的建议。

第二节 理解“民间”

民间武术是武术的根源与生命所在。作为一个群体的生存手段与模式，民间武术存在于人们的日常生活之中，是人类行为的体现与反映。尽管民间武术的地位处于社会边缘地带，仍有部分学者将目光投向了民间武术，并取得了一定的成就。比如，从社会学、文化学、非物质文化遗产等视角切入对民间武术的传承、保护与发展进行的研究，对民间拳种、门派、区域武术所做的探讨等。虽然相关研究成果立意深刻，但稍做考察不难发现，“民间”在其中是缺失的。换句话说，一直以来，我们在民间武术研究中忽视了对“民间”的理解。认识“民间”是进一步讨论分析民间武术的关键所在。

一 “民间”的多维向度

（一）语义学意义上的“民间”

“民间”的语义结构是解构其自身含义的逻辑路径之一。“民间”属于合成词，由“民”和“间”共同构成。据高明的《古文字类编》记载，“民”字首先出现在金文中，在甲骨文中没有出现该字。[①] 郭沫若在《甲骨文字研究》中也表示，“殷无民字”，而且又说，“民字于卜辞未见，即从民之字亦未见”。从字形上看，“民”字为“以锥体刺左目”，在周代的彝器上多有记载。如康王时代的《盂鼎》“遹相先王受民受疆土”——其民字作

① 高明：《古文字类编》，中华书局1980年版，第54页。

“[illegible]”；《克鼎》“惠于万民”——其民字作“[illegible]”；《齐侯壶》“人民”——其民字作“[illegible]”。而且，古人将“民”与“盲”时常通训，如“民之为言萌也，萌之为言盲也”（《贾子·大政下篇》）。“亡其目”为“盲”，因此，“民”即是“盲”。“民”字形源于“左目被刃”，语源于“盲”，这说明了“民”的原初创生意义。

“民”字在起初就具备了下层、底层、卑贱、冥昧等含义。梁启超认为“民”字的本意为“奴虏”，引申有“蒙昧”之意。因此，他在考证“三苗九黎”时说“因其冥昧，亦谓之民”，并补充说“民之本意为奴虏”。① 郭沫若也大致如此认为，他说，“周人初以敌囚为民时，乃盲其左目以为奴徵”。② 因此，不难看出，“民”在当时所处的社会地位与等级极其低下。随着社会的发展，“民”又引申出了另外一层含义，即与“君”“上”等掌权者相对，区别于君臣、士大夫等上层社会群体的下层庶民。在成书于春秋时代的《诗经》中，有百余处“民”字，除了极少数“民”字涉及“邻居”（凡民有丧，匍匐救之）、“人类”（今女下民，或敢侮予）之意，其余多为“庶民”的意思。如“中原有菽，庶民采之”（《诗经·小雅·小宛》）；《论语》对“民”字的使用也多达四十九处，且多为此义。如“君子信而后劳其民”（子张第十九）、“君子笃于亲，则民兴于仁”（泰伯第八），无不如此。

然而，“民”与“间”连用始见于汉代董仲舒所著《春秋繁露》，“古者，诸侯出疆，必具左右，备一师，以备不虞，今陈侯恣以身出入民间，至死闾里之庸，甚非人君之行也”（《春秋繁露·卷四·王道第六》）。此处的“民间”，已然指庶民生活的社会空间，而非对特定人群的指称。

---

① 张品兴：《梁启超全集》第十二卷《先秦政治思想史（1906—1922）》，北京出版社 1999 年版，第 3461 页。

② 郭沫若著作编辑出版委员会：《郭沫若全集·考古编》（第一卷），科学出版社 1982 年版，第 70—71 页。

自此以后，“民间”的主要含义基本确定在三个方面：一是指代与官方相对的庶人群体。如《资治通鉴》卷一百九《晋纪三十一》中说：“民间皆言圣人起兵事无不成，从之者甚众”．此处的“民间”就是这个意思；二是指与官方社会生活相对的庶民的生活文化空间，或者说是正统官方体制外的一种边缘化的社会存在。如《史记·项羽本纪》所载“于是项梁然其言，乃求楚怀王孙心于民间”，以及“民间出高手”等，这里的“民间”就是指游离于政统之外的边缘的社会文化空间；三是既包括下层或边缘群体，也指涉其所创造的具备空间特性的社会存在，它们与“官方”或“国家”相对。如我们所说的“民间智慧”，即是指存在于民间这个社会空间中的智慧，也是指民间群体所拥有的智慧。无论做何梳理与阐释，“民间”的突出属性是与官方或国家相对，这是在千百年中隐藏在中国人思维中的价值观念与情感归属。但是，这种对立不是绝对的，而是相对的，事实上无论在哪一个研究领域，我们都能够发现民间与官方之间互动的存在。国家权力从来都未曾放弃或放任民间，而是尽可能地控制、敲打、塑造民间，有时甚或是“拯救”民间。反之，民间也尽可能利用国家话语或社会需求，从而发出民间声音，彰显民间的自由与智慧所在。

（二）五彩斑斓的诗性空间

“民间”是一个变动不居的、发展着的概念，在不同的学科范畴里有着不同的侧重所指。在文学艺术领域中，民间既是客观的存在，又是一种传统与话语体系。早在明朝时期，小说家冯梦龙先生就在《序山歌》中明确提到了“民间”。“自楚骚唐律，争妍竞畅，而民间性情之响，遂不得列于诗坛，于是别之曰山歌……”冯梦龙将“民间”定位为一种文艺风尚，以及一种充满美学格调与风范的文学空间。随后，民间成为小说家言说与描绘的对象以及创作灵感的源泉。诸如明代的《三言》《两拍》《水浒传》《金瓶梅》，及至当代的《受戒》《小贩世家》《三寸金莲》《小二黑结婚》

《丰乳肥臀》等小说无疑都是在吸取了大量民间元素的基础上创作出来的经典作品，它们都充满了民间的审美价值取向与美学意蕴。在文学世界中，民间是具有独立审美形态和精神内涵的诗性空间，同时也是一个具有哲学意义的知识分子的文化隐喻场。作为一种客观存在，民间是文学创作的精神家园和文化土壤；作为一种文本意象，民间是文学的诗性化身以及知识分子的叙事策略、价值立场与审美趣味之所在。虽然如此，但民间在文学领域一直是一个隐喻的遮蔽性的存在。很少有人去思考“民间”究竟给文学带来什么，并如何参与了文学知识的建构，知识分子又是如何塑造了“民间”，为民间贴上这样或那样的标签。这一境况一直延续到20世纪90年代。

1994年，陈思和发表《民间的沉浮：对抗战到文革文学史的一个尝试性解释》与《民间的还原：“文化大革命”后文学史的某种解释》两篇文章，首次系统地阐述了“民间”的概念及理论体系，“民间”一跃成为文化、文学界讨论的热点。民间被展现为一个文化空间，并为文学史和文学批评研究提供了不断发展和丰富的路径。这里的“民间”与国家相对，是指当代文学史上已经出现，并且就其本身的方式得以生存、发展，以及孕育了某种文学史前景的现实文化空间。民间是一个多维度的概念，从描述文学史的角度看，民间是在国家权力控制相对薄弱的领域产生的，保存了相对自由活泼的形式，有着自己的独立历史和传统。自由自在是“民间”最基本的审美风格。民间的传统意味着人类原始的生命力紧紧拥抱生活本身的过程，由此迸发出对生活的爱和憎，对人生欲望的追求。民间往往是文学艺术产生的源泉。它拥有民间宗教、哲学、文学艺术的传统背景，用政治术语说，民主性的精华与封建性的糟粕交杂在一起，构成了独特的藏污纳垢的形态。[1] 文学家在对民间文化形态进行改造和利用的过程中，使民

---

① 陈思和：《民间的沉浮：对抗战到文革文学史的一个尝试性解释》，http：//www. literature. org. cn/Article. aspx？ id =24173。

间从不登大雅之堂的下里巴人进入了知识分子的创作文本，透过隐形结构，以阳奉阴违的形式，在政治意识形态面前取得了自由的空间，并成为主流意识形态之外的一套话语体系。

民间给予了知识分子激情、灵感与价值立场，反过来知识分子对民间的书写也达到了前所未有的高度。自“民间”理论被提出以来，“民间”引起了广泛的关注，成为引人注目的存在。王光东对陈思和提出的“民间”进行了延伸、细化、拓展和丰富。王光东认为陈思和所提出的“民间”至少包含三个层面的内容：现实的自在的民间文化空间、具有审美意义的民间文化空间和知识分子的民间价值立场。① 他从审美的层面进行阐释，展示了多维度、立体化的空间存在。在《民间的现代价值》一文中，王光东提出中国现代文学中存在的三种主要民间理念，即启蒙文化视角下的民间观，与政治意识形态密切相关的民间观，从民间立场理解“民间”的民间观。② 中国现代文学作家不管其立场如何，他们都或多或少以各自的方式与“民间”发生着深刻的关系。在文学场域内，知识分子的民间取向彰显了“民间”的现代价值。“民间”丰富了文学创作主体的精神、情感，带来了富有本土内涵的个性化艺术世界，使中国现代作家清醒地意识到了民间是新文学产生的重要精神、审美资源，为知识分子的精神生成提供了现实的文化土壤和发展的多种可能性。③

在文学家的民间立场与客体民间世界的对话、交流、碰撞与纠缠中，一个文艺的，使启蒙思想得以具体化、实践化的民间得以形成。民间不再是孤立的、静止的平面空间，而是多维度和多层面的立体的五彩斑斓的空间。虽然带有主观情感和价值想象的文学意义上的“民间”必须以客观存

① 周立民：《“民间”内外：从〈民间理念与当代情感〉谈王广东的“民间研究”》，《当代作家评论》2005 年第 2 期，第 76 页。

② 王光东：《“民间”的现代价值》，《中国社会科学》2003 年第 6 期，第 162 页。

③ 同上书，第 171—173 页。

在的纯粹民间客体为基础，但这一文学意义上的“民间”与民俗学、社会学意义上的民间还是有着显著的区别。

（三）作为“他者”的阐释性符号话语

民间也是民俗学的实践领地。民俗学发端于19世纪初的欧洲。1846年，英国考古学家汤姆斯（W. J. Thomas）率先提出了“民俗学”（Folk-lore）一词，虽然他并未对“民间”做过详尽的描述，不过他大致把乡民社会视为民间的所在。在此后的学术发展中，民间的概念也并没有被固化为一贯的清晰表达。人类学派民俗学家认为乡民和野蛮人的社会即是“民间”的所在。这些社会空间中的原始文化的残留，成为他们追逐猎奇的对象。不过，农民所组成的群落空间一度也成为“民间”的代指。这一所指的窄化，引起了民俗学家们的注意，他们并不想把研究的领地仅仅框定在狭小的乡民、农民的空间范畴，所以，他们试图进行突围与扩展。美国印第安大学的民俗学家理查德教授在1973年提出，民间包括乡下和城市的既定空间。他否定过去那种仅仅将乡土的、边缘的、落后的等与现代性元素，即工业的、有文化的、城市的等相对立的传统元素视为民间的不合时宜的表述。此后，城市中的民间概念逐渐被民俗研究者接受并应用。尽管“民间”的内涵富余游离和变换，即使融入了城市的元素，但不能否认的是“Folk”的民间指向始终是以“他者”的身份呈现在研究者面前。

及至20世纪20年代初期，民俗学在我国始见端倪。在“五四”运动发轫的前夜，北京大学成立“歌谣研究会”，对我国的歌谣、风俗、方言进行搜集整理研究。这一民间化的取向，为当时的学术研究带来一股新鲜风尚，热闹一时，也成为中国民俗学运动的滥觞。不过，这一起源于文学并面向民间的学术转向，直到1927年中山大学民俗学会的成立才成为中国民俗学真正的发端。

中国民俗学一直以民间民俗文化现象为研究的着力点，但其所指的

"民间"内涵也在不断地发生变化。在诞生之初，它也直指文化落后的底层社会。我国民俗学奠基人钟敬文先生曾认为，下层生产者（农民、工匠等）创造的文化（民间文化）是民族文化的基础以及本民族文化主体性的表现，是全面而准确地理解本国固有文化的重要路径之一。[①] 在很长一段时间里，我国的民俗学家们将下层社会空间的文化创造作为研究对象。同时，这一能够产生包罗万象的有形的与无形的"下层文化"的社会底层空间，就被作为"民间"来研究。20 世纪初，"五四"新文化运动中的知识分子对民间的发现和热衷凸显的就是处于启蒙地位的知识精英和处于被启蒙地位的下层民众之间的二元叙事。此一时期的知识分子在启蒙民间的同时也发现了民间的意义，并充分利用了民间文化资源，民间被融构进"五四"思想传统之中。无疑，这与欧洲古典民俗学家的观点颇有几分类似之处。不过，这一对"民间"的理解很快被战争和民族危机所打断。在接下来几十年时间内，"民间"始终被贴上与"官方"相对的政治学标签。随着我国民俗学的进一步发展与成熟，其研究所指的民间范畴也已经不局限于上述的乡民底层社会。民间的内涵逐渐丰富，包括社会精英文化在内的都市空间也被纳入民间的范畴，进而进入民俗学家的研究视野。在这一话语转换过程中应运而生的"都市民俗学"，标志着该领域对"民间"理解的空间拓展。

在近年来的社会学以及人类学研究中，"民间"也是一直备受关注的议题。不过，为了探讨的便利，"民间"往往被嵌入到"国家与民间"的二元关系范畴中进行。因此，国家与社会、上层文化与民间文化、现代性与传统、正式制度与非正式制度等一系列对应性的概念也应运而生。[②] 也正因为如此，国家与民间就被放置在讨论的两极，而且民间往往被贴上迷信的、传统的、非正式的、礼治的、特殊主义的特性标签，相反，国家则是充满

---

① 钟敬文：《话说民间文化》，人民日报出版社 1990 年版，第 16—17、39—46 页。

② 郭于华：《民间社会与仪式国家》，http：//www. aisixiang. com/data/16628. html。

理性的、现代的、正式的、法治的、普遍主义的。在这一点上，这与西方社会所提出的与都市社会相对应的具有边缘性与独特结构的“Folk Society”具有明显的差异。①

（四）充满政治文化学意味的精神谱系

在国家与社会的研究框架内，“民间”与近年来持续升温的“Civil Society”有密切的关系。“Civil Society”的汉语转译通常为“公民社会”“市民社会”和“民间社会”等。不过，在西方社会中，“Civil Society”有着它自己的历史内涵和空间意蕴。历史地看，“Civil Society”的出现是与欧洲17世纪以降民族国家的形成紧密地联系在一起的。19世纪与20世纪之交初显，并于20世纪中叶炽盛的形形色色的国家主义对市民社会的浸透或侵吞，人们试图通过对市民社会的重塑和捍卫，从而对国家与社会之间极度的紧张做出检讨与批判，并重构国家与社会之间应有的良性关系。② 在种种对抗或摆脱集权式政治统治的过程中，形成了相对独立的市民社会知识范式的建构和话语体系。我们发现，很难从汉语中找到一个可以与“Civil Society”直接对接的词语。哈贝马斯（Habermas）认为，在国家与社会分离的过程中，个人追求各自经济利益的私人空间与非人性化的“国家权威”同时得以产生。③ 对公共事物的关注、讨论与参与，使个体之间的自由结社，逐渐形成了超乎个体存在的“公共领域”，进而在公共决策上能够产生必要的影响，甚至能够影响国家政策的形成。“Civil Society”观念中包含有如下若干基本要素：一个公共权威之外的私人活动空间（市场、家庭等）；由私人活动中逐渐产生的公共领域（从早期的咖啡馆到后来的政党和大众传媒）；一

① Robert Redfield, “The Folk Society”, *American Journal of Sociology*, No. 4, 1947, pp. 293 – 308.

② 邓正来：《市民社会与国家——学理上的分野与两种架构》，http://www.aisixiang.com/data/5658.html。

③ Jürgen Habermas, *The Structural Transformation of the Public Sphere*. Translated by Thomas Burger. Cambridge: The MIT Press, 1989, p. 19.

个外在且独立于国家的社会，一个具有高度自主性的社会等。[①] 查尔斯·泰勒在《市民社会的模式》中提出，20 世纪末提倡的复兴的市民社会包括了那些不能被国家所湮没的社会生活领域，部分地独立于国家，整体上与国家相对。

中国学者在引介阐发“Civil Society”的时候，植入了本土性的“民间”概念内涵。他们借用西方的“Civil Society”理论，将“民间”视作与国家权威抗争的一种重要的社会力量，一个相对独立的空间，以此来抗拒体制意识形态的独尊地位。[②] 中国台湾学者江讯和木鱼在 20 世纪 80 年代撰文认为，提出“民间哲学”或“民间社会理论”，并不是一味翻版西方最新学说，而是基于我们对过去历史现实的反省，以及对理论在实践过程中的种种偏异、异化，乃至形成“非人性化”的“真理政权”的失望与觉悟。[③] 台湾与内地学者立足本土现实，对民间社会关注并寄希望于民间社会力量成长的核心立足于“国家与社会”的框架探讨推进政治民主进程或社会的结构性调整。虽然，大陆与台湾地区论者在侧重点上有所区别，但是他们都一改往日“自上而下”的基调，转而“自下而上”依赖于民间的价值取向。将“Civil Society”转译成载有强烈历史记忆的“民间社会”术语，可以上溯到中华文化传统“官民对立”“民反官”的精神谱系，是中国知识分子民间政治修辞智慧作用于当代社会现实的显现。[④]

可见，民间是鲜活的、充满了精神属性的空间存在，它多维度、多层次的特性使多视角审视民间成为可能。也正因为如此，“民间”变得更加扑

---

① 梁治平：《“民间”“民间社会”和 CIVIL SOCIETY——CIVIL SOCIETY 概念再检讨》，《云南大学学报》（社会科学版）2003 年第 1 期，第 58 页。

② 邹欣星：《民间：从想象到消费——大众文化视域中的冯小刚电影研究》，博士学位论文，苏州大学，2011 年，第 19 页。

③ 江讯、木鱼：《为民间社会辩护》，（台湾）《南方》1987 年第 10 期，第 34 页。

④ ［英］J. C. 亚历山大：《国家与市民社会——一种社会理论的研究路径》，邓正来译，中央编译出版社 1999 年版，第 15—16 页。

朔迷离。民间成为我们言说的对象，脑海中的既定语词，却无法清晰对“民间”进行描绘。民间的复杂、包容与动态为我们的言说的确带来了困难。“民间”是中国意味浓厚的概念。也就是说，这是一个像“人情”“面子”“人脉”一样的具有中国本土属性的文化传统。“民间”是可以用来阐释中国社会的概念，从社会学的视角看，“官方与民间”的二元结构即是中国社会结构的简要划分。因此，与“官方”相对，已成为“民间”的既定属性。

民间不断地被多学科锤炼，它不仅仅是文化的存在，也是社会的存在。武术研究属于跨学科整合的共同体。从武术研究的视角看，仅仅把民间理解成文化的存在，难以窥探民间武术内部的细微构造。因此，我们不得不综合吸收东西方多学科相关研究的论点，并结合武术独特的发展理路，为“民间”确定一个合适的概念。本研究中的“民间”是指为武术发展提供养分与可能，并在武术发展史上已经出现，以自身方式得以生存与发展的社会文化空间。这里强调它的社会与文化属性，主要是基于如下考虑：第一，武术的存在有物质与非物质的形式，但无论如何它都以习练者的存在为依据，传承人不在，再好的武艺也将随之烟消云散。这些传承人构成的恰恰是一个关系复杂、特性鲜明的社会群体；第二，武术是被创造的，是文化的存在。因此，民间武术所在的社会空间自然具有浓厚的文化意味，而且它所形成的民间武术文化形态常常在国家权力中心控制范围的边缘区域形成了既定的文化空间。

二 “宗法”与“江湖”：“民间”的内在文化理路

对中国武术与民间的探讨，重要的一点就是要思考，在何种意义上民间文化形态参与了中国武术的建构和武术文化品性的生成。武术在民间社会流传、生存与发展，一方面，自然而然地要吸收民间文化要素，从而形成独立结构的文化形态；另一方面，对民间文化基因的吸收不可避免地导致民间武术成为民间文化的一个重要组成部分。如前文所述，民间武术在很大程度上受到了儒、道、释等中国“大传统”文化的影响，这已被很多学者论述，并成为共识。但是，像民间文化这样的“小传统”对民间武术的影响没有引起足够的重视，相关研究也不够系统深入。对“小传统”的关注，尝试将研究立场转移到民间，研究视角从“自上而下”转换为“自下而上”，把民间武术放到适当的位置上，是武术研究范式的转换，可以使我们在研究民间武术时视野开阔，有高屋建瓴、触类旁通之效，有助于我们重构或重新解释武术历史与思想文化。反过来，这对其他相关学科某些方面的研究也可提供加深理解的新要素。

不过，民间文化是一个极其复杂的领域。对民间文化形态进行系统的论述，可能要写出一系列不同视角的中国文化史来。对本研究而言，尚无必要在此探讨所有的民间文化，并试图探寻其与民间武术之间的微妙关系。不过，厘清对民间武术影响深远的基本民间文化要素是可行的，也甚为必要，这对于民间武术的阐释性范式的建构尤为必要。

（一）网织民间“日常”社会的“宗法”

宗法文化不独中国所有，在世界范围内曾广泛地出现过。但宗法文化形成了制度，并且其影响能一直绵延至今的可能要非中国莫属。中国宗法文化起源于原始氏族社会，是以血缘关系为基础，以父权、族权为特征，以敬祖、孝亲、尚德为伦理核心的社会文化形态。①②③ 宗法制是古代社会结构特点，也是宗法文化的制度化体现。宗法的制度化确立于西周时代。王国维认为：“周人嫡庶之制，本为天子诸侯继统法而设，复以此制通之大

① 钱宗范：《中国宗法制度论》，《广西民族学院学报》（哲学社会科学版）1996年第4期，第78页。

② 金景芳：《论宗法制度》，《东北人民大学人文科学学报》1956年第2期，第207—222页。

③ 冯天瑜：《宗法文化刍议》，《中原文化研究》2013年第6期，第33—38页。

夫以下，则不为君统而为宗统，于是宗法生焉。”[①] 周代的宗法制内容由嫡长子继承制、分封制、严格的宗庙祭祀制度等构成。

春秋以后，严格意义上的宗法制度濒临瓦解，以下凌上、僭越礼制之事时有发生。及至战国时期，诸如俸禄制、郡县制、官僚制等新制度的出现不断冲击着宗法制的权力结构体系。秦汉以后，国家政权组织形式发生了变化，政权与族权进一步分离，官员任用由周代的“亲亲”原则向“尚贤”原则转变。[②] 作为政治组织形式的宗法制在秦汉以后基本消亡，但在接下来的朝代更迭中，宗法制的形式有所变化，一些基本原则和精神却得以保存下来，成为宗法文化的重要组成部分。

宗法文化曾经是中华文化的核心，它作为一种制度乃至观念渗透到政治、经济、文化等各个方面以及民间社会生活的各个角落。宗法文化对中国历史与文化产生了巨大而深远的影响，并内化到生活在其中的个体的行为实践之中。在政治方面，形成了“家国同构”的政治结构形式。如冯天瑜所言，“社会组织的‘家国同构’以及由此而来的‘忠孝同义’，都是宗法遗制遗风流播的征象”。[③] 在社会组织上形成了以家族为单位的社会组织形式。梁启超对此深有体悟，他说：“吾中国社会之组织，以家族为单位，不以个人为单位，所谓家齐而后国治是也。周代宗法之制，在今日其形式虽废，其精神犹存也。”[④]

在社会文化思想上，宗法文化对民间社会的塑造起了很大的作用，导致人们血缘关系意识异常浓厚。宗法制本身是一种血缘制度，也正是这种存在于同一父系血缘关系群体内的制度划分出了后来的“内”“外”之别。

---

① 姚淦铭、王燕主编：《王国维文集》（第四卷），中国文史出版社 1997 年版，第 46 页。

② 姚伟钧：《宗法制度的兴亡及其对中国社会的影响》，《华中师范大学学报》（人文社会科学版）2002 年第 3 期，第 87—92 页。

③ 冯天瑜、何晓明、周积明：《中华文化史》，上海人民出版社 1990 年版，第 209 页。

④ 梁启超：《饮冰室专集之二十二·新大陆游记节录》，中华书局 1936 年版，第 121 页。

《左转·成公四年》“非我族类其心必异”的论断，亦与宗法血缘关系有密切关系。这一“亲亲”的血缘价值取向在当代社会依然延续兴旺。亲族圈依然是人们社会活动的重要社交圈，其中的远近亲疏关系往往也以血缘关系的远近来划分。即使没有血缘关系，人们也创造性地通过“歃血结义”“认干亲”等形式来建构类血缘关系进行交往与扩大家族势力。当前，这种方式依然存活于我国民间社会之中，它也是民间武术圈拉拢人际关系、进行人力资源整合、密切和政府的关系的重要手段之一。[①]

祖先崇拜是宗法文化之于我国民间社会影响的另一个重要方面。数千年来，体现宗法制度的祖先崇拜，渗透到每个家庭，成为全社会共同认同的价值观。“宗”的原初意义就是对祖庙、祖先的崇拜。《说文解字》载，“宗，尊祖庙也。从宀从示”。《礼记·大传》亦云：“别子为祖，寄别为宗，继祢者为小宗。有百世不迁之宗，有五世则迁之宗。百世不迁者，别子之后也。宗其自别子之所自出者，百世不迁者也。宗其继高祖者也，五世则迁者也。尊祖，故敬宗；敬宗，尊祖之义也。”祖先崇拜之所以能够绵延数千年并内化为一种心理品格与文化传统，主要是因为它能够让人心有所属，维系了人们的归属和认同。宗族通过修建祠堂、编纂族谱、祭祀先祖等活动，以“慎终追远”，强化血缘传承关系，维护宗族秩序。当代民间社会，各地以姓氏为单位的宗亲会组织再次兴旺起来，他们重修宗族祠堂，续编族谱，这一方面表达了人们对崇祖拜先的认同和传承，另一方面则展示了人们宗族意识的再次觉醒，宗法文化对民间社会的影响之深刻，可见一斑。受宗法文化影响，在民间武术中，这一祖先崇拜传统转化成了“祖师爷信仰”，并鲜活地存在于民间武术群体之中，构成了当代人文社会价值的重要

---

① 龚茂富：《中国民间武术生存现状及传播方式研究》，人民体育出版社 2012 年版，第 80—127 页。

支撑维度。[①] 可见，宗族制度与文化作为传统文化的重要内容，已融入人们的日常生活世界，成为人们的一种思维习惯和行为规范。[②]

宗法文化之于中国民间社会方方面面的影响可谓既广又深，它已经同融于中国人的血液之中，规范着人们的行为实践。上至皇族的位置传承、诸侯封邦建国，下至黎民百姓的宗族家谱、家法家规，以及各种称谓，及至人们日常生活中的重情轻法、内外有别的观念以及各种复杂的关系网络，无一不是宗法文化影响使然。同样，宗法文化及精神构造了民间武术的内在文化结构，是理解民间武术的重要理论基础。民间武术中的一些曾经或当下依然流行的观念，如"嫡传正宗""拜师入门""内外有别""秘密传承""重义轻利""门户之见""保守不传""崇德敬祖"等，无一不是宗法思想的影响。对于民间武术来说，"宗法"是一个可以借此理解自身文化精神、生态及意义的重要理论和途径，又是一个为当下生存环境和组织结构提供注解的历史文化资源。

（二）照进民间现实的"江湖"

作为社会文化空间的存在，民间具有强大的囊括性与包容力，这已成为诸多人文社会科学研究"民间转向"的重要原因所在，该转向无疑将重新书写人类知识史。但很明显的是，"民间"尚缺乏解释力与理论性，这也成为对民间进行研究的一大障碍。在思考民间建构了我们，还是我们建构了民间的过程中，我们必须明了民间的理论存在与内在结构，然后才能更好地为理解民间与我们自身提供解释力与阐释性空间。同时，这也为民间武术提供理论基础，并搭建阐释性框架。当然，这种建构并不是无中生有的空穴来风，而是建立在民间既有事实与内在文化基因组成的前提下的理

① 龚茂富：《传统的延续：当代中国民间武术的祖师爷信仰》，《中华文化论坛》2013 年第 1 期，第 178—182 页。

② 吴祖鲲、王慧姝：《文化视域下宗族社会功能的反思》，《中国人民大学学报》2014 年第 3 期，第 137 页。

性分析。宗法文化在充实了民间概念内涵的基础上，揭示了民间以及民间武术的宗法渊源。与此同时，我们还发现，在探寻民间武术内在理路与文化内涵的过程中，中国本土意义上的“江湖”概念与理论能够提供一定的解释与理论奠基。

1. 学术意义上的“江湖”及其形态表现

弥漫于民间社会的“江湖”被引入现代意义上的学术范畴，是社会学、人类学、民俗学等学科的向内观视自身，并尝试建构本土性知识话语体系的文化自觉的产物。“江湖”一词最早见于《庄子》，如“今子有五石之抓，何不虑以为大禅，而浮乎江湖？而忧其孤落无所容，则夫子犹有蓬之心也夫！”（《庄子·逍遥游》）“泉涸，鱼相与处于陆，相呴以湿，相濡以沫，不如相忘于江湖。”（《庄子·大宗师》）自此以后，江湖由自在的自然所指，逐渐向充满文学、社会和文化意味的空间所指转换，意义逐渐丰富。

从历史的角度看，“江湖”具备以下几种形态：

其一，实体的自然地理空间——泛指江河湖海。先秦庄子的表述中就采用的是这一所指，为江湖的原初意义。汉代司马迁在《史记·三王世家》中记载了汉武帝对广陵王刘胥的训诫时说道：“江湖之间，其人轻心，扬州葆疆，三代之时，迫使中国俗服，不大及以政教，以意御之而已。”[①] 以及在《史记·货殖列传》中说范蠡“乃乘扁舟浮于江湖”。[②] 此处的“江湖”依然指自然意义上的地理范畴。

其二，引申意义上的兼具人文与社会含义的抽象空间。这其中又可分为文人士大夫意义上的江湖空间、小说文学意象江湖空间，以及社会互动的江湖空间等。

① （汉）司马迁：《史记》，韩兆琦评注，岳麓书社 2004 年版，第 929 页。
② 同上书，第 1761 页。

在古代的士大夫文人作品中，常常能够见到关于“江湖”的写意。[①] 如范仲淹《岳阳楼记》中的“处庙堂之高，则忧其民；处江湖之远，则忧其君”。杜甫《竖子至》中的“欲寄江湖客，提携日月长”。杜牧《遣怀》中的“落魄江湖载酒行，楚腰纤细掌中轻”等。此处的“江湖”既是与“庙堂”相对的民间存在，也是文人士大夫自我隔离或被动放逐政治权力中心的独白；既包含对日常生活本身自由自在精神的向往与迷恋，也隐匿着权力争夺不如意的无奈与悲情。文人士大夫成就了“江湖”的某种诗性之美。这在文人士大夫群体当中形成了一种复调的（或者说具有内在分裂性的）精神传统，或许可以称之为“心中的江湖”。[②] 这一文人士大夫意义上的“江湖”，无论在地理空间上，还是在精神意境上，民间边缘感都满塞其中。

为更多人所熟知的应是小说文学所建构的意象“江湖”。与现实存在的江湖社会不同，小说文学塑造的“江湖”是为了满足小说创作需要，由相关小说作者群集体创造出来的充满了离奇荒诞文学色彩的想象性空间。它营造一个恩怨纷扰的体制外世界，迎合了人们的“桃花源”想象。据考证，在小说中，“江湖”一词最早可以追溯到唐代李公佐的《谢小娥传》——“小娥父蓄巨产，隐名商贾间，往来江湖”。唐代武侠小说家以“江湖”来命名武侠小说中侠客出没的文学世界，大半因为在传统文人的意识里，“江湖”原有的自由、漂泊、犯禁和反庙堂色彩，与武侠小说“以武犯禁”的内容和神秘浪漫的风格具有精神上的契合。[③] 在武侠小说营造的江湖世界中，侠客是其中的主角，武林门派则是构筑江湖的结构性单位。

小说文学中虚拟的具有完整社会形态特性的意象“江湖”的影响力极

---

① 注：南宋时期，陈起曾刊刻《江湖集》收录游士、隐士、在野之人的诗词作品，彰显了南宋江湖文人群体的郁郁之志与民间生命精神。

② 李恭忠：《“江湖”：中国文化的另一个视窗》，《学术月刊》2011 年第 11 期，第 31 页。

③ 宋巍：《从地下秩序到彼岸世界：论武侠小说中的“江湖”概念》，《前沿》2009 年第 8 期，第 185 页。

其惊人。梁启超说："今我国民绿林豪杰，遍地皆是，日日有桃园之拜，处处为梁山之盟，所谓'大腕酒，大块肉，分秤称金银，论套穿衣服'等思想，充塞于下层社会之脑中，遂成为哥老、大刀等会，率至有如义和拳者起，沦陷京国，启召外戎，曰：'唯小说之故'。呜呼！小说之陷溺人群乃至如是！乃至如是！"[①] 在某种程度上，小说构筑的"江湖"，已成为中国人文精神的寄托。[②] 民间武术也或多或少的从武侠小说通过隐喻而构造出的虚构的真实中获得了启迪。

也许正因为小说文学的虚构特性，它才将"江湖"的社会文化意义表现得最为充分。《水浒传》就是这样一部典范性作品。如王学泰所言，游民江湖以及经常活跃在我们口头上的"江湖"最早出现在南宋及南宋以后"水浒"系列（指以写宋江集团故事为主的众多文学作品）和《水浒传》中，在这些文学作品之前还没有人大量这样使用过这个词汇……明确地把江湖看成是江湖好汉杀人放火、争夺利益的地方，应该说是始自《水浒传》。[③]《水浒传》虽无意写实，但通过实写解读人性与民间社会，赋予了"江湖"更加丰富的意涵。在升华现实生活与文本创作的双向通道中，文学生产出的江湖文化内隐于民间社会而无处不在，进而对整个社会生活产生出持续而广泛的影响，民间武术自然也嵌入其中。

人们的社会实践丰富了"江湖"的词源意义，同时，"江湖"也从一种处境、隐喻、意象与想象，走进了现实社会，并参与了民间社会的构建。最终，形成了历史上除"儒教中国""帝制中国"与"乡土中国"之外的，并且是当代中国文化与社会极其重要的组成结构，[④] 一种很难用其他理论解

① 张品兴：《梁启超全集》第四卷《新大陆游记（1902—1903）》，北京出版社1999年版，第886页。

② 温子建：《武侠小说鉴赏大典》，漓江出版社1994年版，第532页。

③ 王学泰：《从水浒看江湖文化》，《上饶师范学院学报》2005年第4期，第6页。

④ Avron Boretz, *Gods, Ghosts, and Gangsters: Ritual Violence, Martial Arts, and Masculinity on the Margins of Chinese Society*, Honolulu: University of Hawai'i Press, 2011, p. 16.

释的作为社会互动的民间隐性社会形态与结构——“江湖中国”。这也是很多人不得不去闯荡的“江湖”。这一作为社会互动的江湖，是伴随主流文化而生的一种民间文化形态。

作为社会互动的“江湖”起于游侠。春秋战国时期社会动荡不安，“邦无定交，士无定主”，作为“士、农、工、商”阶层重要组成部分之一的“士”开始出现分化。顾颉刚认为，古代文、武兼包之士至是分歧为二，惮用力者归“儒”，好用力者为“侠”。[①]“侠”起于古代“封建”秩序的解体之际。春秋以后，原有那种固定的封建等级制度已经不能持续了，于是发生上下流动的现象。[②]游侠好勇之风，遂下被于平民。于是抱关击拆，屠狗椎埋之流，莫不激昂慷慨，好勇任侠，以国士自许。[③]侠士凭借着“武”，周游于当时社会之中，或依附于达官之下，或做出些武勇惊人之举为历史铭刻。同时也产生了一大批诸如魏国荆轲、齐国聂政等享誉至今的刺客与侠士。“侠以武犯禁”！当他们对既定的官方统治秩序构成威胁的时候，就会遭到统治者的清除。汉武帝就曾下令诛杀游侠。此时游侠不得不隐匿民间，以其行侠仗义、疏财济困的独特的人格魅力影响民间，并与各种文化结合，完成了对民间游民的精神启蒙。

游民是构成江湖社会的行为主体。每当社会动荡，战乱频仍，灾荒连年，民不聊生，大量人口被迫背井离乡，流入市井，步入江湖。[④]战争或饥荒使之前固定在土地之上的人们不得不脱离宗法，辗转流离，觅食求生。因个体力量弱小，他们便以某种形式组织起来，形成帮会、结社或团体，并拥有相对稳定的规矩和道义原则。这样一个个团体又形成了处于主流社

---

① 顾颉刚:《史林杂识初编·武士与文士之蜕化》，中华书局1963年版，第89页。

② 余英时:《现代儒学的回顾与展望》，生活·读书·新知三联书店2004年版，第322页。

③ 齐思和:《战国制度考》，余英时《现代儒学的回顾与展望》，生活·读书·新知三联书店2004年版，第322页。

④ 刘平:《近代江湖文化研究论纲》，《文史哲》2004年第2期，第70页。

会边缘，官方体制之外，受官方打压和排斥的隐性社会。一旦成为游民加入江湖之中，也就被排除在“士、农、工、商”这四民之外。“三教九流”常被用来描述江湖主体来源的复杂特性。历史上，江湖有四大门（风、马、燕、雀）、八小门（金、皮、彩、挂、平、闭、调、柳）之说。其中的“挂”就是对江湖艺人中“打把式”的隐语称谓，也是民间武术的江湖印象。①

图绪－3　清末明信片上的街头江湖艺人（1910年前后）

江湖社会虽然主要由游民构成，但并非松散无序，而是具备一定的组织特性。“四大门、八小门”的划分已经彰显了江湖社会的某种组织特性。从中国江湖发展的历程看，江湖人越来越趋向于组织化和秩序化，越到后来他们越无法单独闯荡江湖。② 据连阔如的《江湖丛谈》记载，江湖人到了他们有地盘之处，都有一种组织叫作“长春会”，而且各县的乡镇都存在。这种组织是一种流动性质的，可随时集合。他们会对江湖人的矛盾纠纷进

① 注：“把式”又叫“夜叉”，江湖上过去把靠武术吃饭的人称作“打把式”的，管这一行叫“挂子行”。挂子行又分为“支”“拉”“戳”“点”“尖”“腥”几种。护院的叫“支”，保镖的叫“拉”，教场子的叫“戳”，拉场子占地方卖武艺的叫“点”。另外，根据功夫的真假，又有“尖挂子”和“里腥挂子”两种。真下功夫练又有名师真传的把式叫“尖挂子”，那种打几趟热闹拳脚、刀枪对战叮当作响、熟套子的把式，江湖上叫“里腥挂子”。不过，这一行又有“清挂子”和“挑将汉的”之分。“清挂子”就是拉场子撂地纯靠打把式卖艺为生。“挑将汉的”则是又打把式卖艺又卖狗皮膏药的。见闰泉主编《江湖文化》，中国经济出版社1995年版，第17页。又见连阔如《江湖丛谈》，当代中国出版社1995年版，第300—301页。

② 闰泉主编：《江湖文化》，中国经济出版社1995年版，第32页。

行调解，纠正江湖规矩与风气。① 被推举为江湖组织领袖的人物往往是本领大、声望高、行为正、肯牺牲、肯奋斗的“德”“义”双兼型的老江湖。这种组织属于民间自主结社，具有一定的商业性、纪律性和秘密性，参与其中的江湖中人必须遵守。如果外地的江湖人到一地撂地，他就得拜会，临时请求入会，否则就算有真本事，可能也赚不到营生的钱。借用江湖人的话，就是“生意人不得地，当时就受气”。

江湖在诞生之初就充满了底边、下层、隐性、秘密、边缘等特性。正因为如此，他们尤其注重组织成团，壮大力量。这种民间结社组织带有一定的秘密社会特征，如一些约定俗称的规矩，一套专属的话语体系等。最初，这些民间结社组织大都以商会行帮为特色。明末清初以降，社会动荡不安，战争连年不断，人民颠沛流离，在新旧统治秩序交替之际，整个社会处于混乱无序的状态。加上民族矛盾加剧，流民增加，下层民众逐渐认识到团结的力量，为了生存的需要，他们便组织起来，结盟拜会，互助互济，最终形成帮会。② 民间社会出现了大量带有“反清复明”政治诉求的帮会组织。如天地会、洪门、青帮、哥老会等。其中的哥老会又叫袍哥组织，主要在四川地区发展，对四川民间武术影响颇大。清朝统治稳定后，帮会组织逐渐放弃政治诉求与硬性抵抗，转而成为维护自身利益和既定秩序的民间结社组织。除了帮会组织外，清朝时期还有大量的教门组织存在。有些是从前朝传继而来，如闻香道、弘阳教、黄天道等；有些则是生发出来的新组织，如八卦教、天地门、皈一道等。这些教门组织也是当时的一股重要势力，几乎遍及整个清朝疆域。民间的一些武术组织，如拳会、刀会

① 连阔如：《江湖丛谈》，当代中国出版社 1995 年版，第 8—12 页。

② 欧阳恩良、潮龙起：《中国秘密社会》第四卷《清代会党》，福建人民出版社 2002 年版，第 11—12 页。

等都成了教门传统的可能载体。[1] 随着社会的发展和变迁，以及这些秘密社会的逐渐壮大，江湖也逐渐与之融合。

2. “江湖”对民间社会的形构——“江湖中国”

18 世纪，中国社会人口实现了持续的增长。[2] 人口与产能之间的平衡关系被打破，一些破产的农民和手工业者不得不脱离世代生息的土地和血缘家族成为游民，游徙四方。加之当时的政府在底层社会留有比较大的权力空隙，导致很多人为了寻求安全感和更好的生存，都加入这些民间组织。而且，一些地方的绅士、军官、政客也加入帮会。随着越来越多的普通人和“体面人”的加入，这些民间帮会组织在底层社会传播异常迅速，在地方的势力也就非常强大。以至于当地的官府对当地的民间社会不得不尊重、不得不依赖、不得不靠民间社会帮他们维持一定的秩序。[3] 这种民间江湖组织关系网庞杂，在官府之外形成了势力庞大的集团力量，基本上控制了整个底层民间社会。以至于清末孙中山组织革命之时都要借助于洪门这样的江湖力量来进行。这标志着江湖社会在当时已经成形。

及至民国，会道门、帮会林立，民间社会组织参与社会治理，“江湖”形成除政府和军界之外的第三种力量。帮会组织以合法化的形式存在于民国期间，包括蒋介石在内的很多军政高官、实力雄厚的商贾也加入其中。很多闯荡江湖的民间武术人士自然也通过各种关系投贴拜师加入进去。黄金荣、杜月笙等江湖大佬也成为党国要人愿意结交的对象。四川地区是哥老会的权势范围。辛亥革命后，哥老会龙头大爷尹昌衡、罗纶分别就任四川军政府正、副都督。据粗略统计，民国期间，四川全境袍哥总人数最多

① 曹新宇、齐军、鲍齐：《中国秘密社会》第三卷《清代教门》，福建人民出版社 2002 年版，第 3 页。

② Ping - Ti Ho, *The Ladder of Success in Imperial China*: *Aspects of Social mobility* (1368 - 1911), Columbia University Press, 1962, p. 224.

③ 野夫：《江湖——中国民间社会的传承》，http: //www. 21ccom. net/articles/sxwh/gxxc/2013/0620/85963. html。

时近300万人。[①]

当共产党走上武装革命的道路后，也有很多江湖进步子弟加入其中。到新中国成立前期，共产党更是加紧与帮会的联系，积极利用帮会力量。1948年春夏之交，毛泽东通过章士钊向杜月笙传话，并派遣潘汉年到香港与杜月笙会面，并向杜表明，只要人民解放军接管上海时，他命令弟子不动，共产党方面就不杀其上层。[②] 1949年2月17日，周恩来在为中共起草的致叶剑英转李克农的电文中对杜月笙的表现极为肯定，“杜这次主张通航就是为人民办了一件有利的事……对杜月笙的方针，就是要他努力使上海不乱……杜果能这样做，不仅中共可与之合作，上海人民亦将宽恕他的既往。”[③] 同年5月3日，中共中央华东局在“中共中央华东局关于护场治安等工作致刘长胜等电”中说，“同意你们策动以颜惠庆为首的地方维持会。为使其有效地进行工作，可考虑吸收一些有力人士参加：杨虎、杜月笙、徐朗西等。不论其愿意出面，均应请其为维持地方效力。”[④] 民国时期，民间江湖完成了与整个社会的形构，获得普遍认同，“江湖中国”已然成熟。

3. “江湖”的终结及其之后——传统在民间社会延续

新中国成立后，国家政权的控制力前所未有地深入到社会生活的每一个角落。通过清匪除霸、镇压反革命、土地改革运动、城市民主改革之后，各种会道门、秘密帮会等结社组织一夜之间烟消云散。传统意义上的“江湖”在某种意义上也就此终结。但是，在江湖文化“润物细无声”地内化到民众内心，得到广泛传播和认同后，即使显性江湖组织载体被清除，它仍会以隐性的精神或传统流传在社会之中。人们看不到江湖的存在，但又无时无刻不感受到被网结在“江湖”之中。在日常生活中，我们时常能够

① 王纯五：《袍哥探秘》，巴蜀书社1993年版，第42页。

② 邵雍：《中国秘密社会》第六卷《民国帮会》，福建人民出版社2002年版，第389页。

③ 力平、马芷荪主编：《周恩来年谱（1898—1976）》，中央文献出版社1998年版，第412页。

④ 上海市档案馆编：《上海解放》，中国档案馆出版社2009年版，第133页。

听到“闯荡江湖”“人在江湖，身不由己”等不由自主的表述就是鲜活的例证。在经历了历史的积淀之后，江湖超越一定的时间和空间范围，升华为一种结构性的文化传统，嵌套在常态社会体系之中。值得注意的是，江湖崇尚“义气”的价值取向，歃血结盟、拜把兄弟、投贴拜师模拟血缘关系的组织方法，在某些方面形塑了民间武术，同时也以其为载体进行延续。因此，明了这一传统是进一步探讨民间武术的必要前提。

“义气”是江湖价值取向与精神传统的表现，是“三教九流”文化之综合产物。江湖“义气”采于传统各家经典之“义”。“义”，从“羊”，从“我”，是中国传统道德的重要组成部分，见之于典籍甚早。孔、孟皆推崇“义”。孔子说“君子喻于义，小人喻于利”（《论语·述而》），其弟子也说“信近于义，言可复”（《论语·学而》）；孟子秉承儒家道统，对“义”也是倍加推崇，他说，“义，人之正路也”（《孟子·离娄上》），“羞恶之心，义之端也”（《孟子·公孙丑上》），“路恶在，义是也”（《孟子·尽心上》）；墨子同样看重“义”，他说，“万事莫贵于义”（《墨子·贵义》）。作为主流社会道德准则和伦理价值，“义”在“桃园结义”“梁山聚义”的小说、说书、戏曲等文学艺术的叙述与渲染之下广泛流传于民间社会。①

江湖移植了“义”，并最终以“义气”成为江湖的最高行为准则与精神价值取向。“义”在江湖会党中无处不在，其仪式、隐语、暗号、数字和誓词中都有体现。刘平已在这方面做过较为细致的研究，此处不再赘述。② 江湖游民漂泊在宗族之外，四处流浪，孤苦无依，渴望得到帮助。他们之间相互熟识，结成兄弟，互助互利，就成为必然的选择。及至这种关系扩展

① 注：陶成章曾指出，洪门借刘关张结义，故曰桃园义气；欲借山寨以聚众，故又曰梁山伯巢穴；豫欲期圣天子出世而辅之，以奏扩清之功，故又曰瓦岗寨威风。盖组织此会者，缘迎合中国之下等社会之社会之人心，取《三国演义》《水浒传》《说唐》三书而贯通之也。见汤志钧编《陶成章集》，中华书局1986年版，第423页。

② 刘平：《文化与叛乱——以清代秘密社会为视角》，商务印书馆2002年版，第258—268页。

到整个江湖社会，特有的行为道德准则便开始生成——这就是“义气”。“义气”不乏感情用事的色彩，但也因兼容了“信”“勇”“仁”“利”等传统价值要素，独具一格，备受社会推崇。

义气是由于私人关系而甘于承担风险或牺牲自己利益的气概。[①] “信”是忠于兄弟朋友之间“私人关系”的维护与建构，“勇”则体现在面对既得利益损失时无所畏惧的牺牲精神，“仁”与“利”则交互体现在为他人（非己与利他）利益所做的付出。正所如墨子曰：“义可以利人”（《墨子·贵义》），“有力以劳人，有财以分人”（《墨子·鲁问》）。从社会交往过程看，江湖义气并非单纯的利他，而是社会生活中的一种互动与交换。“义气”是既“义”又“利”的，即“义”是将自己的利益分给别人，而“利”则是得到别人给予的利益。“义气”是一种双方必须在场的利益来往准则。[②]

歃血结盟、拜把兄弟、投贴拜师等血缘关系模拟行为与意识同样是江湖的既定精神传统。虽然没有证据显示模拟血缘关系起始于江湖秘密社会，但无疑江湖的这一行为对整个民间社会的影响最为强烈。游民被抛离宗族、故土以后，他们失去了传统的血缘家族依靠，物质和精神上的极度不安，让他们迫切希望通过特定的方式将异姓结成一个具有密切纽带联系的类似家族结构的共同体。

歃血盟誓自古已有，至晚在西周，歃血为盟已有了固定的形式。[③] 不过，秦汉之后实行封建集权统治，歃血盟誓的传统与反抗情绪联系起来，并逐渐沉积于下层社会之中。明代的《水浒传》《三国演义》等小说将异性结拜、歃血盟誓的传统进行了大众普及，并最终形成一种社会风俗。到清

---

① 中国社会科学院语言研究所词典编辑室：《现代汉语词典》（第5版），商务印书馆2005年版，第1612页。

② 李银贞：《从中古三部小说看中国江湖文化》，博士学位论文，山东大学，2013年，第24页。

③ 欧阳恩良、潮龙起：《中国秘密社会》第四卷《清代会党》，福建人民出版社2002年版，第27页。

代，这一风俗已十分盛行，四川地区尤其如此。据钟琦所编的《皇朝琐屑录》载："川省风俗，多结盟歃血之徒，所在响应，甚至举人秀才在内执牛耳。"血是盟誓的信物，在结盟立誓中有着崇高的意义。[①] 会党结拜所用之血一般为公鸡血、人血、公鸡血人血混合三种。这在秘密会党的一些誓词中都有反映，如"此夕会盟天下合，四海召集尽姓洪。金针取血同盟誓，兄弟齐心和合同""饮杯洪家鸡血酒，寿元一百九十九。你我联盟同结拜，忠心义气各自有"[②]。血是生命的象征，被认为具有神判的功能。因此，在异性结拜时同饮"血酒"，就意味着一个虚拟的血缘家族的形成，成员之间相互信任，并承担一定基于义气与忠诚的责任与义务。如果不能保持忠诚，有违弟兄或组织之间的"义"，则要受到不同程度的惩罚，有时甚至是要付出生命的代价。[③]

拜把兄弟是人们对"江湖"的广泛印象，这一传统由来已久，最广为人知的要数"刘、关、张"桃园拜把结义，以及梁山泊兄弟聚义的故事。《三国志》以"寝则同床，恩若兄弟""羽年长数岁，飞兄事之"来形容刘备、关羽与张飞三人之间密切的关系。同样，宋代《大宋宣和遗事》和《五代平话》分别记述了宋江等三十六人聚义的经过以及黄巢和朱温结义为兄弟的故事。经过小说《三国演义》和《水浒传》的演绎与传播，拜把兄弟的关系建构模式在民间社会得到广泛认同与长足发展。到清朝时期，结拜之事常与反清起义连接起来，并颇具规模，以至于清政府不得不制定禁止异姓兄弟结拜的法令。据《清碑类抄》记载："国初定，凡异性结拜弟兄者，鞭一百。"[④] 另据《大清会典》载："顺治十八年定，凡歃血盟誓，焚

① 刘平：《文化与叛乱——以清代秘密社会为视角》，商务印书馆2002年版，第242页。
② 萧一山：《近代秘密社会史料》，岳麓书社1986年版，第299页。
③ 蔡少卿：《中国近代会党史研究》，中华书局1987年版，第410、415页。
④ 徐珂：《清碑类抄·会党类》，中华书局1986年版，第3650页。

表结拜弟兄者著，即正法。”[1] 这也足见，拜把兄弟已经成为当时民间社会组织的一种机制与结构形态。近代，起源于四川地区的哥老会（袍哥）组织，基本上以模拟中国传统家族血缘关系进行组织。在哥老会中，异姓弟兄“血缘纽带”的建立，是通过开山立堂，歃血盟誓，结拜弟兄这种古老风俗来实现的。[2]

除了弟兄关系，师徒关系是江湖社会又一重要组织与联系纽带。天地会、哥老会、洪帮成员之间的关系是兄弟关系，而白莲教、八卦教、青帮等则采用师徒关系进行组织联系。白莲教吸引教徒时，要找介绍人，拜师为徒方能入教。在白莲教各教派的组织内部……形成一个封建的师徒传承关系网。这里的成员形成了类血缘关系，并践行着严格的长幼尊卑秩序，徒弟听命于师父，师父服从于传头、会主；传头、会主则遵教主之命，表现为封建家族式的金字塔形。这种组织就像一张无形的网，自上而下紧紧地网罗着入教徒众。[3] 八卦教入教时必须点三炷香、供三杯茶，拿出一百五十文根基钱，再向列祖列宗、教主、卦长及师傅磕头，由师傅传给《愚门弟子歌》，誓词咒语、灵文和运气方法（气功）等。入青帮者，必须行拜师仪式。青帮要求：“师徒如父子，兄弟如手足”。拜师礼大致是：先由介绍人（引进师）征得所拜师父（本命师）的同意，再请来一位熟知内幕的人（传道师），入帮者填好“门生帖子”，写清自己的姓名、籍贯、出生年月日以及祖宗三代的姓名，并在“引进师”的带领下去拜见师父。见面行礼之后，还得举行复杂的开香堂仪式，方为正式入帮。[4] 除此以外，与武术关系至为密切的“镖局”，也主要是以师徒关系进行组织。据李尧臣口述，“镖

---

① 《大清会典》卷一九四《刑部・奸徒结盟》。
② 王纯五：《袍哥探秘》，巴蜀书社 1993 年版，第 44—45 页。
③ 王兆祥：《白莲教探奥》，陕西人民出版社 1993 年版，第 129 页。
④ 闰泉编著：《江湖文化》，中国经济出版社 1995 年版，第 41—58 页。

局（内部）……都是师徒关系，论起来，是一家人。”[①]

江湖社会的这套模拟家族血缘关系的基本特征可以大致概括为，纵向的师徒关系与横向的师兄弟关系的网络交织。建立在宗法文化基础上的血缘关系，经过江湖文化的模拟血缘关系机制得以泛化。最终，一种基于伦理本位与“关系”导向的结构格局得以形成。这套关系文化以文本或口传的形式代代传承，形成了一套系统的“知识”，流传在民间社会，尤其是民间武术中。

民间是具有生命力的空间，中国底层民间社会是武术产生的源头，也是武术形成发育的土壤。[②] 长久以来，流传于民间社会的武术，浸染了丰富的宗法文化与“江湖”草根文化要素。尽管民间武术曾因此遭到一定的曲解，受到了一部分人的鄙视，被贴上了落后保守、封建愚昧、藏污纳垢等道德化标签，进而被污名化。但是，探讨中国武术生成、发展以及内在结构与文化传统等问题，不能忽略它与儒、道、释等主流文化形态的关系，更不能忽略它与民间文化之间的特有关系。

第三节　民间武术的沉浮

民间武术在正史中早有体现，司马迁在《史记》中就对民间游侠进行了记载和描述。虽然《史记》中更多的是为帝王将相作传，但是司马迁为民间游侠留出了空间，并高度肯定了游侠们的精神气节。《游侠列传》中提到的朱家、田仲、王公、剧孟、郭解等人无不是民间武术中佼佼者。他们要么贫困潦倒（朱家），要么杀人越货（郭解），但是他们有共同的特点，

① 文史精华编辑部编：《近代江湖秘闻》（下），河北人民出版社 1997 年版，第 569 页。

② 郝勤、龚茂富：《论武术与武术文化形态》，《中华武术研究》2012 年第 1 期，第 16 页。

就是活跃于民间社会，且行狭济困、仗义疏财。韩非子说“儒以文乱法，侠以武犯禁”。这恰恰说明了游侠们所代表的民间与政统体制有相对的一面。有时候这种对抗也为他们招来杀身之祸。如当时以豪侠闻名称颂于乡里的济南的瞯氏、陈地的周庸就被景帝派人诛杀。“是时济南瞯氏，陈周庸亦以豪闻，景帝闻之，使使尽诛此属。”[①] 民间侠客以武功反抗封建统治者的一些禁令，为民间社会传播了“言必信，行必果，已诺必诚，不爱其躯，赴士之厄困，既已存亡死生矣，而不矜其能，羞伐其德”[②] 的信、义、仁的精神品质。这种民间道统兼容并蓄了儒、道等多种传统文化精髓。不过，其核心层面的狭义精神要远溯墨子。墨子言“万事莫贵于义”，[③] 这个“义”就是狭义的源头所在。这种道统在民间社会广为传承，及至《水浒传》这一史诗般的小说所载，已经有过之而无不及。

《水浒传》所刻画的一百零八个主人公组成的群体无疑是当时最大的民间组织。他们来自于不同的社会阶层，如晁盖、卢俊义是乡绅，宋江是官吏，阮氏三雄是渔民，鲁智深是僧侣等。尽管他们出身不同，但他们都殊途同归于水泊梁山这一社会空间之中，仰仗一身好武艺而集结成了当时规模最大的与官方相抗衡的民间流民组织。在施耐庵的笔下，《水浒传》借助一百单八个英雄好汉的塑造，刻画了“江湖”这一独特的底层民间社会风貌，阐扬了中国民间的道统精神。其忠义之价值观、自由自在的江湖品性、坚持不合作取向的结社与集会，构筑了中国传统社会独特的“官—民”二元结构格局，形成了区别于主流社会，乃至与正统体制相抗衡的亚文化结构。

《水浒传》的创作来源于日常生活，其间大量的武打描写，以及拳种、

---

① 许嘉璐主编：《二十四史全释・史记・游侠列传》，汉语大词典出版社 2004 年版，第 1487 页。
② 同上书，第 1485 页。
③ 吴毓江：《墨子校注》，中华书局 1993 年版，第 685 页。

器械、流派等昭示了元明之际民间武术的繁衍与盛行。在元明之前的宋朝文本中，如《梦粱录》《西湖老人繁华录》与《东京梦华录》等记载了宋朝街头巷尾民间游民的武艺表演与结社的情况。这些在勾栏瓦舍中进行表演的武者无疑是隶属于“下九流”民间底边阶层的代表。民间武术结社大致从宋代开始发育，到明末清初，民间武术逐渐组织化与帮会化。具体表现为武术成为民间反清结社组织有效的制敌技艺，清代各地的民间帮会、民间秘密结社及民间习武组织人多以此为源头。①

在历史上，武术常常通过与民间秘密宗教的联姻而渗透于日常生活之中，进而在中国文化中占有一席之地。清末民初是社会大变革时期，源起于大刀会和梅花拳的义和团运动在华北地区掀起了空前的民间习拳练武热潮。义和团将两种颇有影响的民间习俗合二为一：一是与大刀有关的刀枪不入理念；二是自称为神拳的民间团体的集体性降神附体仪式。② 大刀会的兴起便是在政府权力真空状态下，人们为了保护财产而自发组织起来的非官方的民间的自卫性团体。刘士端是大刀会的创始人和领导核心，他常带领会中成员操练“金钟罩”③ 以达刀枪不入。这一民间武术组织对地方社会的秩序自治发挥了一定的作用，并与官方保持有某种合作关系。所以，早期朝廷也将其与匪霸区别对待，没有对之进行围剿。直至大刀会与当地教民发生冲突，他们由秩序的维护者转变成麻烦的制造者时，这一暧昧的合作关系随即宣告结束，首领刘士端和其他骨干成员被当地政府逮捕并于1896年被处死。随后，大刀会卷入“巨野教案”，因之带来的一系列后果使这一民间武术组织不得不被载入史册。周锡瑞评价说，它引发了从根本上

① 郝勤、龚茂富：《论武术与武术文化形态》，《中华武术研究》2012年第1期，第15页。

② ［美］柯文：《历史三调：作为事件、经历和历史的义和团》，杜继东译，江苏人民出版社2000年版，第16页。

③ 注：据周锡瑞考证，金钟罩与1813年的八卦教起义有关系。［美］周锡瑞：《义和团运动的起源》，张俊义、王栋译，江苏人民出版社2005年版，第59页。

影响中国历史进程的一系列事件。①

民间武术与巫文化的结合促使“神拳”诞生。一则有关神拳的重要材料说明它与浙江的一次起义有关，该起义 1776 年发生在宁波附近的一个山村里，规模极小，昙花一现。那些拳民诵咒狂舞，相信自己有神的保护，具有刀枪不入的能力。他们的头目宣称神灵附体，这个神是地方戏里唐朝的一个有名大将。② 在义和团运动初期，活跃于直隶东部地区的梅花拳因当地红拳高手阎书勤而卷入教民冲突之中。其首领赵三多将组织的名称改为“义和拳”，并集结梅花拳、红拳和其他拳民，打起“扶清灭洋”的旗帜，对洋人和教民发动袭扰和攻击。1898 年，赵三多领导的义和团被官方举兵围攻镇压下去的同时，鲁西北的大部分地区已经遍布了拳民，他们自称“神拳”，以朱红灯为首领，采用“义和拳”之名和“扶清灭洋”的口号。这一新的民间武术组织拥有浓厚的宗教色彩，宣扬刀枪不入、降神附体、通灵和吞符念咒等。其他一些拳会，如红拳，也与 1897 年开始吸收大刀会的一些招数，包括吞符、刀枪不入，以及建立具有宗教约束力的等级组织体系。③ 随着义和团被镇压，这一搅动神州大地的民间运动也随之烟消云散。民间武术在清末民初这个历史大变局的舞台剧间隙，上演了一场突如其来的神话。尽管这是在特殊历史时期的偶然性事件，但当它汇入历史的长河引发社会变局，直至影响了 20 世纪中国的发展走向与世界格局时，它已经成为一种历史必然。而且，在这一过程中所形成的民间武术传统也隐隐传承，在随后的社会发展过程中，以及当今社会依然能够被我们所看到。

在清末民初，面对社会变革和西方文化的冲击，民间武术参与了中国

① ［美］周锡瑞：《义和团运动的起源》，张俊义、王栋译，江苏人民出版社 2005 年版，第 123 页。

② 同上书，第 62 页。

③ ［美］柯文：《历史三调：作为事件、经历和历史的义和团》，杜继东译，江苏人民出版社 2000 年版，第 23—24 页。

文化系统的改良。换句话说，在武术研究的视角上，“民间”被发现，而且成为被改造的对象。民国以降，霍元甲、马良、张之江等人立会建馆新编武术，尝试为民间武术建立新的审美标准。他们充分利用民间武术资源的同时，也完成了对民间武术的启蒙。武术被排斥的边缘化境况有所改善，并开启了与现代化和体育化的接轨过程。不过，这一对民间武术的改造与提倡却招致部分知识分子的强烈不满。鲁迅就是其中之一，他于1918年在《新青年》发文说：

> 近来颇有许多人，在那里竭力提倡打拳……把“九天玄女传于轩辕黄帝，轩辕黄帝传于尼姑”的老方法，改称“新武术”，又称“中国式体操”，叫青年去练习。听说其中好处甚多，重要的举出两种来，是：
>
> 一，用在体育上。据说中国人学了外国体操，不见效验，所以需改学本国式体操（即打拳）才行。依我想来，两手拿着外国铜锤或木棍，把手脚左伸右伸的，大约于筋骨发达上，也应有点“效验”。无如竟不见效验！那自然只好改途去练“武松脱铐”那些把戏了。这或者因为中国人生理上与外国人不同的缘故。
>
> 二，用在军事上。中国人会打拳，外国人不会打拳，有一天见面对打，中国人得胜是不消说的了。即使不把外国人“板油扯下”，只消一阵“乌龙扫地”，也便一齐扫倒，从此不能爬起……我想！打拳打下去，总可达到“枪炮打不进的程度”。(即内功?）这件事，从前已经试过一次，在一千九百年，可惜那一回算是名誉的完全失败了。且看这一回如何。①

无独有偶，“五四”新文化运动发起人之一的陈独秀，在同一期的《新

① 鲁迅：《鲁迅全集第一卷》，人民文学出版社2005年版，第325—326页。

青年》中撰文《克林德碑》，其中对马良的“新武术”也多加批判。他说：

> 济南镇守使马良所提倡的中华新武术，现在居然风行全国。我看他所印教科书（曾经教育部审定）中的图像，简直和义和拳一模一样，而且他所作的发起总说中说道：“考世界各国，武术体育之运用，未有愈于我中华之武术者。前庚子变时，民气激烈，尚有不受人奴隶之主动力；惜无自卫制人之术，反致自相残害，浸以酿成杀身之祸。良蒿目时艰，抚膺太息……”岂不是对于义和拳大表同情吗？①

陈独秀、鲁迅等人为倡导“五四”新文化运动的代表性人物。在他们看来，民间武术是旧文化的代表，象征着封建、糟粕、混乱与迷信，义和团运动实为列强瓜分中国的开始。因此，很多支持新文化运动的知识分子把民间武术视为耻辱，多予贬损。义和团运动也有了“庚子拳乱”之名，其参与者也被污名化为“拳匪”。当然，义和团运动有负面的一面，但也有其正义与可歌可泣的一面。由于历史的局限性，陈独秀、鲁迅等新文化运动的精英们对民间武术与对义和团的观点充满了苛刻性的话语。事实上，一场正义、英勇的运动被最腐朽、最落后的力量所掌握利用，成为阻碍社会发展、历史进步的运动，才是导致这样历史悲剧的原因所在。②

因此，当济南镇守使马良编写了一本《新武术初级拳脚科》，而且在1918年“全国教育联合会第四次会议”和“全国中小学校长会议”上，通过“推广新武术”的决议，将武术列为中学以上课程，并同意采用马良所著的武术教科书，教育界一些人对此也加以提倡的时候，这自然就卷入了“五四”新文化运动的漩涡之中。陈独秀、鲁迅等人时刻担心义和团“幽

---

① 陈独秀：《陈独秀文章选编》（上册），生活·读书·新知三联书店1984年版，第299页。

② 雷颐：《义和团的悲剧》，http://www.21ccom.net/articles/lsjd/lccz/article_2012082866520.html。

灵”冲出潘多拉的盒子而死灰复燃，到时候再立一块克林德碑，岂不遗臭万年？不过，究其本质，在当时的“新派”知识分子眼中，民间武术属于“旧文化”，亦等同于义和团，是万恶的化身。民间武术就是“九天玄女传于轩辕黄帝，轩辕黄帝传于尼姑”的把戏与封建糟粕，玩下去的结果是“互害”。[①] 可见，民间武术依然为文人所鄙夷，并蒙受污名。

虽然在历史上，民间武术也有通过“科举”这一体制得到进入庙堂的机会，但始终不如民国期间被官方接纳为“国术”来的彻底。孙中山对民间武术的认识和赞扬对民间武术身份的改善起到了至关重要的作用。孙中山与民间武术渊源颇深，在其就任民国大总统之前，即与诸多民间武术社团频繁接触，宣扬救国真理，其深知民间武术对民主革命的意义与价值所在。民国八年10月，孙中山欣然为精武体育会十周年所出《精武本纪》作序，并题字“尚武精神”。他在序中说：

> 慨自火器输入中国之后，国人多弃体育之技击术而不讲，驯至社会个人积弱愈甚；不知最后五分钟之决胜，常在面前五尺地短兵相接之时，为今次欧战所屡见者，则谓技击术与枪炮飞机有同等作用，亦奚不可？而我国人曩昔仅袭得他人物质文明之粗末，遂自弃其本体固有之技能，以为无用，岂非大失计耶！……精武体育会成立既十年，其成绩甚多。识者称为体魄修养术专门研究之学会，盖以振起从来体育之技击术，为务于强种保国有莫大之关系。推而言之，则民族所以

① 注：鲁迅《杂感六十四》上再次尖刻地写道：“北方人可怜南方人太弱，便教给他们许多拳脚：什么‘八卦拳’‘太极拳’，什么‘洪家’‘侠家’，什么‘阴截腿’‘抱桩腿’‘潭腿’‘戳脚’，什么‘新武术’‘旧武术’，什么‘实为尽美尽善之体育’‘强国保种尽在于斯’……直隶山东的侠客们、勇士们呵！诸公有这许多筋力，大可以做一点神圣的劳作……我们改良点自己，保全些别人；想些互助的方法，收了互害的局面罢！”见鲁迅《鲁迅全集第一卷》，人民文学出版社2005年版，第382页。

致力于世界平和之一基础！①

孙中山高度肯定了民间武术的价值所在，并使之与“强种保国”联系起来，其话语凝结了强大的历史能量，有力地回击了陈独秀、鲁迅等人的言论观点。至关重要的是，在孙中山的倡导与启蒙下，民间武术的过往的话语关系与社会关系得以重新设定。许多民间武术人士积极投身到轰轰烈烈的强国强种的社会运动之中，各类武术社团相继成立，铸就了新的历史。仅四川地区就成立了四川武士会（1912）、重庆冀蜀国术馆（1919）、四川武士总会（1925）、精武体育学校（1925）、成都露天国术馆（1926）等40余家。孙中山的此番言论为民国官方接纳认同民间武术，并将其上升为“国术”做了铺垫并定了基调，民间武术因之获得了应有的尊重和前所未有的身份地位。

1928年，中央国术馆的建立和1936年一批民间武术家被派往柏林进行武术表演，预示着武术正式得到了主流文化的认可和官方正统的肯定与接纳。这对武术自身的文化结构以及后来的发展产生了根本性的影响。在民国期间，官方与民间之间已有良好的互动。中央国术馆是有史以来首次由政府出资组建的官方专业武术组织。中央国术馆的成立由西北军的退役“陆军上将”张之江提出，国民党元老林森、谭延闿、黎元洪、李宗仁、于右任、冯玉祥、何应钦、李济深、张群、阎锡山等27位军政要人对此给予了大力支持。张之江会同当时居住在南京的一批南、北方武术名家诸如王任福、刘震南、刘崇峻、刘云龙、李松如、吴俊山、严度万、肖锦章、罗玉、童仁富、韩会清等于民国十五年（1926）6月下旬，在南京西华门头条巷6号（一说韩家巷）开始筹建。民国十七年（1928）3月15日，国民政府发布《国府第174号令》批准（备案）中央国术馆成立，并每月拨发专

---

① 广东省社会科学院历史研究室、中国社会科学院近代史研究所中华民国史研究室、中山大学历史系孙中山研究室编：《孙中山全集》（第5卷），中华书局1985年版，第150页。

款5000元法币作为资助资金。

该组织成立后，随即将散落民间的李景林、杨澄甫、孙禄堂、孙玉铭、马英图、陈子明、高振东、王子平、朱国福、于振声、郭长生等数十位民间精英拳师汇聚到体制内进行传拳授艺，并于1936年将层层选拔出来的郑怀贤、张文广、温敬铭、寇运兴、金石生、张尔鼎、刘玉华、付淑云、翟涟源9人送往德国参加柏林奥运会国术表演，开拓了近现代武术国际传播的新篇章，这些民间武术拳师因此也获得了新生。与此同时，民间的一些文化特性，诸如“门户之见”，也被带到这个武术最高学府之中。时任中央国术馆馆长的张之江对此颇为头痛。他看到门户之见、宗派之争愈演愈烈的状况，毅然提出“国术家融化门派为今日之第一要着……凡以往‘宗派’‘门户’……种种陋习，及宜乘时改革，教授生徒，万不可划分门户”①。因此，政治权力从来都没有放弃对民间的干预与征服。当官方与民间走到一起，民间的自在状态也随即消失，它不得不面对政治权力规范与改造。即使如此，它还是满心欢喜的与庙堂联姻，以获取不曾有过的优势。但是，一旦它被注入秩序与规范变成顺民，就注定它会迷失。最后，真正的民间又将面临庙堂的忽视与遗忘。

民间武术在短暂地被发现后很快又被边缘化。在新中国成立以后，民间出身被派往德国柏林表演的一批武术家被吸纳到学校体育系统工作，其身份完成了一个由民间武师到高校武术教师的转换。与此同时，武术也被纳入到政府体育部门的管理体制之中，一套自上而下的完善的组织管理系统得以建立。20世纪80年代，在国家权力的干预下，官方进行了对民间武术的挖掘整理。不过，这一转瞬即逝的空谷回响似乎并没有给民间武术带来多少益处。挖掘整理的民间武术成果被束之高阁无人问津，甚至有些当年民间武师所献的拳谱、器械等物品也锈蚀毁坏，甚至不知所踪。这样看

---

① 中央国术馆：《张之江先生国术言论集》，大陆印书馆1931年版，第34—36页。

来，那一次轰轰烈烈的挖掘整理既是对民间武术的再次肯定，同时也像是对民间武术的一种施舍。在政治权力面前，民间总是被动和弱势的，民间的话语权力也是被赋予的，主动权始终在庙堂之上。不过，民间武术始终属于民间，通过政治权力把录像、口诀、拳谱、器械等集中起来，它就会变成呆板的失去活力的“文物”。

在现代西方文化和体育观念的影响下，新中国第一代武术教师的徒子徒孙们，不得不以“知识分子”的姿态再一次走向民间——这一生命产生的最初之地。他们从民间武术中汲取元素，开启了统一化的国家武术发展模式。最初，在20世纪50年代，他们从民间北派体系中创编出了拳、刀、枪、剑、棍五类技法体系，并且根据难易程度将每一类都分为初、乙、甲三个级别。事实上，这是一场当代中国武术革命造就的“样板”工程，也是官方计划体制在武术中的体现。参与这场革命的生产者是全国精英人物组成的一个集体，他们在无意识中创造了当代最大的武术门派。恰好与民间武术相对，它代言的是官方。在整个社会生活都被国家权力计划的时代，武术也需要一个规划的“国标”来为国家权力代言。他们的确取得了成功，使组织比赛进行评判成为可能。在官方权力的推广下，这些的样板武术像后来文艺界的“八个样板戏”一样，红遍大江南北。

从创拳的角度来看，这一群创编者形成的力量是任何一个民间武术门派拳种创生者都难以比拟的。理论上，这样的武术应该比任何一个民间门派都能够被称为“经典”，应该被崇拜，也更应该能够流芳百世。然而，到现在谁还在练这些呢？真是其兴也勃，其亡也速！为什么民间一个门派的武术就能够形成活的历史状态呢？究其原因，样板终究是权力意志的体现，它脱离了富有生命力的民间。

然而，民间武术来源于中国多样化的文化传统，并体现出如下特点：一、民间武术有着自己独立的历史和传统，它在国家权力控制相对薄弱的边缘空间产生，因而保存了较为活泼的形式；二、它始终与民间日常生活紧密联系，拥有民间宗教、哲学、宗法、艺术审美等背景，因而不仅仅是技术的存在，其价值也就更为丰富；三、民间武术拥有自由的品性，它代表的是民间私人的生活，即使是聚集成群，那也是自治性质的。虽然它也受到国家权力的渗透和影响，但是它有自己的发展逻辑和理路，骨子里是私人的自发状态，而不是自上而下的组织化与政治化，展示出的是一种民间化的机制。它是在为生存、为健康、为生活，以及为个人存在感的过程中对武术的推广与传播，这与国家武术并不一样。这就是国标武术失落的原因所在，也是国标武术推广遇到的困境。这反映的是国家政治权力与民间自组织之间的冲突。政府可以给予标准与规范，但是，民间自发性的社群活动往往不需要政府的规划来调教，他们需要的是活泼、丰富和多样。

纳入国家行政管理体制下的武术文化结构与形态被深深改变。首先，武术不再只是原来的民间单一形态，它的表现形式更加多样。散打在官方的权力意志下被生产出来，但散打的“无文化基础与内涵”局面始终困扰着自身的发展。现代武术的整体文化结构形态与民间传统渐行渐远；其次，民间拳师的社会地位逐渐被高等体育院校的武术教师取代，高等体育院校武术系也一跃成为传播武术的主要载体；再次，民间武术再次回归民间社会繁衍生息，成为边缘化、濒危化的民间文化。

不过，民间武术被列入“非遗”名录，彰显了新时期民间武术与官方的互动或合谋。自 2003 年 10 月，联合国教科文组织颁发《保护非物质文化遗产公约》起，“非遗保护”成为 21 世纪中席卷全球的文化事件。中国政府于 2004 年加入该公约。2006 年以来，少林功夫、武当武术、回族重刀武术、邢台梅花拳、沧州武术、太极拳、峨眉武术、洪拳、八卦掌、形意拳、鹰爪翻子拳、心意拳、心意六合拳、五祖拳、查拳、螳螂拳、苌家拳、岳家拳、蔡李佛拳、通背缠拳、地术拳、佛汉拳、孙膑拳、十八般武艺、肘捶、意拳、戳脚、绵拳、精武武术、咏春拳、梁山武术、徐家拳、两仪拳、梅山武术等，陆续被纳入“国家级非物质文化遗产名录”之中，成为被国家资助和法律保护的对象。在民间与地方政府的共谋下，民间武术以其“民间性”而一跃成为国人文化认同的重要精神支柱。“非遗”让民间武术再次得以延续香火，并促成了民间武术研究的风尚，理论研究者在与民间的交流与对话中也开始重新估量民间武术的价值所在。中国当代武术研究者清醒地认识到了民间武术不仅是武术知识生产的重要精神与文化资源，而且是武术研究者精神生成的现实文化土壤。

上篇　历史追踪

第一章　四川民间武术源流概说

第一节　四川民间武术的源头

四川民间武术是指生存在四川地区的民间武术的总称。[①] 从发展上看，四川民间武术可上溯先古，明清之际臻于成熟，民国时期受中央国术馆影响而独树一帜，及至当代终成中国武术翘楚。可谓种类繁多，历史悠久！

任何一种文化现象的产生与发展总是与时代背景和社会环境紧密相连的，四川民间武术亦是如此。追根溯源，四川民间武术在起源上存有与其他地区民间武术的共通之处，也有自身独特的一面。历史上，民间武术在社会上多处于边缘地位，受到的关注度不高。因此，关于四川地区民间武术起源的具体细节缺乏细致明确的文献可考。从当前的研究成果以及田野调查的发现看，四川民间武术的起源主要涉及四个方面。

一　生存需求与四川民间武术

民间武术是“活态”的文化传统，它始终与人民的生产生活紧密相连。

① 注：历史地看，四川是一个变动的区域概念。在当代，1997 年重庆被划为直辖市后，原四川民间武术中的一些流派成为巴渝武术中的重要内容。因此，在谈到特定历史时期武术流派或代表性人物时就不得不兼及重庆地区的民间武术，这是由四川和重庆的历史、地理、文化等特殊关系决定的。在此简要说明。

四川地区独特的地理结构直接影响了四川人民的生活，进而为民间武术带来了直接的效应。众所周知，四川地区除了成都平原外，江河纵横，地理结构复杂。总体上说，地势西高东低，川东以盆地和丘陵地带为主，川西则为崇山峻岭。《韩非子·五蠹》中描述上古时期的社会境况是“人民少而禽兽众”。可想而知，生活在山高林密环境中的川西蜀族与川东巴族往往要面临禽兽时常出没的境况，民生十分艰苦。《华阳国志》中这样记载古四川的情形：“汶山郡……土地刚卤，不宜五谷……而多冰寒，盛夏凝冻不释。”① 因此，巴蜀先民欲谋得生存，首先需要解决的问题就是与猛兽争夺生存空间，通过打猎获取生活饮食资料。在与人、兽相搏斗的过程中掌握了搏杀降服的格斗技能，逐渐积累了“一拳一腿、一击一刺”的搏斗实战经验。这些最原始的格斗技术正是四川民间武术重要的源头之一。

关于民间武术起源的这一生存需求论并没有仅仅指向原始格斗，我们还应看到，民间武术中浓厚的养生特性也是来自人民对身体强健的内在需求。曾为帝尧之医师的彭祖，为延年祛病开创导引行气之术，以及道教对长生追求所创造出的内练之法，对后世导引养生的发展，以及四川民间武术内功的修炼都产生了深远的影响。

二　军事战争与四川民间武术

古代军事战争与民间武术的形成有着直接的关系。考察中发现，很多人强调民间武术的格斗属性，提出其应来自古代军事武艺遗存，持这一观点的人不在少数。他们认为，卸甲归田的军人将古代军事武艺带到民间，直接促进了民间武术的萌芽与发展。

从考古发现以及文献资料看，古代四川地区的“蜀”“巴”等族群彪悍勇猛，好习武艺，常征讨四方，军事武艺技术优异。蜀族为古氐羌族的一

---

① （晋）常璩：《华阳国志》，刘琳校注，巴蜀书社 1984 年版，第 295—296 页。

支，在殷商时期就有大量的军事技艺存在。1957 年，新繁水观音发现了殷商时代的蜀族墓葬。当时挖掘出土了大量的铜簇、铜戈、铜矛、铜斧、铜削等兵器。[①] 1959 年，在四川彭县竹瓦街的一处窖藏中出土了一个大陶缸，装了 21 件铜器，其中戈 8 件，戟 1 件，矛 1 件，钺 2 件，锛 1 件。[②] 在这些出土兵器中，有些兵器展现出了独特的巴蜀锻造技艺。因此，冷兵器时代的军事战争促进了弓弩、戈、矛、戟、钺、剑、刀等兵器技术的发展，使人与人之间的格斗技艺变得更加精炼和实用。

在文献记载中，古代的"巴"族异常勇猛彪悍。《荀子·儒效》中说"巴"为"天下之显诸侯"，足见"巴"人曾经的成就。在春秋中后期，"巴"人兵峰所指，江北扩展到了河南邓县，江南到达湖南沅、澧二水流域，繁盛一时。[③] 1954 年，在巴县冬笋坝和昭化宝轮院发掘的战国后期巴族的墓葬中，凡是男人墓中都出土了铜剑、铜钺、铜矛、铜戈、铜剑簇等武器，[④] 这从一个侧面反映出巴族的确是一个彪悍勇武的民族。

古代巴蜀民族参与的军事战争促进了军事武艺的发展。据《华阳国志·巴志》载，"周武王伐纣，实得巴蜀之师。著乎《尚书》。巴师勇锐，歌舞以凌殷人"。[⑤] 公元前 316 年，秦惠王挥师南下，吞并蜀国与巴国。宋代 1231—1280 年的 50 年间，成都三次被外敌占据。元末爆发了红巾军农民起义，红巾军首领明玉珍率军由楚入蜀。后于 1363 年在重庆称帝，取国号"大夏"。明玉珍死后，皇子明升继位。因其年幼（10 岁），无法掌控政局，朝中文武大将开始争权夺利，内耗严重。朱元璋借机举兵伐蜀，于 1371 年平定全川。元末明初，四川地区的人民在战乱中挣扎求生。明末清初，四

---

① 四川省博物馆：《四川新繁水观音遗址试掘简报》，《考古》1959 年第 3 期。

② 王家佑：《记四川彭县竹瓦街出土的青铜器》，《文物兵器》1961 年第 11 期。

③ 童恩正：《古代的巴蜀》，重庆出版社 1998 年版，第 29 期。

④ 四川省博物馆：《四川船棺葬发掘报告》，文物出版社 1960 年版。

⑤ （晋）常璩：《华阳国志》，刘琳校注，巴蜀书社 1984 年版，第 24 页。

川地区陷入了罕见的连续80年的战乱。四川地区先后发生了土司杨应龙与奢崇明的大规模叛乱，轰轰烈烈的以“除五蠹”为中心的农民起义，李自成、张献忠农民起义军的数次入川，以及清军入川剿灭张献忠等军事战乱。甚至吴三桂起兵云南的反清战争也使四川再次被战火殃及。

“天下未乱蜀先乱”，战乱一方面让四川地区民不聊生，另一方面也激发了他们的尚武精神。军事战争起源说认为，抗暴图存的阵战武艺流传于民间后，催生了四川民间武术的发生。此外，还形成了“巴渝武舞”这一独特的演练形式。

三　原始宗教与四川民间武术

除儒家思想外，中国还具有广阔的宗教文化。民间宗教在中华文化中有特定的位置，是信仰主义世界的重要领域，构成了千千万万底层群众的笃诚信仰，影响着各个地区的民风、民俗，以及底层民众的思维方式、生活方式。[①] 民间武术的主体是底层社会的下层民众。宗教对民间武术的浸润和影响是显而易见的，这不仅仅体现在人们通常所说的当今民间显赫的少林、武当、峨眉三派，更是在民间武术起始之初就深深地打上了原始宗教的烙印。

无论怎样的原始民族都有宗教与巫术。[②] 巫文化既是一种原始宗教文化，又是中华文化发源的根基之一。四川地区自古巫觋信仰盛行，据《华阳国志》记载，賨人（属巴人的一支）“种党劲勇，俗好鬼巫”。《后汉书·南蛮西南夷列传》也记载，巴郡南郡蛮“未有君长，俱事鬼神”。三星堆祭祀坑与金沙遗址出土的大量文物也验证了巴蜀地区浓郁的巫觋之风以及强烈的原始宗教信仰。

---

① 马西沙、韩秉方：《中国民间宗教史》（上册），中国社会科学出版社2004年版，第2页。

② ［英］马林诺夫斯基：《巫术科学宗教与神话》，李安宅编译，上海文艺出版社1987年版，第1页。

巫舞是巫的一种重要活动。《书经》中载："敢有恒舞于宫，酣歌于室，时谓巫风。"其"疏"的解释为，"巫以歌舞事神，故歌舞为巫觋之风俗也。"[①] 著名的"巴渝舞"，就是在巴蜀之师伐纣交战前所跳的具有模仿巫术色彩的武舞，"巴渝舞"体现了巫、武、舞之间的密切关系。可以说，四川民间武术的雏形在巴蜀人早期的巫术活动中就存在了。

原始宗教对四川民间武术形成的影响在"内功"方面体现得较为明显。巫术作为原始宗教对四川民间武术内功形成的影响可以远溯彭祖。彭祖为蜀中著名巫师，精通医术，善导引行气之术。《华阳国志・序志》说："彭祖本生蜀，为殷太史。"《山海经》记载："开明东有巫彭、巫抵、巫阳、巫履、巫凡、巫相面对窫窳之尸，皆操不死药拒之。"这里的巫彭即为彭祖。[②]《庄子・刻意》载："此导引之术，养形之人，彭祖寿考者之所好也。"彭祖导引行气之术对于四川民间武术养生的发展和后来四川民间武术内功的修炼有着深远的影响。至今，民间多有依托彭祖之名所出的养生功法专著。

除巫术外，早期道教对四川民间武术的内功修炼之法也影响颇深。四川民间武术中，很多拳种的内功修炼都是通过外部形体动作和呼吸调整来增强内在的功夫。如"峨眉十二庄"、岳门的"嗨字功"、僧门的"达摩易筋经"、绿林武术的"六合内功"、青城派的"玄门太极"等功法。这些民间武术的内练功法与古代巴蜀导引术有着很深的渊源关系。郝勤认为，张道陵的行气术在巴蜀巫术的基础上，受到了南方魏伯阳《周易参同契》周天功和北方《太平经》内视反观法的影响。[③] 受巫术影响，同时吸收其他思想，张道陵在巴蜀确立的导引养生术，对于四川道教以及四川民间武术的内功养生具有积极的影响。

---

① 张紫晨：《中国巫术》，生活・读书・新知三联书店 1990 年版，第 6 页。

② 杨炳昆：《彭祖即巫彭》，《社会科学研究》1991 年第 6 期，第 87 页。

③ 郝勤：《古代巴蜀养生考》，载四川体育史料编辑室《四川体育史料》1985 年第 4 期。

不仅如此，据程大力考证，民间武术套路的最初形态与“模仿巫术”有关。[1] 套路可以理解成向敌人进行模拟的击刺、劈砍、摔打等动作的组合与串联。这样一来，模仿巫术与民间武术在目标上几乎达成了一致——那就是将对手/敌人置于死地。这一解释也从著名人类学家马林诺夫斯基那里获得了理论支持。他指出，原始人将一个有尖的骨或棍，箭头或某种动物的脊骨，用模仿的仪式向所要加害的人的方向刺去、投去或指着，便算要把那个人弄死。[2]

四川地区的这种巫觋、道教等原始宗教信仰对民间武术的生成产生过极为重要的影响。这在导引养生、内功修炼，以及套路的形成过程中都能够找到相应的文化遗存。不但如此，四川民间武术的萌芽与生长也与宗教文化一道构成了四川地区独特的巫、舞、武综合一体的文化现象。

四　历史移民与四川民间武术

在历史上，四川为中国知名的移民地区之一。众所周知，从古巴蜀先民到秦汉大移民，再到“湖广填四川”，以及三国时期蜀汉政权的建立，数次复杂的大移民让四川出现了其他地区难得一见的文化历史交融进程。移民为四川民间武术注入了新鲜的文化基因，因此，理解四川民间武术的起源与延续就不得不关注移民。

据《华阳国志·蜀志》记载，秦惠文王灭蜀后，为了稳固自己的统治，先后杀害了三位蜀侯，“移秦民万家以实之”，并直接派郡守治理。不但如此，从秦惠文王更元十一年（前314）第一次向巴蜀大移民开始，秦国一直把巴蜀作为流放罪犯和安置移民的地方。[3]《史记·项羽本纪》也称，“秦之迁人皆居蜀”。移民对四川地区的影响非常大，迁入移民的生产技能和文化

---

① 程大力：《中国武术——历史与文化》，四川大学出版社1995年版，第219页。

② ［英］马林诺夫斯基：《巫术科学宗教与神话》，李安宅编译，上海文艺出版社1987年版，第35页。

③ 葛剑雄：《中国移民史》（第二卷），福建人民出版社1997年版，第77页。

水平一般都比当地居民要高，在促进巴蜀生产发展的同时，甚至改变了巴蜀的风俗。《华阳国志》说，“原其由来，染秦化故”。

虽然巴蜀地区偏居西南一隅，但其优越的自然条件和丰富的资源能够充分地发挥移民的作用。公元前256年前后，秦蜀郡太守李冰及其子率众修建都江堰之后，更是使川西平原水旱从人，农业富足，享“天府之国”美誉。加之巴蜀地处后方，地形险阻，交通闭塞，迁移对象逃出的可能性不大，该地区更成为移民的理想之处。因此，在西汉初年关中地区发生大饥荒之后，刘邦“令民就食蜀汉”。[①] 可以推断，灾荒之年必定有大量流民进入巴蜀富庶之地。不过，我们没有在文献中发现这一时期的移民与民间武术有直接关系。但是，这并不能排除移民中可能有一些搏击技术出众者的存在，尤其在罪犯这个移民群体中更是如此。

东汉时期，刘焉、刘备率领两大军团攻入巴蜀地区，后久居于此。江夏人刘焉在东汉末年初为益州牧时，“南阳、三辅民数万户流入益州，焉悉收以为众，名曰‘东州兵’。”[②]（东汉时期，巴蜀地区属益州，三国时期，改为蜀）建安十二年（207），刘备在赤壁之战中击败曹操之后，占据荆州，后率兵入蜀，建立蜀汉政权。[③] 随刘备等人入蜀的官兵以及民众不在少数，这无疑为该地区带来了大量的军事格斗技艺，并对民间武术有极大的促进作用。

从唐朝至明朝的近千年时间内，巴蜀地区的民族融合进一步加强。1228年，蒙古入侵四川，虽未占领全境，但反复争夺造成四川境内大量人口损失。明末清初时，清军以及张献忠农民军在四川进行争夺战，张献忠多次进行大屠杀，再次造成四川人口剧减。后来，吴三桂发动的三藩之乱进一

① （汉）班固：《汉书》，中华书局1962年版。
② （南朝）范晔：《后汉书》，中华书局1956年版。
③ （晋）陈寿：《三国志》，中华书局1959年版。

步导致四川人口的削减。[①] 因此，元朝末年至明代洪武年间和清代顺治至乾隆年间，由政府主导，实现了两次规模较大的将“湖广”等省（今湖北与湖南全境、广东等省）居民作为开垦团移居到巴蜀各地的移民潮。这也就是史书记载的“湖广填四川”。“湖广填四川”移民万家填充了巴蜀地区的空缺人口，为巴蜀地区后来的发展奠定了人口基础。据统计，“1661 年，四川人丁数只有 16096 人（人数 51923），仅占全国人口比重的 0.08%，可谓有土无人”。[②] 而经过大量的移民后，到“1851 年达到 44752000 人，跃居全国第一”。[③]

移民对四川民间武术的发展所起的作用是显而易见的。四川民间武术中诸多拳派，如僧门、会门、赵门、字门、绿林派等皆有外来人士传拳的传说。而且，民国期间，随中央国术馆迁入巴蜀地区的武术精英对四川地区民间武术的影响在当今社会依然十分鲜明。如果说四川本土武术在古代战争中可能有过断裂，那么移民使四川民间武术再一次得以延续，也使四川民间武术的结构更加完备与成熟。

综上所述，四川民间武术的起源极其复杂，从生存需求、军事战争、原始宗教以及历史移民 4 个方面可以大致窥探四川民间武术的历史源头。但是，不可否认的是，一直以来，由于民间武术的社会地位低下，相关史料记载极其缺乏，导致这四个方面的分析也仅是在历史碎片与文本基础上的学术性理解、阐释与建构，其解释力仍略显不足。为了能够对四川民间武术源流进行全方位的观照，并弥补文献史料记载缺乏的遗憾，我们将在下

---

① 注：有学者认为四川本土武术因大屠杀而遭受厄运，很可能当时几乎灭绝。因此，在谈论历时性的四川本土武术时，常会遇到这一困境。但是，不容忽视的是无论大屠杀对四川人口造成多大冲击，移民带来的新鲜人力资本使四川民间武术的延续成为可能。而且，这在后来四川民间武术的发展中亦得到了印证。

② 江立华、孙洪涛：《中国流民史古代卷》，安徽人民出版社 2001 年版，第 153 页。

③ 梁方仲：《中国历代户口田地田赋统计》，路遇、腾泽之《中国人口通史》，山东人民出版社 2000 年版，第 851 页。

一节对四川民间武术创生的相关神话传说进行历史记忆分析，努力厘清四川民间武术源流概况，完善其历史叙事，促进对民间武术的理解。

第二节 四川民间武术创生的神话传说

神话传说是人类文化的结构性存在，也是理解武术历史与文化的一条路径。但是，千百年来，中国历史学术之主流大多把传说视为随意性、杜撰、人云亦云以及不可信的同义语，把传说与“信史”对立起来。即使是在史料的层面上，人们在文献之外宁可相信金石等实物，对口传的东西多持怀疑态度。[①] 受此影响，在官修武术史以及著名学者的武术史专著中，流传在民间社会中的有关武术起源的鲜活的神话传说几乎都被忽略掉了，或只是浮光掠影的一带而过。这些神话传说流传在民间底层，往往被认为仅是民间武术故事而已，难登大雅之堂。不但如此，有的学者甚至对一些民间武术神话传说不加分析地加以批判，似乎在神话传说与历史之间有着不可逾越的鸿沟一般。如果从史学的角度来看，探求并揭露武术历史文化真相是史学家的责任所在，区分真假，无可厚非。但是学科分类的片面性，往往容易造成研究者一叶障目的遗憾！文化是难以用“真”“假”这种简单的二分法来一锤定音的。否则，古希腊神话就没有存在和研究的意义了。

作为一种民间口头叙事，神话传说有着丰富的历史意义与文化价值，是人类社会与文化构成的重要组成部分，具有丰富的文化内涵，是人类解释自然或文化现象的思维展现。这已经成为当代史学家、文学家、民俗学家、人类学家与社会学家的共识。从研究上来说，神话传说的最大意义就在于理解我们人类自身以及这个社会。在非物质文化遗产视野下，人类口

---

① 赵世瑜：《传说·历史·历史记忆——从 20 世纪的新史学到后现代史学》，《中国社会科学》2003 年第 2 期，第 176 页。

头传说兼具历史与人文价值。因此，关于武术历史与文化的研究有必要修正固有的价值取向，跟上母学科发展的步伐，对民间武术神话传说抱有敬畏之心，展开必要的研究，以完善当代武术研究。

中国民间武术神话传说资源丰富，四川地区尤其如此。四川民间社会流传着很多有关民间武术创生的神话传说，如司徒玄空与通臂拳、白云禅师与临济气功、宁封子与龙蹻飞行术、德源长老与白眉拳等。如果要深度理解四川民间武术，就不得不对相关的神话传说进行探讨与分析。

一　四川民间武术创生的部分神话传说

（一）司徒玄空与通臂拳

据传，四川民间广为流行的通臂拳始于春秋战国时期，为“白猿祖师”司徒玄空所创，这个典型的神话传说起始于何时不得而知。关于这一传说，笔者所见到的最早文字记载，是在习云太 1985 年所著《中国武术史》“通臂拳”一节中。[①] 这个神话传说至今在四川地区与网络世界中仍广为流传。而且被民间武术视为峨眉武术历史长于其他门派武术历史的佐证。此传说经过各方面的加工，已经形成了较为完备的内容体系，在一定程度上已广为人信，并为部分正史作者所引用。笔者采集各方表述，整理如下。

> 春秋战国时期，峨眉山山高林密，山中野生动物众多，猿猴尤甚。因峨眉山清静幽雅，环境宜人，不少文人、方士、武士也寻至此处，隐居峨眉山。据说，当时有一名武士“白猿公”司徒玄空（字衣三，号动灵子；又说姓白名士口，字衣三，道号洞灵子）就隐居与此。他长期耕食于山中，与峨眉灵猴朝夕相处。“白猿公”司徒玄空在修炼的

① （通臂拳）相传为战国白猿所创。白猿，姓白名士口，字衣三，号动灵子。白猿传艺时只传三友：一、王道；二、李义；三、韩成。经考证，均系伪造。见习云太《中国武术史》，人民体育出版社 1985 年版，第 243 页。

过程中发现，猿猴身形矫健，灵活敏捷，备受启发。于是，他模仿猿猴动作，创编了一套攻守灵活的“峨眉通臂拳”（又说“白猿通臂拳”）。明代抗倭寇名将唐顺之在《荆川先生文集》中有一首《峨眉道人拳歌》，其中一句说道，“道人更自出新奇，乃是山中白猿授”，这与“白猿祖师”的说法一脉相承。随后，司徒玄空又创“猿公剑法”。他在峨眉山择徒而授，人数众多。司徒所创武艺在民间流传过程中逐渐发展，又有“通臂掌”“通臂功”“白猿剑”“通臂棍”出现。司徒玄空创“峨眉通臂拳”具有划时代的意义！

因司徒玄空在山中常着白衣，徒众遂尊称其为“白猿祖师”。司徒年迈时被人称为“白猿道人”，所创“峨眉通臂拳”多流传于成都、重庆、攀枝花市等地。司徒玄空也被当今部分人认同为峨眉派祖师爷。

图 1－1　峨眉山司徒玄空雕像

这是一则关于四川民间武术创生的神话传说。在关于四川民间武术起源的各种传说中，司徒玄空是第一人，也是峨眉武术的创始人。传说中的时间、地点、人物等基本要素一应俱全，最受人们信任，因此在四川民间武术中流传的也最为广泛。在《四川武术大全》《中华峨眉武功》《峨眉山志》《峨眉山县志》《通臂拳源流》《峨眉武术非物质文化遗产申报书》等著作与重要材料中都有提及，只是版本不同，个别细微之处略有出入。但司徒玄空在峨眉山创通臂拳这一主线与基本“事实”都是其中不变的主旋律。

（二）白云禅师与临济气功

“峨眉十二庄”无疑是四川民间武术中非常重要与著名的技艺与内功修炼法门之一。“峨眉十二庄”原名“临济气功”，关于这一技艺的创生与传播，也有一段传闻。

> 四川峨眉山地区的佛教从唐代起就出现了许多教门宗派，在长期流传过程中各派此消彼长，最终有临济和曹洞两派一直流传至今。据传，南宋末年，白云道长云游朝圣到佛教四大名山之一的峨眉山时，在金顶见到普贤菩萨的瑞相，由此顿悟，由道入释，成为峨眉山佛教临济宗白云禅师。他精通医学，兼研密宗，将阴阳虚实和人体盛衰之机理，与武术中的动静功法相融汇，寓内功导引按摩术、点穴、布气、针灸于功法中，融养生、医疗、技击为一体，创造出了一套独具特色的“临济气功术”。这种功法集医、道、佛、武精华于一身，融养生、医疗、技击、开发智能为一体，后人称为“峨眉十二庄功”。
>
> 据说，临济宗规定此功只能在宗内秘授，不得外传，并指定《峨眉宗莲花宝笈》（共三册）为衣钵传人的象征。被上一代掌门授予该宝笈即被认为是获得掌门人的封号，并具备领导峨眉临济气功的资格，成为“正宗”传人。其他则为旁支或岔支。所以临济气功充满了神秘，当时民间人士也知之甚少。
>
> 据说，宗谱第十代衣钵传人、华藏寺的果善禅师永明，选定永严大和尚为第十一代正宗传人，授与宝笈。永严法师希望此功能够被传承的同时又能恩泽更多的世人，决定在掌门人选择上做出一些革新，即掌门人在一个僧人和一个被选定的俗家弟子之间轮流挑选，僧传俗，

俗还僧，僧俗同为一代掌门人。

民国末年，周潜川因患重病卧床不起，经多方求医问药无效后，听闻峨眉山高僧永严法师传有神功，遂投奔求治。永严法师用峨眉临济气功疗法和秘传丹药为其治疗，周潜川大病得愈（一说周潜川当时在战场受到炸弹影响，肝脏严重受损，在经多位医师治疗无效后，被永严法师云游偶遇。永严法师用峨眉气功疗法和秘传丹药帮助周医生，治愈了他的难症）。周潜川为了感恩，决定拜师永严。永严法师见周潜川人善心诚，便收他为徒，传其峨眉密传功法及医术精要，赠以“镇健居士”法号。周潜川天资聪慧，外加苦心修炼，终有所成。1946 年 9 月 10 日（民国第一丙戌中秋），永严法师将宝笈授予周潜川。1947 年 10 月 16 日（民国三十六年九月初三），周潜川被正式选定为衣钵传人。自此以后，周潜川成为峨眉临济气功第十二代衣钵传人与掌门人。他也是临济气功第一个俗家弟子衣钵传人。随后，永严法师无有牵挂地离开峨眉山云游四方。据说，有人曾在康定地区见过永严法师，但是他最终归于何处不得而知。

峨眉十二庄为四川民间武术代表性功法之一，历史悠久。周潜川遵从门内祖训，于 20 世纪 50 年代将从永严法师那里的所学悉数回传峨眉山巨赞法师，并于 1958 年将《峨眉宗莲花宝笈》共三册交还给他。巨赞法师也就成了峨眉气功第十三代掌门人。20 世纪 70 年代，巨赞法师又挑选傅伟中作为下一任掌门，传其衣钵。因此，傅伟中现为临济气功——峨眉十二庄第十四代掌门人。

（三）宁封子与龙蹻飞行术

武侠文学与影视世界中的功夫，最为吸引读者和观众的非“轻功”莫属。笔者年幼时也曾为“轻功”着迷不已，整日里上蹦下跳，幻想着有朝一日也能飞檐走壁，日行千里。“轻功”神话不局限于武侠文学与影视中，四川民间武术中也有类似于“轻功”的“飞行术”神话传说。

> 据说，中华民族的先祖黄帝，在统一华夏的战争中，所向披靡，战无不胜。但是，当他率领部族向北方蚩尤部落发起进攻时却屡遭失败。据传，蚩尤部族不但是铜头铁额，而且还善布“五里雾”。黄帝苦思冥想，却难以找到应对之法，一筹莫展。此时，不知从何处来了一位仙风道骨之人。他走进黄帝的帐篷向他举荐说：“王母昆仑下都青城山中有一位隐修的仙人，叫宁封子。他有神功，可以助你破解困局。”
>
> 宁封本是黄帝部族中主管烧制陶器的官员，后前往青城山中隐居修炼，功成后成为蜀中大名鼎鼎、法力高强的先古神仙。黄帝对宁封的修为也早有耳闻，他早就想去拜访这位仙人。战况愈加吃紧，听闻这一举荐后，黄帝便决定前去求取克敌制胜之经。黄帝离开中原，披星戴月、斩棘问路，经历了千难万险，最终来到了清幽秀美、仙境充盈的青城山。黄帝见到宁封后，向其表达了志在统一天下，救黎民于水火的宏愿，希望能够得到宁封的支持，并诚恳地拜宁封为师。
>
> 宁封见黄帝胸怀天下苍生，且又屈尊拜自己为师，便欣然收下黄帝为徒。他将法力无边的“龙蹻飞行术”传授给了黄帝。黄帝学成后返回中原，立即兴兵北伐，一举打败了蚩尤部族，统一了华夏各民族，成了中华民族的共同祖先。黄帝为了答谢宁封的帮助，册封宁封为五岳丈人。

这也是青城山又名“丈人山”的原因。至今，青城山上仍然存在“访宁桥”“龙蹻栈道”等传说中的遗迹。

（四）德源长老与白眉拳

白眉拳是四川民间较为流行（中国广东、香港、澳门和美国等地也较为流行，但脉系不一）的一个古老拳种。据传，该拳由峨眉山“白眉道长”所创。

宋代，峨眉山已成为我国的佛教名山。因为是普贤菩萨的道场，所以很多僧人都聚集于此念佛修道。其中，也有不少武僧来到峨眉山。他们在参悟佛法的同时，也渐次开始在武艺方面崭露头角，使当地武术有了明显的发展。

南宋时期，峨眉山来了一位游方僧人，法号“德源”。德源武艺高强，能打善坐。因德源眉毛为白色，故人称“白眉道长”。德源被峨眉山浓郁的佛家文化和秀美的风景深深吸引，决定留在此地参悟佛法，钻研武学。峨眉山上猿猴众多。相传，德源长老生活在山中时，常常看见山中猿猴相斗或戏耍。于是，他模仿猿猴缠斗与翻腾跳跃动作创编了一套独特的拳法。因德源眉毛纯白，故这种拳术被世人称作“白眉拳”。白眉拳自南宋被德源创编后，流传至今。

德源法师不仅武功非凡，而且文采出众。他收集峨眉僧、道武术之长，结合自身经验，编写了《峨眉拳术》一书，此书也成为峨眉武术最早的文字记载。从此以后，峨眉山佛教才有了较为系统的武术理论体系。他从理论上对峨眉派武术做出系统的总结，在中华武林中形成了自己的体系和风格。

（五）陈晓东与松溪内家拳

从现有资料看，中国武术内外家之分始于清初。史学家黄宗羲（1610—1695）于康熙八年（1669）所作《王征南墓志铭》首次提出将少林拳定为外家，别于少林者为内家。“少林以拳勇名天下，然主于搏人，人亦得以乘之。有所谓内家者，以静制动，犯者应手即仆到，故别少林为内家……”随后，在清雍正十三年（1735）出版的《宁波府志·张松溪传》将张松溪所传内家拳（松溪内家拳）定为内家拳典范之作：“盖拳勇之术有二：一为外家，一为内家。外家以少林为盛，其法主于搏人，而跳踉奋跃，或失之疎，故往往为人所乘。内家则松溪之传为正，其法主于御敌，非遭困厄则不发，发则所当必靡，无隙可乘，故内家之术尤善。”[①]

相传，内家拳为宋元之际的张三丰所创。据传，张三丰在武当修道时见蛇鹊相斗，蛇蟠身于地，以静待动，引而不发，每当飞鹊俯身啄击，蛇乃轻摇身首闪避，二物相斗，历久不止。三丰道士由此悟通玄机，并根据阴阳变化原理，结合蛇鹊争斗之体悟，创立以静制动、以柔克刚的内家拳。可见，内家拳的起源本身即充满了神话传说色彩。张三丰创立内家拳的说法得到了黄宗羲之子黄百家的认同，他在《内家拳法》对此有明确表述，“自外家至少林，其术精矣。张三丰既精于少林，复从而翻之，是名内家。”[②] 然而，松溪内家拳是如何传至四川地区的，在清代文献、墓志等资料中尚未发现有所交代。因此，松溪内家拳在四川地区落地生根也有着一段鲜为人知的传说。

四川南充地区的陈晓东是四川松溪内家拳的开创者，也被认为是当代松溪内家拳的中兴之祖。关于陈晓东如何获传松溪内家拳，有着这样一段佳话。

> 陈晓东（1871—1934），原籍天津静海县人，5岁时随父来川，定居于顺庆府（今四川省南充市顺庆区）。幼时体弱多病，少时拜当地名师周湘廷门下习武，后成为当地武术名家。清朝光绪后期，北京兴顺镖局镖师张午亭，护送知府戚年离京赴任，戚因故在顺庆停留，张亦借机访问当地武术名人。闻陈晓东先生系川北武术名家，遂登门拜访。张告之自己所习拳技属于内家拳，亦曾受北平武术名家杨班侯先生指点，并示意与之较技交流。在二人较武过程中，陈晓东虽力大拳沉，招式得当，但拳法偏刚，被张以柔化之，并顺势借力之法，将其跌倒。

① （清）曹秉仁：《宁波府志》，清雍正十一年修，清乾隆六年补刊本，第2372页。

② （清）黄百家：《内家拳法》，马力《中国古典武学秘籍录》（上卷），人民体育出版社2006年版，第234页。

陈晓东服其计，更慕其步法圆转灵敏，手法柔化圆活，顺势借力，变化多端，即求拜师。张坚持不允，逊之再三，言道："君之技与我伯仲间，今侥幸占先，皆因我习内家拳技，使用了以柔克刚，乘势借力之法。我们或可交友，共商技法。"陈晓东大喜，留张寓家中，以师礼待之。朝夕与之论理技法，切磋技艺。张感其诚，遂成挚友。留顺庆期间，张授以鹞子拳（天地盘）、白虹剑、六乘枪（六路）共九套拳技，以作相交留念。

后二年，有四川酉阳人何铁耕，出游至顺庆府，闻陈晓东习内家拳，特求一见。何自述其先祖曾得内家拳法，经数传至铁耕。通过交流，二人知与己所学之拳理相同，即相互深入切磋交流。经周、张传技和与何交流，陈晓东内家拳技造诣日深。陈晓东对内家拳求技若渴，若知谁有一招一式之长，必往求教，常自戏称为"收荒匠"。他对内家拳入痴入迷，走路、品茶、吃饭，甚至睡觉做梦都在思考钻研与创新。有一晚，陈梦到一须发皆白的老者对其言道："我双手笼袖与你斗，能胜我否？"陈与之斗，用尽各种招式，老者皆以肘法破之。老者忽侧身一肘将陈击倒，一觉醒来，乃是一梦。他立即下床揣摩梦中老者之招式势，且笔录之，随后创编出以肘法为主的"七肘拳"。陈晓东博采众长，取长补短，融会贯通，终自成一家。①

这又是一则关于四川民间武术起源创生的传说。在四川地区，关于民间武术的神话传说还有很多。针对四川民间武术源流问题，本节只采撷了部分相关议题的神话传说进行叙述，无疑这会有助于我们更好地理解四川民间武术的源流问题。

---

① 政协第五届南充市顺庆区委员会编：《顺庆武术（顺庆文史资料第七辑）》，内部资料，2014年，第15页。

二 相关神话传说的解析

就整个中国民间武术来说，神话传说都是充斥其间的。这些神话传说中，有些是具有历史真实背景，有些则是人们自发创编的虚妄之说。无论如何，它都是人们通过语言建立的一个独特世界，体现了当地人对所传承文化的认识、理解以及一种建构。这些神话传说能够被讲述并流传至今，并深得人们信任，对四川民间武术话语体系的形成有着深远影响。

四川民间武术创生的部分神话传说所反映的四川民间武术起源大致可以分为两种类型：一是本土创生型。这类传说虽然不多，但十分经典。比如，司徒玄空创立通臂拳、白云禅师与临济气功等都属此类。二是外来传入型。上述的松溪内家拳因北京兴顺镖局镖师张午亭，传技川人陈晓东后，经陈晓东融合创新使这一内家拳技得以在四川民间社会生根传承至今便是一例。从起源上看，土生土长的四川民间武术以及外来传入四川的民间武术，构成了四川民间武术的两大基本来源。

既然为四川民间武术创生的神话传说，其叙事的核心自然都是关于某一拳种在四川地区从无到有，具体是某一人物在某个年代创造了某个拳种。关于这些神话传说中的主角，有的有史可考，有的则虚无缥缈。在这些神话传说人物中，既有隐居山林的高人“司徒玄空”“宁封子”，也有精通佛道两教的“白云禅师”“德源长老”，还有民间武林高手张午亭、陈晓东等，可谓从神到人，一应俱全。从叙事风格上看，这些涉及四川民间武术创生的神话传说少有夸张叙事风格。这些叙事特征体的形成可能与四川地区的武术文化传统有着直接的关系。

这些神话传说彰显出四川民间武术带有浓厚的佛、道文化特征。他们将四川民间武术在起源上与峨眉山、青城山等宗教圣地紧密联系起来。如司徒玄空、白云禅师、德源长老等都是在峨眉山上隐居禅修之余创立了新的拳术，而“飞行术”的创立则出现在青城山上的神仙宁封子身上。这些关于四川民间武术创生的神话传说体现出一些四川民间武术直接起源于峨眉山佛教与青城山道教文化氛围之中。因此，四川民间武术不可避免地要与佛、道文化发生联系，并受到佛、道文化的直接影响。

这些民间武术创生的神话传说是一种可以进入历史的被建构的真实。尽管神话传说不是经典历史学意义上的历史，但是它体现出一定的历史性以及底层民众的历史观。神话与传说是民众自己口述自己的历史，是他们关于历史的集体记忆。四川民间武术创生的神话传说是四川民间武术群体通过自己的方式建构起来的地域历史，透露出的是深刻的地域文化认同。不管史学家如何看待这些神话传说，也不管这些神话传说蕴含了虚构以及充满了文学性，这些神话传说提供了四川民间武术群体最为真实的生活历史记忆，这才是最为重要的。任何民间口头传说都是一个成千上万次被“重复”的过程。[①] 我们不否认民间武术创生的神话传说中有虚构的成分，但从另一个侧面来看，这些神话传说创造及流传的过程却是真实的历史过程，而且它本身即是一种关于民间武术起源的历史信息。我们可以从中理解这些民间武术创生的神话传说的历史情境，创造者、改编者以及传播者的文化心态与历史观念。从复原历史的条件来说，由于民众话语权的缺失，解析民间传说就是探寻民众历史记忆的一种较好方式。[②]

本章小结

历史是一切事物发展的逻辑起点。追溯四川民间武术的源头，我们不难发现，四川民间武术的起源既有与其他民间武术起源相通之处，比如生

① 万建中:《民间传说的虚构与真实》,《民族艺术》2005 年第 3 期，第 74 页。

② 卢华为:《虚构与真实——民间传说、历史记忆与社会史“知识考古”》,《江苏社会科学》2004 年第 6 期，第 163 页。

存需求、军事战争等社会因素之于四川民间武术的形成。同时，它也有与其他民间武术不同的源头出处，如原始宗教、历史移民等。这一方面体现出四川民间武术历史源头的复杂与多样的结构性特征，另一方面也彰显出四川民间武术独特的文化品格。神话传说是民间武术历史文化的重要组成部分，也是探究四川民间武术历史缘起的重要历史文化要素。对四川民间武术创生的神话传说展开研究，让关于四川民间武术起源的表述更加有血有肉，凸显出四川民间武术社会的创造力与想象力，一定程度上也弥补了以往武术研究对民间武术神话传说的重视程度不够的缺陷。希望对神话传说学术探讨的引入，能够提供不同的视角来阐释民间武术的历史构成，揭示民间武术被遮盖的历史，对既有的武术文化史观进行一些修补，对理解与认识民间武术提供些许启迪。

第二章　四川民间武术拳、枪之显

从现有资料看，四川民间武术发展到明清时期已经非常成熟。一些代表性的拳种或器械，如峨眉枪、峨眉拳等开始凸显，同时也形成了较为清晰的传承脉络。明清时期的民间武术中以峨眉武术最为突出，可以说是言必称峨眉。

明朝时期，以峨眉武术为代表的四川民间武术声名显赫，其声望远在其他民间武术之上。拳、枪皆以峨眉为上品，棍才推少林。这要归功于唐顺之、郑若曾、吴殳等人在文本中对峨眉武术的记载与表述。在古代社会，知识生产的权力总是掌握在少数具备书写能力的文人手里。然而，多数文人对民间武术这种“三教九流”的底层“玩意”不屑一顾，嗤笑武人为“一介武夫”。武人往往又专注于武艺自身，少有人钻研四书五经，自然也就很难针对武艺为后人留下多少文字资料。所以，那个时代“文人不武”或“武人不文”是常有的事情，“文武双全”“文韬武略”也就成了整个社会对凤毛麟角者的描述与渴望。唐顺之、郑若曾、吴殳等人所记载的峨眉武术，既是峨眉武术理论原典文献，又是四川民间武术的文本构成，这为研究明代四川民间武术拓宽了视野。

第一节　唐顺之与峨眉拳

唐顺之[①]（1507—1560），字应德，号荆川，江苏武进（今属江苏常州）人。正德二年十月初五，出生在常州（武进）城内青果巷易书堂官宦之家。嘉靖八年（1529），唐顺之取得会试第一名的好成绩，调兵部主事。嘉靖十二年（1533），官翰林编修。因其性格刚直，在官场曾几度遭到贬黜。后因朝见太子被削籍。返回常州老家后，他潜心治学，无所不窥，天文、地理、律例、兵法、算学、射学莫不究极原委，甚至他还曾向一位河南民间武术拳师学习枪法。

当时，东部沿海一带倭寇猖獗，屡遭袭扰，民生怨愤。唐顺之因满腹经纶，通晓军事，又有治国平天下之大志，被众人力荐，回到兵部任职。唐顺之以兵部郎中身份督师浙江，并亲率兵船于崇明破倭寇于海上，屡建奇功。因多年奔波抗倭，积劳成疾，不幸染病，但仍坚持督战抗倭。1560年四月丙申（初一）日，在抵达通州（今南通）后，病逝于海船之上。

唐顺之兵法娴熟，武艺高强，尤善枪法。相传，戚继光和俞大猷等都向他学过枪法。他不仅为军事家，还是学识渊博的一代文豪。郑振铎在《中国文学史》中认为，“唐宋八大家之说盖始于唐顺之”。唐顺之是明代重要文学流派——唐宋派代表人物，与王慎中、归有光合称“嘉靖三大家”，著作等身。

《荆川先生文集》是唐顺之的作品集之一，文集共17卷，其中文13卷，诗4卷。《荆川先生文集》中辑录了《峨眉道人拳歌》一首，这成为研究四川民间武术不可逾越的原典性文献。民国版《四部丛刊》所载《峨眉

---

① （清）张廷玉等撰：《明史》（第十八册），中华书局1974年版，第5422—5426页。

道人拳歌》如图 2－1 所示。①

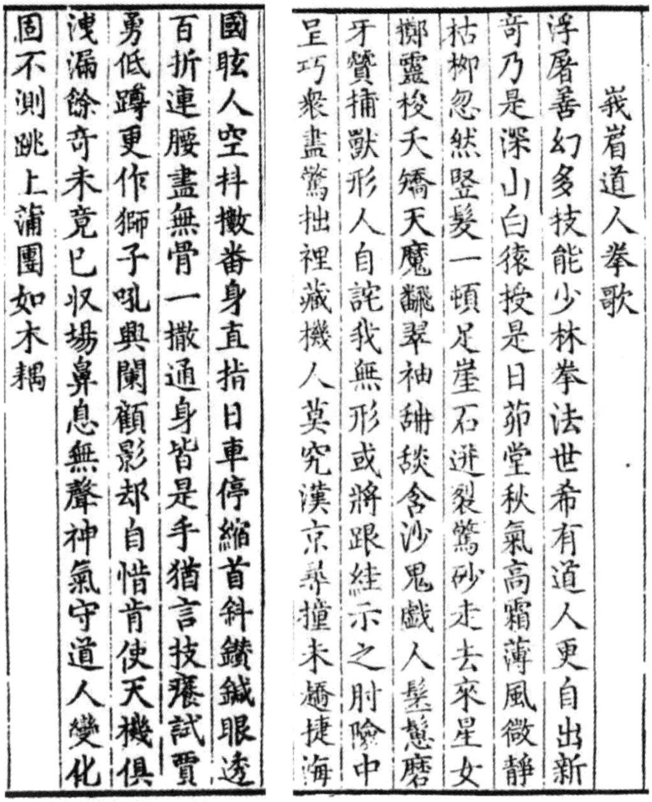

峩嵋道人拳歌

浮屠善幻多技能少林拳法世希有道人更自出新
奇乃是深山白猿授是日茆堂秋氣高霜薄風微靜
枯柳忽然竪髮一頓足崖石迸裂驚砂走去來星女
擲靈梭夭矯天魔翻翠袖翩復含沙鬼戲人鬓鬖磨
牙貙捕獸形人自詫我無形或將跟絓示之肘險中
呈巧衆盡驚拙裡藏機人莫究漢京尋撞未趫捷海
國眩人空抖擻番身直指日車停縮首斜鑽鍼眼透
百折連腰盡無骨一撒通身皆是手猶言技癢試賈
勇低蹲更作獅子吼興闌顧影却自惜肯使天機俱
洩漏餘奇未竟已収場鼻息無聲神氣守道人變化
固不測跳上蒲團如木耦

图 2－1　《峨眉道人拳歌》

荆川先生在观看完某道士演练峨眉拳后，有感而发写就了这首咏颂峨眉拳的诗词，全诗对仗工整，押韵有序，信息量大，意境深远优美，给人以气象万千之感。荆川先生开头曲笔入题，用铺陈叙述手法对少林拳法大加赞扬，称其为“世稀有”，反映出少林拳在当时即已非常有名。接着，笔锋一转进入主题。峨眉拳以“新”与“奇”打破了少林拳法在当时世人心中的“神话”。紧接着，唐顺之通过一系列的描述、议论等，把峨眉拳的气势、灵巧、敏捷、细腻、变化、惊奇、诡异与沉稳等品格内涵淋漓尽致地

① 《四部丛刊·荆川先生文集》（二），商务印书馆 1936 年版，第 42—43 页。

展现了出来。

《峨眉道人拳歌》为我们展现的峨眉拳是手、眼、身法、步、精神、气、力、功内外兼修，既重内功，又强调外形，刚柔相济，精彩绝伦的武艺拳法。这说明，当时四川民间武术中的峨眉拳已经具备了精湛的技法与高超的水平。唐顺之所观看的这位峨眉道人的拳法功夫更是达到了炉火纯青的地步。

荆川先生对四川民间武术的贡献，不仅在于为我们呈现了臻于化境的峨眉拳，更在于以一个具有多种身份的社会上层人士对民间武术的认同，这在明代极其不易。在《峨眉道人拳歌》之前，我们尚未看到有著名文人、军事家等对四川民间武术进行过如此高的评价。作为一代文豪、军事家与社会上层人士，唐顺之对峨眉拳的关注，能够从一个侧面说明四川民间武术在明代的兴盛。事实上，四川民间武术不仅得到了唐顺之的认同。著名军事家戚继光在《纪效新书·拳经捷要篇》也对四川民间武术拳法倍加肯定，他提出了“巴子拳棍今之有名者”① 的著名论断。这也成为四川民间武术在明代所具声望的又一佐证。

第二节　吴殳与峨眉枪

“枪为诸器之王”，在冷兵器时代，枪法即受到兵家的重视，在民间武术中也广为流传。明清之际四川民间的峨眉枪因其名噪一时的声望得到了学者、军事家们的关注与表述，得以载入史册。反过来看，这种关注与书写对峨眉枪在后世的远播则起到了至关重要的作用。清初之际，张海鹏在编辑《泽古斋丛钞》时，将《峨眉枪法》与《梦录堂枪法》作为附卷辑录《手臂录》之中。因此，吴殳的《手臂录》所述《峨眉枪法》应为四川民

① （明）戚继光:《纪效新书》，马明达点校，人民体育出版社 1988 年版，第 308 页。

间武术理论有史以来最早的系统性表述。不过，在吴殳之前，明帝国时期的郑若曾（1503—1570，字伯鲁，号开阳，明朝苏州府昆山县人）在《江南经略》中也言及峨眉枪。作为明末清初的诗人、史学家，以及成就卓著的武术家，不难推测吴殳理应知晓郑若曾关于峨眉枪的表述。因此，对峨眉枪而言，上述二者应是一脉相承的关系。

据初刻于明隆庆二年（1568）的《江南经略》载，当时已有较为知名的多家枪法传世，峨眉枪法名列其中。《江南经略·兵器总论》中说："使枪之家凡十有七：曰杨家三十六路花枪（其分出者曰大闪干，曰小闪干，曰大六合，曰小六合，曰穿心六合，曰推红六合，曰埋伏六合，曰边栏六合，曰大封臂，曰小封臂）；曰马家枪（上十八盘，中十八盘，下十八盘）；曰金家枪；曰张飞神枪；曰五显神枪（花枪七十二势）；曰拐突枪；曰拐刃枪；曰锥枪；曰梭枪；曰槌枪；曰大宁笔枪；曰拒马枪；曰捣马突枪；曰峨嵋枪；曰沙家十八下倒手杆子；曰紫金镖；曰地舌枪。"① 郑若曾认为，由于当时明帝国的"偃武"，导致民间社会大多数人对武艺极其陌生，即使一小撮倭寇出现也如临大敌一般。在他看来，中国武艺历史悠久，种类繁多。偃武政策导致各门各派的"秘法"隐传于民间社会之中。他说："我堂堂天朝一统之盛礼陶乐化，偃武已久，民不知兵欤，遇小丑遂若强敌，不知中国武艺不可胜纪，古史以来，各有专门秘法散之四方。"② 因此，他专门在《江南经略》"兵器总论"一节中对散之于民间四方的中国武艺进行了一番讨论。我们从《江南经略》的记载可以确认，四川民间武术中的峨眉枪至少在明代中期以前即已形成了系统的流派，并且有了很高的声望。不过，郑若曾在《江南经略》中只是提及峨眉枪，我们从中能够获得的知识

① 《文渊阁四库全书·子部·兵家类·江南经略》，（台北）商务印书馆 1986 年版，第 728—426、728—427 页。

② 同上书，第 728—426 页。

相当有限。关于四川民间武术峨眉枪的系统表述直到明末清初的吴殳才得以完成。

吴殳（1611—1695），字修龄，原名乔，江苏太仓人，因早年入赘昆山，遂占籍昆山。[①] 他是明末清初著名诗人、史学家、武术家，亦为明清之际文通武备的四川民间武术——峨眉枪的代表性传承人。他在《围炉诗话·卷六》中说自己，“天启癸亥，年始十三。”[②] 据此推算，他的生年应是万历辛亥年（1611）。据钱陆灿于康熙三十七年写的《汇刻列朝诗集小传序》称，“前三年，吴君在娄东，遥知玉峰禊饮之篇，想见头童齿豁如予，未知其在以否？”[③] 据此推断，在康熙三十四年（1695）时，吴殳应健在，而且身体还硬朗。但是，光绪《昆新两县续修县志》卷34《游寓》载，“康熙乙亥卒，年八十五”。康熙乙亥年为1695年，看上去似乎这两则文献对吴殳的卒年有差异性记载。以钱陆灿的文史修为，其记载应可据信。不过，后一则县志的记述也应可信。陈寅恪在《柳如是别传》中就将该县志中关于吴殳的记载推荐给读者。[④] 当代史学家马明达对此也十分确认。[⑤] 可见，唯一的解释就是，人生多变，不可预测。1695年，在钱陆灿得知吴殳健在的消息后某个时间，吴殳便辞世了，在这一年去世的还有黄宗羲。就民间武术而言，两位与民间武术关系密切的大师、巨匠在同一年陨落实在是莫大的损失。

---

① 注：《清史稿》中说吴殳，“常熟人也”。见《清史稿（第44册）·列传二百七十一·文苑一》，中华书局1977年版，第13333页。张海鹏在《围炉诗话·跋》中又说，“修龄本畸人，名殳，亦名乔。太仓人，赘于昆，故又为昆山籍。”太仓县旧称为“东仓”。明朝初年设立太仓卫。明弘治十年（1497），设立太仓州，辖昆山、常熟、嘉定三县，隶属苏州府。吴殳生于万历辛亥年，故为太仓州（常熟县）人。

② （清）吴乔：《围炉诗话》，据清嘉庆十三年续修四库全书（集部·诗文评类）刻本影印，第680页。

③ （清）钱谦益：《列朝诗集小传》（汇刻列朝诗集小传序），上海古籍出版社1959年版，第4页。

④ 陈寅恪：《柳如是别传》（下册），上海古籍出版社1980年版，第991页。

⑤ 马明达：《说剑丛稿》，中华书局2007年版，第294页。

吴殳博学多才，其代表作除《手臂录》外，还有《围炉诗话》《无隐录》《纪效达辞》等。[①] 因他是明朝灭亡后坚守志节的遗民，与顺治、康熙年间的文坛人物多有交往，经历和学术活动也十分复杂。明末清初之际，战乱频仍，国势危重，南北文人中曾出现一股研讨兵学和崇尚武艺的风气，风化所摩，学者比肩，徜徉其中的南北学者不一而足。[②] 不过，吴殳用功深厚，成就甚高，是明清之际文武兼修学风中最突出的代表之一。他数十年潜心其中，贯通古今，成功地融合了文学、史学和武学，创造出独具一格的学术模式。

吴殳出身寒微，才华横溢，个性十足，游历甚广，遍交三教九流之友，于文于武都成就斐然，其一生经历十分复杂。张海鹏在《围炉诗话·跋》中说，“修龄本畸人”[③]，此说非虚！吴殳少年时就十分尚武好学，他经常与玩伴一起驰马游历，并研读《孙子兵法》《纪效新书》等军事著作，希望有

---

① 注：关于吴殳在武学方面的代表作，马明达先生撰专文《吴殳的五种武学著作》，该文收录于《说剑丛稿》一书中。马明达先生是少有的专攻史学，兼及武学，又融史学于武学，以武学促史学的当代学者。古往今来，文史出身且能够兼及武学者屈指可数。一般人论吴殳极易偏及一方。文学家究其文学造诣，舍武术而不谈；武术家则似乎只知《手臂录》，而不言其他。这二者都是极为片面的。一方面，这反映出我国教育的一种病态——“重文轻武”思想长期腐蚀社会，视“武”为“小学”“末学”而忽视不提。观之今日，则如整个社会大多数人对武术与体育的偏见，仍视武术与体育为缺乏思想的“下等”学科。武术与体育之于“头脑简单四肢发达者”与“莽娃”的刻板印象被打破重建，才能让我国教育求得平衡，取得健康发展。另一方面，武术被认同为我国传统文化，但其教育长期忽视“原典”诵读。教育家或研究者往往也唯武术而武术，在这“一亩三分地”中独自打转，长此以往，一叶障目。最终导致培养出的人才有“专”而难“全”，文化素养缺乏，在社会上极易受到不平等的观视。

② 注：这一时期文人习武蔚然成风，北方一带有山西的傅青主、傅眉父子与武僧结交甚好并习练武艺；河北的颜元、李塨、王馀佑、王源等对兵学与武艺进行精研并传播，这也成为“颜李学派”的主要特点之一。南方一带有江苏常熟的钱谦益则与多位身在低位的民间拳师的交往，如石电，并写有《石义士哀辞并序》。江苏太仓的陆世仪与吴殳同学枪术于石电，写有《石敬岩传》。江苏常熟人冯行贞善射。浙江的文学家茅坤的孙子茅元仪，文武双全，“下帷称学者，上马即将军”，天启年间著成军事百科全书《武备志》二百四十卷，影响深远。浙江余姚的黄宗羲精技击，其子黄百家拜抗清义士王征南为师学习内家拳，善拳术。马明达也认为，在重文轻武之风愈演愈烈的中国古代，文武分为两途，兼容二者更是难事。及至视武学为末学的明清时代，不要说兼容，能做到不歧视武学就很不容易了。见马明达《说剑丛稿（增订本）》，中华书局2007年版，第295页。

③（清）吴乔：《围炉诗话》，据清嘉庆十三年续修四库全书（集部·诗文评类）刻本影印，第692页。

朝一日能够学有所成，报效国家。崇祯六年（1633），常熟人石电（号敬岩）受聘至娄（即今江苏刘河镇）负责练兵。吴殳得知后，约同乡少年夏君宣、夏玉如、陆世仪（号桴亭）[①] 一起拜师石敬岩[②]，学习枪术。两年后，也就是1635年，石敬岩战死沙场，吴殳等人不得不停辍了枪术的学习。同年春天，他遇到了天都的民间拳师项元池，并向其学习双刀，到该年六月，学有所成。1638年，他参加科举考试，中了秀才。正当他准备继续努力为大明朝效力的时候，李自成攻入北京，吴三桂引清兵入关，1644年，明帝国被大清朝取而代之。易代之际，吴殳成为前朝遗民，心如死灰，无心读书与操练枪法等武艺。[③] 至1660年，他在渔阳遇到一位民间老拳师，向其学习了剑法，并著成《剑诀》一书。1661年冬，他将之前所学枪法进行了总结，写成了《石敬岩枪法记》。

1662年，他被盛辛五聘请到鹿城为其子做家庭指导教师，这也成为他与四川民间武术产生联系的开始。盛辛五的好友朱熊占为峨眉僧人再传弟子，武艺一流。吴殳与其意气投合，二人常谈论、交流峨眉枪法。是年中秋，吴殳著成《峨眉枪法》，冬初，朱熊占将其师父程真如所著《峨眉枪法》赠与吴殳。该年八月十日，吴殳还写就了《单刀图说自序》一文。

---

① 注：陆世仪，字道威，号桴亭，为清末民初著名的理学家、文学家，有“江南大儒”之誉。《清史稿》载，“陆世仪，字道威，太仓州人。少从刘宗周讲学，归而凿池十亩，祝亭其中，不通宾客，自号桴亭。”见《清史稿（第43册）·列传二百六十七·儒林一》，中华书局1977年版，第13117—13118页。

② 注：石敬岩，名电，江苏常熟人，曾侨居长洲之彩云里。生年不详，死于明崇祯八年（1635）。在世约六十余年，为明末清初著名武术家。其著名弟子有吴殳、陆桴亭、夏玉如、夏君宣等。世人多知敬岩善枪、刀，不知其双钩等武艺也堪称一流。桴亭诗《观敬岩舞双钩》赞曰，“石氏双钩天下无，壮游燕赵暮游吴。英雄已老少年出，若箇相逢是丈夫。”《赠敬岩将军》曰，“（敬岩剑槊为天下第一，予从之受学，惜未尽其术）将军结发已从戎，四十余年立战功。十月冰霜孤寨外，九秋风雨百蛮中。但期戮力同刘杜，岂料终身类李冯！执政无人君应恨，江湖知己尚难逢。”见《太仓陆世仪道威著·桴亭先生诗集·卷一》，载于《续修四库全书·集部·别集类：534》。据当代史学家马明达考证，石敬岩的武术成就绝不比同时代的王征南低，而且他留给后世的武术遗产和有关他本人事迹的史料也比王征南要多。见马明达《说剑丛稿》，中华书局2007年版，第85页。

③ 注：他在《峨眉枪法原序》中说，“革代之后，心如死灰，笔墨俱已废阁，况枪法乎？”

1678年，吴殳68岁之际书成《手臂录》。该年秋天，他又写就《梦绿堂枪法序》。此时，吴殳虽已进入暮年，但成果愈加丰富。在接下来的两年中，他于1680年夏编成《难光录》，1681年冬著就《围炉诗话》。到1687年，他77岁高龄之际仍笔耕不辍，编成《无隐录》。

吴殳对当时流行的各家枪法进行了比较分析。他说，“余南还，又造沙家枪、马家兼棍枪，则意味疏浅，校之余师之法，相去远矣”“杨家阴阳互转，与峨眉同。但长则利于伤人，而亦苦于外重，根不能制其尖，运用不能如峨眉之灵，此乃器之本然，虽大力者不能强也”“学峨眉者，练习之功至于十分，则沙家望而却步，功亏一篑，犹为沙、杨得半者所困”“峨眉贱棍不屑杂”①。从吴殳的分析来看，虽然当时也有“石、沙、杨、马、少林、冲斗”等著名枪法，但诸家枪法之中峨眉枪与其所学敬岩枪法并驾齐驱，属上等技艺，其他诸技莫于并驾。而且他认为，敬岩所传枪法亦属于峨眉枪法。他在《手臂录》中说，“程真如亲得于峨嵋，确有可据，而枪法与敬岩悉同，则敬岩其亦峨嵋枪矣。”石敬岩之技师从少林僧人刘德长。吴殳认为，刘德长在遍游江湖时学习了普恩禅师的峨眉枪法，刘德长应为普恩禅师的再传弟子之一。《手臂录》载，“刘德长初亦出于少林，自嫌技未精，又遍游天下，不负所学云。殳谓刘师遍洲天下，则必受学法于峨嵋矣。不然，何以与普师之传如水入水也。”吴殳的分析应属可信。否则，在他与朱熊占交流切磋后，遗忘多年的敬岩枪法怎会“顿还旧观，焕若神明”。如不是敬岩枪法源自峨眉，可能很难出现此番效果。

这需要指明的是，尽管明代的峨眉枪法中不屑于掺杂棍法，峨眉武术发展到清朝时棍法技艺也已相当高超。据《清史稿·列传二百九二·文艺四》载，有一名叫江之桐的安徽和州人善“峨眉十八棍”，其特点是“多取

① 吴殳：《手臂录》，马力《中国古典武学秘籍录·上卷》，人民体育出版社2006年版，第250—286页。

洪门，敌硬斗强，以急为用。”①

表 2－1　　吴殳生平简表②

公元年份	年号	年龄	主要事迹
1611	明万历三十八年（辛亥）	1	在太仓州常熟出生。
1633	明崇祯六年（癸酉）	23	同夏君宣、夏玉如、陆世仪向石电学习枪术。
1635	明崇祯八年（乙亥）	25	遇天都人项元池，学成双刀技艺。
1638	明崇祯十一年（戊寅）	28	中秀才。
1644	明崇祯十七年清顺治元年（甲申）	34	明亡。易代之际，吴殳心如死灰，无心学习。
1660	明永历十四年清顺治十七年（庚子）	50	到渔洋遇到一民间老拳师授以剑法，著成《剑诀》。
1661	明永历十五年清顺治十八年（辛丑）	51	秋著《乐书》二十余篇；冬写《石敬岩枪法记》。
1662	明永历十六年清康熙元年（壬寅）	52	结识朱熊占，交流枪法。写成《单刀图说自序》、《峨嵋枪法》，获赠程真如《峨嵋枪法》。
1678	清康熙十六年（戊午）	68	八月《手臂录》书成。秋，写成《梦绿堂枪法序》。
1680	清康熙十八年（庚申）	70	夏，编辑成《难光录》。
1681	清康熙十九年（辛酉）	71	冬，著成《围炉诗话》。
1687	清康熙廿五年（丁卯）	77	夏，编成《无隐录》。
1695	清康熙三十三年（乙亥）	85	卒。

① 《清史稿》第 46 册《列传二百九十二·艺术四》，中华书局 1977 年版，第 13924 页。

② 据《手臂录》《围炉诗话》《列朝诗集小传》《说剑丛稿》等著作整理而成。

吴殳极其推崇峨眉枪法。当他看到程真如所著《峨眉枪法》后，认为峨眉枪法“卓哉”！在吴殳所编《手臂录》中，包含两套《峨眉枪法》：一是程真如所著《峨眉枪法》，另一是他本人所著《峨眉枪法》。程真如的《峨眉枪法》较为简略，前后共四百五十余字。程真如借普恩禅师之口，说峨眉枪有“一十八扎，十二倒手，攻守兼施”，除此之外，其他技法并未言明。今日看来，可谓失之简略，让人无法参透峨眉枪法究竟该如何操作。因此，虽名为《峨眉枪法》，但在枪“法”方面价值意义并不大。吴殳当年能够获得峨眉枪真知，想必与朱熊占二人之间的交流切磋有直接关系。不过，程真如倒是将峨眉枪法的传承谱系说得比较清楚。

从《手臂录·峨嵋枪法原序》看，峨眉枪法“师弟相传，历世不替”，传至吴殳已到第五代。峨眉枪法最早由异人传给峨眉山普恩禅师，普恩再传程真如，程真如下传朱熊占，朱熊占再传吴殳（“异人”—普恩禅师—程真如—朱熊占—吴殳）。虽然石敬岩没有告诉吴殳所传枪法来自峨眉，但吴殳根据所学敬岩枪法与熊占枪法“如水入水”反推出，敬岩之师刘德长的枪法也传自峨眉普恩禅师。那么峨眉枪在明清之际的另一条传承路线也已明了，即“异人”—普恩禅师—刘德长—石敬岩—吴殳。但是，石敬岩并非是刘德长所传峨眉枪法的唯一传人。据《手臂录·石敬岩枪法记》载：“洪记、敬岩受命而为之者一年，乃许入室。惟时德长之徒最高者山东王富，次则敬岩与韩二公子，又次者韩仆公子，又次者为中丞公云。”可见，刘德长还传有洪记、王富、韩二公子、韩仆公子、中丞公等人。不过，从程真如的《峨眉枪法》看，普恩禅师应还传有一位徒弟“月空”。他说：“与荆江行者月空，礼师请教……师……遂教余二人动静进止之机，疾迟攻守之妙。”可见，明清之际的峨眉枪在民间社会已十分普及，而且有着清晰的传承谱系。吴殳既得著名武术家石敬岩之传，又与朱熊占交流切磋，历史注定他必成为峨眉枪的集大成者。

南明永历十六年（1662），吴殳著成《峨眉枪法》，这成为四川民间武术峨眉枪理论体系成熟的标志。在吴殳的建构下，四川民间武术峨眉枪的理论化在明清之际得以完成。吴殳的峨眉枪理论由心身、静动、战术、禁忌、技术五大板块构成。

吴殳将“身心”放在峨眉枪理论的最前面讲，意在强调二者。他认为，“心”在枪术中至关重要，是统领手足的关键所在。因此，要“治心”。他说：“手足运用，莫不由心。心火不炽，四大自静。”吴殳起笔言“心”，原因在于枪术之中，治心比枪术技艺本身要难。正所谓是“用技易，治心难”。那么治心要达到什么标准与境界呢？他给出的答案是“泰山崩于前而色不变，麋鹿起与左而目不瞬”。这一心境只有在实践中才能历练出来，而且只有在实战中才能得以检验。也就是他所说的，“他行任他行，他搭由他搭，惹动真主人，龙动如摧拉。”

在武艺实践中，身心本为一体。然而，吴殳将“治心”与“治身”分而论之，想必是为了突出心境的重要作用。这一点非初入武艺之门者所能理解。在高手的巅峰对决中，心理因素将成为决定成败的关键性因子。这也是现代格斗竞技训练都强调心理训练的重要原因。但是他并未舍身而谈心，吴殳提出，在峨眉枪的“心”“身”之间，二者存在互为促进、互为滋长的关系。身法是心理因素发挥的基础，如果“身法不正，则心无主而手失措，持龙不固，进退无节，机局荒唐也”。最终将会导致“神疲气必虚”的结果。同时，他也提出，身心之治贪快求急反而难以奏效，要循序渐进地累积，“练习之工，积如邱山，则心不治而自治”。如果不是身心配合，而是以“心”治“心”，其结果将是越练越乱，相差万里。

“静、动”是一对矛盾的统一体。吴殳针对不同形式，提出了峨眉枪的“静、动”理论。吴殳认为持枪“贵静”，而且要静到“如峙岳，如止水，淆之不浊，触之不摇”。不过，这种“静”不是纯粹的静，而是在寻找战机、暗藏玄机的相时而动，要“使人莫测”。这种“静”不是一味地“静”，还要把握一个度，不能过，否则容易陷入笨拙疲惫的状态，从而失去战斗力。他说：“龙静不可太凝，凝则势久，势久则心怠思沉而龙惫矣。”可见，峨眉枪中的“静”有战术的考量，也是一种境界，同时还是十分困难的事。如何才能做到“静”呢？吴殳在“宜静篇”开篇就已指明，必须是“身心皆治”，而后才能达到“静”。可见，这个“静”是需要长时间的练习与实践才能达到的一个枪术境界。

吴殳认为，峨眉枪“始如处女，后如脱兔”。动起来后，要“脱化”其风急电掣的“刚”“暴”特性，要在“动”中求“变”。他说，行枪之法要做到“恍惚变幻，乍潜乍现，或有或无，与神消息求之，莫得其端，视之不见其迹”。当然，像“宜静”一样，“宜动”也并不是一味的动，而是要处理好节奏。如果动的“太过”，就容易“老能”，反倒不易取胜于人了。

吴殳在峨眉枪的战术理论上着墨最多，战术论也构成了峨眉枪理论体系的一大特色。这反映出明清之际峨眉枪对阵战武艺对抗实用思想的继承，这与侧重表演的现代花式竞技枪术有着明显的巨大差异。吴殳从攻守、审势、形势三个方面来论述峨眉枪的战术理论。他依据战术安排将攻守分为四类，即“攻”“守”“不攻之攻”，以及“不守之守”，并对峨眉枪不同技法运用进行匹配性论述。他说：“攻则一十八扎……守则十二倒手……不攻之攻，降枪倒手是也。不守之守，鸳鸯扎法是也。”他还引入阴阳理论解释战术攻守，“攻为阳，守为阴；降枪倒手，阴中之阳；鸳鸯扎法，阳中之阴。”在各种攻守法中，他最为看重“回龙扎法”与“带打扎法”，视为“狠手”。他认为，“回龙扎法，手中最利……带打扎法，攻击莫当。”攻守是战术智慧的体现，在攻守之前与之间都要审时度势，明了对手的“强弱虚实”，以最大强度地趋利避害。对于如何识破，吴殳提出了诱敌法要。他说：“施之以强，以观其弱。施之以弱，以观其强。施之以速，以观其迟。

施之以迟，以观其速。施之以守，以观其攻。施之以攻，以观其守。”此外，吴殳还从“高下、夷险、晦明、阴阳、长短、劲柔”几对矛盾入手，分析峨眉枪在实战过程中的战术运用。他说：“取高则彼不能侵突，我得乘势而临之，取平则彼不能驰骋，我得挪移而进之。取晦则彼不见我形，因而扰之。取阴则彼为日所炫，因而欺之。取长取劲，则彼不能攻，我因而困之。”对于峨眉枪如何先发制人，吴殳也有精辟的论述。他认为：“先发制人，莫若虚扎带打二法，与卷枪击枪二倒手四法互出，人无所措手足矣。”

由“戒谨”所构成的一些禁忌或原则也构成了峨眉枪理论体系的重要组成部分。如“泞地还宜避，侵晨莫向东。灯前不举手，月下勿持龙。最恶时多酒，偏嫌腹已空。好胜休交妬，当取莫教松。此言游场临敌不论，当取莫当松，旨在言乎。是谓八戒，不知者不与言，不仁者不与传。谈元授道：‘贵乎择人。’”这其中既有对峨眉枪技战术使用的一些原则，也包括传艺授徒时的道德律令。足以见出，吴殳充分考量了峨眉枪理论的结构构成。

技术是峨眉枪理论的基础组成部分。程真如所著《峨眉枪法》中，只说到了峨眉枪有一十八扎，十二倒手，并未言及其他。用吴殳的话说就是，“惟有革法十二，扎法十八。不言立势，不言步法。”在吴殳所著《峨眉枪法》中，他将敬岩枪法也并入其中，因此大大丰富了峨眉枪的技术体系，提出了“倒手、扎法、用法（破诸器械）、身手法”等技术构成。

“倒手”技法主要包括“劈枪倒手、缠枪倒手、流枪倒手、和枪倒手、击枪倒手、盖枪倒手、提枪倒手、扑枪倒手、钩枪倒手、封枪倒手、挑枪倒手、卷枪倒手”十二种技法。他针对“劈、缠、流、和、击、盖、提、扑、钩、封、挑、卷”等倒手技术核心，分别进行阐释，使读者一目了然。在峨眉枪“扎法”中，吴殳延续了程真如的十八扎攻人之法，即“有单杀手扎，有左右串扎，有左右圈扎（即石之叠穿），有穿帘扎（即颠提），有带打扎，有左右插画扎，有投壶扎（石名穿），有实扎，有回龙扎（石名就），有戳枪扎（即石之木鸡），有无中生有扎，有迎枪扎，有虚扎（石名圈手），有月牙枪，有子午枪，有騰蛇枪，有鸳鸯枪，有降枪。”随后，他对每一种扎法的具体细节又进行了详尽的说明。从中可以看出，他吸取了一些石敬岩对技术动作的命名，并对个别与其他家有重名的技术进行了区别。如解释“带打扎”的时候，他就指出了该技术与程冲斗的不同。为了进一步说明峨眉枪技术的使用情况，吴殳专门开辟一节对枪法与其他器械之间实战的情况进行讨论，名曰“破诸器械”。他对如何破解插镋、鞭剑、长竹、双刀、偃月、棍、戟、牌等器械一一进行详解，为枪术实战对抗技法保留了一份遗产。

吴殳所著《峨眉枪法》是对程真如版本的完善与超越。这不但体现在他对峨眉枪心身、静动、战术、禁忌等方面的理论建构，而且在技术方法上也是如此。他继承了程真如“十二倒手与十八扎法”这一核心技术，但也提出了身法与手法理论。他认为，身法在枪术中极其重要，为“艺之门户”。枪术的“进退盘旋，皆由身法”，可以说身法的好坏直接影响着整体技术的发挥，“身法既正，则十二倒手、十八扎法，无不应心矣。”手法之于峨眉枪无疑也十分重要。无论是卷、缠、提、盖、拿、勾、扑、封等技法，还是十八扎法与十二倒手，都需要通过两手的控制得以实现。吴殳运用列举的方法来对峨眉枪的手法进行阐述。如他说，“凡开枪后，手低则坚实，头起不过五寸，惟提后手则高。”又如，“勾扑和封，尽在两手”“连扎带打，劈枪皆为狠手”等。

吴殳确为奇人，遍游大江南北，结交三教九流，独创文、史、武三学合一的治学模式。到目前为止，他建构的峨眉枪理论体系仍是结构最为完善的民间枪术理论体系之一，他对四川民间武术峨眉枪的贡献无人能及。

峨眉枪理论不仅融摄了身心、内外、动静、阴阳、虚实等传统文化哲理内涵，而且还吸收了大量的阵战武艺思想，实战特性突出。不过，吴殳的峨眉枪理论美中不足在于，尽管他已经在论述其他方面时涉及了步法内容，但他始终没有将步法单独提炼出来加以论述。瑕不掩瑜，吴殳对四川民间武术峨眉枪的贡献无疑是巨大的。正是因为有吴殳的总结创造与记载，才让我们今天能够深入解读来自三百五十多年前的珍贵文化遗产。吴殳的记载，彰显了明末清初之际峨眉枪的繁荣与兴盛。今天看来，峨眉枪似乎也只存在于文字与历史之中。自吴殳之后，我们没有发现有相关记载再提到峨眉枪的传承。在田野调查之中，我们也没有看到四川民间武术界对吴殳所说的峨眉枪的习练。难道繁华过后注定是寂寥与落寞吗？随着民间武术研究的推进，我们期待能够耙梳到峨眉枪在当代的蛛丝马迹。

本章小结

历史上，四川民间武术大昌的时代是明清时期。这一时期不但出现了代表性的拳术与器械——峨眉拳、峨眉枪，而且四川民间武术引起了军事家、儒学大师、史学家唐顺之、郑若曾、吴殳等人的关注，因而被载入史册，传为一时佳话。吴殳是这一时期峨眉武术理论的杰出建构者与集大成者，他文、史、武三学合一的治学模式使峨眉枪技艺的传承成为可能，也为当今峨眉枪技艺的复兴提供了参考文本。

第三章　民间武术、秘密结社与社会运动

研究处于社会底层的民间武术，笔者常常思考民间武术的历史如何与整个社会及其变迁发生联系，如何与民族国家的历史进程相关联等问题。民间武术作为一种文化形态，它与国家、社会之间的联系与沟通并不是自发形成的，而是通过某种中介得以实现。在明清之际，秘密结社与民间武术之间千丝万缕的联系，让民间武术与当时社会运动融合起来。

第一节　习武、结社与社会运动参与：清代秘密结社与民间武术

秘密结社也称秘密社会，包括秘密会党和秘密教门两大民间秘密团体，是我国封建社会、半封建半殖民地社会里，一部分下层群众为了求得精神上的慰藉或生活上的互济互助和自卫抗暴而自发结成的社会组织。① 秘密会党常用异姓兄弟结拜的方式进行组织，以江湖义气、家法帮规，以及一些其他传统伦理道德观念来凝聚团结成员。天地会、哥老会是秘密会党的主体，小刀会、三合会、仁义会、三点会、江湖会等是其支派。秘密教门则是用师徒传承纽带建立组织，以被改造的儒、道、释的一些学说作为维系内部成员之间的团结手段。历史上，秘密教门影响较大的有白莲教、天理

① 秦宝琦、孟超：《秘密结社与清代社会》，天津古籍出版社 2008 年版，第 1 页。

教、八卦教、义和拳、大刀会、顺刀会、红枪会、一贯道等。在历史上，秘密结社组织曾在社会改革或革命过程中有着重要的影响，如在义和团运动、辛亥革命中都能看到秘密结社的权力运作等。由于这些秘密结社组织的组成人员多数来自民间社会底层，以自身或本阶层的利益为着眼点，缺乏长远的战略或政治诉求，因此有时也会成为阻碍社会发展的力量。

由于受政治、经济、信仰等多方面原因的影响，清朝时期秘密结社繁多，相互之间盘根错节，关系复杂，且习武现象较为普遍。根据中国第一历史档案馆所藏档案的记载，清政府统计出当时的秘密结社名目有二百一十五种，其中清政府立案侦查以至留下档案可查的就有一百十一种。[①] 这些众多的秘密结社大多与民间武术有密切的关系，习拳练武较为普遍。一些组织头目或核心人物就是通晓武艺之人，而且一些组织将“武艺高低”定为推举头领的原则之一。雍正五年（1727），山西泽州发生“张进斗正法案”，其首领翟斌如、焦明山等平日里都是白莲教的拳师。[②] 据《三省边防备览·艺文》载，啯噜“其头目必才技过人”。又据，广西巡抚成林在嘉庆十七年九月十一日的奏折反映，当时广东南海人李添保因“会舞双刀，武艺高强”，在广西入会后“被推为大哥”。[③] 河北威县红桃园地区的陆老连，人称“陆八旋风”，因“浑身武艺”被推举为该地义和团首领。[④] 清代华北、华东地区的一些结社团体，如神拳会、顺刀会、八卦教、虎尾鞭、义和拳、曳刀会等，在初期均是以传习武艺而组织起来的松散团体。

综合来看，部分秘密结社将民间武术作为手段，用以夸耀武力，聚集民众，招兵买马。据光绪二十四年五月十二日《山东巡抚张汝梅折》记载：

---

① 刘平：《文化与叛乱：以清代秘密社会为视角》，商务印书馆 2002 年版，第 10 页。

② 《录副档·农民运动》，中国第一历史档案馆藏，卷 1890 第一号。

③ 《军机处录付奏折·嘉庆十七年九月十一日广西巡抚成林折》。转引自周伟良《清代秘密结社武术活动试析》，《成都体育学院学报》1991 年第 4 期。

④ 路遥主编：《山东大学义和团资料汇编》（上），山东大学出版社 2000 年版，第 103 页。

据称直隶、山东交界各州县，人民多习拳勇，创立乡团，名曰义和，继改称梅花拳，近年复沿用旧义和名目。远近传讹，以义和为义民，遂指为新立之会，实则立于咸、同年间未有教堂以前，原为保卫身家，防御盗贼起见，并非故与洋教为难。现在冠县境内民教相安，梨园屯教民眷属亦已回家安业，实无出具传单揭帖，约期闹教各情形。所云传单，系起直隶之沧州。三四月间，大名府城闻亦出具揭帖，然皆愚民与洋教嫌怨日深，故造讹言，借以泄愤。其出传单出揭帖者，亦未能实指为此项拳民。唯直隶、山东交界之区，拳民年多一年，往往趁商贾墟市之场，惟期聚会，比较拳勇，名曰亮拳。[①] 有些秘密结社则将武术与巫术或气功结合，助长气势，蛊惑民众。如，白莲教的巫觋活动就经常与武术、气功一同开展。由于白莲教的一些教门中的练拳习武与念咒运气并重，逐渐有“文场”和“武场”之分。在乾隆时期王伦领导的清水教中，文场主要“念咒运气”，武场则“教演拳棒技术”。[②]“文场”“武场”在不同的秘密结社中还有不同的称谓。林清的天理教中又称“文卦”和“武卦”，义和团中也有“文拳”和“武拳”之分。[③]“文”与“武”的分疏，最后又产生了“文”“武”结合与内外兼修。八卦教的文卦弟子也习练拳脚功夫，“以避刀兵劫”，而很多武卦的教徒也修运气，念诵“真空家乡，无生老母”等教传真言。因此，当时便出现了许多“素会运气，又会拳棒”的教徒。[④] 武术与气功在秘密结社中得以结合，并催生了“内外兼修”的修炼方法。梅花拳组织上分文场与武场，入门弟子首先进入武场，在入门仪式中拜关羽、关平、周仓或后术之护法老爷，磕头立誓“不欺师灭祖，不退却落后”，结成师徒关系后，约定遇有患难相互扶持。随后在武场练习拳术、气功、拳理，在学习几年武功

① 路遥：《义和拳运动起源探索》，山东大学出版社 1990 年版，第 176—177 页。
② 《录副档》，中国第一历史档案馆藏，道光十六年九月十三日山东巡抚经额布折。
③ 王兆祥：《白莲教探奥》，陕西人民教育出版社 1993 年版，第 174 页。
④ 《录副档》，中国第一历史档案馆藏，嘉庆十七年十二月六日山东巡抚同兴折。

达到“身化、化气、知艺”的境界后，由祖师批准改拜师转入文场，即“入二层门”。如文场后主修性命双修的静功、文功，学习文理与经典，炼气炼神、修心养性。武功、文功俱会者才能称为文场弟子，为梅花拳正式传人，死后列入梅花拳拳谱（家谱）之中。①

为了加强战斗力，一些秘密结社组织也时常注意吸收武艺高强之人加入组织之中。清乾隆四年（1739）一份奏折（朱批奏折·乾隆四年十月十九日·兵部右侍郎邪尔图奏折）说：“豫省少壮之民，习于强悍，所学拳棒。邪教之人，专意诱骗此等人入伙，以张羽翼。”与此同时，民间武术也借助秘密结社进行开拓与传播。河北冠县梨园屯梅花拳传人赵老祝，仗义疏财、慷慨义气，收有徒弟数千人，明教拳术，暗口号“灭清复明，驱走洋鬼子”。光绪二十五年，被官府围剿打散后，赵老祝败走他乡。先到枣巷又到武邑，收徒弟教拳。在武邑教拳数日，晋州来请，正定亦来叫，又到沧州。自此徒弟传徒弟，顺运河往北传遍，到处立坛开场。② 据清人蒋湘南在《书滑县平贼事》中记载：“当是时，直隶、山东、河南奸民结成死党，有虎尾鞭、义和拳、金钟罩诸名。其最大者曰龙华会，传自南京人顾文升。转授单县刘林，而林清自言为刘林后身，分青、红、白三色，曰三阳教。又分八卦，曰八卦教。又改龙华会为天理，总名曰天理教。每月拜日，持诵‘真空家乡，无生老母’八字诀，以脱刀兵水火。”③ 可见，练拳已经不是一些民间武术团体唯一的结社目的，他们与秘密宗教团体结合，吸收一些教派仪式元素，逐渐宗教化。这一文化的杂糅为民间武术在当时发展壮大注入了新鲜血液，使民间武术更具生命力。

民间秘密结社将民间宗教、武术、巫术，以及气功糅合在一起，在共

---

① ［日］佐藤公彦：《义和团的起源及其运动：中国民众 Nationalism 的诞生》，宋军、彭曦、何慈毅译，中国社会科学出版社 2007 年版，第 296 页。

② 路遥主编：《山东大学义和团资料汇编》（上），山东大学出版社 2000 年版，第 104—109 页。

③ 王兆祥：《白莲教探奥》，陕西人民教育出版社 1993 年版，第 175 页。

同信仰的基础上，形成较为严密的组织体系，为武装斗争培养出了潜在的力量。这也成为秘密结社组织能够以不同旗号武装参与社会变革的原因之一。同时，武术也因此融入社会变革的洪流之中，成为当时冲击腐朽统治秩序，推动社会变革的力量之一。在清代社会，民间武术与秘密结社的普遍联姻，一方面塑造了秘密结社的历史，成为国家历史大事件的重要组成部分；另一方面也铸造了民间武术的文化构成。四川偏居大清帝国一隅，与华北、华东地区相比，秘密结社组织旗鼓相当。民间武术与四川地区秘密结社的共谋与其他地区有一定的共性，同时也体现出了自身的特性一面，书写了自我的历史。

第二节　秘密结社对民间武术的影响：以四川为主体的分析

1900年，起源于山东一带的义和团运动席卷华北地区，拉开了近代中国秘密结社组织反帝反封建的序幕。义和团运动起源于山东，但并未局限于该地区，它像星火燎原一般，几乎辐射了整个清朝疆域。当华北地区的义和团被清廷当局镇压驱散后，一些义和团残部辗转流落四川避难。他们带来了义和团的精神以及战斗经验，并与地方一些秘密结社组织相结合，积极开展反帝反清活动。据盛世英记载："庚子之变，大驾蒙尘。蜀兵息蹿驻山西，瘐死过半。事平、募补以领全饷并川资，急不暇择，遂拳党编伍。逮卒归遣散而蜀乱起矣。"民间也有诗曰："夏日炎炎不可说，召募王师期建节，散归贻祸石硅厅，自诩跳梁总英维。贼言习教由顺天，反里教民民快悦。既保身家抗外夷，无拳无勇讴吾敌。桑梓方传十九人，兹土潜来不多日。下游骚动来上游，煽惑日多遂猖獗。"①《清实录》对此也有相应记

① 伍士谦：《〈义和团在四川的战斗史料汇编〉综叙》，《四川大学学报》（哲学社会科学版）1979年第2期，第88—89页。

载。及至1901年8月间，川省拳匪闹事已遍及二十多个州县。①

图3-1② 义和团成员

当时四川地区种类繁多的秘密结社组织，如红灯教、啯噜子、哥老会（袍哥）、神拳、神打、阴操、顺天教、江湖会、孝义会等就汇入了这股义和团运动大潮。据资料记载，1901年四川各地都出现了民众打“神拳”的报告。及至该年5月，义和团运动在四川地区广泛开展起来。川东地区出现了义和团的揭帖，提出了“灭清、绞洋、兴汉”等口号。成都东校场发生了四圣祠教堂教案。1902年以后，四川秘密结社组织多次组织围城、起义、杀教士、毁教堂等事件，义和团运动渐至高潮，前后持续有十年之久。这些民间底层秘密结社组织常被当局统治者以“拳匪”相称。四川布政使在对下属的密件中说：“自上年直隶义和团肇乱之后，其党流入川境，潜传邪教，遂至蔓延……近且屡变其名，曰神打，曰阴操，曰红灯教，其实皆系拳匪。”（巴县档案·光绪二十八年五月六日）在四川，这些秘密结社虽然

① 中国第一历史档案馆编辑部：《义和团档案史料续编》（下），中华书局1990年版，第1127页。

② 该图片来自维基百科：https：//commons. wikimedia. org/wiki/File：BoxerSoldiers. jpg。

出现的时间有先后之分，宗旨也不尽相同，但他们有一个共同的活动方式就是招徒“习拳”。[①] 他们习拳练武的目的或为加强自卫，保护乡里，或为反清反帝积蓄力量。从民间武术的视角看，这必然构成了四川民间武术文化的重要组成部分，对后世四川民间武术的发展产生了深远的影响。

一 民间武术的宗教化与神秘化

秘密结社组织对民间武术一个重要的影响就是使民间武术宗教化与神秘化。清代末期，民间武术已经走向成熟，全国各地都存在着大量松散的民间武术团体，四川地区也是如此。最初这些民间武术组织多数都以传习武艺为其主要目的。但是，随着清王朝的腐朽没落日渐加重，秘密结社组织反帝反清运动也渐成气候，这一形势发生了改变。一些民间武术拳师被裹挟进这一运动之中，一些则主动吸收民间宗教文化元素，逐渐神秘化，他们联络乡里发动群众，走上与帝国主义和封建主义相抗争的道路。

（一）扯棚练拳，讲法传教

清朝时期，四川为西南偏僻之地，交通极其不便。直到1900年华北地区的义和团运动被镇压走向尾声时，一些成员流向四川，与地方秘密结社组织相结合，才促发了四川地区的义和团运动。《怡文馆文牍略存》说：“邪拳匪党，潜窜各处，渐次入蜀，乘便煽惑。”当时的四川总督奎俊也说：“查川省伏莽本极繁多，自有义和拳党流入境内，各种会匪以其易于惑众，无不从而效尤，数月之间，遍传各属，虽经厉禁严捕，有犯必惩，而此灭彼起，乘间窃发，在在可虞。”[②] 由于四川社会矛盾十分尖锐，在很短的时间内，四川地区的义和团运动迅速普及。一些人通过扯棚练拳吸引民众，以此讲法传教组织秘密结社，扛起了反洋教、抗官府的旗帜。当时，红灯教中的“廖观音”就是其中典型一例。

---

① 吴康零主编：《四川通史》（第六册），四川大学出版社1994年版，第103页。

② 隗瀛涛：《四川近代史稿》，四川省社会科学院出版社1985年版，第343—344页。

四川红灯教是与白莲教、青莲教等有密切关系的一个四川本土多种民间秘密结社综合体组织。红灯教因“拜灯祷寿、神打扶乩、藉以传习”，故又有所谓“神打”之称，[①] 也被官方斥为“拳匪”。廖观音原名廖九妹，为华阳县红灯教首领。她年纪轻轻被推举为首领（被捕时十六岁），在极短的时间内吸引大批民众入教迅速壮大教会，顺利发动了反洋教、反官府的起义，从而一举成为晚晴四川秘密结社与民间武术史中的一个传奇式的人物。

廖九妹是出生在四川省华阳县石板滩的客家人，自幼学习武艺，聪明伶俐。廖九妹不仅习弄拳棒，也擅长女红，还有过于常人的语言表达能力，能说善道。[②] 在传统社会，因社会风俗与偏见，女子习武并非易事。廖九妹为何能够做到？客家人时常辗转流离，素有习武自卫传统。而且，据记载，石板滩既是商贸重镇，又是匪患严重之区。为了抗拒土匪侵扰，减少财产损失，当地居民无论贫富，都自发习武。[③] 廖九妹成长的年代正是四川地区秘密结社力量增长，教案频发时期。1986 年 7 月，重庆发生了白果教堂案（第二次重庆教案）；1890 年 8 月，哥老会首领余栋臣在重庆大足县起事；1895 年 5 月爆发了成都教案；1900 年 7 月四川大邑县罗文榜首举“顺清灭洋”义旗，公开操拳练武，捣毁教堂，对抗官兵；1902 年 4 月资阳李冈中首举“灭清、剿洋、兴汉”义旗，与清军对抗。廖九妹在秘密结社高度活跃的时代中，必然受到这一社会运动的影响。不过，作为一种个人爱好以及客家人的传统，廖九妹习武除了增添自身的特质外，也属于正常范畴。直到该地区红灯教首领曾阿义的出现，廖九妹不再是四川民间社会简单的习武女子，她的人生轨迹也被彻底改变。

---

① 林顿：《清代四川红灯教研究》，《成都大学学报》（社会科学版）1992 年第 3 期。

② 王光云：《女中豪杰廖观音》，中国人民政治协商会议四川省新都县委员会文史资料委员会《新都文史》（第七辑），1987 年，第 124 页。

③ 孙昉：《刘平．女工・女匪・女神——义和团时期四川“廖观音”形象研究》，http：//www. historychina. net/qsyj/ztyj/shs/2013 - 03 - 08/33420. shtml。

曾阿义从外地学习“神拳”回到石板滩，组织了红灯教，自称教主。[①] 红灯教在公开挑战既定统治秩序之前，行事低调隐秘，官府也未曾强加禁止。但红灯教一直在为起事冲击官府统治暗中扩大影响，积蓄力量。为此，曾阿义收了很多教徒，其中就包括习拳弄棒的廖九妹。廖九妹向曾阿义学习神拳加入红灯教以后，加上天资聪慧，深得师父曾阿义的器重与教中人士的拥护。曾阿义趁势宣称廖九妹系“观音转世”，下凡解民于倒悬，廖九妹一变而为“廖观音”——身穿月白短衫，头顶青巾，一派“观音”装束，不时乘坐轿子指挥人马，招摇过市。[②] 在曾阿义的操控下，廖九妹摇身一变成为一呼百应的“廖观音”，完成了“神”化的过程，并很快成为华阳县红灯教的首领。

红灯教的民间宗教性质已为人熟知，这里不必赘述。但是，有必要强调红灯教的一些仪式要素，以说明民间武术在与其结合过程中被神秘化的必然性。红灯教信仰“真空家乡，无生老母”，平时持斋念经，劝人茹素为警，自称是佛门神兵。红灯教传徒要“授以神咒，饮以符水”，使其迷信。凡入教，须洁身诚意，蓄不外泄。[③] 另据四川大学历史系档案资料选辑丛刊《四川近代农民起义》记载，红灯教“每每假称神佛降乱拜灯，刊印符咒，谓可求福免劫……甚或拜灯祷圣，神打扶乱”。而且，红灯教素有演练神拳传统。演练时，口中念咒，请神，随后旋即进入晕迷状态，即开始演练“神拳”。一旦民间武术与这种“神乎其神”的红灯教秘密结社走到一起，就会发生神奇的化学反应，他们借此笼络教徒，凝聚民众。这似乎是民间秘密结社的传统，义和拳、白莲教、大刀会、八卦教等秘密教门组织也有相关记载。廖观音成为教首后，也如法炮制，扯棚练拳，讲法传教。民间

① 孙昉：《刘平．女工·女匪·女神——义和团时期四川“廖观音”形象研究》(http://www.historychina.net/qsyj/ztyj/shs/2013－03－08/33420.shtml)

② 同上。

③ 曹蓉：《谈谈四川红灯教》，《文史杂志》1992 年第 2 期，第 47 页。

武术在这一过程中自然而然地就被披上了宗教的外衣，成为秘密教门的附属，进而也为民间武术的神秘化埋下了种子。据光绪二十七年的《巴县档案》载，四川义和团成员宣称："所习咒语，演习四十九日，可飞檐走壁，演习一百廿日，枪炮不能近身。"（巴县档案·重庆府饬巴县文·光绪二十七年八月十八日）这种神乎其神的说辞无疑是神秘化武术的佐证，今日看来，已是荒诞至极。

（二）"神拳"降生：秘密结社中武术的神秘化与异形化

民间武术被秘密结社神秘化的最直接体现，就是民间武术的异形化——"神拳"，又称"神打""阴操"等。"于所贡关圣、观音位前设水一碗，陈列各种器械，皆庙宇神像手持木造器械，如关圣之青龙刀，悟空之金骨棒，桓侯之鞭，镇江之斧，韦陀之降魔杵，罗汉之戏龙珠、伏虎圈等。……晚间教头于地画一圈，令奉教者立其中，裹红巾，紧闭双目，首念观音洁身咒，次念关神拳咒，顷即昏迷仆地；扶起将手作开弓势，旋即跳舞，是为神拳。……拳毕，又仆地口中喃喃作语，语毕跃然而起，自谓某神下降，所作态度酷肖某神，即素来笨拙无比者，一时灵动异常，是谓降神。又分天煞、地煞两派，天煞神降登高台，地煞神将席地坐。降为何神即用何种器械。……降神毕，半晌方苏，自亦不知。其所为不苏者，教头以神水喷其面即苏。"①《犍为县志》记载本地红灯教演练神拳时这样写道。这是笔者掌握的有关四川神拳表演的最为详细的记述，像这样操练很难让我们想象能够获得多少实际的战斗力。神拳并不是真正意义上的武术，它是将武术与巫术、舞蹈相结合的异形产物。类似的关于四川地区神拳的记载在当时的奏折、县志、报纸中都随处可见。

道光九年，四川省南川县出现了神拳和教门融合的现象。在川滇黔交

---

① 陈谦、罗绶香等纂修：《犍为县志》卷14《杂志》，成都协美印刷公司1934年版，第48—50页。

界沿边地区的流民中流传着一种神秘的符水治病术，“用清水一碗，焚烧檀香，口中念咒，以手指在水碗上画符三道，头二道符水吃下去可以治病治疮，第三道符水吃下去，即有神附体，自能舞弄拳棒。名为少林神打。”（录副档，道光九年五月二十六日阮元折）1828年（道光八年），四川南川县两个农民从云南开化县流民处学得此术，回乡后，“从者日众……遂倡亲联教（青莲教）”。[①] 在道光年间，神拳与巫术结合，但在四川并未具备政治意识，也没有冲击既定的统治秩序，所以官方文献中鲜有记载后续相关活动。到光绪二十六年（1900），正史中再次出现了神拳的踪迹。《南川县志》载：“光绪二十六年冬，义和拳匪邪术传至川中各县。山东、直隶一带莠民私习神打，以‘扶清灭洋’为名，号义和团。秋冬间，始流及川省，邑人自外间习来者，与乡里私演灵验否，尚无党徒联络做乱之事。”[②] 及至1901年蔓延之后，神拳与四川民间文化结合又有了“神打”“阴操”等本土化的名称。当民间武术与民间宗教信仰相结合，就使神拳由带有巫术的拳术发展为具有政治意识的民间结社，必然遭到统治者镇压。光绪二十八年（1902）五月，四川布政使陈璚说：“至川省各属伏莽甚多，从无神拳名目。自上年直隶义和团匪肇乱之后，其党流入川境，潜传邪教，随至蔓延。而各种会匪以其易于惑人，无不从而传习。近且屡变其名，曰神打，曰阴操，曰红灯教，其实皆系拳匪。”[③]

从现有史料看，川东地区早于川西地区有人习练神拳，川东一带应为神拳最初的传入四川之地。据官方记载，光绪二十七年（1901），南川县一游牛贩在綦县、南川县传神拳于多人，七月二十日，传在李市场做牛经济

---

① 中国义和团运动史研究会：《义和团运动与近代中国社会》，四川省社会科学院出版社1987年版，第104页。

② 《南川县志》卷13《前事》，1931年刊本，转引自中国社会科学院近代史研究所《近代史料编辑组》编《义和团史料》（上、下），中国社会科学出版社1982年版，第1063页。

③ 中国社会科学院近代史研究所近代史料编辑组编：《义和团史料》（上、下），中国社会科学出版社1982年版，第897页。

的民人周益三。[①] 而且，该年九月，川东道宝芬密札载，今重庆与贵州交界的桐梓县陈秀俊因率众演习义和拳，并袭击綦县团练首领肖际云，遭到札饬查拿。据被捕者供述，该年初二三月份时，“有马回子传授桐民陈月波操演，陈月波转传陈秀俊、杨连峰、蒋奠模、封百川、万阴安等五人。每人各教数棚，每棚十一人，现有十八棚，未成丁者居多。”[②] 神拳率先在川东地区获得传播并非偶然。川东地区自古巫风盛行，《华阳国志》载，賨人（属巴人的一支）“种党劲勇，俗好鬼巫”，《后汉书·南蛮西南夷列传》也记载，巴郡南郡蛮“未有君长，俱事鬼神”，这无疑为神拳滋生繁衍提供了绝佳的社会环境。

巴人素有尚武传统，川东地区武风浓厚，民众多习练拳术，所以神拳在传入之初也并未引起地方官的重视。他们认为这只是“愚民无知传习拳术”而已，对于上级的查办要求也阳奉阴违，敷衍塞责。这显然激怒了川东道宝芬，他为此专门发了一道通饬，说：“经过此次通饬之后，如再阳奉阴违，一经本道访出，定据实详参，绝不姑宽。”[③] 浓厚的尚武传统与巫风盛行，及地方官的疏忽，再加上四川地区激烈的社会矛盾，神拳一经传入便迅速传播开来。至光绪二十八年（1902），已遍布全川二十州县。

四川民间社会的神拳与北方义和团的神拳在仪式上基本保持了高度的一致，而且其典型特征也几乎是相同的，即“念诵咒语”“降神附体”“打拳弄棒”“疯魔狂舞”与“刀枪不入”。如《简阳县志》载：“光绪二十八年二月，神拳由资阳东至传入，妄称神灵附体，念诵咒语，可御枪炮……匪首李永洪，小桥沟人，绰号天师，称顺天教。”[④]《南川县志》载：“红灯

① 中国社会科学院近代史研究所近代史料编辑组编：《义和团史料》（上、下），中国社会科学出版社 1982 年版，第 887 页。

② 同上书，第 891 页。

③ 同上书，第 897 页。

④ 《简阳县志》卷 22《灾异篇》，转引自中国社会科学院近代史研究所近代史料编辑组编《义和团史料》（上、下），中国社会科学出版社 1982 年版，第 1060 页。

教即义和拳……降神附身，打拳弄棒，能舞平日力不能胜之大刀，依法砍杀。”[①] 这些所谓的“神灵附体”“念诵咒语”“可御枪炮”“降神附身”“打拳弄棒”等几乎都在山东、直隶一带的义和团中出现过。光绪二十六年四月二十一日，袁世凯在《筹议官练私团事不可行据实复陈折》中说：“伏查义和团即离卦教中所称之义和门，与白莲教同出一源，止（只）有拳会之名，本无乡团之目。……入教者虽名为习拳练技，实乃演诵符咒，诡称神灵附体，舞枪操棍，行类疯癫，其附体则托以王禅，杨戬、武松、黄飞虎、罗吒诸名号；其魁桀则加以老祖师、大师兄、二师兄等称谓。”[②]

虽然在仪式上两者几乎没有差异，但它与华北地区的神拳还是有一定的区别。四川神拳仅仅是义和团运动在四川结合民间武术形成的一种教门化了的拳术，尚未发展成像周锡瑞所说的华北地区的神拳既是一种拳术，也是一种组织的形态。[③] 巴蜀“川匪披猖，习拳者多”[④]，神拳一经出现，便为四川本地民间拳术习练组织所利用，进而完成宗教化、神秘化与本土化过程。光绪二十八年十一月，四川总督岑春煊说：“本年拳匪之乱，虽云别立旗帜，其实即系平日之各种匪徒自知其名已陈，不足惑众，故令以邪术为纠集党羽之计，初非如直隶、山东等省另有一种拳匪也。”[⑤]

追根溯源，神拳在康熙年间即已存在，封建统治者将神拳视为“煽惑男妇、夜聚晓散”的“邪教”。[⑥] 乾隆时期，浙江宁波地区也有神拳出现。

---

① 《南川县志》卷6《杂俗》，转引自中国社会科学院近代史研究所《近代史料编辑组》编《义和团史料》（上、下），中国社会科学出版社1982年版，第1062页。

② 袁世凯：《筹议官练私团事不可行据实复陈折》，光绪二十六年四月二十一日奏，转引自《养寿园奏议辑要》（卷四），项城袁氏宗祠1931年刻本，第14—15页。

③ ［美］周锡瑞：《义和团运动的起源》，张俊义、王栋译，江苏人民出版社2005年版，第243页。

④ 《汇报》，1902年8月27日第406号。

⑤ 中国社会科学院近代史研究所近代史料编辑组编：《义和团史料》（上、下），中国社会科学出版社1982年版，第924页。

⑥ 中国义和团运动史研究会：《义和团运动与近代中国社会》，四川省社会科学院出版社1987年版，第97页。

乾隆三十年，浙江宁波府鄞县藤溪岭石显达向石阿忠习打“神拳”。“每欲打拳，或将香灰点额，或将香灰用水调饮，口念咒语，即能戏舞。”① 虽然这里的神拳只是民间拳术吸收了降神巫术中常用的焚香、食灰、念咒等要素，尚没有出现“降神附体”与“刀枪不入”的表述，但还是很容易看出，后来光绪年间的神拳与此时的神拳有些许一脉相承之处。

民间武术被宗教化与神秘化并非仅仅发生在四川地区，而是清朝社会中一个普遍化的现象。随着研究秘密结社的学者对此给予了更多的关注，一幅清代民间武术宗教化、神秘化的生动景象也就此展开。如华北地区义和团的“习拳者持咒面东南方，三诵而三揖，即昏绝于地。顷之手足伸屈。口作长歔，一跃而起，舞蹈不已”。②“传习时，令伏地焚符诵咒，令坚合上下齿，从鼻呼吸，俄而口吐白沫，呼曰神降矣，则跃起操刃而舞，力竭乃止。”③ 张鸣认为，这种乡间巫术和武术的结合体是义和团最常见也最惹人注目的仪式。这种练拳仪式，给人最突出的印象就是巫术式的“降神附体”，不仅“来神”之后，不是舞刀弄枪，就是比划拳招，而且演练的起势和收势都极似武术表演，向东南或南方三揖这个程式可能还有一点民间宗教的影子。④ 又如周锡瑞指出，在 18 世纪初，已有习练与“刀枪不入”密切相关的金钟罩拳术的人卷入教派活动。强调念咒和吞符的金钟罩与白莲教在早期的确存在着某种关系，这种关系仍然活跃在 19 世纪末的某些团体的信仰体系中。发源于鲁西南和江苏北部徐州地区的大刀会使用咒语和符箓，并因此与其他武术流派（如大洪拳）区别开来。而且，咒语被大刀会看得尤其庄重，并对此有严格的保密规定——“子不告父，父不告子”。在

① 故宫博物院明清档案部藏：《军机处录付奏折·农民运动》卷 3009，第 3 号。转引自路景琪、程啸编《义和团源流史料》，中国人民大学出版社 1980 年版，第 5 页。

② 中国社会科学院近代史研究所：《义和团史料》，中国社会科学出版社 1982 年版，第 33 页。

③ 罗惇曧：《庚子国变记》，胡寄尘主编《清季野史》，岳麓书社 1985 年版，第 44 页。

④ 张鸣：《义和团的文化象征与政治隐喻》，《开放时代》2000 年第 9 期，第 36—37 页。

打仗时，他们胸前穿着大红护身兜肚。他们至少拜以为神氏即“真武神”作为其祖师。[①] 相关的研究还散见于周锡瑞、柯文、马西沙、路遥、程啸、刘平等人的相关著作中，此处不再一一例举。

二　促进民间武术的普及与丰富

（一）会党：入会、传拳与谋生

清代秘密结社组织中，无论是会党还是教门历来都有习武风俗，而且对之十分重视。清朝影响最大的会党——天地会，就与少林寺武僧有理不清的关系。其《问答书》中说：“‘武从何处学习？’‘在少林寺学习。’‘何艺为先？’‘洪拳为先。’‘有何为证？’‘有诗为证：猛勇洪拳四海闻，出在少林寺内僧。普天之下归洪姓，相扶明主定乾坤。’”[②]《洪拳诗》载：“武艺出在少林中，洪门事务我精通。洪拳能破西鞋子，万载名标第一名。”如唐豪所言，依托于少林寺的洪拳实则是洪门组织习拳练武的产物。不但如此，武艺高低也是洪门择徒的重要条件之一。洪门《问答书》中说：“‘有何本领？’‘文韬武略十八般武艺件件皆能。’”[③] 有些会党更是赤裸裸的在其名目上就彰显了“武”的一面，如小刀会、双刀会、铁鞭会等。清代中叶，人口不断增加，人地关系越来越紧张，游民数量急剧增长，一些失去了生活来源的民间习武者也流入到了会党的行列。[④] 这些民间习武者加入会党后，一方面积极向其他人传授武艺，另一方面则推荐其徒弟或师兄弟加入其中壮大会党。如乾隆五十六年，广东兴宁县的朱浪四素习拳棒，待他加入天地会后，他的徒弟戴奉正于嘉庆二十年也加入该会，并在江西南康

---

① ［美］周锡瑞：《义和团运动的起源》，张俊义、王栋译，江苏人民出版社 2005 年版，第 108—118 页。

② 萧一山编：《近代秘密社会史料》，文海出版社 1980 年版，第 18 页。

③ 同上书，第 58 页。

④ 欧阳恩良：《形异神同：中国秘密社会两大系统的比较研究》，博士学位论文，中国人民大学，2003 年，第 158 页。

教习拳棒。随后，朱浪四又将徒弟李祥诰等吸收入会。[①] 加入会党后，他们往往能够获得一定的生活保障，这也成为他们习练传播武艺的重要动因之一。

（二）教门：授武传拳、广招门徒

清代教门也如会党一般，不同程度推动了武术在民间社会的传播与发展。授武传拳是白莲教用以招收门徒的重要手段之一。据《近代秘密社会史料》载："白莲以聚众，故以烧香施符为招徒之不二法门，其次则传拳也。"[②] 而且拳勇之人常常也是教门搜罗拉拢的重要对象。乾隆四年十月十九日，兵部右侍郎雅尔图奏折中说："豫省少壮之民，习于强悍，多学拳棒，如少林寺僧徒，向以教习拳棒为名，聚集无赖。凶狠不法之辈，效尤成风，邪教之人，专意诱骗此等入伙，以张羽翼……如先今审理梁朝凤一案，据供未获之梁周一犯，膂力过人，素善拳棒，恃其骁勇，首先捆缚保正徐大兴，又挺身与官兵对敌，抗拒不法，入山逃窜，此其明验也。"（朱批奏折，乾隆四年十月十九日兵部右侍郎雅尔图奏）如此一来，教门实则是乡间拳勇武艺之人云集之地，相互之间切磋武艺，壮大组织，为反清积蓄武装力量。据《康雍乾时期城乡人民反抗斗争资料》载，在王伦清水教案中的孟灿（勇鸷凶悍）、乌三娘（有膂力，工技击）、杨累（多力，贼中妄称万人敌）、李三（一日夜能行八百里）、李旺者（桀黠善斗）、颜六（勇健）、王王氏（跨马挥双刀）等头目皆为武艺出众者。至于王伦本人，当然也是"多力有拳勇"。[③]

（三）义和团：入川生根、广传武艺

一方面，在义和团的宣传下，大量民众加入习拳队伍，借着"灭清、

---

① 中国人民大学清史研究所、中国第一历史档案馆合编：《天地会》（六），中国人民大学出版社 1980 年版，第 366 页。

② 萧一山编：《近代秘密社会史料》，文海出版社 1980 年版，第 97 页。

③ 中国人民大学清史研究所、档案系中国政治制度教研室合编：《康雍乾时期城乡人民反抗斗争资料》（下），中华书局 1979 年版，第 746—750 页。

剿洋、兴汉”的反帝反清爱国运动，武术在四川民间社会的普及势如燎原。至1902年，四川全省大部分州县都有民众习拳练武。据《新繁县乡土志》记载：“山东拳匪余党潜入蜀中，传习其术，始于川北，流入成属……愚民渐染既众，势成燎原。”《彭山县志》亦载：“红灯教由北省传来，初则川北、川东一带信者颇众，所在皆有设坛传教之事，继则附省州县皆然。”[①]他们用顺天教、红灯教等名目，把大量的民众组织起来，操武练拳，积蓄斗争力量。民间武术在这一过程中得到了几乎是史无前例的大普及。以至于，纵横百里的乡村，几乎户户习拳，村村有坛及棚子。[②]

另一方面，北方义和团成员入川，为四川地区带来了大量的外来拳种，进一步丰富了四川民间武术的内容。朱智涵便是一例。朱智涵（1873—1973），字永才，山东泰安人，早年于山东参加义和团。在山东地区义和团遭镇压后，他辗转到四川中江县定居，以行医卖药、收徒传拳为生。其弟子有海灯法师、张宗安、代自海、周子常、刘子千、严永达等人。海灯法师的再传弟子成都人张邦元现在是民间知名拳师。义和团成员所带来的外埠拳种在四川地区经师徒传承广为散播，不但丰富了四川本地民间武术的内容，同时也促进了四川民间武术的繁荣。

（四）四川“啯噜子”案例：砍木架棚、操习武艺

四川地区秘密结社对本地区民间武术发展也有着积极的推动作用，并且彰显出了一定的四川地域特色。随移民潮涌入四川的秘密结社成员为四川民间武术带来了新鲜血液。雍正、乾隆年间，连年战争导致四川地区人口减少，为了恢复生产，同时也为了平衡人地矛盾，清王朝为增加四川地区的人口，组织了几次规模较大的移民。一些习拳弄棒的民众以及秘密结

---

① 转引自历史系四川地方史研究室《义和团运动在四川》，《四川师范大学学报》（人文社会科学版）1978年第2期，第42页。

② 伍士谦：《〈义和团在四川的战斗史料汇编〉综叙》，《四川大学学报》（哲学社会科学版）1979年第2期，第91页。

社成员也随移民大军来到四川地区，他们与四川本地的游民以结拜弟兄的方式形成了“啯噜子”这一民间秘密结社武装组织。乾隆八年（1743）十月，四川巡抚纪山奏称：“湖广、江西、陕西、广东等省外来无业之人，学习拳棒，并能符水架刑，勾引本省不肖棍，三五成群，身佩凶刀，肆行乡镇，号曰啯噜子。”[①] 啯噜子组织严密，常常隐匿在山林中，操练武艺，异常彪悍。陕西按察使严如熤曾对川陕鄂三省社会民情做过调查，他在《三省山内风土杂识》中说：“啯匪之在山内者，较教匪为劲悍。往往于未辟老林之中，斫木架棚，操习技艺，各有徒长什伯，为群拜把子之后，不许擅散，有散去者辙追杀之。”[②] 道光初年，四川绵州青年诗人孙缵的《啯匪行》一诗描述了啯噜仗剑行狭的游民生活，“短刀长剑称豪杰，古庙焚香唇搽。鬼脸虬须白昼行，鼠盗狗偷犹不屑。朝夺富民粮，暮醉村店酒。一人矫健称盟首，只身估客昏暮来，百十成群山凹守。十步不留行，杀人人命轻。顽铜面具随身带，假冒英雄古姓名。刑章屡罹全不悔，条条国法都安在？佩刀卖尽买更牛，令我常思龚渤海。”[③] 啯噜子这一民间武装组织，为了壮大规模，补充人员，还常“掳十数岁小孩教以击刺”。[④] 不仅仅是啯噜子中的移民对清代四川民间武术的发展有密切关系，程大力研究认为，“湖广填四川”的移民中有很多天地会成员，因此四川也是天地会的主要活动区域之一，四川武术的发达亦与之密切相关。[⑤]

在这一过程中，还诞生了四川民间习武结社组织形式——“棚子”。目前，学术界对四川“棚子”鲜有深入研究。“棚子”来源于四川啯噜子秘密结

① 中国人民大学清史研究所、档案系中国政治制度教研室合编：《康雍乾时期城乡人民反抗斗争资料》（下），中华书局1979年版，第633—634页。

② （清）严如熤：《三省山内风土杂识》，陕西通志馆印，出版时间不详。

③ （清）孙桐生：《国朝全蜀诗钞》，巴蜀书社1985年版，第604页。

④ （清）严如熤：《三省山内风土杂识》，陕西通志馆印，出版时间不详。

⑤ 程大力：《峨眉派渊源考证》，《2007年中国·四川国际峨眉武术节峨眉武术论坛论文集》，2007年，第6页。

社组织。“棚子”既是啯噜的居所，也是由此形成而来的组织结构。啯噜子又被称为啯匪、啯喽子、啯噜，主要由移民中的无业之人与四川本土游民构成。游民是社会的最底层，他们为了生活四处流荡，“流民之入山者……扶老携幼，千百为群……伐木支椽，上盖茅草……谓之棚民。”[①] 啯噜子主要是由游民结社而成的民间武装，他们往往隐匿于深山老林之中，“砍木架棚”，操习武艺，聚群而居。从现有资料看，啯噜子这一组织至迟出现在乾隆初期。啯噜子一说首次出现于乾隆四年（1739）四川巡抚、布政使的奏折中。他说：“四川恶棍，名为啯噜子，结党成群，暗藏刀斧，白昼抢夺，夜间窃劫。”[②] 在乾隆中期，啯噜子的头领有“棚头”称呼的记载。[③]

随着清政府对啯噜子打击力度的加大，啯噜子不得不与一些组织严密的秘密教会如白莲教、青莲教、红灯教等接触，甚至演变成哥老会以寻求生存空间。在啯噜子与这些秘密教门相互接触融合的过程中，啯噜子的“棚”组织结构体系被他们所吸收借鉴。嘉庆初年，川楚陕白莲教大起义期间，已有大量啯噜子依附融合于白莲教中。嘉庆元年（1796）秋，教首徐天德在四川达州起义，队伍中不少就是啯噜子。啯噜“藉教匪家以藏身，而教匪因以起事……此逆贼徐天德等所由起也”。[④] 道光年间，啯噜子与青莲教发生融合，直接促进了啯噜向哥老会的演化。[⑤] 四川红灯教与啯噜子之间关系密切，并且直接将其“棚”的组织形式借鉴使用。“棚”是四川本土的产物，红灯教中又称“一碗水”，设管理者为“棚长”。据《犍为县志》载，红灯教中，“其操练处曰棚子，每棚又曰一碗水，凡说某处有一碗水，即是有一棚人。每碗水限百人，满又觅地另设。朴诚而奉教久者，得为棚

① 转引自王纯五《袍哥探秘》，巴蜀书社 1993 年版，第 9 页。
② 《高宗实录》（二）卷 103，乾隆四年十月癸卯影印本，中华书局 1985 年版，第 559 页。
③ 吴善中：《晚清哥老会研究》，吉林人民出版社 2003 年版，第 32 页。
④ 同上书，第 55 页。
⑤ 同上书，第 57 页。

长，掌水碗。”①

此时，“棚子”即是红灯教、顺天教等教门传拳授徒的结构形式。他们进行组织的时候，通常都是由老师傅一人或数人，设棚授徒，一棚有十余人或数十人不等。红灯教在华阳、简阳、仁寿、交界的地方石板滩、镇子场、廖家场等处，设棚授徒。纵横百里的农村，几乎户户习拳，村村有棚子。② 清末以后，啯噜子则演化为四川地区影响最大的会党组织——哥老会。秘密教门组织逐渐走向消亡，部分秘密教门组织人员加入哥老会。此时，“棚子”不再是教门的组织形式，但被四川民间武术继承下来，聚众练武被称为“扯棚子”或“扯武棚”。至今，这一说法在四川民间武术中仍有流行。秘密结社对四川民间武术的影响之深可见一斑。

三　促使四川民间武术融入近代民主革命洪流

周锡瑞（Joseph W. Esherick）在研究义和团时曾说到，会拳术是个重要的本领……但它本身在政治上却是中性的。拳民可以加入秘密宗教，也可以参加官军，他们选择其中的哪一方不是由他们的拳名或拳类决定，而是由每个拳民或练拳组织的特殊社会和政治环境决定。③ 这个观点是有道理的。清末之时，面临各方面尖锐的社会矛盾，清帝国内外交困，已无力维护既定的权力秩序，王朝飘摇欲坠，酝酿已久的资产阶级民主革命一触即发。社会动乱给吸纳了民间拳师的秘密结社扩大影响，为地方力量的形成提供了绝佳的机会。一些民间秘密结社规模逐渐壮大，甚至几乎控制了整个地方民间社会，起源于四川地区的哥老会即是一例。这一变化引起了革命党人的注意。

---

① 陈谦、罗绶香等纂修：《犍为县志》卷14《杂志》，成都协美印刷公司1937年版，第48—50页。

② 伍士谦：《〈义和团在四川的战斗史料汇编〉综叙》，《四川大学学报》（哲学社会科学版）1979年第2期，第90—91页。

③ ［美］周锡瑞：《义和团运动的起源》，张俊义、王栋译，江苏人民出版社2005年版，第66页。

孙中山认为，秘密会党是推翻清朝的唯一可靠力量。[①] 为了推翻清王朝的封建统治，在孙中山积极联系动员海内外有志之士参与革命之时，就非常注重会党这一独特的社会力量。早年在北美，他便与洪门接触密切，晓之以革命大义，动员其参加革命。[②] 而且，他组织武装斗争也是从联络会党入手的。[③] 鉴于四川的险要地理位置，同盟会在东京成立后，本着“以新旧同志与民间党会齐力相与举大事”[④] 的原则，孙中山即于日本邀约四川会党中兼具才略与担当的积极分子相见，委任他们于四川成立同盟会分部准备武装斗争。对会党成员的吸纳与委任，让四川民间武术与民主革命联系起来。换句话说，秘密结社扮演了民间武术介入社会民主革命，与国家命运紧密联系的中介角色。这为后来民国期间武术的社会/文化地位的提升做了注脚与铺垫。

（一）四川哥老会

四川会党组织首推哥老会。四川为哥老会的主要发源地，四川称其为袍哥，又称“帽顶”[⑤]。同治五年，湖南抚巡李乾章奏称：“有以哥老会名目结伙党，煽惑乡愚，意图不法。查此会一名江湖会，起自川、黔，由来已久。”光绪十七年，清驻外公使薛福成在《附陈处置哥老会匪片》中说：“窃查哥老会名目，始于四川，而流衍于湖广。”[⑥] 哥老会在四川码头林立、公口遍地，覆盖广泛，势力强大。清人王增琪为其赋诗说：“哥老会，奚由名，不论年齿结弟兄，山堂香水飘任放，龙头管事称尤荣，全川此习固已久，近闻孝秀甘同盟。或冀家室安，或取金帛赢，往来市井弗自讳，弁胥隶卒相逢迎。吁嗟哉！子苟不欲民安横行，朱家郭解世宁复生，带牛佩犊

---

① ［美］薛君度：《黄兴与中国革命》，杨慎之译，湖南人民出版社 1980 年版，第 43 页。

② 孙中山、蔡元培等：《中国哲学思想论集》（现代篇一），水牛出版社 1978 年版，第 120 页。

③ 隗瀛涛：《孙中山与四川辛亥革命》，《文史杂志》1985 年第 1 期，第 5 页。

④ 邹鲁：《中国国民党史稿》，中华书局 1960 年版，第 894 页。

⑤ 傅崇矩：《成都通览》（下），巴蜀书社 1987 年版，第 47 页。

⑥ 转引自孔路原《辛亥革命时期四川会党初探》，《天府新论》1986 年第 2 期，第 49 页。

方满城，老贤侄更操短兵。”①

在四川，哥老会员众多，分布极广，成员构成复杂。到了清末民初，四川成年男子有近三成加入哥老会，总数达到300万人左右。② 四川民间流传有“袍哥能结万人缘”之说。在初期，哥老会的主要人员组成是破产的农民、失业的手工业者、裁撤后流散在社会上的军人、外省入川的移民和四处流浪的无业游民，以及经常流动的挑夫、水手、船民、商贩和下层衙役等。③ 到后期，社会各个阶层都有人参加哥老会，包括行走江湖的风、火、爵、耀、僧、惊、培、飘、猜、道、戏、解、隶、卒、幻、听等各色人物，士农工商，三教九流，无所不包。其中与四川民间武术密切相关的是“培”与“解”。培，即培门，俗称“四平摊子”，又分“文四平”（即卖补药的）、“武四平”（即卖打药）。解，指“跑马卖解”，耍马戏和武术的人，四川民间又称“操扁卦”。④ “武四平”与“解”在北方又有“挂子行”之名，大致与“挑将汉的”和“清挂子”是对应关系。根据社会身份的不同，哥老会分了“仁、义、礼、智、信”五个堂口（码头）。“仁”字号的袍哥多为士绅阶层人物，包括士大夫、文武官员、乡绅地主等，“义”字号多以经商之人为主，“礼”字号则集中了民间很多练拳弄棒之人，“智”字号与“信”字号更多的是普通市民与务农民众。

（二）必须争取的社会力量：哥老会“豪侠”与资产阶级民主革命

很多民间豪侠善斗者充当了四川袍哥首领的角色。四川杰出人物佘英就控制了重庆、泸州、叙府一带的袍哥组织，势力强大。佘英（1874—1910），字竟成，又名俊英，四川泸州小市人，生于清朝同治十三年（1874）11月12日。家境贫寒，早年丧父，先后学过铜匠与撑渡船的谋生

① （清）王增琪：《聊园诗存再续》卷一，光绪三十年刻本。

② 黎丽：《四川哥老会与辛亥保路运动》，《四川档案》2011年第5期，第27页。

③ 王纯五：《袍哥探秘》，巴蜀书社1993年版，第22页。

④ 同上书，第24页。

技能。他自幼喜爱使拳弄棒，后入有“通城虎”之称的武举李孝恩的武棚拜师习武，20 岁时参加清朝最后一次武举考试，“得游武庠”。[①] 佘英性格直爽，喜欢结交江湖豪杰，关心乡邻与公益。史载，佘英“常为乡人及地方公益力争不平，州牧齐之。擢领卫队、缉盗捕匪、捍卫桑梓，不遗余力。因之屡获保奖武职”。[②] 他早年便加入哥老会，被公推为当地“义字堂”袍哥“舵把子”。后见清廷腐败，读《警世钟》《革命军》等著作，受到启蒙，投身革命事业，并结交、聚集大量有志之士。

时值孙中山在东京成立同盟会倡导革命，听闻四川留日学生对佘英的介绍后，向其发出邀请函。1906 年 7 月，佘英东渡日本参加同盟会，面见孙中山先生，深得器重，被委以“西南大督统”一职，“付以联络川、滇、黔会党之责”[③]。佘英回川后，于泸州秘设同盟会分支机构，以哥老会首领与同盟会西南大督统的双重身份开展革命工作，昼夜奔驰，联系志士，历尽艰险。因而成为“四川实际推动革命之始”。[④] 他引熊克武等同盟会会员加入袍哥组织。为了化解袍哥内部矛盾，他们提倡“仁”“义”不分上下，组织“义会”，并用“万国青年会”名义团结川东南一带的袍哥，使之成为同盟会可以依靠和直接指挥的力量。在佘英的带领下，一些袍哥组织舍弃“反清复明”的大旗，加入到了资产阶级民主革命大潮之中。1909 年，革命党在川发动起义，佘英带队奋勇杀敌，因敌我力量悬殊，战败被捕。1910 年，英勇就义。1919 年被孙中山追赠为陆军中将，1938 年国民政府明令给

---

① 注，此时佘英参加的为乡试，乡试中试者曰武举人。关于清廷武科考试可参见成都体育学院体育史研究所《中国近代体育史料》，四川教育出版社 1988 年版，第 1—6 页。关于佘英的记载可参见邹鲁《中国国民党史稿・佘俊英传》，中华书局 1960 年版，第 1400 页；王纯五《袍哥探秘》，巴蜀书社 1993 年版，第 105 页；郑光路《四川旧事》，四川人民出版社 2007 年版，第 84—86 页；秦宝琦：《中国洪门史》，福建人民出版社 2012 年版，第 429 页。

② 邹鲁：《中国国民党史稿・佘俊英传》，中华书局 1960 年版，第 1400 页。

③ 中国人民政治协商会议全国委员会文史资料研究委员会编：《辛亥革命回忆录》（第三集），文史资料出版社 1981 年版，第 5 页。

④ 邹鲁：《中国国民党史稿・佘俊英传》，中华书局 1960 年版，第 1400 页。

佘英公葬，1946 年再被国民政府追认为陆军中将。

除佘英外，四川民间著名拳师张树三、李绍尹、张百祥、秦载赓等人也积极投身资产阶级民主革命。张树三是清末四川重庆的民间著名拳棒教师，亦为重庆仁字号袍哥大爷，相传一掌能够劈碎 20 块砖。跟随他习武的徒弟人数众多。张树三为人任侠好义，喜欢抑富济贫，在重庆市区内开有旅店，广交朋友。1905 年受邀前往日本面见孙中山，加入同盟会。李绍尹，字一斋，四川大竹县大寨坪人，谙熟武功，“性情豪迈，胆力过人”，为大竹县孝义会首领。1906 年，受大竹县留日学生、同盟会会员萧德明等人影响加入同盟会。① 张百祥，又名启善，四川广安县石笋河场人，少嗜拳棒，曾习武术于苏鹤峰贡士门下，而略得其弹撒棍之长。好结客，喜任侠，好打抱不平，为孝义会渠魁。江湖豪杰称其为“双刀子张邕”。1905 年，前往日本留学加入同盟会。共进会成立后，他被推举为第一任会长。② 秦载赓（1878—1911），原名明良，又名秉钧，四川华阳县秦皇寺人（今双流县正兴乡）。其祖父秦寿堂，少读儒书，壮习弓马，是华阳县的武举，曾在家设武棚传授武艺，有徒弟数十人。秦载赓自幼随祖父习武练拳，兼习诗书，英勇机智，豪侠仗义，被推举为华阳县民间自卫团体“安吉团”的“龙头”。他广泛联系群众，名声大噪，参加者数万之众，形成了一支可以与官府相对抗的民间武装力量。1909 年，经同盟会会员龙鸣剑介绍加入同盟会，参加革命。随后，他兼并仁寿县煎茶溪仁字号袍哥“文明公”，取得了公口舵把子的地位。1911 年 5 月，保路运动兴起，秦载赓被推举为华阳县保路同志协会会长。③

鉴于四川哥老会在当地拥有的强大社会力量与众多爱国、杰出的民间武

---

① 秦宝琦：《中国洪门史》，福建人民出版社 2012 年版，第 430 页。

② 熊克武：《辛亥前我参加的几次武装起义》，中国人民政治协商会议全国委员会文史资料研究委员会编《辛亥革命回忆录》（第三集），文史资料出版社 1981 年版，第 329—330 页。

③ 王纯五：《袍哥探秘》，巴蜀书社 1993 年版，第 108 页。

术人士，孙中山先生领导的革命党人对之尤其重视，视之为“必须争取的社会力量”[①]。佘英、张树三、李绍尹、张百祥、秦载赓等在哥老会中有声望者被吸纳加入同盟会，有力地推动了革命党人与会党的联络，将民间武术融入国家命运之中，为四川辛亥革命的成功创造了极为有利的条件。辛亥革命中，在佘英等人的努力下，四川哥老会与革命军以及保路运动同志军的合作，使其得以公开活动，甚至曾一度从“民间”转变成“官方”。但是，革命后又被列为非法组织，遭到政府的控制和打压。尽管如此，他们的势力仍继续扩大，[②] 以至于在整个民国期间对四川的民间社会仍有重要影响。

清末民初时期，像上述四川武术拳师一样，参与反帝反封建革命，兼具爱国与民主精神的民间武术仁人志士不在少数。如民间广为流传的北京的王正谊（大刀王五）、天津的霍元甲、广东的黄飞鸿等。民间武术能够与辛亥革命结合并非偶然。在传统文化的浸染下，满身武艺的优秀民间拳师忠孝爱国，英勇机智，行侠仗义，与人交善。这些人格特质，一方面使他们与一般人区分开来。另一方面让他们能够结交聚拢许多一般民众，社会动乱为他们提供了一展才华的舞台，他们借助会党凝聚成为地方一股不可小觑的社会力量。特殊的社会与政治环境让会拳术的杰出人物走向革命，成为反帝反封建的一股积极力量。在革命之初，革命党人缺少可资动员的正规武装力量。二者的结合既满足了革命党的现实需求，又使一腔热血的民间武术人杰报国有门。佘英等人展现的爱国革命优良传统无疑是一笔珍贵的民族精神遗产。无论如何，清末民间武术为进步革命积蓄了武装斗争的资本，同时也为全体国民塑造了一大批民族英雄。

清末民初社会运动为民间武术提供了传播发展的空间。通过秘密结社，

---

① 熊克武：《辛亥前我参加的几次武装起义》，中国人民政治协商会议全国委员会文史资料研究委员会编：《辛亥革命回忆录》（第三集），文史资料出版社 1981 年版，第 5 页。

② 王笛：《“吃讲茶”：成都茶馆、袍哥与地方政治空间》，《史学月刊》2010 年第 2 期，第 106 页。

民间武术精英实现了对国家社会历史进程的介入，并将民间武术文化植入国家话语体系之中。这在一定程度上反映出在历史进程的关键节点，民间武术精英们如何处理个人与国家的关系问题，以及实现自身的定位并完成社会使命。与此同时，我们也看到了民间武术被不同权力主体动员与征用的过程，以及民间武术力量在民间的沉浮。与秘密结社的紧密结合，让中国传统社会的结盟拜会、拜把兄弟、祖师崇拜等诸多文化，直接为民间武术所吸收，形塑了当时民间武术文化的结构，同时也开启了近现代武术“神秘化”的民间底层发展之路。当然，或许我们也可以说民间武术在整个社会变革过程中发挥出的作用是极其有限的，清末民初民间武术与秘密结社的结合具有偶然性。但是，历史往往没有偶然。这种怀疑态度也是我们忽视与低估民间武术的重要原因之一。如果认真考察民间武术的活动及其存在的社会环境，我们会不得不惊叹它不仅是与社会运动进程紧密相连的，而且是融入人们日常生活的文化存在。这将是我们下一章将要探讨的主要内容。

本章小结

通过这一章的分析，我们可以看到，民间武术与秘密结社之间紧密关系的形成是有着极其复杂的社会历史背景的。发展武术并不是秘密结社的直接目的与最终追求，对秘密结社而言，无论是会党、教门还是义和团、啯噜子，武术只是他们的工具之一。正因为如此，武术与巫术、气功等亲密无间地融合成了一体，武术被宗教化与神秘化甚至异形化。正是在这一过程中，大量的“江湖”文化内涵被民间武术吸收，武术也被这些秘密结社组织带进了中国近代社会运动或革命运动的滚滚潮流之中。与此同时，民间武术得到了进一步的普及与发展。

第四章　融入民俗的民间武术

第一节　民间武术与民俗的共生

民间武术与民俗有某种共生性。我们在民间传统节庆、庙会等民俗文化空间中时常能够看到民间武术的身影。早在宋代，就有民间武术（相扑、射弩、使棒等）在庆典期间与其他百戏同台表演的记载。《武林旧事·卷三·社会》载："二月八日为桐川张王生辰，霍山行宫朝拜极盛，百戏竞集，如绯绿社杂剧齐云社蹴球遏云社唱赚同文社耍词角抵社相扑清音社清乐锦标社射弩锦体社花绣英略社使棒雄辩社小说翠锦社行院绘革社影戏净发社梳剃律华社吟叫云机社撮弄。"① 千百年来，在历史的长河中，民间武术参与传统民俗节庆以及娱乐庆典，相互融摄，最终形成了一种延续的民俗文化传统。

及至现当代，在一些大庙会中，我们依然可以见到民间武术的身影。

在河北保定地区的很多庙会上，打把式卖艺的、卖野药的、拉洋片的、算卦的、说书的、耍杂技的、变戏法的、说相声的大有人在。（在保定二月二龙潭庙庙会上）有一个卖野药的老头儿常去赶庙会，他一般是开场、耍艺、真杀实砍、敷药止血、宣传刀枪药药效神奇的套路，但最引人入胜的

---

① （宋）周密：《武林旧事·社会》，西湖书社 1981 年版，第 40 页。

是表演鞑子摔跤。他光着膀子，脚蹬功靴，下穿灯笼裤，两手反穿和脚上一样的功靴，钻入鞑子摔跤的架衣下。那架衣上边是两个支着架子的北方勇士木偶像，下面是两件巧妙结合在一起的武袍。老头儿“唉、嗨、嗯、啊”以两人不同的呐喊声，进行着一人操作两个偶人的摔跤。他手脚并用，腰首结合，浑身抖动，有时较劲儿斗喊，真是生龙活虎。踩踢蹬踹、别绊缠粘、闪展腾挪、更是技艺超群。大别子、麻花绊、扫堂腿、裆中挑、得合、卧勾等摔跤绝活亮得干净地道，毫无破绽。虽然不能倒地撒手，不能反身背口袋，但也让人心服口服，博得阵阵喝彩。当老头浑身是汗转圈求钱时，观众不由自主地掏腰包。①

庙会民俗节庆，集宗教信仰、商品交换、社会交往、娱乐休闲、问医求药、驱魔修德、访亲会友等活动于一身，是底层民众的狂欢聚会。民间武艺人和其他民间底层行当之人对这种超日常的民俗事件，往往趋之若鹜。他们——打把式卖艺的、卖野药的、耍猴的、拉洋片的、算卦的、说书的、耍杂技的、变戏法的、说相声的搭棚献艺，共同建构了异彩纷呈、各式各样、热闹非凡的庙会/花会民俗。庙会民俗场域，为民间武术艺人提供了展示技艺、赚取生活所需的空间。同时，民间武术在狂欢的庙会/花会仪式过程中娱神娱人，为民众枯燥的日常生活平添了些许愉悦的精神体验。因之，民间武艺人无意中扮演了民俗狂欢精神生产者的角色。

民间武术与民俗文化之间的联系是普遍存在的。民间武术与民俗文化之间的密切联系不但存在于庙会这一典型性的民俗节庆之中，而且还普遍存在于整个中国社会的民俗民风之中。如在广东中山地区流传有集舞狮、武术、舞蹈于一体的“出狮场”或“耍狮场”民俗娱乐活动。各村在接到“英雄帖”后，便选出优秀的拳师准备参加。到了择定的日子，参加耍狮场

① 欧大年、候杰、范丽主编：《保定地区庙会文化与风俗辑录》，天津古籍出版社 2007 年版，第 360、388—389 页。

的各狮队齐集之际，一般是由各狮队先来一番武术表演。常见的拳术表演有长拳、太极、咏春、蔡李佛、五形拳、金钟罩等；器械表演有棍、棒、刀、枪、剑、戟、条凳等。随后，各狮队点名抽签进入醒狮比武。[①] 明清时期，这一民俗活动达到鼎盛，几乎每年定期举办；到民国时期，这一民俗活动与宗派械斗联系起来，时常人伤狮烂；后改为不定期举办，但场面往往较以往壮观宏大。在"出狮场"这一活动过程中，民间武术成为当地民俗不可或缺的重要组成部分。在提供民众娱乐的同时，民间武术也成为彰显宗族地位、势力与影响力的手段。广东中山的这种民间武术，不仅促进了民间武术的广泛交流和发展，更促进了地方民俗文化的形成。[②] 又如，在安顺的地戏、山西的锣鼓杂戏、安徽池州的傩戏、陕西的端公戏、湘西廪卡，以及沙河藤牌阵、永新盾牌舞等民俗遗产中也保留有大量的民间武术内容。此外，还有内蒙古那达慕大会上的射箭、搏克，四川彝族火把节上的摔跤等，都是民间武术与民俗事项同构的鲜活典范。由于庙会是民俗文化的特殊表现形式，因而庙会中的民间武术格外有趣。

考察民俗庙会文化中的民间武术，其主要以四种方式参与构建地方民俗文化。其一，犹如上述的综合性庙会中的民间武艺展演一般，民间武术作为一种亚文化同其他民俗项目一道，共同建构了整个民俗节庆的娱乐表演内容。但是，整体上看，这更多的是为"清挂子"（撂地打把式卖艺的民间武术人）与"挑将汉的"（既打把式卖艺又卖狗皮膏药的民间武术人）提供了理想的撂地场所；其二，在一些武风浓厚的省份地区，亦有民间武术专场形塑的民俗节庆。如河北苏桥镇的"飞叉会"就是一例。清末民初时，河北文安县苏桥镇靳文斌将通背、太极技艺融入叉技中，创办了"苏巧飞

---

① 《狮子舞》，广东文化网，http：//www. gdwh. com. cn/mjzt/2010/1020/article_ 1060. html。

② 王晓辉、周叶清：《广东中山民间武术与民俗文化研究》，《搏击·武术科学》2014 年第 10 期，第 46 页。

叉会”。其代表性表演内容——《五鬼拿刘氏》通常要持续七天，成为当地著名的民俗文娱活动之一。[①] 因其突出的民俗特色和悠久的历史，2008年，“苏桥飞叉会”入选了第二批国家级非物质文化遗产名录，当下各式各样的“武术节”与此颇有一些相通之处；其三，民间武术以擂台赛事或表演的形式与庙会或传统民俗节庆合而为一。四川地区青羊宫花会上的“打金章”、泉州以及台湾地区的“宋江阵”都是这一类型的典型表现。

图 4-1　2014 年台湾宋江阵表演团在成都青羊宫展演

民间武术与民俗文化同属“小传统”的范畴。从民间社会与文化中孕育出来的民间武术，都带有乡土社会与文化的烙印，它与民众的“日常”

① 《国家级非物质文化遗产：苏桥飞叉会》，http：//www. gov. cn/jrzg/2008－10/24/content_1130181. htm。

生活紧密相连，又与“非常”性的民俗性事件合二为一。民间武术只有嵌入其产生的文化场之中才不至于断了文化养分而失去发展的命脉。因而，民间武术与民俗文化之间的联系与互动过程，亦是认识民间武术文化特质及其变迁逻辑的重要角度。

第二节 庙会、“打金章”与狂欢：青羊宫花会上的民间武术

四川地区道、佛宗教事业均较为发达，每逢各地庙宇主神诞辰，往往要组织庙会以示庆祝。唐代，四川已有庙会流行。庙会深受民众喜爱，绵延传承至清朝民国时期达到繁盛。历史上，四川的庙会主要有青羊宫花会、观音会、药王会、单刀会、王爷会、土地会、城隍会、五显会、东岳会、老君会、佛祖会、川主会、牛王会等，另外其他地方还有一些属于地方性的庙会。[①] 在这些庙会中，因青羊宫的宗教地位、成都的省会地缘因素，以及政府部门的大力扶持等原因，“青羊宫花会”成为诸多庙会中最典型的庙会之一。

一 青羊宫花会

青羊宫地处成都市一环路西二段，毗邻锦江，为著名道教宫观。唐人乐朋龟在《西川青羊宫碑记》中说：“冈阜崔嵬，楼台显敞，齐东溟圆峤之殿；抗西极化人之宫，牵剑阁之灵威，尽归行在；簇峨眉之秀气，半入都城。烟粘碧坛，风行清磬。”[②] 青羊宫原名青羊肆，唐中和元年（公元881），唐僖宗因黄巢起义入蜀避难，居于观内，后改“观”为“宫”，故有“青羊宫”之名。[③] 由于唐皇与道教三清祖师太上老君同姓李，因此唐朝尤

① 孙旭军、蒋松、陈卫东：《四川民俗大观》，四川人民出版社1989年版，第45页。

② 张继禹主编：《中华道藏》（第四十八册），华夏出版社2004年版，第633页。

③ 张学君、张莉红：《成都城市史》，成都出版社1993年版，第125页。

其注重道教，将其列为三教之首。相传，青羊宫所供太上老君的生辰为二月十五，这一天正好也是百花生日。因此，自唐朝始，每年农历二月十五日在青羊宫设立“花会”[①]，又名“老君会”。

继唐宋的繁荣之后，青羊宫花会在元明经历了短暂的衰落，随后又在清朝得到恢复，至民国发展成为成都三大庙会之首。青羊宫花会在社会各阶层中都有很大的影响。据文献记载，从每年春节开始直到四月，达官贵人、骚客墨士、淑女名媛纷纷西出笮桥门踏青赏花。[②] 李劼人在长篇小说《死水微澜》中说：“四乡的人，自然要不远百里而来，买他们要用的东西。城里的人，更喜欢来，不过他们并不像乡下人是安心来买农具竹器的，他们来此的心情只在篾棚之下，吃茶喝酒，赏春游宴罢了。”[③] 自古以来，文人墨客对青羊宫花会也多有吟咏赞誉。唐代诗人萧遘在《成都》诗中描写道：“日晓已闻花市合，平江偏见竹簰多。好教载取芳菲树，剩照岷天瑟瑟波。”宋代诗人陆游也有《梅花绝句》诗曰：“当年走马锦城西，曾为梅花醉似泥。二十里中香不断，青羊宫到浣花溪。”

清末，清政府实行“新政”，青羊宫花会在内容与形式上均出现了巨大的变化。四川商务局总办沈秉堃仿外洋赛会之意，于光绪三十一年（1905）提出将省城青羊宫花会改为商业劝工会。[④] 该建议得到当局采纳。次年，青羊宫花会改名“劝业会”，一跃成为成都市春季最大的物资交流和民众聚会平台，令人耳目一新。虽然，四川当局推行“劝业会”之名，但普通民众依然称其为“青羊宫花会”，可见“青羊宫花会”在民众心目中的地位是难以动摇的。清末时局动荡，然而至1911年清朝灭亡时，四川当局仍成功举

① 陈永建：《成都花会探源》，《文史杂志》1992年第5期，第42—43页。

② 于文倩：《青羊花市景无边：花会与民国时期成都市民的娱乐生活》，《文史杂志》2012年第1期，第12页。

③ 李劼人：《死水微澜》，人民文学出版社2001年版，第160页。

④ 孙跃中：《从花会到劝业会：成都庙会文化的历史沿革》，《文史杂志》2005年第3期，第18页。

办了六次青羊宫花会（劝业会）。每逢开会时，各属物产，栉比竞赛，实为川省前此未有之大观。[①]

民国初年，四川陷入军阀混战，政局动荡，当局已没有精力组织劝业会，青羊宫花会因此进入民众自组织状态。到1919年，民国四川当局出面组织、主办劝业会。不过，终因川军混战，时局不稳，劝业会时断时续。到1934年第13次劝业会时，23年间才举办7次。1936年，四川内乱平息，成都青羊宫花会达到空前的规模，从3月8日开始到4月30日闭会，历时近两个月。[②] 抗战期间（1938—1945），由于敌机空袭，政府明令青羊宫花会停办。尽管如此，每逢花会日期，民众仍自发前往青羊宫烧香祈福。1946年，青羊宫花会再次得以恢复，但已盛况不在。

从整个历史过程看，四川青羊宫花会在曲折、沉浮与积淀的过程中起起伏伏，不过这一民俗并未产生明显的断裂，而是最终形成了千年的传统。虽然政府重在劝业，小商户也从中受益，但民众收获更多的是参与庙会的狂欢与愉悦。正如1943年出版的《川康游踪》所说："名媛闺秀，接踵骈肩，马迹卓尘，芬流草根。今日之繁盛，固非昔日可相提而并语，即国内南北各省所有旧俗乡会罕能埒此盛且久者。斯洋洋大观，可谓成都民俗特点之一。"[③] 清末至民国时期，无疑是青羊宫花会最为繁盛、最有特色的历史节点，这不单单是政府出面组织，将兴业博览与花会娱乐有机结合，更在于"打金章"与千年民俗奇观——青羊宫花会的融合。正因为如此，青羊宫花会在拜神祈福、经贸集市、民众娱乐的多重意蕴之外，又成为民间武术展示以及各种权力交锋的隐喻空间与平台。

---

① 周询：《蜀海丛谈·卷一·布政按察提学三司盐茶巡警劝业三道》，转引自孙跃中《从花会到劝业会：成都庙会文化的历史沿革》，《文史杂志》2005年第3期，第18页。

② 孙跃中：《从花会到劝业会：成都庙会文化的历史沿革》，《文史杂志》2005年第3期，第18页。

③ 李致刚：《成都花会考——即花会导游记》，易君左《川康游踪》，中国旅行社1943年版，第225页。

二 “打金章”：民间武术擂台实战的历史记忆

民国初年，四川处于军阀混战状态。1917 年 12 月，熊克武在滇军、黔军的帮助下进攻重庆，在赶走驻重庆北军吴光新和四川督军周道光之后被推任为四川靖国各军总司令。1918 年 2 月熊克武再次联合滇军、黔军进军成都，将北洋政府军委任的四川督军刘存厚驱逐出川，并接受南方政府任命，担任四川督军，从而掌握四川军政大权。[①] 熊克武戎马一生，掌权四川后，大力提倡团结尚武，决议在青羊宫花会期间举办全省武术擂台比赛。此举重在推广尚武精神，团结社会各路力量，挖掘民间武艺出众者。此外，也是利用武术擂台赛的格斗狂欢精神为青羊宫花会（劝业会）增添色彩。

1918 年，在青羊宫花会期间，闻名全国的民间武术实战比赛——“国术擂台赛”在青羊宫如期开打。从现有史料看，这应为民国以降武术实战比赛之滥觞。因比赛设有金章、银章和蓝章，并对最后胜出者奖以金章，故民间对擂台赛以“打金章”称之，也有“金章擂台赛”一说。在军方的提倡以及民间武术人士的支持下，首届“打金章”取得圆满成功，成为花会中最吸引人的活动，观者如堵。自此以后，每次青羊宫花会期间都设有“打金章”活动，相沿成习。当“打金章”被放置在青羊宫花会空间中时——其目的不管是选拔武艺出众者，还是丰富民众娱乐，抑或两者兼有——民间武术在某种程度上就嵌入了民俗文化之中，变成了庙会的附属。

纵览整个民国时期的“打金章”活动，大致可以将其分为两个发展阶段：1918 年至 1928 年，为“打金章”发展的第一阶段，即“打金章”的初始起步阶段；1929 年至 1948 年为第二阶段，也是“打金章”的发展阶段。这一时段的划分，主要以“打金章”的组织以及比赛规则变化为主要依据。在 1918—1928 年的 10 年间，“打金章”的组织方主要是四川军方与政府。

---

① 四川省文史馆：《民国四川军阀实录》，四川人民出版社 2011 年版，第 88 页。

青羊宫花会打擂期间，四川军政要人熊克武、杨森、邓锡侯、刘文辉、刘湘等经常前来观看，给予“打金章”大力支持。而且，军阀各方也派代表参加打擂。首届“打金章”产生的三个擂主（李国操、余发斋与马宝）中，李国操为省督军熊克武部查马长、同时也是熊的保镖。事实上，青羊宫“打金章”也是四川军阀展示各自实力，招募人才的一个“武台”。为充实军队实力，提升战斗力，他们将“打金章”获奖的一些杰出民间拳师选入军中教授格斗技艺，授以军衔，成为教官或军官。民国期间，仅青城武术一派中就有：张至清被原国民党主席林森聘为保镖；叶丹一被聘为原国民党军事委员会副委员长冯玉祥保镖；余国雄被聘为国民党中央通讯团教官；陈用和取得金章后被国民党四川省水警总局聘为武术总教官等。“打金章”为四川民间武术与川军之间建立了密切的关系，也打通了民间武术与川军之间的交流渠道。在初始阶段，“打金章”与历史上的民间“擂台比武”并无二致，各项规则都在探索之中，尚不完善。

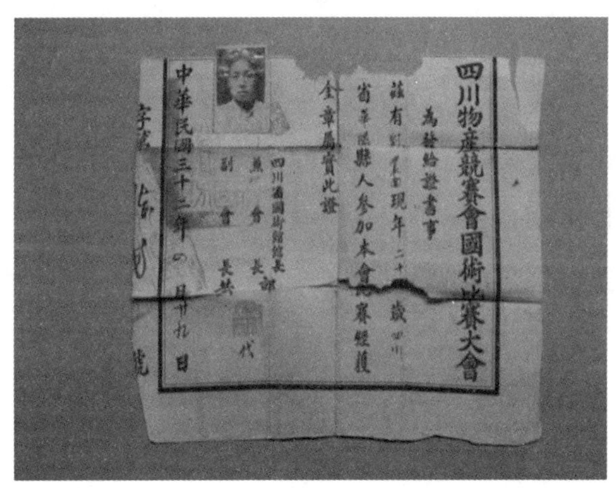
四川物產競賽會國術比賽大會
為發給證書事
參加本會比賽
全章爲資此證
四川省國術館館長
中華民國三十二年

图 4－2　刘振南于民国三十二年所获金章证书

1929 年 5 月，民国政府颁布“省市国术馆组织大纲”，随后四川省国术馆成立，四川省主席刘文辉兼任馆长。自此，青羊宫花会擂台赛主办权交由省国术馆来负责，“打金章”进入了新的历史发展阶段，武术（当时官方有“国术”之称、四川民间也有“柔术”之称）得到进一步的提倡。一首竹枝词这样写道，“擂台角艺抢金章，集合江湖打打行。柔术本来为国技，大家努力更提倡。”[①] 在发展的过程中，“打金章”逐渐对“摆擂”形式进行调整，从组织到规则都日益完善。打擂报名后，实行不分级别，抽签配对。初赛是“资格”赛，有了资格，再较“蓝章”“银章”，最后打“金章”。“蓝章”约取为总参赛人数的一半，“银章”取前十名，“金章”取前三名。夺得“金章”的人，发给金章的同时还发给奖状。根据职业与性别，比赛设有军人组、普通组和女子组。比赛时，一般在擂台的四角各坐一名裁判，另外一名主裁判手拿一个小铜铃在台上，根据情况宣布比赛开始，停止时则摇铃停止，还有一位手执一面小红旗或黄旗，当出现选手之间“打毛”而乱打胡扭时则上前隔开。[②] 此外，裁判在负责执裁的同时还对场上的比赛进行讲解。

此时，对参赛选手的着装也提出了一定的要求。上身一律穿着赛场统一配发的短襟白上装，一方系红色腰带，一方系白色腰带或蓝色腰带，以示区分。下装不做限制。出于安全性考虑，防止选手暗中使诈，组织方给参赛选手统一配发软底布鞋，并且对参赛选手的手指甲和脚趾甲修剪整齐与否都要经过严格检查。另外，还严格搜查全身，验明是否夹藏暗器。比赛明确了禁击部位与禁用方法：禁止攻击裆部，禁止使用叉眼、锁喉等技法。整场比赛采用三打二胜制。评判摇铃禁止再打，对手倒地后不准追补复手，故意犯规者取消比赛资格。整场比赛在时间上不做限制，但消极防守、拖延时间者要予以警告；仍然不听，继续有意拖延时间者，评判可以取消其比赛资格。

比赛中，输赢的判定较为复杂。散桩（即倒地）全输，挂红（即出血）

---

① 杨燮：《成都竹枝词》，四川人民出版社 1982 年版，第 94 页。

② 成都通史编纂委员会：《成都通史·民国时期》，四川人民出版社 2011 年版，第 473 页。

全输，告饶（即认输不再打）全输。混战不算分，打击较轻，又不是要害，只算赢半次；打中要害，不拘轻重，都算赢一次。互相击中无效。另外，输赢也不完全在击中对手的次数和轻重，只要进退自如，干净利落，脱化有方，打得干脆漂亮，都可能算赢。如果双方争斗不下，总是纠缠，评判员可以宣布“暂停”，以便休息后再打。也有实在分不出高下的，便征求双方赛手和老师意见，在名次、奖品、赛后实利之间经过研讨决定名次。场上和四周评判员汇总意见，对谁是胜手、谁是负手取得一致意见后，便由评判长向观众宣布。行拳过程，步法手法，如何击中，都要用术语清楚地向观众和比赛双方说明，做到彼此心服口服。

“打金章”比赛异常激烈，不但吸引了大批逛庙会的百姓，报纸媒体也开辟专栏进行跟踪报道。1936 年，成都华西日报社的《花会专刊》每日都有大幅版面报道“打金章”擂台赛。4 月 10 日的报道以“花会场国术比赛第二十七次盛志”为题展开：“第十对，红白双方交手，红以丹凤朝阳进攻，白以白鹤展翅相迎，交手数十回合不分胜负，再较白以搜腰腿打中红之腰部，判白胜一次，再较白以搜夹腿打中红之夹部，判白为胜手，挂蓝章。”① 其激烈程度可见一斑。一些文人骚客在台下吃茶饮酒，看到高潮迭起时，诗兴大发，也为我们留下不少关于“打金章”的作品。如“流血相争笑此曹，会场新筑擂台高。就中拳法谁优胜，夺得金牌兴自豪”“今年劝业八回开，多少英雄摆擂台。手艺若潮休要去，谨防椿你下台来”。②

“打金章”的激烈与武术格斗本身争强好胜的特质有关，同时也与打到“金章”所带来的“名利双收”有莫大的关系。“金章”本身即是名誉与地位，也意味着可观的经济收入。民国军队中，上至军、师级，下至连、排

① 尚言：《花会场国术比赛第二十七次盛志》，载成都华西日报社《花会专刊》1936 年 4 月 10 日第 2 版。

② 杨燮：《成都竹枝词》，四川人民出版社 1982 年版，第 145—146、94 页。

级，一般都设有武术教官，打到金章者常常受聘去当教官，待遇较丰。也可受聘于一些机关、学校，从而获得相对稳定轻松的职业及收入。有些直接被一些巨商大官聘为“镖师”。最不济者，也可以开设“武棚”授徒收学费。[①] 简阳县的刘新吾（1909—2001）是“打金章”中的杰出选手之一，曾两次夺得打擂金章。由于他武艺出众，1929 年被聘为川军 28 军第 3 师师长陈书农师部的武术教官，1940 年任职四川省警察总局武术教官，1948 年被聘为简阳某学校国术教师，并在简阳某公园开办武术训练班传艺授徒。四川另一位打到金章的老拳师新中国成立后卖了金章买了两间住房。[②] 正因为如此，作为一个“集合江湖打打行”的民俗文化附属，它同时也成为江湖各种权势相互角逐的空间与平台。

图 4－3　刘新吾

“打金章”的势力大致可以分为三股：具有军方背景的选手所代表的川军一系，无疑是四川地方上实力与影响力最为强大的一股势力。川军一系有人有枪，势利强大，如果他们执意想拿走金牌，几乎没有人敢得罪他

① 郑光路：《解放前闻名全国的青羊宫武术打擂》，《体育文化导刊》2003 年第 1 期，第 76 页。
② 同上书，第 75 页。

们。[①] 郑光路为我们提供了一个这方面的案例。

有一年比赛，成都西部有一个绰号“刘一锤”的农民拳师，在最后“打金章”时与川军一个手枪连长相遇。那连长自知不敌，头一夜找来“刘一锤”进行“私曰”：要他让手输给自己，许暗中重酬。但“刘一锤”年轻好胜，次日擂台上毫不相让，那连长败阵。刚下擂台，“刘一锤”的师兄偷偷给他报信：“哥子，情况不妙，台下有许多手枪连的丘八！”结果，“刘一锤”连忙跳出青羊宫高墙逃跑，后面无数当兵的持枪追赶，连连射击追了好几里路，幸亏刘的轻功甚好逃脱，未饮弹身亡！[②]

其次，则为袍哥一系。民国时期，袍哥在四川民间社会仍然有着足够的影响力，是一股不容小觑的底层社会力量。上述“刘一锤”的师兄给他报信所使用的“哥子”“丘八”等就属袍哥语言，这从一个侧面也反映出当时袍哥在民间社会的影响之深。袍哥中多有“操扁挂”之人，他们背后是网络成片的袍哥“兄弟伙”组织，往往仗势欺人，赢得输不得。“恐吓”“贿赂”“利诱”“威逼”是他们常用的江湖手段。面对这种情况，有些民间拳师则只有无可奈何的放弃竞争，在这方面也有相关文字记载。

成都通惠门的袍哥头子徐子昌的“兄弟伙”蓝某参赛时，徐先给对手一点好处，然后带着人到赛场为蓝某“扎起”，威迫对手在竞技中“打个让手”让蓝赢。若不从，则待赛事过后，哪里碰到哪里“发财”。对手迫于徐子昌的淫威，敢怒不敢言，只好“输”给蓝某，赛事组织者对此也无可奈何。[③]

剩下的则是民间普通习武练拳之人形成的一个群体。“打擂”为他们提供了改变生存状态以及稳固地位身份的有效途径。可以说，这个群体是金

---

① 注：为了规避军人可能为比赛带来的不平等，后期专门设置了“军人组”比赛。

② 郑光路：《解放前闻名全国的青羊宫武术打擂》，《体育文化导刊》2003 年第 1 期，第 76 页。

③ 江义高：《武林盛会——青羊宫“打金章”》，《龙门阵》2006 年第 11 期，第 104 页。

章擂台上的“弱势群体”。作为“弱者”，他们若想赢得金章，往往需要依靠自身的“真功夫”。民国七年（1918），简阳的余发斋携子余鼎山，弟子杨占荣、张光远到成都参加首届“打金章”擂台赛，巧胜四川督军熊克武的贴身保镖李国操，从此一举扬名蜀中，后被推荐为擂主。由于缺乏关于这场比赛的细节，我们至今难以知道余发斋是如何以“巧”取胜的。余发斋所用的余家拳是四川民间武术中的特色拳种之一，据简阳余氏家谱记载，余家拳创立于宋代，世袭相传。清乾隆年间，广东潮州府余氏先祖自大浦县清溪村迁徙于四川简阳县石桥镇后，余氏宗祖常与释、道及各流派宗师名家切磋、交流，逐渐融汇，自成一派。余家拳偏南派风格，又有余门南拳之称，动作突出攻防连法，以攻为主，手法快且多变化、直进急退、迅猛力整、滚捆擒拿、挨肩挤靠、架式低矮。余发斋生于1853年，1918年打擂时已65岁高龄。以此高龄尚能战胜蜀中第一镖师李国操，其武艺自是堪称一流。至于为何是“巧胜”，想必可能是上了年纪，故以“巧”取胜，也可能是给李国操留“脸面”。毕竟李代表的是军方，而且给李国操留“面子”，也是给熊克武留了“面子”。加之余发斋后来也被推为擂主接受挑战，以此推之，前一种可能性较小，后一种的可能性略大。这是“打金章”擂台赛中依靠自身过硬的武艺赢取金章的典型一例。我们认为它典型，是因为它发生在首届“打金章”中，而且余发斋击败的是川军中声望极高的李国操。在整个民国“打金章”期间，多数民间普通拳师是运用过硬的“真功夫”才打破了“弱者”的被动局面。

但是，当遇到江湖袍哥，民间普通拳师往往也会改变这种“巧斗”策略。据说有一年，有个拳手江某，进入“金章”阶段后，遇到一个袍哥中人张某，上台前有人带话给江某说，此场只准输，不准赢，否则下半夜有花生米（枪弹）吃！江某功夫高出张某许多，上场后他进退自如，拳路变幻莫测，张某连他的毫发都碰不着。江某却凭着自己娴熟的技巧像逗小孩似的戏耍张某，把他的头部、脸部、臀部、裆部、胸部摸了个遍。一时间，让评判员感到莫名其妙，观众哄堂大笑！台下的袍哥见“兄弟伙”受辱，欲发作动粗。江某却停止进招，向台下观众躬身一揖，接着挥拳朝自己鼻子上打去，待鼻血流出来后，幽默地向评判员说，见血为输，张大爷赢了！说罢跳下擂台扬长而去。弄得台上台下的袍哥都十分尴尬。[①] 身处“江湖”，面对强势，民间拳师虽然技艺在身，但有时候也不得不采取“戏耍”的策略与之妥协。因为直接对抗的成本过高，后果是危险的，有时甚至是要付出生命代价。江某没有直接放弃，而是选择了“妥协的反抗”，这也构成了“打金章”中的弱者的手段与智慧。

“巧胜”“放弃”“戏耍”等手段，是融入“江湖”世界的民间武术普通拳师们常用的与江湖“大爷”们的周旋策略，或者说这些是“弱者的武器”。这其中，既彰显出他们处于底边阶层无可奈何的可悲境遇，又折射出他们作为弱者的智慧。民国的“打金章”不仅仅是“一打功夫”“二打运气”“三打人缘”的实战，我们认为还应该加上一点——“四打背景”。上述各例已经完全能够显示出不同“背景”的选手在这个江湖空间中的不同表现。除此以外，即使是民间普通拳师参加“打金章”也要看“背景”——参赛者在报名时不但要填写属于何拳何派，还要说明师者何人。不难推测，拳派以及师父的影响力或多或少都会对裁判的判罚产生一些影响。不过，在金章擂台赛中取得好成绩的根本还是要依靠真功夫。

“打金章”作为青羊宫花会民俗的一大文化品牌，在真打实战的间隙，也为观众提供拳术套路与器械表演。这也体现了青羊宫花会促进经济发展，为民众提供娱乐的目的。观众需要买门票观看比赛与表演，而且门票价格高达一元钱。刘竟成在《成都少城公园竹枝词》中说：“馆开国术角红拳，

① 江义高：《武林盛会——青羊宫“打金章”》，《龙门阵》2006 年第 11 期，第 104 页。

男女功夫仔细研。虽要普通人去看，入场券卖一元钱。”[①] 据统计，1912 年、1933 年与 1952 年，中国的人均国内生产总值分别约为 113 元、123 元与 115 元。[②] 对比这一数据来看，“打金章”门票将是一笔普通民众不得不仔细考虑的消费。刘竟成的竹枝词也显示出，这一不菲的门票价格也将许多普通民众挡在了“打金章”的擂台之外，这也为“穷文富武”这句老话添加了注脚。

三 狂欢精神：“打金章”与青羊宫花会融和的阐释

“打金章”从 1918 年熊克武主持川政时设立，到民国结束，前后共持续 30 年，开创了民间武术擂台实战的先河。“打金章”因此也成为青羊宫花会上以“时间长”“规模大”著称的最吸引人的活动之一。[③] 这已然成为中国武术擂台格斗与民间民俗文化的一大奇观。“打金章”与青羊宫花会的融合堪称民间武术与民俗文化融合的典范之作，这并不是一种巧合，而是二者在精神内涵方面有着共通性。

花会与“打金章”都在塑造狂欢，生产狂欢精神。所谓狂欢精神，是指在群众性的文化活动中表现出的、突破一般社会规范的非理性精神，它一般体现在传统的节日或其他庆典活动中，常常表现为纵欲的、粗放的、显示人的自然本性的行为方式。[④]

争斗与竞争是人类最原始的冲动之一。然而，人类产生的文明对人本身进行了规训，隐藏了人性中的争斗本能。各种社会规范对人进行理性塑造的同时，也压抑了人类与生俱来的非理性的一面。理性固然重要，但是非理性作为人类情感发泄的方式，如果得不到合理的疏导，往往容易造成大的精神或社会问题。“打金章”擂台格斗需要签订生死文书，不使用拳

① 杨燮：《成都竹枝词》，四川人民出版社 1982 年版，第 166 页。

② ［美］费正清编：《剑桥中华民国史 1912—1949 年》（上卷），杨品泉等译，中国社会科学出版社 1994 年版，第 48 页。

③ 孙跃中：《近代成都劝业会研究》，硕士学位论文，四川大学，2006 年，第 84—85 页。

④ 赵世瑜：《中国传统庙会中的狂欢精神》，《中国社会科学》1996 年第 1 期，第 183 页。

套，而且规则规定的限制性技术也仅限于攻击裆、眼、喉三个部位（最容易导致致命后果的“后脑”尚未列入禁击部位）。如此，人体格斗技术可以最大限度地得以发挥。因此，“打金章”是在有限的规范中，最大限度地突破了社会规范——“合理的”与另一方进行格斗，促使日常生活从“正常”过渡到“非常”，从而成为“野蛮”与“狂野”的代名词。在基本规则的规约下，它释放出了长期被社会规范压抑了的、文明化了的“恶”。

无疑，“打金章”擂台格斗是纵欲的。这一方面体现在对人类格斗竞争欲望的释放，以及尚武精神的提倡，为隐匿在人类基因中的搏斗的“恶”打开了一扇窗。同时，观众通过观看比赛，将自我投射到金章选手身上，即使没有亲自上场，通过身临其境，完成了心理的共鸣；另一方面，对于选手本人来说，参与没有保险、激烈危险的擂台赛也是欲望的冒险。据老拳师讲，没听说过民国期间的“打金章”有打死人的情况，但是伤筋折骨却是较为常见的。“打金章”是“打打行”自然本性的率真流露。在今天看来，除夺得金章，以及一举成名的欲望驱动之外，我们无法为参与这种原始粗放比赛的行为找到更为合理的解释。

狂欢的基本思想是体现在具体感性的仪式之中的生动的交替与变更的精神、死亡与新生的精神。[①]“打金章”中对擂主的挑战，表现出不可避免的擂主的更新交替，同时也表现出新旧人才交替的创造性狂欢。正所谓“人外有人，天外有天”，“打金章”擂台格斗比赛中，从一开始就透着制造英雄与毁灭英雄的意味与前景。金章的诞生孕育着即将到来的取代，而取代又孕育着新的金章英雄的诞生。在“打金章”过程中，这种交替更新的狂欢逻辑展现得淋漓尽致。这与青羊宫花会的狂欢是一致的。青羊宫花会在二月初春时节举办，从时间节点上说，此时正为一年四季之初始，意味

① ［苏］M. 巴赫金：《陀思妥耶夫斯基诗学问题》，白春仁、顾亚铃译，生活·读书·新知三联书店 1988 年版，第 178 页。

着上一个周期的终结和下一个新周期的来临，万物复苏，一派欣欣向荣之景象。再看青羊宫花会中的香客，他们烧香求神总是诅咒厄运结束，企盼好运降生。因此，交替与变更，死亡与新生也是花会的基本节奏。“打金章”与花会在无形之中达到了高度的统合。

虽然我国传统社会并没有“广场”的概念，[①] 但是青羊宫打擂的场地是搭建在室外的擂台，它的中心场地的确是广场式的存在。这与巴赫金狂欢理论中的“广场”有着异曲同工之妙。巴赫金指出，广场是全民性的象征，是狂欢演出的基本舞台。[②] 青羊宫花会本身的意义与此也是相通的。花会的角色，在本质上就是要为形形色色的民众提供相聚和交际的广场空间。在传统社会之中，这恰恰又构成了一种反规范性，因为一些平日的“不可能”或“不允许”，在庙会上都将变成“可能”或“被允许”。犹如李劼人的观察：“……官宦人家、世家大族的太太、奶奶、小姐们，平日只许与家中男子见面的，在赶青羊宫时节，也可以露出脸来，不但允许陌生的男子赶着看她们，而她们也会偷偷地下死脸来看男子们。城里的人之喜欢赶青羊宫，而有时竟要天天来此，这也是一大原因。”[③] 这种看似与“打金章”风马牛不相及的事情，事实上二者在内涵与本质上是一样的。他们都体现出对世俗规约，以及常规与常态——平时“不能打”“不能看”的挑战与消解。

对女性的解放与救赎，同样体现在“打金章”比赛中——女性被允许参加比赛。民国初年的竹枝词说：“男女洪拳本不差，但无绝技动人夸。”[④]

---

① 注：我国古代对“广场”一词已有广泛使用，如“临迥望之广场，程角觝之妙戲”（汉代张衡《西京赋》）；“广场寒食风日好，百夫伐鼓锦臂新”（唐代刘言史《观绳伎》）；“其为学也，依道而据德；其为才也，通古而达变；其为识也，利物而务成。求之广场，未易多得”（宋代王禹偁《赠别鲍秀才序》）。但这里的“广场”仅仅是指，广阔的场地与人多的场合。这种广阔的场地，四川人通常用“坝子”或“坝坝”来表述。我们现在说的“广场”与此含义有着明显的区别，它起源于欧洲，是城市空间的一个重要组成部分。

② ［苏］M. 巴赫金：《陀思妥耶夫斯基诗学问题》，白春仁、顾亚铃译，生活·读书·新知三联书店 1988 年版，第 183 页。

③ 李劼人：《死水微澜》，人民文学出版社 2001 年版，第 160 页。

④ 林孔翼辑：《成都竹枝词》，四川人民出版社 1986 年版，第 212 页。

不但如此，一些女学生也冲破世俗的桎梏，前来参加打擂，“柔术场中技艺精，登台较手看分明。更有一言须记取，打擂来了女学生。”（王成《花会竹枝词》，1922）傅崇钜在《成都通览》中收集了关于成都女性的童谣：“一哭，二饿，三睡觉，四吞洋烟，五上吊。”[①] 很显然，女性参加打擂是对传统女性形象与社会等级观的突破，建构了有别于传统女性的新生活，展示了民国女性的觉醒与解放。由此可见，民国社会对女性限制的松弛与武术的发展，不可避免地影响了女性的公共行为和形象。青羊宫花会与“打金章”在反社会规范方面存在高度的一致性，二者都崇尚自由，消弭社会陈规旧俗，提倡性别、身份、地位、权力的平等，充满了颠覆与解构的力量。

花会也好，“打金章”也罢，它们自身都存在二律背反现象。它们致力于维护一定的秩序，但都是通过对既定秩序的打破与背叛来实现的。花会的表演主角始终是生意人、戏子、妇女、杂耍者、市民、农民，甚至妓女、皮条客等三教九流。平日里，上流社会对这些三教九流之徒嗤之以鼻，无比贱视。但是，在花会上，政府高官、文人墨客无不参与其中，传统的阶层界线变得模糊不清，社会等级得到暂时的融合。庙会通过一种对社会秩序的突破与挑战，来实现对既定社会文化秩序的维护。金章擂台赛也是如此，无论来自军方、江湖袍哥还是最底边的农民，必须在同一个擂台上一较拳脚高低。金章擂台赛具有原生的破坏性，它必须摧毁既定的选手排位顺序，完成超越，才能够创造出新的金章神话。

青羊宫花会与“打金章”的长期融合还在于它们共同拥有的娱乐价值取向。娱乐是庙会的重要主题之一。娱乐活动是庙会初始即有、属主动性的行为，最初是敬神的内容和手段，后来就演变为一般性的群众娱乐。[②] 为

① 傅崇钜：《成都通览》（上），巴蜀书社 1987 年版，第 112 页。

② 赵世瑜：《狂欢与日常——明清以来的庙会与民间社会》，生活·读书·新知三联书店 2002 年版，第 192 页。

了给民众提供足够的娱乐，青羊宫花会主办方还从上海购买新式马车载人往来花会，后又添置黄包车20余辆方便民众游玩。[①] 青羊宫花会上的娱乐内容，戏曲、茶馆、歌曲、杂技、戏剧、小吃、展览等花样繁多。在民众眼中，“打金章”就是娱乐，他们观看“打金章”也是为了凑凑热闹、找找乐子。擂台周边设有茶座，观众围坐擂台，品茗饮酒高谈阔论，享受着“打金章”带来的闲适与逸趣。

民国期间当擂台“打金章”被放置进民俗青羊宫花会后，二者很快成为文化融合的典范之作。究其原因，可能主要还是因为二者在文化属性上的一致性所致。虽然青羊宫花会与“打金章”的主办方曾经是政府，或是政府的代言性组织，但他们所张扬的狂欢精神的本质，是对民间文化精神的张扬，而且他们与代表主流意识形态的官方保持有很大的距离。民间武术在丰富了民俗花会内容的同时，也成为民俗文化的结构性存在，在相互融合的过程中，二者一同进行了民俗狂欢文化的再生产。民俗空间让民间武术脱离“日常”进入“狂欢”成为可能，进而也借此完成了对民间武术精英的再生产过程。此外，我们不难发现，民俗花会中的民间武术擂台比赛也成为各种权力相互平衡的一个场域，从而印打上了“江湖”的烙印。

本章小结

民间武术与民俗的融合历史悠久且普遍存在，民间武术丰富了民俗生活，同时也成为民俗生活的结构性要素。民国时期，青羊宫花会“打金章”是充满张力的存在。在“打金章”与民俗生活互动融合的过程中，不同主体围绕“利益”进行了权力政治实践。借由民俗生活，“打金章”完成了对

---

① 四川省文史研究馆：《成都城坊古迹考》，成都时代出版社2006年版，第371页。

自身日常生活化的叙事，并在“释放欲望，超越‘日常’”“突破秩序，创造新生”“挑战规约，颠覆旧俗”过程中塑造了尚武狂欢精神。这体现了日常生活中民间武术的社会历史生成与狂欢精神实质。

日常生活是总体社会实践中的一个非同寻常的层次，它是外在于日常生活的实践得以生成的基础。[①] 因此，我们不能陷入对融入生活世界的民间武术的熟视无睹与反思悬置。回归民间，给予民间应有的重视，让民间发出声音，才能使中国武术的现代化变革免于失败的命运，才能从当代武术文化资源的创造性转化中获得有益的启发。

① Lefevre, *Critique of Everyday Life* (*Vol.* 2): *Foundations for a Sociology of the Everyday*, Trans. by John Moore., London & New York: Verso. 2002, p. 31, 85-87, 123.

第五章 “国术运动”中的民间武术

“国术运动”发生于20世纪初，持续数十年，由中国社会各界共同推动，是以发扬武术形成技击能力，提高国民身体素质，传承民族精神为目的的一场武术文化运动，它是20世纪中国民族主义运动的重要组成部分。国术运动贯穿整个民国时期，以中央国术馆为代表的官方组织是此次运动的主力军，以精武体育会为代表的民间武术力量是此次运动的重要参与者。国术运动充满了解构与建构的二元对立，它以“身体”为导向，引导国人“从自在的蒙昧中得到解放”（康德语），因而也汇入了20世纪中国思想启蒙运动的洪流之中。国术运动以颠覆性的创造力，再一次让武术与国家命运紧紧联系在一起，对当时乃至以后民间武术的发展都产生了极其深远的影响。

第一节 “国术运动”的历史语境与文化逻辑

一 “病夫”意象与民族耻辱

19世纪末20世纪初，“病夫”一词在中国社会广为流传。作为当时中国国家与国民身体的双重意象投射与自我认知，“病夫”构成了清末民初社会政治改革、国族认同与国民身体改造的内生性原发动力，进而也成为百年来中国人的集体记忆与通过武术等身体规训手段极力洗刷的“原罪”。

“病夫”一词，为我国思想家、文学家所用甚早。从现有资料看，在明清时期，一些文人士大夫即开始使用“病夫”一词来形容他们的身体或者作为国家隐喻。他们时常以“病夫”自嘲身体的羸弱。如明人程本立（？—1402）在《巽隐集·卷二·寫予怀》中说：“风雨山窗客枕孤，东方欲曙鸟相呼。无人更似嵩明倅，日日能来问病夫。”[①] 文学家李攀龙（1514—1570）在《沧溟集·卷十四·早春寄吴使君（四首）》中也曾使用该词：“十载风流动帝都，只今漂泊满江湖。那能万里褰帷处，不憶中原一病夫。”[②] 成书于民初，但辑录上起顺治、康熙，下迄光绪、宣统掌故遗闻的《清稗类钞》一书中也出现了“病夫”一词：“铜驼荆棘，吾民之苦深矣。自唐虞三代，迄今四千余年，中原文物之邦，竟一息奄奄，如病夫之不起。”[③] 该文出自咸丰年间廪膳生张申伯的一份八股答卷。张申伯对“病夫”的使用与程、李二人截然不同，他不是对身体本身而言，而是把“中原文物之邦”比作奄奄一息的“病夫”。

及至晚清，1895 年 3 月，严复（1854—1921）针对中国积弱不振的局面，在天津《直报》上发表《原强》一文探讨中国改革：“今复人之身，惰则窳，劳则强，固常理也。而使病夫焉日从事于超距赢越之间，则有速其死而已。中国者，固病夫也。”[④] 严复将积贫积弱之中国比作疾病缠身之“病夫”，强调寻求改革要遵循规律，对症下药，避免欲速不达之效。有意思的是，1897 年，张之洞在有关解放缠足运动的讨论中也使用了“病夫”一词，他说：“今以洋药弱之于既生以后，而又以母气不足弱之未生之前，

---

① 程本立：《钦定四库全书·集部·巽隐集·卷二·寫予怀》，商务印书馆 1935 年版。

② 李攀龙：《摛藻堂四库全书荟要·沧溟集·卷十四·早春寄吴使君（四首）》，世界书局 1985 年版。

③ 徐珂：《清稗类钞》（第二册），中华书局 2010 年版，第 731 页。

④ 王栻主编：《严复集》（第一册），中华书局 1986 年版，第 13 页。

数十百年以后，吾华之民，几何不驯致人人为病夫，家家为侏儒，尽受殊方异族之蹂践鱼肉而不能与校也。”① 不过，这是张之洞（1837—1909）基于缠足一事，对未来——“数十百年以后”中国人身体的忧虑而发出的警醒世人之语。可见，明清文士对“病夫”的使用，不仅用到了其本意，而且还赋予了这个词另外一层引申意，即病夫还成为当时国家的象征与隐喻。

纵使已有如此之多的“病夫”论述，但是给中国人带来集体心灵创伤，留下千古伤痛与耻辱，并形成民族凝聚，进而成为国家改革与“国术运动”动力的“病夫”起源并不在上述各论之列。在国人的集体记忆中，耳熟能详、随处可见并无法遗忘的耻辱之“病夫”，由“东方病夫”转化衍生而来，并被晚清知识分子创造性地用以启蒙民众的“东亚病夫”论。

“东方病夫”由伦敦《学校岁报》翻译而来。清光绪二十二年（1896），英国伦敦《学校岁报》上刊登了一篇讨论中国时局的文章，10月17日经由上海租界英文报纸《字林西报》转载后，同年11月由黄遵宪、汪康年、梁启超等人创办的《时务报》翻译成中文以《中国实情》为题刊发。② 文章开头说道：“夫中国东方之病夫也，其麻木不仁久矣。然病根之深，自中日交战后。地球各国，始悉其虚实也。”此一论述成为官方认可且传播的“东亚病夫”之耻的历史起点。③ 但细读下去，实则发现该文是英国舆论界对当时清政府改革失败的评论，其中不乏一些严厉的批评。但值得注意的是，该文只有开头一处用“病夫（sick man）”形容中国，文中并未涉及中国人体质情况如何的讨论，而且文末还善意地提出了一些忠告。④

---

① 苑书义等主编：《张之洞全集》，河北人民出版社1998年版，第10061页。

② 《中国实情》，《时务报》光绪二十二年十月一日，转引自《时务报》（一），京华时局1967年版，第650—652页。

③ 杨瑞松：《想象的民族耻辱：近代中国思想文化史上的“东亚病夫”》，《国立政治大学历史学报》2005年第23期，第9页。

④ “总之，北京执政之臣，若果以除旧弊、布新猷为急务，势虽岌岌，犹未晚矣！”见《中国实情》，《时务报》光绪二十二年十月一日，转引自《时务报》（一），京华时局1967年版，第652页。

然而，吊诡的是，这样一篇针对时政的评论被翻译到中国后，其中的“东方病夫”一语引起了令人惊讶的广泛讨论，并被转换成为国人的集体想象与身份建构，进而又内化成百年焦虑。光绪二十年（1894），中日甲午战争爆发，当时的清政府通过一系列自强改革而兴建的北洋水师一夜之间全军覆没，随即宣告战败，被迫签订了丧权辱国的《马关条约》。大清帝国居然败给一个瞧不上眼的弹丸小国，举国上下一片震惊。“呜呼！中国至于今日，其积弱不振之势，不待智者而后明矣。深耻大辱，有无可讳焉者。日本以寥寥数舰之舟师，区区数万人之众，一战而翦我最亲之藩属，再战而陪京戒严，三战而夺我最坚之海口，四战而覆我海军。今者款议不成，而畿辅且有旦暮之警矣。”[①] 在国势垂荡之际，“改造人作为改造一切的基础”，成为许多知识分子共同共有的基础理念。[②]

思想文化界人士痛定思痛，开始转而面向“身体”反思这“三千年未有之大变局”。严复引用“社会达尔文主义”从“身”与“国”的关系进行探讨，提出面向个人“身体”进行国家改革的新见解。他说：“知吾身之所生，则知群之所以立矣；知寿命之所以弥久，则知国脉之所以灵长矣。一身之内，形神相资；一群之中，力德相备。身贵自由，国贵自主。生之与群，相似如此。”[③] 他在《原强（修订稿）》（1895）中提出民种的强弱与否，受三个因素影响：“血气体力”“聪明智虑”以及“德行仁义”——民力、民智及民德。而且，“弱民无强国”，身体的“血气体力之强”被置于第一位。因此，国家富强之本在于国民的素质——强国必先强种。基于此，严复为当时之中国开出了“医方”——“是以今日要政，统于三端：一曰

① 王栻主编：《严复集》（第一册），中华书局1986年版，第7页。

② 黄金麟：《历史、身体、国家：近代中国的身体形成（1895—1937）》，新星出版社2006年版，第36页。

③ 王栻主编：《严复集》（第一册），中华书局1986年版，第17页。

鼓民力，二曰开民智，三曰新民德。”① 严复从国民本身改造出发进行改革的观点成为当时具有代表性且影响深远的改革信念。虽然严复的话语表述中已经隐含了国民体质的柔弱困境以及面向“身体”的改革策略，但毕竟他没有直接指出这一点，也并没有关于“病夫”的论述。直到1896年，《时务报》翻译刊载《中国实情》后，“病夫”就成了以梁启超为代表的一批思想文化界人士笔下常用的对国家与国民身体形象进行建构的论词。

作为《时务报》的创办经营者之一的梁启超，对《中国实情》中“东方病夫”论调是极为认同的。他著于1900年的《中国积弱溯源论》中就对当时的中国使用了“病国”一词，全文对中国之“病”进行了深入的诊断，并指出，“吾中国今日之病，顾犹未久耶。吾中国今日之病，顾犹未重耶……中国自康熙以后，驯致今日为世界第一病国。”② 至1903年，他在《论尚武》一文中更是强化了这一表述，多处使用“病夫”来喻指当时国人的“身体”以及当时的中国。“重文轻武之习既成，于是武事废堕，民气柔靡。二千年之腐气败习，深入于国民之脑，遂使群国之人，奄奄如病夫，冉冉如弱女，温温如菩萨，戢戢如驯羊。”③ 此处，他将“病夫”与“弱女”“菩萨”“驯羊”共用，以隐喻国人柔弱不堪的身体，并将其归因为“重文轻武”之故。接着，他说道：“我以病夫闻于世界，手足瘫痪，已尽失之防护之机能，东西诸国，莫不磨刀霍霍，内向而鱼肉我矣。”④ 联系上下文，不难看出此处的“病夫”与上一个“病夫”有着截然不同的所指——前一个指向身体，而后一个则指向民族与国家。梁启超借德皇威廉二世之口抛出了“人种不强，国将何赖?”的论调，在这一点上，他与严复

① 王栻主编：《严复集》（第一册），中华书局1986年版，第18—27页。

② 梁启超：《饮冰室合集》（五），中华书局1936年版，第13—43页。

③ 梁启超：《新民说·论尚武》，《梁启超全集》第三卷《新民说》，北京出版社1999年版，第711页。

④ 同上书，第712页。

之前提出的强国必先强种的观点是一脉相承的。而且，他细数国人戕害身体的诸种原因——“不讲卫生”“婚期太早”“终日伏案”“绝无运动”“文弱为美”“缠绵床第”“吸食鸦片”等，最终导致四万万同胞“血不华色，面有死容，病体奄奄，气息才属”的病夫意象。由是，梁启超悲叹：“呜呼！其人皆为病夫，其国安得不为病国也！”①

1903年，梁启超的《新大陆游记》发表。在游历美国的过程中，梁启超通过东、西之间的对比，借由“他者”的冲击，更加凸显了他有关“我族”的“病夫”认同。“中国人性质不及西人者多端，余偶有所触。辙记之，或过而忘之。今将所记者数条丛录于下，不复伦次也。……试集百数十以上之华人于一会场，虽极肃穆毋哗，而必有四种声音：最多者为咳嗽声，为欠伸声，此为嚏声，次为拭鼻涕声。吾尝于演说时默听之，此四种声音如连珠然，未尝断绝。又于西人演说场剧场静听之，虽数千人不闻一声。东洋汽车、电车必设唾壶，唾者狼藉不绝。美国车中设唾壶者甚希，即有亦不用。东洋汽车途间在两三点钟以上者，车中人假寐过半。美国车中虽行终日，从无一人作隐几卧。东西人种之强弱优劣可见。……西人行路，身无不直者。吾中国则一命而伛，再命而偻，三命而俯，相对之下，真自惭形秽。”②

流连于“强国强种”的西方“他者”面前，梁氏关于中国以及中国人“病夫”的意象之感更加强烈，“病夫”也渐渐成为梁氏“自我东方化”过程中，为当时的中国人贴上的共同体符号标签。西方列强在科技、军事、政治、文化等领域彻底征服了当时的清帝国，“天朝中心观”轰然崩解，这促成了近代知识精英在救国图存的道路上向西方看齐的价值转向。西方视

---

① 梁启超：《新民说·论尚武》，《梁启超全集》第三卷《新民说》，北京出版社1999年版，第713页。

② 梁启超：《饮冰室专集》之二十二《新大陆游记节录》，中华书局1936年版，第125—126页。

野下的中国"东方病夫"形象，渐渐成为梁启超等思想精英分析当时中国时所援引的重要参考依据。虽然这些中国形象在知识层级上，远不如进化论或自由主义等高深思想，但也正因为其非常简明的符号性质，具有更直接的感染力和简明之诉求性，并且和近代中国共同体的想象息息相关，因此，反而在宣传改革的思想论述中，具有相当广泛的影响。①

正因为如此，"病夫"这一源自西方的东方论述与中国形象，被晚清以降的知识精英关注、接纳、援引、阐释与传播，成为国家与国民身体的双重隐喻。以《申报》为例，从1905年至1908年期间，《申报》在不同议题上6次使用"东方病夫"，1912年至1947年，提及"东方病夫"达84次之多，1903—1948年，对"东亚病夫"的使用更是高达311次之多。② 有意思的是，在这一过程中，"东方病夫"渐渐被"东亚病夫"取代，并最终成为镌刻在中国人思想深处的民族耻辱之代名词。有学者认为，曾朴以笔名"东亚病夫"发表《孽海花》小说，并畅销5万册，对"东亚病夫"取代"东方病夫"，并进入公共舆论圈，进而成为日后百年来无人不晓的耻辱符号，具有直接的影响。③ "东亚病夫"④ 成为"洋人"刺刻在中国人身体上的文身，需要中国人通过各种奋斗去消除的受辱标签。

在"病夫"意象的民族耻辱舆论氛围中，有识之士们不断从问题化的

---

① 杨瑞松：《病夫、黄祸与睡狮："西方"视野的中国形象与近代中国国族论述想象》，政大出版社2010年版，第003页。

② 苏全有：《论"东方病夫"到"东亚病夫"的流变》，《求索》2014年第6期，第161—163页。

③ 杨瑞松：《病夫、黄祸与睡狮："西方"视野的中国形象与近代中国国族论述想象》，政大出版社2010年版，第47页。

④ 美国人类学家Susan Browell在其有关中国体育研究的成名作中，将"东亚病夫"定义为：中国人认定、确信的被日本与西方强加给中国的侮辱性称呼，同时也是通过国际体育上的成功去努力消除的目标。（"Sick Man of East Asia." An insult that the Chinese believed was applied to them by Japan and the West; a goal of international sports success was to disprove it.）Susan Browell, *Training the Body for China: Sports in the Moral Order of the People' s Republic*, Chicago: The University of Chicago Press, 1995, p. 327.

“身体”与国家命运相关联的路径方面进行反思，试图为“病国”寻找到最为根本的强国强种之方。经过“挪用和重编”，“病夫”之辱被不断地放大、凸显、强调，以激起民众的凝聚、奋发与反抗精神，达到启蒙救国的目的。1903 年秋，陈天华在《警世钟》中声嘶力竭地呐喊道：“耻呀！耻呀！耻呀！你看堂堂中国，岂不是自古到今四夷小国所称为天朝大国吗？为什么到如今，由头等国降为第四等国呀？外国人不骂为东方病夫，就骂为野蛮贱种。中国人到了外洋，连牛马也比不上。”① 陈天华使用情绪化的激昂措辞，配合“东方病夫”“野蛮贱种”等不堪入目的自我辱骂，强化了中国及其国民体质的柔弱与屈耻，也凸显出“洋人”的万恶。

不像陈天华那样激烈，与梁启超对四万万同胞一概否定也有所区别，对“新武术”嗤之以鼻的陈独秀，同样也撰文表达对国人“病夫”之躯的忧虑与批判。他在 1915 年 10 月 15 日出版的《新青年》第一卷第二号上撰文《今日之教育方针》说：“余每见吾国曾受教育之青年，手无缚鸡之力，心无一夫之雄；白面纤腰，妩媚若处子；畏寒怯热，柔弱若病夫；以如此心身薄弱之国民，将何以任重而知远乎？”并提出“兽性主义”教育方针：“兽性之特长谓何？曰，意志顽狠，善斗不屈也；曰，体魄强健，力抗自然也；曰，信赖本能，不以他为活也；曰，顺性率真，不饰伪自文也。皙种之人，殖民事业遍于大地，唯此兽性故；日本称霸亚洲，唯此兽性故。”② 次年，陈独秀对“病夫”的担忧愈加强烈，他说：“人字吾为东方病夫国，而吾人之少年青年，几无一不在病夫之列，如此民族，将何以图存？”③ 陈独秀对“病夫”意象的讨论与梁启超等人的表述逻辑几乎一致。在“他”强“我”弱的情况下，洗刷民族耻辱，实现民族生存与强大，首要的任务

---

① 刘晴波、彭国兴编，饶怀民补订：《陈天华集》，湖南人民出版社 2008 年版，第 61 页。
② 陈独秀：《陈独秀文章选编》（上卷），生活·读书·新知三联书店 1984 年版，第 89 页。
③ 陈独秀：《独秀文存》，安徽人民出版社 1996 年版，第 43 页。

就是要关注每一个国民的血肉之躯，对其进行改造，使其筋骨强健，具备自卫能力，成为有识之士的最大共识。

显而易见，关于“病夫”之辱与民族生存，无论是在政治宣传、教育启蒙上，还是在公共舆论引导上都出现了高度一致的表述与讨论。足以见出，知识精英们在启蒙策略上是成功的，也收到了预想的动员效果。这在体育与武术等方面表现得非常明显，体育成为改造国民体质的理想之选，民间拳师也被刻画成为洗刷“东亚病夫”之辱的代言人与民族英雄。

1908 年，著名体育家徐一冰在主持近代“中国体操学校”时，明确把“增强中华民族体质，洗刷‘东亚病夫’耻辱”作为校训。[①]“东亚病夫”之称，激起了近代中国通过体育增强民族体质的呼声。1918 年，朱亮开在为郭希汾的《中国体育史》所作的序中说：“一国之盛衰强弱、恒以国民之精神体魄为衡。我国右文左武，相沿千载，积弱既形，遂称东方病夫之国。喧腾寰区，耻孰甚焉！近十年来，国民迷梦渐觉，始省重文之习，不足为治，于是结社设会，研究体育。”[②] 近代体育教育家程登科也疾呼：“现在我国人民，体短瘦弱，已成普遍现象，至于坚毅果敢的民族性，早经丧失殆尽。”“以我国固有的国粹体育（武术——笔者注），衡取合我国情的外国运动，冶于一炉，求得一个中心的训练。……才能使每个人民得受体育锻炼的机会。民众御辱抗敌的意志与忍苦耐劳的精神，始获养成。而‘病夫’与‘劣种’的命名，才有涤雪的一日，强种救国和复兴民族的工具才不致成为口号。”[③] 伴随着“病夫”情结、身体启蒙与“自我东方化”的认同，体育先贤们建构了体育与“东亚病夫”之间的独特的关系，开启了筚路蓝

① 高翠编著：《从“东亚病夫”到体育强国》，四川人民出版社 2002 年版，第 9 页。

② 郭希汾：《中国体育史》，上海文艺出版社 1993 年版，第 1 页。

③ 程登科：《怎样利用军警权力辅助民众体育使全民体育化》，《体育季刊》，1935 年第一卷第 2 期。转引自成都体育学院体育史研究所编著《中国近代体育史资料》，四川教育出版社 1988 年版，第 422—423 页。

缕的近代体育发展与研究之路。

在此一背景下，武术也被视为消除“东亚病夫”之辱与强国强种的有效手段。1922 年，上海交通大学技击部成立十周年时，孙中山为其题词“强国强种”，[①] 以示纪念，并对“国术”锻炼、强健国民体质寄予厚望。通俗文学创作也深挖武术文化资源，传播英雄主义的爱国尚武精神，以激发民众的爱国救国之心。1923 年，武侠小说家向恺然（平江不肖生）[②] 开始连载《近代侠义英雄传》这一近代武侠小说奠基之作。在向恺然的笔下，霍元甲被塑造成挑战洋人大力士，雪耻“东亚病夫”的形象代言人。

在向恺然的安排下，霍元甲如此回应俄国大力士的挑战：“他说中国是东方的病夫国，国人都和病夫一般，他是世界第一个大力士，却怕我这个病夫国的病夫做什么哩？烦足下去请他回到这里来罢。我霍元甲是病夫国的病夫，在世界大力士中，一些儿没有声名的；也没有研究过体育，也不曾受全国人推崇，请他不必害怕，我此来非得和他较量不可！”待俄国大力士东赴日本后，霍元甲叹息道：“我虽然一时负气把他逼走了，然他在演台上说的话，也确是说中了中国的大毛病。”自此，霍元甲也立下了要发扬中国武术的志愿。[③] 鉴于向恺然的文学、武术与政治背景，我们完全可以将此看作是向恺然自身关于当时中国之“病”的内心独白与对武术可以强种救国的精神寄托与宣扬。

我们注意到，19 世纪末 20 世纪初这段世纪之交的大变局，把中国推向

① 王宗光等编：《上海交通大学志》，上海交通大学出版社 1996 年版，第 93 页。

② 注：向恺然（1890—1957），生性爱好文学与武术，兼具军方与政治背景。“倒袁运动”失败后，他第二次赴日留学，与日本柔术家、剑术家、射箭师交流学习。回国后，发表了一系列提倡“国术”的文章与著作，如《拳术》《拳术见闻录》《拳术传新录》《拳师言行录》《猎人偶记》《技击余闻》等。民国二十一年（1932），他受邀回湖南办国术训练所及国术俱乐部，任秘书、教员等职，率队两次参加全国运动会，为湖南皆夺得国术总锦标。参见黄曾甫《平江不肖生为何许人》，长沙文史资料 1990 年（增刊）；徐斯年、向晓光《平江不肖生向恺然年表》，《西南大学学报》2012 年第 6 期，第 95—109 页。

③ 平江不肖生：《近代狭义英雄传》，（台北）联经出版事业公司 1984 年版，第 168—176 页。

崩溃的边缘，似乎连安身立命的“身体”也变得一无是处。在知识精英的“导演”与传播下，“病夫”成为中国人的自我身份认同与民族耻辱，“病夫”意象引起了广泛的共鸣，且深入人心。在这场由思想家、政治家、教育家、小说家等社会精英分子参与的轰轰烈烈的“病夫”话语生产的过程中，交织着复杂的民族主义与种族主义情绪，展现出了有识之士唤醒民众对身体柔弱、民族颓废的清醒认知，试图达到刺激民众知耻而后勇的目的。一个社会群体只有在被逼到自身文化的边界时，才会“发现”本身的文化，并对此一文化重新评估。[①] 最终，围绕着“病夫”的出现与耻辱的雪洗，民间武术在不经意间被发现、动员，也成为引燃20世纪上半叶“国术运动”的导火索。

二　尚武：救国保种之医方

先秦古代中国，文治与武功不仅为统治者同等看待，就是在一般黎民百姓中也对文武兼备心怀理想。[②] 然而，自秦汉以降，民间习武之风遭到前所未有的打击与压制。秦始皇统一中国后，奉行抑武政策，“……杀豪杰，收天下之兵，聚之咸阳，销锋镝，铸以为金人十二，以弱天下之民。”（贾谊《过秦论》）汉初，高祖重用儒生，叔孙通定朝仪，武士“文”化，[③] 重文轻武之风初露端倪。至汉武帝，接受董仲舒建议“罢黜百家”“表彰六经”，文士得以重用，重文轻武的形势已然形成。自此以后，为了防止百姓通过武力推翻自身的统治，大多数的王朝在完成朝代更迭后，推行抑武愚民政策，以弱百姓。宋明两代专于理学，追求心性的功夫，轻视身体锻炼，武风更是丧失殆尽，以致儒者耗尽身心气力竟习成“妇态”“弱人”与“病

---

① Anthony Cohen, *The Symbolic Construction of Community*, New York: Tavistock Publications, 1985, p. 69.

② 刘一兵：《清末尚武思潮述论》，《历史档案》2003年第4期，第68页。

③ 许嘉璐主编：《史记》列传第三十九《叔孙通》，汉语大词典出版社2004年版，第1222—1226页。

人”模样。这一“重文绌武”的思想遭到后人耻笑。明末清初思想家颜元说：“此朱子重文轻武不自觉处。其遗风至今日，衣冠文士羞于武夫齿，秀才挟弓矢出，乡人皆惊，甚至子弟骑射武装，父兄便以不才目之”,[①] 他痛陈道：“无事袖手谈心性，临危一死报君王”。[②] “长此不返，四海溃弱，何有已时乎?”[③] 至清代，此种情形非但没有改观，而且愈演愈烈。“士子习于词章，以武术为不足道，况降心从而习之。”[④] 当时政府对武术的压制，直接削弱了武术的地位，同时也影响了整个社会对武术的态度，“社会不目为正事……而群众观念，已中文弱之流毒，辄谓技击，市井无赖之嬉戏，非君子之道。”[⑤] 尚武精神在几千年的历史中几近断裂。

前文曾述，在清末的“义和拳”运动中，民间武术扮演了重要的角色。清政府对义和团的态度，从压制到利用再到压制的扭曲过程，暴露了当局的腐朽与无能，也直接导致了义和团运动演变成惨烈悲壮的“庚子拳乱”。一些民间拳师也因此经历了“拳匪—英雄—拳匪”的戏剧性转换。庚子拳乱对武术在民间的传播有积极一面，同时其带来的负面影响也是极其深刻的。庚子之变……古有之武术教育……反趋衰微。政府遂严禁人民存置武器，武术因亦大受影响。[⑥] 庚子拳乱拉开了帝国主义侵华的序幕，民间武术因之也被贴上了招致国祸的标签，“士大夫尤讳言之”[⑦]，“国人则亦以愚夫误国，疾拳匪迁疾技击……此后见有技击，群众心理辄谓之‘江湖卖技’耳。”[⑧] 在官方意识形态的主导与压制下，民众愚化，对武术的鄙夷态

---

① 颜元：《存学编》卷2，陈山榜、邓子平编《颜李学派文库》，河北教育出版社2009年版，第57页。

② 同上书，第51页。

③ 同上书，第57页。

④ 中央技击学会编：《国术大全》，山西科学技术出版社2006年版，第12页。

⑤ 同上书，第11页。

⑥ 马良：《中华北方武术体育五十余年纪略》，《体育与卫生》1924年第3卷第3期，转引自成都体育学院体育史研究所《中国近代体育史资料》，四川教育出版社1988年版，第10—11页。

⑦ 陈公哲：《精武会50年》序，春风文艺出版社2001年版，第1页。

⑧ 中央技击学会编：《国术大全》，山西科学技术出版社2006年版，第13页。

度竟也形成了一贯的逻辑。但是作为一项生存技能和文化传统，它不可能消失灭绝，因为民间为其提供了充分的潜藏空间与生长养分。

抑武扬文给整个社会带来的直接后果就是民气不振、体质孱弱与尚武精神的缺失。当面对帝国主义的侵略，整个民族进入生死存亡的危急关头时，这就成了有志之士不得不考虑的生死攸关的大问题。19 世纪末，中国民族危机日益加重。1840 年至 1903 年，晚清王朝接连遭遇帝国主义侵略。舟山、宁波、定海、吴淞、南京、香港、广州、天津、北京、伊犁、台湾、福建、胶州湾、奉天等地相继被列强入侵或沦为殖民地，被迫赔偿巨额财富并签订了丧权辱国的一系列不平等条约。民国四年（1915），日本又侵占青岛。此时的“中国以文弱闻于天下，柔懦之病，病入膏肓”。[①] 张之江在向民国政府提交的《请审定国术为国操推行全国学校暨陆海空军省警民团实行普及以图精神建设期达强种救国案理由》中说：“……率有重文轻武之思遂遗弃旧有武术如敝屣，凌夷迄于今日，若以国人体魄与欧美日本列强相较，则相形之下，立呈惨色。既有少数志士，力求锻炼，足与外人并驾齐驱，然彼邦人士，考验体育，不及格者，百人之中，仅居三四，而吾人则恰成反比例。一旦有事疆场，胜负之数，何待蓍龟而决。”[②] 这一系列事件让国人感到震惊的同时，也开始警醒与反省。

为挽救民族危难，探求救国、强种之方略，有识之士开始大声疾呼提倡尚武精神，培育强健体魄。中国近代维新保皇派代表人物梁启超从 1899 年起陆续发表《祈战死》《中国魂安在乎》《中国积弱溯源论》《斯巴达小志》《论尚武》《中国之武士道》等一系列提倡尚武精神的著述文章，希望借此警醒世人。在梁启超看来，尚武精神是一国存在之根本，“尚武者，国民之元气，国家所恃以成立，而文明所赖以维持者也。”因此，有必要通过

---

① 梁启超：《梁启超全集》第三卷《新民说》，北京出版社 1999 年版，第 710 页。

② 张之江：《张之江先生国术言论集》，中央国术馆 1934 年版，第 97 页。

复活零落数千年的尚武之风，以振兴民族与国家。蒋智由在《中国之武士道》序中说："今饮冰主人之著是书，盖欲发吾宗之家宝，以示子孙。而后吾知吾国尚武之风，零落数千年，至是而将复活，而能振吾族于蕉顇凌夷之中，复一跃而登于荣显之地位，以无贻祖宗之羞，其必有赖于是也。"① 考察诸民族强盛之因由，梁启超发现了"身体"强健的重要性。因此，他提出欲养成尚武精神，除具备"心力"与"胆力"外，还要有强健的"体力"——"有健康之体魄，然后有坚忍不屈之精神。"② 在尚武思想的启蒙与影响下，一些当时的留日学生也开始转变观念，宣扬尚武。杨度说："国民乎，其有以武士道之精神，而发大光明于世界，使已死之中国变而为更生之中国。"③ 这无疑是把尚武精神视作强种救国的利器。蔡锷对比中日文化，将"尚武"精神看成一种文化性格，④ 并力倡通过"军国民"，改造身体，养成尚武精神。⑤

此外，谭嗣同⑥、严复等人也极力提倡尚武救国思想，讲授"武学"，躬亲实践体育活动，主张强健身体，强调强国之本。蔡锷在其《军国民篇》中指出："严子（严复——笔者注）之《原强》，于国民德育、智育、体育三者之中，尤注重体育一端。……独得欧美列强立国之大本也。"⑦ 在他们看来，国民之身体为国运兴衰之根本，弘扬尚武精神是医治弱体、病夫、孱国的一剂良方，正所谓"民质能尚武，则其国能强，强能存；民质不尚武，则其国弱，弱则亡"。⑧ 陈独秀是"五四"新文化运动的领军人物，他

---

① 梁启超：《饮冰室专集之二十四·中国之武士道》（序），中华书局1936年版，第2页。

② 梁启超：《梁启超全集》，北京出版社1999年版，第709、713页。

③ 同上书，第1383页。

④ 张冀：《晚清民初尚武思潮的缘起与五四激进主义发生》，《华中科技大学学报》（社会科学版）2010年第4期，第3页。

⑤ 毛注清等编：《蔡锷集·军国民篇》，湖南人民出版社1983年版，第19—38页。

⑥ 胡伟希、田薇：《中国文化激进主义思潮的历史演进》，《中国人民大学学报》2001年第6期，第112页。

⑦ 毛注清等编：《蔡锷集·军国民篇》，湖南人民出版社1983年版，第25页。

⑧ 《论尚武主义》，转引自刘一兵《清末尚武思潮述论》，《历史档案》2003年第4期，第72页。

认识到当时社会的病灶很多，也积极提倡尚武精神。受达尔文进化论的影响，他认为“万物之生存进化与否，悉以抵抗力之有无强弱为标准。优胜劣败，理无可逃”。而中国社会缺乏“抵抗力”的原因，正是“老尚雌退，儒崇礼让，佛说空无”等传统文化作用的结果。为此，他开出了对青年人实行“兽性教育”的医方，“兽性之特长何？曰，意志顽狠，善斗不屈也；曰，体魄强健，力抗自然也；曰，信赖本能，不依他活也；曰，顺性率真，不饰伪文也。”① 陈独秀倡扬的尚武精神带有非理性的生存意志倾向，这与他之后形成的“革命”改造社会思想一脉相承。

关于尚武精神，我们不能忽视孙中山的思想。而且，极为重要的是，孙中山的尚武思想对20世纪上半叶民间武术的发展产生了直接的重要影响。“救国”与“强种”是清末民初的两大社会主旋律。在“救国”这一目标上，清末民初的思想家是高度一致的，但关于“如何救国”，各派之间选取的路径则各有所重。孙中山先生与梁启超先生在救国思想上就有着鲜明的分歧。孙中山领导着革命派，梁启超与其老师康有为则为保皇派。孙中山曾说：“革命、保皇二事决分两途，如黑白之不能混淆，如东西之不能易位。革命者志在扑满而兴汉，保皇者志在扶满而臣清，事理相反，背道而驰，互相冲突，互相水火，非一日矣。如弟与任公私交虽密，一谈政事，则俨然敌国。然士各有志，不能相强。总之，划清界限，不使混淆，吾人革命，不说保皇，彼辈保皇，何必偏称革命？”② 虽然各派在“救国”思想上存有差异，但在“强种”方面，无论是康、梁，还是孙中山，他们在通过鼓吹提倡尚武精神，改造国人身体，进而重塑国民性上是达成了共识的。

孙中山极力提倡尚武救国思想。他主张通过民主革命的形式实现资产

---

① 陈独秀：《独秀文存》，安徽人民出版社1987年版，第20页。

② 广东省社会科学院历史研究室、中国社会科学院近代史研究所中华民国史研究室、中山大学历史系孙中山研究室编：《孙中山全集》（第1卷），中华书局1981年版，第232页。

阶级民主政治，建立资产阶级民主共和国。为达到武装斗争推翻清廷统治“申民制而扶国宗”的目的，1894 年，孙中山于檀香山组创“兴中会”，1905 年在日本与黄兴等共同创立“同盟会”。随后，同盟会多次发动武装起义。孙中山在避难日本期间，在留日学生中间广泛传播尚武精神。1905 年 8 月 13 日，他于“在东京中国留学生欢迎大会的演说”中提出，日本明治维新能够取得成功，得益于该民族具有的尚武精神：“五十年前，维新诸豪杰……皆具有独立尚武的精神，以成此拯救四千五百万人于水火中之大功。”① 以此鼓励留日学生尚武健体。这是他首次在公开场合表示提倡尚武精神。随后，在 1912 年 3 月，就任中华民国临时大总统后，孙中山在政府公报中再次明确阐述了国家建设与身体健康之间的密切关系，他说：“夫将欲图国力之坚强，必先图国民体力之发达。”② 可以看出，孙中山已经充分意识到了尚武强健与国家建设之间的密切关系。

梁启超等文士提倡尚武多是通过文章进行鼓动呼吁，然而，孙中山出于武装推翻清廷的需要，更多的是从实战出发，接纳四方豪俊，培育具有尚武精神的杰出人士参与革命。在日本，川籍留日学生积极追随黄兴与孙中山，邹容、董修武、熊克武、但懋辛、吴永珊（玉章）、黄复生、李肇甫等留日学生参加了同盟会东京总部的工作。同盟会成立后，四川（重庆）成为国内五个支部所在地之一。孙中山勉励川籍同盟会会员：“革命是一定成功的，我辈应该有这种坚强的信心；又要有不怕失败，百折不挠的勇气；还必须有舍生取义，成功不必在我的精神，不如此那就不能革命了。”③ 为拓展同盟会在四川的工作，川籍留日学生积极为孙中山推荐川内尚武革命

---

① 广东省社会科学院历史研究室、中国社会科学院近代史研究所中华民国史研究室、中山大学历史系孙中山研究室编：《孙中山全集》（第 1 卷），中华书局 1981 年版，第 278 页。

② 广东省社会科学院历史研究室、中国社会科学院近代史研究所中华民国史研究室、中山大学历史系孙中山研究室编：《孙中山全集》（第 2 卷），中华书局 1981 年版，第 232 页。

③ 《同盟会全国设五大支部，重庆占一席》，《重庆晨报》，2011 年 11 月 17 日第 025 版。

志士。在黄复生的引荐下，泸州小市镇民间武术英杰——佘英受邀前往日本，得孙中山亲自面授机宜，“命英归，喻会党以大义，为种族效命”，并被委以“西南大都督”重任，组织武装起义。这也促成了川东袍哥在革命上与同盟会之间的合作。

孙中山还通过民国第一大民间武术团体“精武体育会”提倡、践行尚武精神，启迪民智。1916 年 11 月 5 日，孙中山受邀参加精武体育会活动，他盛赞中国技击术为国粹，并通过欧战来说明技击术的现实价值与功用。他说：“技击术为中国国粹，自枪炮发明之后国技遂微。通过此次欧洲战争的事实证明，枪炮为冲锋之用，肉搏则非技击术不可。况且随着科学日益进步，枪炮终将穷于用，而中国将来与列强相周旋最后五分钟必藉技击术为强有力之后盾。”[①] 孙中山的出席与勉励，对精武体育会乃至整个中国社会关于武术技击的认识有着重要的影响。孙中山对尚武精神的提倡与对通过武术习练提升国民身体素质以强种保国的期许，在 1919 年表现得更加淋漓尽致。1919 年，精武体育会成立十周年，孙中山亲自为该会题写了“尚武精神”的匾额，并欣然为《精武本纪》作序。他在肯定了精武体育会这一民间武术组织发展的同时，明确提出了武术与强国保种之间有密切关系的论断。他说：“精武体育会，成立既十年，其成绩甚多，识者称为体魄修养专门研究之学会，盖以振起从来体育之技击术为务，于强种保国有莫大之关系。”[②] 孙中山的这一论断将武术融入国家民族生存进程之中，对后来的“国术运动”以及武术的地位和角色的改善有至关重要的作用与深远的影响。

虽然精武体育会否认有任何政治倾向，但事实上，越来越多的资料显示这一民间武术组织与同盟会有密切关系，而且将民间武术汇入了近代资

---

① 《精武技击运动纪》，《申报》1916 年 11 月 6 日第 3 版。

② 孙中山：《孙中山全集》第 5 卷《精武本纪序》，中华书局 1985 年版，第 150 页。

产阶级民主革命的洪流。精武体育会成员陈其美为同盟会元老，陈铁笙也是同盟会会员。我们有理由认为精武体育会的前身“精武体操会”是同盟会的重要后备力量组织。在成立“精武体操会”时，陈其美等人做了政治与军事的考量。他提出：“希望十年内训练出千万名既有强健体魄，又有军事技能的青年，以适应大规模革命运动和改良军事的需要。”① 而且，成立之初，他们计划“每期招选志向坚定，体格健壮的青年五十名，进行拳术和军事技能训练，六个月毕业。毕业分配到各地去，组织同样的精武分校，每人再教授五十人。这样，经过几年就可以训练出一批有志向、有胆识、有军事知识的青年，作为革命运动的骨干”。② 孙中山对精武体育会的表彰，一方面彰显了其个人的尚武精神，另一方面也突出了他作为革命家与一般文士所不同的推动尚武精神落地生根的实践路径。

19 世纪末，随着资本主义文明的冲击，中国社会积贫积弱的一面终得以暴露，民族生存面临极大考验。具有现代意识的一批精英人士在极度焦虑的情况下，开始寻求强国强种的路径。无论在国内还是身处国外，亦无论他们隶属于何种派别，他们几乎同时发现了“尚武精神”这一传统文化资源的时代价值，并尝试借以思想文化的改良路径来解决民族国家的生存问题。尚武精神的重构，续接了中国古老的文化传统，从精神层面对国民性进行改造，进而医治积弱国家的策略，体现了清末民初精英分子面向精神与“身体”的双重取向。具有双重启蒙意义的尚武精神在唤起国民抵抗与革命意识的同时，也在重塑国民的身体形态。更重要的是，这给予了武术——这一尚武精神最直接的载体与体现，并凸显其价值的合法性与弘扬的合理性。

① 黄巧波：《孙中山与精武会》，《中山日报》2007 年 8 月 19 日第 B01 版。

② 邵元冲：《邵元冲先生文集》，近代中国出版社 1983 年版，第 45 页。

三　危机与自觉：文化民族主义的兴起

1840 年 6 月，英国悍然发动鸦片战争，最终以清政府战败割地、赔款、签订近代以来第一个丧权辱国的《南京条约》（1842 年 8 月）收场。英国通过此战获得了核定关税、治外法权、最惠国待遇等一系列特权，中国则失去了领土、司法、关税等一系列国家主权，颜面扫地，沦为半殖民地国家。鸦片战争开启了中国人民受屈辱的一个世纪。①

鸦片战争使当时中国的衰败之相已露，美、法、俄、日、德等帝国主义国家趁火打劫，接踵而至，开始蚕食边疆地区以及朝贡国。除《南京条约》外，清王朝陆续与列强签订了一系列不平等条约。清王朝国势江河日下，帝国主义国家向这个“东亚病夫”的心脏地带步步进逼。而且，“一国生事，诸国构煽”（李鸿章语），中国面临着被瓜分与亡国的厄运，中华民族遭遇“数千年来未有之变局”（李鸿章语）。严复不无震惊地说道：“呜呼，观今日之世变，盖自秦、汉以来未有若斯之亟也。”② 中华民族陷入了万劫难复的生存危机之中。

国门大开以后，列强对中国的占有与瓜分并没有局限于土地、经济等方面，他们进而大肆传播西方文化，欲深入推进殖民统治。比较典型的是他们把宗教也当成掠夺、侵略的武器加以使用。在不平等条约的护佑下，基督教、天主教等西方宗教在近代中国社会得以迅速滋长。中法《黄埔条约》第二十二款规定：法国人可在五口建造教堂，“倘有中国人将佛兰西礼拜堂、坟地触犯毁坏，地方官照例严拘重惩。”中美《望厦条约》第十期款规定：“合众国民人在五港口贸易，或久居，或暂住，均准其租赁民房，或租地自行建楼，并设立医院、礼拜堂及殡葬之处。”③ 第二次鸦片战争期间

---

① ［美］徐中约：《中国近代史》（上），计秋枫、朱庆葆译，香港中文大学出版社 2005 年版，第 196 页。

② 王栻：《严复集》（第一册），中华书局 1986 年版，第 1 页。

③ 杨天宏：《基督教与中国社会》，四川人民出版社 1994 年版，第 5 页。

签下的《天津条约》，更是将自由传教的规定明确写进条约之中，这为传教士的布道传教创设了极为有利的条件。大批传教士被派往中国传教，中国版图被划分为不同的教区，教会组织、教堂如雨后春笋般地建立起来。有了不平等条约的庇护，外国宗教文化几乎遍布中国的每一个地方。

尽管文化在传播与交流中才能获得更好的发展，但是《天津条约》签订后不久，一封英国新教传教士的信暴露了他们传教的政治图谋。“这个国家事实上已受到我们控制。每个已经来到中国的传教士及其国内差会，如果不去占领这块土地，不在十八个省的每一个中心取得永久的立足之地，那将是一种罪过。”[①] 1897 年 3 月，英国一位陆军大臣也公开宣称“西学东渐”与军事占领之间赤裸裸的逻辑关系：“军事之兴与文化实有相维之益者……一言以蔽之曰：因战而扩充边界，得新属地，实皆传教及我之法律、文化之力有以维持而罗致之也。每谓吾之商务若随吾旗之所至而兴，殊不知吾之教会文化，盖多好处，足以挚吾之旗及商务同趋而并进……吾之陆军确因文化而生色，信可称矣。”[②] 列强看到了“教会文化”在输入价值观念、重塑人们行为方式与身份、维护殖民统治方面的特殊功用，并将其打造成军队的“文化特色”，因之对此津津乐道，自鸣得意。尽管不排除有很多来华传教士的目的比较单纯与圣洁，但由政治、军事护驾的文化传播行为，无疑成为帝国主义国家控制与支配被占领国家的帮凶。

政治、军事与文化的捆绑式推进，有力地宣扬、普及了外来价值与习惯，对殖民统治起到了积极的维护性效果。然而，它们对本土性文化的生存空间构成了挤压，对本土传统文化的生存也构成了严重的威胁。章太炎就把基督教的东进看成是一种帝国主义的思想侵略，他认为基督教对中国

① R. W. Thompson, Griffith John, *The Story of Fifty Years in China* , London: Forgotten Books, 1908, p. 82.

② ［美］兰比尔·沃拉：《中国：前现代化的阵痛——1800 年至今的历史回顾》，廖七一等译，辽宁人民出版社 1989 年版，第 185 页。

有损无益，西人传播教导人们信奉的并非真正意义上的上帝，而是“西帝”。[①] 据统计，由于各种原因，从第一次鸦片战争以后至义和团运动期间，全国酿成各类教案达400多起，民愤极大。[②] 1925年，田汉在《少年中国》中引用日本学者的评论时说：“对他国宣传宗教，本是野蛮时代魔术的政府之延长，其本能的动机，全然是侵略的。……在宗教与国家严密结合的时代，即宗教有统御国家的技能的时代，宗教便干的是帝国主义的事业。”[③] 在当时的很多有识之士看来，中华民族危机更深刻、更本质地表现为文化危机。他们认为西方文化的涌入，终将“灭其语言，灭其文学，以次灭其种性，务使其种如堕九渊，永永沉沦”[④]。因此，19世纪末的“文化帝国主义”[⑤] 行径引起了有识之士们对救国救种与文化自主的深切反思与觉醒，也应然激起了当时中国人民的强烈的文化民族主义。

19世纪末，现代民族主义在中国开始崭露头角，伴随着民族危机的加深，到20世纪初便扎下根来，并很快达到一个高潮。[⑥] 1901年10月，梁启超在《国家思想变迁异同论》中提出：“民族主义者，世界最光明正大公平之主义也。不使他族侵略之自由，我亦毋侵他族之自由。其在于本国也，人之独立，其在于世界也，国之独立。”[⑦] 作为国人第一次对“民族主义”

---

① 汤志钧编：《章太炎政论选集》（上册），中华书局1977年版，第273页。

② 顾长声：《传教士与近代中国》，上海人民出版社1981年版，第136页。

③ 田汉：《日本学者对非基督教运动的批评》，《少年中国》1922年第10期，第44页。

④ 邓实：《人种独立》，《政艺通报》1903年第23号。

⑤ 关于“文化帝国主义”的讨论可以参见［美］萨义德《文化与帝国主义》，李琨译，生活·读书·新知三联书店2003年版，第1—16、134—154、187—230页；［英］汤林森《文化帝国主义》，冯建三译，上海人民出版社1999年版，第1—4、132—194页。

⑥ 关于中国现代民族主义的研究，可以参见［美］杜赞奇《从民族国家拯救历史：民族主义话语与中国现代史研究》，王宪明等译，社会科学文献出版社2003年版；罗志田《乱世潜流：民族主义与民国政治》，上海古籍出版社2001年版；李世涛主编《知识分子的立场：民族主义与转型期中国的命运》，时代文艺出版社1999年版；罗志田《民族主义与近代中国思想》，东大图书股份有限公司1998年版。

⑦ 张品兴：《梁启超全集》第二卷《瓜分危言（1899—1901）》，北京出版社1999年版，第459页。

的提出、使用与诠释，这也是当时中国的民族主义启蒙。从世界历史发展来看，民族主义在很多创造性的转变中扮演着重要的角色，在中国也同样如此。余英时指出，百年来中国最大的一个动力就是民族主义。[①] 综观中外一些关于中国19世纪中后期以降的政治与思想研究成果，“民族主义”是一个热门的主题，也是西方研究者观察中国的一个有效理论工具。

虽然法国思想家吉尔·德拉诺瓦对民族主义思想原型的概括不一定精准，但他所提出的民族主义的四个特点还是切中了要害：即表达对衰落的恐惧；对现实的反抗愿望，对意识形态不满而产生的结果，试图赋予民族更多的重要性；是有机体论的一种形式；是一种宣传工具，维持、引导民族感情，并以此获得政治能量。[②] 从历史上来讲，民族主义独特和新颖的地方不在于认同形式或意识形态等认识论的范畴，而在于全球性的体制革命。此种革命产生出极强有力的民族国家表述。[③] 面对民族危机，对民族国家的表述总是充满了对本民族利益的保护，对传统文化的认同、提倡与颂扬，以及对外来文化的强烈抵制，这恰恰构成了有别于政治、经济以及其他形形色色民族主义的“文化民族主义”。在19世纪末20世纪初的中国，文化民族主义已经非常突出，费正清在《美国与中国》一书中如此评价道：“他们（中国人——笔者注）对自身文化或‘文化素养’的世代相传的自豪感已经激起了一股新的‘文化民族主义’，这在将来很可能会胜过那发生在欧洲的单纯政治上的民族主义。”[④] 文化民族主义，实为民族主义在文化问题上的集中表现，它强调维护本民族文化的独立与共同的文化认同。[⑤] 在一定

① 余英时：《中国近代思想史中的激进与保守》，《历史月刊》1990年第29期，第144页。

② ［法］吉尔·德拉诺瓦：《民族与民族主义》，郑文彬等译，生活·读书·新知三联书店2005年版，第107页。

③ ［美］杜赞奇：《从民族国家拯救历史：民族主义话语与中国现代史研究》，王宪明译，社会科学文献出版社2003年版，第7页。

④ ［美］费正清：《美国与中国》，张理京译，世界知识出版社1999年版，第94页。

⑤ 郑师渠：《近代中国的文化民族主义》，《历史研究》1995年第5期，第89页。

程度上，它是民族危机应激反应而产生的对本民族固有文化与传统优越性的认同，也是对民族文化的二次塑造与再生产。

1895 年中日甲午之战中，清政府一系列图强政策造就的“一流”海军惨遭毁灭性打击，中华民族处在严重的民族生存危机之中——“俄北瞰，英西睒，法南瞵，日东耽，处四强邻之中而为中国，岌岌哉！”[①] 一批具备深厚传统学识功底又有国际经验与视野的新知识分子率先觉醒，并试图突破“夷夏之辨”“忠君报国”“中体西用”等传统观念与思维的束缚，寻求抵抗外来侵略与国家富强之本，相继提出了“保教”“存学”，以及“东方化”等一系列保国、保种、自强思想主张。这一方面体现了精英人士在文化自觉中扮演了先知先觉与启蒙者的重要角色，另一方面也凸显了近代文化民族主义在维护与继承传统、推动社会发展的动力所在。

作为对帝国主义文化侵略的一个回应，康、梁等维新派知识分子率先宣扬“创教”与“保国、保种、保教”的主张，以“儒教”对抗基督教文化在中国的疯狂传播。康有为在《答朱蓉生书》中说：“彼奉教之国未灭亚洲耳，若国步稍移，则彼非金、元无教者比也，必将以其教易吾教耳，犹吾教本起中国，散入新疆、云南、贵州、高丽、安南也。以国力行其教，必将毁吾学宫而为拜堂，取吾制义而发挥新约，从者诱以科第不从者绝以戮辱，此又非秦始坑儒比也。”[②] 为力倡孔教以对抗西教，康有为创立了“圣教会”，梁启超也组织了“保教会”，强调“尊孔教救中国”“采用孔子纪年”等。一时间，通过“复古”以求“革新”的“保教”之说盛行，“保国、保种、保教”也被写进保国会章程之中，凸显出当时知识分子对民族文化危机的忧虑情绪以及文化救国的深切关怀。但康梁等人的这一思想主张并不十分成熟，甚至还夹带些许浪漫主义色彩。乱世恰是百家争鸣的

---

① 康有为：《康有为全集》（二），上海古籍出版社 1990 年版，第 185 页。

② 同上书，第 233 页。

时代，很快这一“保教”说被“存学”思想所取代。

1905年，邓实、黄节等人于上海成立国学保存会，出版《国粹学报》，以“研究国学、保存国粹”为宗旨，并提出了“保种、爱国、存学”的口号。在“国粹派”[①]看来，国粹、国学对一个国家的生死存亡极为重要，对其进行保存“可以成一特别精神之国家”“我不保存之，则人将攘夺之，还以我之粹而攻我之不粹，则国不成其为国矣”。[②]章太炎认为，“今日国学之无人兴起，即将影响于国家之存灭。”[③]国粹主义思潮志在捍卫并发扬中华民族的传统“国学”文化以对抗“欧风美雨”。“国粹”“国学”实际上是引进西方近代文明的思想运动在中国发展到一定阶段的对应产物。“国粹”“国学”的产生本受日本国粹主义的启发，但日本的国粹主义思潮早在19世纪90年代即已如火如荼地展开，中国迟至十余年后才效法它，这实际上是由于西方近代文明的传播在庚子年以后的中国已发展到这样一个深入的程度——中国的很多饱受旧学之士痛感，如再不起而捍卫并发扬自己的传统文化，它就有被“新学”吞噬之势。[④]在国粹派看来，文化的存亡盛衰决定着一个国家的民族的存亡盛衰。[⑤]虽然这些观点夸大了传统文化在力挽狂澜中的作用，但是他们揭示了继承与复兴中华本土传统文化在救亡图存中的重要意义，指出了文化危机与民族危机的一致性。这一思想的传播，无疑对增强文化自信，凝聚民族精神具有重要的时代价值。

虽然20世纪初的文化民族主义思潮主要是基于抗争西方的文化入侵，但有意思的是，关于文化民族主义讨论的理论武器很多是来自西方或日

---

① 关于国粹派的界定问题，可以参阅郑师渠《晚清国粹派：文化思想研究》，北京师范大学出版社1997年版，第7—9页。

② 黄节：《国粹保存主义》，《政艺通报》1902年第22期，第180—181页。

③ 章太炎：《国学讲习会序》，《民报》1906年第7号。

④ 叶瑞昕：《危急中的文化抉择——辛亥革命时期国人的中西文化观》，商务印书馆2007年版，第123—124页。

⑤ 《拟设国粹学堂启》，《国粹学报》第3年第3期，转引自候彤彤《黄节国粹主义思想研究》，硕士学位论文，河北师范大学，2009年，第8页。

本——“民族主义”“国粹”如此，此一时期国人对“民族精神”的讨论与塑造也是如此。他们认为中华民族的历史与传统是民族精神的蕴藏之处。“民族精神滥觞于何点乎？曰其历史哉，其历史哉。”① 正是在这一点上，本民族的历史与传统被视为可以激发民族认同与爱国主义的根本所在。后来的“国术”“国医”“国画”“国乐”无不是与此有密切关系，其中国术的成就尤为突出。在不断的思想启蒙下，国人对历史与传统文化的认识以及对其进行保护与弘扬的意识逐渐加深，文化自信也不断得到增强。

1914—1918 年，第一次世界大战爆发，西方世界深层次的矛盾与弊端暴露出来。加之斯宾格勒《西方的没落》一书的观点被介绍到中国，以及罗素、杜威等人对东方文化的赞许，笼罩在国人心头的文化悲观情绪一扫而光，转而对本民族的文化极其自信，甚至提出要用中国文化拯救西方。1919 年初，当梁启超从欧洲旅行回国，他高兴地说，西方文化并非完美无缺，而中国文化则或许能矫正西方的缺点，西方人正在恳请东方人给他们以精神上的慰藉。② 1919 年，随着“五四”运动和新文化运动的兴起，无论对于哪一派而言，文化问题都成为知识分子心中普遍的，而且是极其紧要的问题。当陈独秀、胡适等人以《新青年》为阵地，向国人鼓吹西方文化，并且要涤荡一切“旧”东西抛弃自己的传统文化时，杜亚泉、梁启超、陈嘉异、梁漱溟、梅光迪、张君劢、吴宓等一批思想家形成了所谓的“东方文化派”，在解魅西方文化的同时，捍卫传统文化的固有价值。其中，梁漱溟的《东西文化及其哲学》是这一阶段的代表性成果之一。梁漱溟把世界文化分为三种理想的类型，并断言未来世界未来文化就是中国文化的复

① 《民族主义》，《江苏》第 7 期，转引自郑师渠《近代中国的文化民族主义》，《历史研究》1995 年第 5 期，第 95 页。

② ［美］艾恺：《最后的儒家——梁漱溟与中国现代化的两难》，王宗昱、冀建中译，江苏人民出版社 1996 年版，第 75 页。

兴。[①] 东方文化派主张复兴传统文化，展示出当时国人高度的民族自信与坚实的文化自觉。

清末民初是西方强势介入中国的特殊历史时段，这一形势造就了复杂的局面，改变了中国文化演进的轨迹。在接二连三的冲突失败中，中华民族蒙受了巨大的耻辱，整个民族岌岌可危，这激发了国人强烈的面向身体本身的思考与尚武自强保种救国意识。文化民族主义思潮使本土历史与传统的价值得到了充分的肯定，国人再次重建了文化自信，维护了中华民族的文化认同。正是在这样的历史语境与文化逻辑中，史无前例的民间武术国术化应运而生。

第二节 国术化运动与四川民间武术的发展

一 民间武术的“国术化”

从马良的“新武术”改良到精武体育会的发展，再到后来成立中央国术馆对武术进行国家层面的管理与运作，19 世纪末至 20 世纪上半叶，武术完成了一个近代以降最大的文化变迁。当前，关于民国期间武术研究已有部分成果出现，其中不乏优秀的论文或著作。无疑，马良的“新武术”、精武体育会与中央国术馆是这一时期武术研究选题的热点。但是，问题往往就此产生。一部分学者将这两者割裂看待，另一部分学者虽然对两者做出对比性分析，但其立场仍然是割裂的对待。事实上，我们有必要将“中华新武术”、精武体育会、中央国术馆续接起来，它们各有特色，各自完成了不同的历史使命，同时也是有密切联系的一个整体。从马良推出“中华新武术”，到中央国术馆宣告解散，这个起于清末终于民国末近 50 年的武术

① 梁漱溟：《东西文化及其哲学》，商务印书馆 1999 年版，第 202 页。

发展历程，构成了轰轰烈烈的“国术化运动”。最为重要的是，在民间武术的国术化进程中，政府的介入使中国武术出现了官方与民间的分野，武术的分野与发展格局既定。与此同时，整个民间武术的生态也为之一变，民间武术进入了一个新的历史时期。

这里有必要澄清一下何为“国术化”。自古以来，武术的名称多有变化，手搏、角力、技击、相扑、角抵、武艺、武功、国技、功夫等不一而足。1927 年，张之江提议将武术改称“国术”，并上报南京中央政府，获得批准。从此，国术一语流行开来，这也成为国术化的典型标志。国术是张之江等人对武术的称谓，但是为什么要换称国术，成为国术又将如何？这期间将主要流传在民间社会，位列“九流”底层的武术与国家和民族紧密联系起来，并对武术进行改造发展，使其融入民族国家话语，最终脱胎换骨成为国术的一系列过程，即是本文所指的国术化。考辨历史，马良的“中华新武术”、精武体育会的“精武武术”、中央国术馆的“国术”是国术化的重要节点与突出表现，也构成了这场国术化运动的始终。

（一）“国术化”的肇始——中华新武术

马良创立“中华新武术”，是一次推动民间武术改良的有益尝试，这已成为学界的共识。但是，马良的“新武术”成为民间武术国术化的肇始，却很少有学者认识到这一点。民国体育教育家王健吾认为：“华北改良国术之运动，当首推马良所提倡之中华新武术。……教材教法，均受瑞典式体操之影响。现在国术在中原各学校能占体育教席之一角，皆受此改良运动之赐予。”① 马良（1875—1945），字子贞，河北清苑人。早年入读北洋武备学堂，随后参军，北洋时期隶属于皖系军阀。1900 年后，他先后在山西、

① 王健吾：《华北之体育》，《体育季刊》1935 年第 2 期，第 222 页。

河北、山东等地做军官，1919 年，官至济南镇守。[①] 马良酷爱武术，尤喜摔跤。1901 年，当他在山西武备学堂任教习时，便开始创编武术进行教授。[②] 1900 年清政府刚刚平定庚子拳乱，可以说此时聚众练拳仍有被视为“拳匪”之嫌，而且山西所处的华北一带离京城如此之近，更是属于严加管控地带。马良能够在 1901 年开始着手改编武术进行教授传播是需要些勇气和胆识的。

一方面，源于马良本人对武术的酷爱，以及他对民间武术与强健身体及乡村自保之间关系的深刻认识。他在《中华北方武术体育五十余年纪略》中说：“当清同治初年（19 世纪 60 年代），中国内乱渐靖治平。复睹人民经此一番扰乱，深知武术为自卫利器，非尚武无以自立。而武术既能强健身体，又可震慑地方社会，益知为人生之必要。”他还意识到民间武术之于社会秩序的重要意义。当时“各大商运输财币货物，并各官宪富绅，凡遇迁移家族，运送财物，皆以重币，聘请武士护送，以防不测。故各省各处遍设镖局，广邀武士，以待延聘”。而且“各官宪运输贡银或呈解重要物品，虽有兵士护送，有时亦聘延著名武士，为该兵士等骨干，以壮声势。……武术为最良体育，既足强身，又堪自卫”。[③] 不过，从现有文献资料看，马良对民间武术认知深度也仅局限于此，他并没有将其上升到与国家命运和民族生存相关联的高度。尽管当时西方帝国已接连入侵，维新派、革命派等有识之士也已开始大声疾呼救国图存，但马良此时毕竟是低级军官，武术与救国之间关联的重要意义并没有在他的思想意识之中产生。

另一方面，他得到了地方军政高官的有力支持。1901 年在山西时，山

---

① 马良先后任山西武备学堂教习、直隶陆军速成学堂教习、常备军第三镇辎重营管带官、近畿第六镇正参谋官、第六镇炮兵第六标标统、驻山东陆军第九协协统、陆军第 47 旅旅长兼济南卫戍司令官、济南镇守等职。参见马廉祯《马良与近代中国武术改良运动》，《回族研究》2012 年第 1 期，第 38—39 页；谭华《近代中国社会的变革与武术的进步》，《华南师范大学学报》（社会科学版）2003 年第 1 期，第 123 页。

② 马良：《中华北方武术体育五十余年纪略》，《体育与卫生》1924 年第 3 期，第 3 页。

③ 同上书，第 1—4 页。

西巡抚赵次珊夸赞马良的革新为“马氏体操”。1905 年，马良在第六镇推广他的“率角术”成果时，更是得到了与他有师生之谊的段祺瑞的支持。1907 年，在前陆军讲武堂总办蒋宾臣推荐下，他的率角术被确定为讲武堂学兵营的体操课程。此后他还得到了新编陆军第一镇统制凤禹门、执掌第六镇的吴禄贞等人的大力帮助与支持。军队是个特殊的体系，他们看重的是士兵战斗力的提升，庚子拳乱对练武的负面影响很难波及军队，这给马良提供了一个比较好的环境。不过，在强劲的欧风遍吹华夏的时代里，可以确定马良对民间武术的改编受到了西学的影响，并且主动吸收了西式体育文化，尤其是德国、瑞典等欧式体操的内容。否则，赵次珊也不会将其命名为“马氏体操”，他的“率角术”也不会被确定为学兵营的“体操课程”了。清末这段时间，马良在推广新武术的过程中积累了一定的经验。最为重要的是，他开创并确立了军政支持的武术官方发展路线。从这一点上来说，马良对民间武术的改编，并将其纳入军队系统进行推广提倡，使民间武术的地位得到提升。

至 1911 年，经过 10 年军中的实验与传播，“新武术”已经取得了一定的影响，此时马良对武术改良的理念与体系也基本成型。他将其定名为“中华新武术”，并不失时机地陆续出版了《率角》（初名《柔术教范》）、《拳脚》《棍术》《剑术》等《中华新武术》实战格斗系列教材。为了进一步以官方渠道推广新武术，马良在继续获得军方支持的情况下，开始通过教育界权威人士的帮助，在教育口打开传播渠道。1913 年，他开始在潍县的一些学校教授新武术。1915 年，中华新武术在警察系统和部分学校实施教学，据说这得益于时任国务总理靳云鹏与山东巡按使蔡儒楷的提议。通过获得江苏省教育会主席黄炎培的支持，江苏省的体育传习所体系也开始教授中华新武术。在马良等人的共同努力下，武术的价值获得国家教育部门的首肯。1915 年出台的教育实施方案明确提出，“各学校应添授中国旧有武技”。方案中同时强调，“各学校教科书，宜揭举古今尚武之人物……各学校应表彰历代武士之遗像，随时讲述其功绩。”① 教育部经过考察后，于1918年将“中华新武术”列为全国各大、中学堂正式体操的教学内容。

得到教育体系的接纳与认可，新武术很快获得普及，掀起了学习武术的热潮。这招致了陈独秀、鲁迅等新文化运动干将对新武术的批判，同时也引发了中国体育史上著名的“土洋体育”之争。由于马良本人行伍出身，为我们留下的著作文章很少，因此不好过度揣测他到底为什么要推广中华新武术。因缺少佐证材料，我们也无法得知马良是否受到了当时文化民族主义的影响。② 不过，马良对当时社会上一些知识分子的评论争议和提出的一些“主义”的兴趣似乎不大，这从他对鲁迅与陈独秀等人对新武术批评的反应中能够看出来——他并没有任何理睬与回应。除非马良平日里不读书也不看报，但这对于一个济南镇守来说似乎也不太可能。因此，我们只能得出一个结论，即马良确实没有很高的理论造诣与思想水平。

然而，不能否定的是，新武术受到军队以及教育系统的认同并很快得以普及勃兴，与当时的强种强国的民族需要以及尚武、文化民族主义等舆论导向密切相关。马良将民间流传的、有着悠久历史的民间武术改造成新武术加以推广，与当时强种强国、尚武图存、维护传统的强烈社会需求是完全契合的。马良的行为启发了很多人，这既包括像梁启超这样的知识分子与思想家，也包括后来积极推动国术发展的张之江等军界人士。梁启超在《中华新武术》序中说：“前过济南，获观操练，超距、拍张俱见精彩。

① 陈荫生：《中国近代体育议决案选编》，《体育史料》（第16辑），人民体育出版社1990年版，第6页。

② 目前一些研究中有关马良与国粹派的关系，以及马良的新武术被利用来对抗新文化运动与西方体育运动项目的讨论仅停留在推论的层面上，并没有给予可信的史料佐证。

所愿国中各校列为课程，使人人有自卫之方，而尚武之精神出矣。”① 梁启超与很多有识之士一样从新武术中读出了自卫自强与提倡尚武精神的可行之路径，否则仅靠马良个人的关系与影响力是很难获得如此力度的推广。马良已经认识到武术是中华民族的文化传统，“中华新武术”这个响亮的名字将武术与中华民族紧密地联系在一起，而且他还曾经提出过武术是“我国之国粹，我国之科学”这样的论断。但是，令人遗憾的是，直到1923年，他组织“中华全国武术运动大会”时，还是没有提出武术与国家和民族方面紧密联系的系统思想主张。不过，他的发展思路、对武术的改造模式，以及视武术为民族传统文化的观点为后来“国术化”的进一步推广打下了一定的基础。

（二）“国术化”的发展——精武体育会

如果说，马良的新武术改良尚带有半官半民性质，那么精武体育会对民间武术的发展则完全是民间的自主性行为。1910年，陈英士（其美）、农竹（劲荪）、霍元甲等人于上海闸北区王家宅创办“精武体操学校”（又称“精武会”“精武体操会”），1916年迁入杨浦区提篮桥倍开尔路73号新址后，改称“精武体育会”。成立初期，精武会由农劲荪担任会长，霍元甲任主教练。精武体育会是我国近代以来第一个，也是影响深远的最大的民间武术（体育）组织。精武体育会组织人员全部来自民间社会，其经费通过募捐、会费、经营产业等形式得以解决。因此，它是一个彻底的民间非营利性组织。

从诞生的那一刻起，精武体育会的组织者就将武术与国家和民族的命运衔接起来。他们试图通过开展武术以及体育运动，提倡尚武精神，达到救亡图存的目的。这比马良的“新武术”更进一步推动了武术的“国术化”

① 马良：《棍术科》，商务印书馆1918年版，第19页。

进程。精武体育会创办时，正值辛亥革命前夜，中华民族内外交困，“国势危急，岌岌不可终日，有志之士，多起救国之思。”[①] 革命党人陈英士于戊申年（1908）春季从日本回国，立足上海一带筹备革命事宜。在这期间，陈英士认为有储备军事人才的必要。此时，刚好天津民间拳师霍元甲被聘到上海参加与西洋大力士的擂台比武。陈英士与其相识后，被霍元甲的武技以及爱国思想所触动，遂联系上海各界尚武爱国人士谋划开办学校以培养革命事业人才。他计划挑选同志中志向坚定、体格强健者五十人，由霍元甲教授拳术，并学习军事学，学期六个月，再由毕业的五十人到各处组织同性质的学校，每人再教授五十人。照这样办去，不到十年，可以培养出数十万，或百余万体力强健并有军事学识的青年，对于革命运动，或军事改良上必有极大的影响。[②] 虽然因霍元甲英年早逝，陈英士的这一计划没有如愿，但是，可以看出精武体育会从诞生的那一天开始，便被注入了非同一般的与民族命运相连的基因。

在社会精英的策划下，霍元甲肩负为民族雪“东亚病夫”之耻，扬国人志气的使命被邀请到上海与西洋大力士进行擂台比武。有“黄面虎”之称的霍元甲，出生于天津一镖师之家，受家庭环境熏陶，练就一身好武艺，在当地小有名气。霍元甲在天津城务工期间，结识同在天津开药栈的革命党人农劲荪。农劲荪在日本留学时加入同盟会，喜好技击，与霍元甲结识后，他便把霍安排到药栈工作，二人很快结下了深厚的情谊。

1909 年，西洋大力士奥皮因在上海以轻蔑的口吻叫嚣要与华人角力。[③] 此事经过媒体报道后，全上海一片哗然，隐藏在国人心头的“病夫”之痛被戳个正着。此时正值维新时期，全国上下革命风潮涌动，民族主义盛行，

---

① 孙中山：《孙中山选集》，人民出版社 1981 年版，第 110 页。

② 沈云龙主编：《近代中国史料丛刊三编》第二十一集《陈英士先生革命小史》，文海出版社 1989 年版，第 5—6 页。

③ 陈公哲：《精武会五十年》，春风文艺出版社 2001 年版，第 1 页。

对西方列强充满愤恨之情。奥皮因的轻蔑挑战行为，则进一步激发了民众的民族主义情绪。革命党人陈其美、农竹、陈铁笙等热血青年更是不堪其辱，而且他们也看到这是一次培育民众凝聚力，并一致对外的好时机。他们积极运作，经过协商，决定聘请霍元甲来沪参加擂台比武。最终，因为多种原因，奥皮因没有出面应战。奥皮因失约被坊间解读成对霍元甲的畏惧，也引申为西人中的健儿对“病夫”中国拳师的敬畏。霍元甲以东亚一病夫的身份“不战而屈人之兵”，他的完胜已经不是个人荣耀那么简单，而是被上升到民族国家的高度。这完全符合当时日渐高涨的民族主义主旋律，因此声名大噪。在国人最需要表达民族主义情绪，寻找自信的时候，武术满足了人们的心理需要，维护了民族尊严。有意思的是，霍元甲的这一经历经过报纸报道、小说描写后，竟演化成民间叙事的一个“模式”，我们发现很多民间拳师都出现或被附会了类似与外国大力士或洋人比武的故事，其中的例子不胜枚举，有时也真假难辨。

精武会将武术纳入民族国家话语之中，推动了武术的国术化进程。在“甲午战争”之后，社会精英通过“东亚病夫”“东方病夫”等话语，不断刺激、改造与启蒙民众的思想，但是这一思想领域的启蒙终究因“病”与“弱”而指向身体。当身体出现问题，社会精英们无时无刻不在思考如何改造身体，通过“身体”而达到启蒙精神与思想的目的。可见，中国近代的思想启蒙实际上是围绕着“身体”与“思想”两条路径开展的。经由日本传入的“体育”及其所指成为操作化的手段，武术更因为本土固有、历史悠久以及其他体育项目不具备的技击价值，而成为社会精英身体改造、启蒙与救亡图存的重要工具。

精武体操学校开办后，即开始招收学员，“尚武精神”被明确为精武会的宗旨与目的。1910 年 6 月 14 日的《时报》为其刊登了招生广告，“本会宗旨以提倡尚武精神为目的。年龄 12 岁以上 35 岁以下合格，会费鹰洋二元。本会蒙巡警局批准立案，择于本月20日下午三点钟借张园开会，望绅、商、学、报诸君届时驾临赐教为幸。”[①] 陈其美、农劲荪、王一亭、旦冒申、杨谱垄等同盟会成员，以及陈公哲、姚蟾伯等商界人士一并成为首期会员。霍元甲师徒教授拳术、器械等武艺。但由于刚刚起步，精武会各项规章制度并不健全，陈其美、农劲荪等发起人也无暇顾及，陆续星散。1910年9月，霍元甲英年早逝给精武会带来了巨大的冲击。精武会几乎陷入停滞，“萧条之象殆如破落之古刹”[②]“校中学员日来三五，上课无一定时间，既无规章，亦无时间表。”[③] 为了将精武会发展下去，陈公哲、黎惠生、姚蟾伯等人决议迁移会址，明确宗旨，厘定章程，重新征集学员。[④]

1912年，精武体操会迁入闸北区万国商团中国义勇队故址。由于此处较为偏僻，精武会招生与发展受限，加之1915年的一场飓风损毁了练武的棚子，陈公哲、姚蟾伯、卢伟昌等人商议于1916年4月再迁新址于杨浦区的倍开尔路73号。民国初年的北洋军阀时期，袁世凯对民间社团严加管控。考虑到初期精武体操会与革命党人的密切关系，政治气息过于浓厚，恐遭当局视为带有革命性质的政治组织查封，他们开始酝酿更名事宜。

此时正处于“五四”新文化运动前期，西方的一些新思想如自然主义思想、实用主义等体育思想纷纷涌入国内，以军事体操为代表的军国民体育思想遭到批判。陈公哲等人深受这些新思想的影响，遂提出“运用武术以为国民体育。一则运拳术于体育，一则移搏击术于养生，武术前途方能伟大”。[⑤] 不过，当时在“新武术”造就的影响下，武术被视为国粹，全国上下保存武术国粹之声不绝于耳。按理说，将精武体操会改为拳术、技击

---

① 《时报》1910年6月14日。
② 陈铁笙编：《精武本纪》，商务印书馆1919年版，第4页。
③ 陈公哲：《精武会五十年》，春风文艺出版社2001年版，第18页。
④ 同上书，第18页。
⑤ 同上书，第19页。

或武术会最为合适不过。但倍开尔路所在地属于租界势力范围，租界内的“洋人”对于庚子拳乱的影响仍记忆犹新。陈公哲等人为民间人士，必定没有马良的军方与政治背景，他们担心被租界当局误认为拳匪余孽，影响到注册登记。尽管此时仍仅传授武术，最终他们仍将精武体操学校更名为“上海精武体育会”。与此同时，他们也开始规章制度建设，进一步明确宗旨与发展目标，精武会进入新的发展阶段。

尽管精武会贯之以“体育”之名，事实上精武会仍不断地将武术融入民族国家话语之中，推进武术与改造国民身体及国家建设之间的密切关系。1916 年 6 月，陈公哲在《申报》撰文称，精武会“对于个人，期能养成健全体魄；对于社会，惟望祛除颓靡积习；对于国家，则以提倡武术，辅助政府以普及军国民教育为主旨”。[①] 后来，陈公哲在归纳、提炼精武会之“真精神”时，亦明确了武术在救国与强健民族上的奋斗目标——“期造成一世界最完善最强固之民族，斯即精武之大希望也，亦精武之真精神也。”[②] 精武会的宗旨和精神得到了有效的落实和执行，到民国中期（1925），南方佛山精武分会出版的杂志依然在大肆宣扬这一思想，“我们精武的重大使命，就是将四万万病夫改造为强健的国民。”[③] 可见，在社会精英的主动塑造下，武术在健民强国的话语体系中，不断地被丰富内涵以及符号化，民间武术的工具理性与价值理性都得到了彰显。

在“新武术”的基础上以及营造的社会氛围中，精武会的民间实践获得了广泛的社会认同。1919 年，精武会成立十周年时，孙中山欣然为其题词——“尚武精神”，对之寄予厚望。在十周年庆期间，陈铁笙等人编著了《精武本纪》一书，该书中的诸多言论都体现出了精武会在推动“国术化”

① 《申报》1916 年 6 月 21 日。
② 陈铁笙编：《精武本纪》，商务印书馆 1919 年版，第 5 页。
③ 禅者：《佛山精武与教育》，《佛山精武月刊》1925 年第 2 期，第 50 页。

方面所取得的成效与获得的认可。简摘两则如下①。

“盖授以技击，教以拳术，而作进退疾徐疏数之方寓乎中，精神以振武艺，以练强身，可强国亦可，此精武之名所由昉也。……尽人知此精武会为改造新中国之良导师……炎黄子孙眉扬气吐，振我国魂，斯会鼻祖。”——工界青年励志会“精武体育会十周年纪念颂词”

“……凡我士庶，保此曙光，同仇敌忾，外御豪强。”——培本小学颂词

此外，《精武本纪》还收录了一篇曾发表于广东七十二行商报，由吴荣煦写的“祝精武体育会”一文。我们无从查证吴荣煦的个人情况，推测他不是一个社会名流，但应属于一个颇有思想并兼带文化民族主义色彩的一般知识人士。在他看来，武术是真正的“国粹”，不但能够改造国民，还能够弘扬民族精神，将其推广开去则可以“强国强种，保国粹救国命”。陈铁笙认为该文“至理名言，语皆中的”。

世有一艺业焉，足以兴发一国之精神，维系其千年之古风者，吾必重之。其于国也，日积月累以能养成人民坚忍不拔之根，能消减沉湎衰颓之陋习者，国必重之。……呜呼！竖尽千古横及八荒求有一艺业焉，足当此赞颂而为世所重者，几何也求！有一艺业焉产生于文明最古之国，能留存于今日以为历史之光者几何也？我国年来动曰“保存国粹”。然所谓国粹者，国能善于保存以得古人之真，使发挥而光大之，不至有流弊者几何也？今国中救国之声浪殆徧大地。然求其能实际有补益于国家，不蹈浮动之恶习，以促乱亡而能焉，根本之图者几

① 陈铁笙编：《精武本纪》，商务印书馆1919年版，正文之前无页码。

何也？呜呼！吾为此惧！

何惧乎？尔曰……惧中国乃至今日竟无一艺业焉足以保国粹救国命，而为全国人之所寄托，而知重之者也。……吾国为东亚大病夫国，固世界之所哄传也。乞氓满野，残废载途，驼背之徒，鹄形之辈相背相望，面色枯槁，衣缕垢秽。入会议之堂，时闻咳喘，过乡闾之巷，徒见呻吟。以人民如此之精神，以国家如此之份子，一与外国人较，但觉沉沉病晦之气露溢眉宇，靡复慷慨激昂之气象矣。……要之有一不革，则中国永无立足之望也。今有一艺业焉，足以贷代消遣物，使人入其中而乐之不疲，足使嫖赌烟酒之毒物将绝迹于中国，而其艺业又以讲求体育法为主干。增武勇之风，而矫文弱之弊。果能推而行之，必强种强国，保国粹救国命以与中国无疑。呜呼！吾为此喜。……自有此会（精武体育会——笔者注），而国技之为一种强种保国之艺业，乃始为国人所公认。①

1919 年以后，随着马良军政权力的丧失，他一手培植的以走官方路线著称的“中华新武术”也终归偃旗息鼓。然而，此时依靠民间力量的精武体育会在陈公哲、姚蟾伯等人的努力下却蒸蒸日上，聘请拳师、外派教练、海纳百川、出版书刊、拍摄影片，国内外分会也陆续建立。至 1929 年，精武会共有分会 42 个，总会员数逾 40 万。② 精武体育会在 20 世纪二三十年代达到巅峰状态，通过对民间武术的普及与传播，宣扬了尚武精神，有力地推动了武术融入民族国家话语体系之中。在此过程中，武术既被实践化，也逐渐被符号化。精武体育会明确提出了传承与发展武术对于民族存亡、国家兴盛的义务与责任所在，无疑这比马良的“中华新武术”在国术化上又向前迈了一大步。

① 吴荣煦：《祝精武体育会》，陈铁笙编《精武本纪》，商务印书馆 1919 年版，第 6—7 页。

② 杨媛媛：《近代上海精武体育会研究（1910—1949）》，硕士学位论文，华东师范大学，2014 年，第 20 页。

（三）“国术化”的高潮——中央国术馆

“国术”的提出以及中央国术馆的建立，标志着20世纪以来的国术化运动进入高潮时期。张之江是推动国术化运动进一步发展的核心人物。张之江，1882年出生于河北省沧州市盐山县，19岁（1901）参加新军，看到清廷腐朽没落后，立志推翻清廷统治。1914年，张之江加入冯玉祥在成都组织的第十六混成旅，骁勇善战，功勋卓著，后成为西北军著名的五虎上将之一。张之江信仰三民主义，认为辛亥革命推翻封建朝廷后，应该按照三民主义理论建立一个富强的民主共和国，而不是为争权夺位，相互之间征战不休。因此，他厌倦内战，对军阀之间的穷兵黩武很是不满。1926年8月，南口大战后，张之江积劳成疾，离职休养，遂于此时脱离军队。①

张之江出身武术之乡，视武术为“国粹”，向来注重武术在健身以及军队实战中的运用。修养期间，他采用服药与练功相结合的疗法，身体得以康复痊愈，这进一步加深了他对武术在强身健体方面价值的认识。虽脱离军队，但他有感于国柔民弱，背负“东亚病夫”之耻，毅然决定通过发扬国粹武术来强种强国，御辱图存。

张之江推动国术化是从为武术“正名”开始的。处于自身对武术的深切认识与感知，又受到文化民族主义的影响，张之江有感于武术的历史传统与国粹性质，认为武术应该像邓实、黄节、章太炎等人所提倡的国学一般，位居国粹之列，受到保护与弘扬。他后来在谈及《中央国术馆缘起》时，开篇即明确了这一点，“我国技击之术，发达本早，代有传人。近年虽稍稍凌替，偶有能者，其方法途径，别具神妙，与国学同有优异之点，故正名曰国术，发挥广大，自不容缓。”② 在积极奔走游说后，1927年，他向国民政府提交提案，将“武术”正名为“国术”，获得批准。自此，在民间广为流传的

① 张润苏：《张之江传略》，学林出版社1994年版，第55—56页。
② 中央国术馆编：《张之江先生国术言论集》，中央国术馆1931年版，第1页。

“国术”“国技”一说最终获得官方认可。这意味着，武术史无前例的被上升到国家层面，武术的“国术化”被大大的向前推进了一大步。与此同时，也显示出当时国人在西学东渐和民族自强运动中的文化自觉与文化自信。

张之江积极为武术的国术化营造社会舆论氛围，寻求各方的支持与认同。我们通过张之江的各种言论便能够清晰地看到这一点。首先，为了将武术上升到民族国家层面并得到社会认同，他试图厘清武术与民族的关系，以及武术与建国思想“三民主义”之间的关系，彰显武术的历史与时代价值。他曾说：“国术与民族的关系，大凡一个民族能够立国，有两个原委。一个是贯彻文物制度的文化，一个是整军经武的武化，缺了任何一样都不可。凡是一个民族，能够把文化武化合起来并重的，它所造成的国家，一定可以强盛。国术和民族的关系，就在于此。”[①] 他认为民族国家的强盛在于“文武之道”，而武术正是其中“武”的代表，武术与“国父”孙中山提倡的“三民主义”是相通的。“自强是发展民权的根本，而国术是养成自强的根本……要工人工作的力量充实，第一就要锻炼强健的体魄，而国术就是寻求强健的坦途了，所以国术和民生也是很有关系的。总之提倡国术的目的，是要人人强健身体，是人人有力量，足以保族，足以卫权，足以裕生，这是国术与三民主义的关系。”[②]

其次，张之江极力突出武术在强身健体方面的基础性价值，通过身体将武术与民族国家紧密联系起来，在这一点上与精武体育会的言论主张有几分相似之处。民国初年，连年内战，国家积弱，民气不振。如何才能达到强身健体以至于强民富国这一目的呢？张之江指出，“研究国术即为强健身体之捷径”。[③] 而且，这也是他组建中央国术馆的首要理由。同时，他也

① 张之江：《国术研究分馆之成立预备会》，《申报》1928 年 6 月 21 日第 15 版。
② 同上。
③ 中央国术馆编：《张之江先生国术言论集》，中央国术馆 1931 年版，第 2 页。

强调说，“国术是我们固有之技能，是锻炼体魄的方法。……强国必先强种，强种必先强身，我国在国际地位的低降，‘东亚病夫’是其一大原因，其实我们四万万同胞，无论体力智慧，都不逊于欧美，衰弱的唯一原因，便是忽略了讲求自卫的国术。……同胞们！同胞们！我们要注重与国同生死的武化，就赶快来练习国术。强种才能强国，所以种族不强，国家在这世界里，便无存在的可能。”① 在张之江看来，武术对国人身体的改良可以体现在两个方面，即“国术这种国粹体育，在量的方面可以增多中国的人口，在质的方面也可以改良中国人的人种”。②

最后，武术的军事技击价值也是张之江在推动国术化过程中时常提起的一个重要方面。“我国的国术，总理曾经说过，它的效用，在面前五尺地决胜负的时候，有绝大的价值，假使我们视为等闲的东西，不去努力提倡，甚至批评国术是反时代，开倒车，万一中国一旦与帝国主义者做殊死战的时候，白兵相接，不但不能打倒他们，反被他们打倒。”③ 张之江赞同把武术归入体育的大范畴，但他极力强调武术与体育的不同，这主要体现在武术在临阵应用时的技击价值方面。他说：“要达到强种救国二大目的，非提倡学用一致能临阵应用的国术不可。”④ 这也为在中央国术馆中传授实战武艺，以及后来举办国术比赛中开设对抗比赛定下了基调。

张之江等人的舆论导向，积极推动了全国上下对国术化的认同。在军政领袖层面，国民党元老李烈钧对国术化十分认同，“武术为中国旧文明之表演，良实宝贵，一方焕发尚武精神，一方以道德相维系，以主义相督责，造成大无畏精神，与野蛮军阀帝国主义及扰民害政之一切障碍物，坚强抵

---

① 中央国术馆编：《张之江先生国术言论集》，中央国术馆1931年版，第5、7、8—9页。
② 同上书，第16页。
③ 同上书，第15页。
④ 同上。

抗，足以增民族历史之荣光。”① 蒋介石为此也专门通电所属各军事机构，“练习国术，应列为必修科，聘国术馆学员教授。”② 一些体育教育家对国术化也十分赞同，程登科曾认为，“更希于此国术、军事打成一片，创造最新式实用，而能复兴民族的‘中国体育系统’。”③ 吴蕴瑞对武术的态度也由拒绝走向接纳，认同了武术的独特性质与地位，“学术无国界，国术对于形式之陶冶方面、技巧发展方面、身体发达方面，若能贡献一切，则不但中国人争以代体育，外国人亦可以之代体育也。”④ 不过，他仍坚持认为，武术需要经过科学化的洗礼方能成为学校体育的有效内容。“现在国术之材料，尚未经科学之研究，教学之方法，尚未有心理之根据及其适合何级学校学生，效果究竟到何程度，在体育之全体分量中应占若干成分诸问题尚待解决。”⑤

事实上，在国术化的进程中，远不止吴蕴瑞所提出的上述问题有待解决。马良“新武术”为国术化开了个头，在武术的创编以及利用官方渠道进行推广等方面为国术化积累了经验，精武体育会在舆论引导、组织建设、传播推广等方面为国术化提供了有意义的借鉴。为有效地继承这些前期的发展经验，1927 年 6 月，马良被聘为中央国术馆教务长，精武体育会的陈公哲等人也被聘为顾问。在此基础上，张之江等人对当时的民间武术进行了一系列的改革，提出了如组织化、科学化、理论化、竞赛化等举措，有力地推动了国术化的进一步发展。

首先，建立了官方特色鲜明的中央国术馆组织体系。张之江出身军界，具有丰富的军政系统“关系”储备。筹备中央国术馆之初，教育部拒绝了

---

① 《军政领袖提倡国技》，《申报》1928 年 3 月 4 日第 4 版。

② 《蒋委员长令军事机关练习国术》，《勤奋体育月报》1935 年第 2 卷第 1 期，《体育期刊文献汇编》（第 18 册），全国图书馆文献微缩复制中心 2006 年版，第 8749 页。

③ 许义雄：《中国近代民族主义体育思想之特质》，《中华民国体育学会体育学报》1990 年第 12 期，第 1—18 页。

④ 吴蕴瑞、袁敦礼：《体育原理》，勤奋书局 1933 年版，第 179 页。

⑤ 同上。

张之江把其列入教育系统的申请。张之江积极奔走，得到了昔日老友，在国民政府中颇有实权的常务委员李烈钧的帮助。李烈钧提出，“既然教育部不批准，干脆由中央政府直接领导，属国民政府的直属机构，由财政部拨款。……款项不足部分，可以自行筹措嘛!”① 此后，张之江又动员了一批很有影响力的要员参与支持中央国术馆的筹建，最后由李烈钧、戴传贤、蔡元培、于右任、何应钦、孔祥熙、钮永建、张之江等26人发起成立了国术研究馆筹备处，并于1928年3月15日通过国民政府备案获准成立。“准备案所请，按月补助经费五千元，候令财政部查照发给。”② 6月，正式更名为“中央国术馆”。中央国术馆的用地、大部分运转经费都由政府拨付。因此，中央国术馆成为中国武术有史以来第一个直接隶属于中央政府的官办武术组织，这对整个民国以降的武术发展有着深远的影响，标志着中国武术官、民两条线发展模式的正式形成。借助于政府的权力，中央国术馆很快完成了从上至下，从中央到地方（村、里）的一整套组织体系建设。③ 各省市国术馆馆长一般由省长或掌握实权的军政人物担当，这有力地保证了国术馆在获取政府资源与支持上的有效性，也进一步加强了中央国术馆的官办色彩。

图5－1 1928年中央国术馆开馆典礼合影（中国体育博物馆藏）

其次，中央国术馆的国术化还包括积极推动武术的科学化进程。庚子

① 昌沧：《南京中央国术馆始末》，《体育文史》1997年第4期，第38页。

② 《国民政府指令174号》，《国民政府公报》（第41期），成文出版社1972年版，第17页。

③ 关于中央国术馆组织体系可参见丁守伟《中国传统武术转型研究（1911—1949）》，博士学位论文，陕西师范大学，2012年，第112—116页。

之乱让一些新式知识分子将民间武术视为“封建”“迷信”“九天玄女传于轩辕黄帝，轩辕黄帝传于尼姑的老方法”等落后的东西。在新文化运动倡导的“民主”与“科学”两面大旗下，推动武术进入教育系统时，较大的障碍之一即是“科学”与否，这主要表现在著名的“土洋体育之争”中。谢以颜在《体育周报》上提出：“我们对于国术一页，当视为含有多少的体育价值，应认有研究之必要。受过近代解剖生理卫生教育等科学的洗礼，方认为有用处，绝对的不许再说那丹田还气太阴少阴一派的儿话。我们所最痛心的，国术至今多数当操在一般不受过科学洗礼者甚至于目不识丁者的手里，且派别繁杂，不可究诘。”[①] 教育家吴蕴瑞也持类似观点，他说：“近世科学发达，不论何种结论，须有科学之根据，或根据自然科学之实验，或根据社会科学之统计，体育既属社会科学又属自然科学，故体育之种种问题，须由实验统计之方法决解之。”[②] 民国初年，新式知识分子将西方传入的“science”译作“赛因斯”，“含义的重点在科学的理性精神”，“科学”一词逐渐取代我国传统的“格物”，成为“五四”新文化运动中最具权威的“赛先生”概念。[③] 西方科学精神的传入，迫使民间武术不得不面对科学的洗礼，才能成为广为认同的真正的“国术”。

产生于中国传统社会的民间武术难免要受一些负面的传统思想影响。加上有意无意的人为渲染，中国武术从此笼罩上一层神秘的面纱。长此以往，又和民间信仰素质极低的宗教甚至迷信互相渗透，于是飞檐走壁、符咒神水等荒谬的神话充斥武林及武林传说。[④] 因此，遭人诟病实属正常。经过论争，提倡国术的学者也认识到了科学化之于“国术”的重要性。提倡

---

① 谢以颜：《评大公报七日社评》，《体育周报》1932 年第 1 卷第 30 期。

② 吴蕴瑞：《今后之国民体育问题之我见》，《体育周报》1932 年第 33 期，第 2 页。

③ 马天瑜：《“科学”：概念的古今转换与中外对接》，冯天瑜、［日］刘建辉、聂长顺主编《语义的文化变迁》，武汉大学出版社 2007 年版，第 529 页。

④ 旷文楠主编：《中国武术文化概论》，四川教育出版社 1990 年版，第 205—209 页。

“土体育”的毕博说：“应该请生理学家、物理学家、心理学家等，鉴定其是否合于运动原理，而有益于身心。……由浅入深，循序渐进，务求有理法能实用，不背生理物理、心理等之原则而后已。”[①]“国术必须用科学来透过，才能充实他的理论，增广他的效能，稳定他的基础，确定他的基础，确定他的价值。”[②] 最后，张之江本人也认同了“洋体育”一派提出的科学化的观点，着力推进国术的“科学化”。随后，一系列科学化的研究成果得以面世，如1930年中央国术馆出版的唐豪的《少林武当考》、1931年大东书局出版的吴志清的《科学化的国术》、1931年商务印书馆出版了吴图南的《科学化的国术太极拳》、1931年中央国术馆推出的《国术规则》等等。借助于此，国术化形成了一波科学化、理论化的建构浪潮。不过，由于条件限制，相关研究并没有达到预设的心理学、生理学、生化学等所谓的科学化的目标，直到21世纪初期，这一目标在竞技武术身上才得以最终实现。

最后，竞赛化也构成了这一时期国术化的重要内容。在“新武术”时期，马良邀约浙江督军卢永祥、淞沪护军使何丰林、陆军第四师师长陈乐山等128人发起“中华全国武术运动大会”。[③] 1923年4月14至16日，中华全国武术运动大会在上海举行，吸引了来自精武体育会、北京体育研究社、中华武术会、山东武术传习所、苏州武术会等民间武术组织以及一些学校组织的5000余人参加。虽然这次大会并非主要以展演交流为主，但社会影响很大，在武术竞赛组织上做了积极尝试，为后来张之江等人组织中央国术馆的武术竞赛化打下了一定的基础。此时，一些学者也为国术化的

① 林淑英、张天白：《中国近代体育文选》（第17辑），人民体育出版社1992年版，第182—190页。

② 胡异军：《国术的新生命与其新趋势》，《中央国术旬刊》1929年第3期，转引自释永信等编《民国国术期刊文献集成》（第11卷），中国书店出版社2008年版，第54—55页。

③ 马廉祯：《马良与近代中国武术改良运动》，《回族研究》2012年第1期，第41页。

进一步发展开出了竞技化的方子，“普及国术……宜组织有系统之运动也。”[①] 张之江将竞技化作为推动国术化的一大策略，他说：“国术不使之竞技化，既不足与日本之柔道、剑道等争一日之短长。”[②]

中央国术馆推动的武术竞赛化是从组织国术国考作为开端的。中央国术馆在发给各地的电文中称，“……特定于本年十月十五日举行第一次国考，冀合全国武术专家，萃集新都，公开比试，风声所播，意在鼓起邦人尚武之精神，提高国际之地位，惟敝馆愿大力微，非由各省市县政府合力提倡，不足以言猛进而收速效。”[③] 第一次国术国考于 1928 年 10 月 15 日在南京公共体育场如期举行，蒋介石、李济深、谭延闿、戴传贤等民国政府高官到场致辞祝贺。另外，一些国民党元老李烈钧、蔡元培、薛笃弼、宋渊源等被聘为考试委员。此次国考规格高，影响大，为武术竞赛积累了经验，进一步巩固了武术的“国字号”地位，掀起了一股国术热。随后，江苏、上海、浙江、陕西等省份国术分馆陆续举办了国术运动大会、国术比赛等。“国府提倡国术，全国风从，可谓极一时之盛。”[④] 在这一系列国术比赛中，当属 1929 年 11 月 16—28 日举办的“杭州国术游艺大会”规模最大，影响最广。

在中央国术馆的官方提倡下，武术以表演或比赛的形式陆续进入了一些综合性运动会之中。从 1933 年的第五届全国运动会起，武术被列为全运会的正式比赛项目。一些区域性的综合运动会，如第十六届华北运动会（1932）国术被作为表演项目、第十七届华北运动会（1933）国术被列为正

① 张秋白：《普及国技私议》，向恺然、陈铁笙、唐豪、卢炜昌编《国技大观·名论类·上》，国技学会 1923 年版，第 10 页。

② 张之江：《复浙江省国术馆函》，《张之江先生国术言论集》，中央国术馆 1931 年版，第 90 页。

③ 《呈国府举行国考请通电各省市文》，《第一次国考特刊》1928 年版，转引自释永信等编《国术期刊集成》（第 9 卷），中国书店出版社 2008 年版，第 32 页。

④ 《国术摘锦比赛之发明》，《申报》1929 年 1 月 23 日第 11 版。

式比赛项目，[①] 第五届华中运动会（1934）与第六届华中运动会（1936）都把国术列为正式竞赛项目。[②] 此外，一些省级运动会也将国术列为正式比赛项目。因此，在国术化的推动下，运动竞赛文化被武术吸收，并形成了包括专项比赛与综合运动会比赛的竞技模式。自此，武术走上了竞技化的道路。

不能忽视的是，从精武体育会到中央国术馆的国术化进程中，武术的国际化传播也被摆在了重要的位置。其中，1936 年柏林奥运会期间，民国政府组织国术代表队前往德国进行巡演，意义重大，影响深远。这是有史以来，中国政府首次组队参加西方世界的体育与文化盛会，也是首次以"国家队"的形式派出武术队进行表演。在所有参赛项目皆未获取复赛资格，毫无作为，沦为悲情看客的情况下，国术代表队在德国表演受到了热烈的欢迎，风光尽显。二者在国人的情感体验上带来了强烈的反差。国术在心理上为国人赢得了自尊，挽回了一丝尊严，也被涂抹上了浓厚的政治色彩。武术的"国字号"地位更加牢固，进一步奠定了其不可动摇的社会地位。以致时至今日它仍是国人骄傲与炫耀的文化资本。[③]

在强国强种的语境下，从"中华新武术"到"中央国术馆"，武术完成了国术化的驱动，形成了官、民两条发展路线。显而易见的是，在官方的权力资本运作与支持下，以中央国术馆为代表的官方武术体系一路高歌猛进，形成了前所未有的国术热潮。官方资本与权力的渗透，深刻改变了 20

---

① 《华北运动会（1913—1934 年）》，《体育史料》（第 15 辑），人民体育出版社 1990 年版，第 141、158 页。

② 向恺然：《提倡国术的意义》，《第六届华中运动大会总报告》，1936 年，第 7 页。转引自丁守伟《中国传统武术转型研究（1911—1949）》，博士学位论文，陕西师范大学，2012 年，第 60 页。

③ 2008 年北京奥运会前夕，搜狐网以"中国的奥运之路，1936 年中国武术震惊世界"为题对这段历史进行回顾，http：//2008. sohu. com/20080703/n257916950. shtml；2012 年 7 月，凤凰网以"1936 年柏林奥运：中国武术出风头政府欧洲"为题推出了视频，记录那一段不能忘怀的历史，http：//v. ifeng. com/history/shishijianzheng/201207/ac856dbd – f5c3 – 4583 – a13e – f6407b0411ed. shtml? ptag = vsogou。

世纪初以来的整个武术文化结构。国术化运动对民间武术的影响是显而易见的。原有的民间武术成为重要的改造对象，民间社会掀起了一股前所未有的习武热潮。国术化为民间拳师提供了一展拳脚的绝佳机会，一些农村拳师开始大幅度的向城市流动，[①] 同时造就了一批武术大家。国术化运动对民间武术的影响在四川地区表现得尤为明显。

二　国术化进程中的四川民间武术

在清末民初特殊的社会历史环境下，“国术化”带来了全国上下的习武热潮，四川民间武术也因此发生了前所未有变化。这主要体现在民间武术组织的建立、新拳种的出现、民间拳师地位的改变等方面。

（一）民间武术组织雨后春笋般出现

民间武术善于结社，早在宋代的《西湖旧事》《梦粱录》等文献中就有相关事迹的记载。自古以来，组织结社在民间武术的发展过程中也扮演着重要的角色，民间武术能够绵延至今与之有重要关联。清末民初，国残民弱，为强种救国，弘扬尚武精神，洗刷民族耻辱，社会精英推动了轰轰烈烈的国术化运动。在这一运动的影响下，四川地区的民间武术发展也迎来了前所未有的发展局面，民间武术组织显著增多。民间武术社团在这一特殊历史时期创造出了四川民间武术繁荣发展的景象。他们传播、传授四川民间武术，出版相关书刊，改革武术教法，举办竞技比赛，促进四川民间武术之间的交流，推动了四川民间武术的发展。在国术化运动史上，书写了四川民间武术辉煌的一页。

从1912年至1945年，四川地区相继成立的武术社团达40余个，其中民间武术自发成立的社团在其中占有相当大的比重。据统计，从1912年到

① 据体育教育家王健吾观察，“凡受国术教育的人，因经济的条件，皆不肯回乡村设立‘拳场’，任‘教师头’了。”见王健吾《华北之体育》，《体育季刊》1935年第一卷第二期，转引自成都体育学院体育史研究所《中国近代体育史资料》，四川教育出版社1988年版，第36页。

1945 年，四川地区陆续成立的相关武术社团组织如下。

四川武士会（1912）、重庆冀蜀国术馆（1919）、四川精武体育第一分会（1925）（1927 年更名为“四川南充精武体育学校”）、四川武士总会（1925）、成都露天国术馆（1926）、四川省国术分馆（1928）（次年更名为“四川省国术馆”）、万县国术馆（1928）、宜宾国术学校（1928）、自流井国术馆（1928）、扬武国术社（1928）、省国术馆国术体育专科学校（1929）、隆昌国术学校（1929）、泸县国术学校（1929）、平民国术学校（1929 年前夕）、达县国术馆（1930）、万源国术学校（1930）、重庆市国术馆（1930）、武靖国术学校（1932 年前夕）、重庆国术军事学校（1932 年前夕）、重庆市青年会露天武术学校（1933）、江北县国术馆（1933）、国立国术体育师范专科学校（1933）、帏馨国术学校（1934 年前夕）、宣汉南坝国术馆（1934）、重庆精武体育学校（1935）、北碚女子国术学校（1935）、南江国术馆（1936）、武英国术馆（1936）、冀北国术馆（1936）、重庆武术馆（1937）、重庆市国术馆（1937）武英国术馆（1938）、辅光国术社（1940）、陪都速成国术馆（1940）、重庆市中央国术馆（1940）、自贡市国术馆（1943）、荣县国术馆（1945）等 40 余个。[①]

从整体上看，四川民间武术组织呈现出以下几大特征。

第一，数量多，覆盖面广，多以城市为据点。从民国成立到民国末期这段时间内，四川民间几乎每年都有新的国术（武术）组织成立，数量众多，为史上所罕见。不但如此，从地理分布上看，这些民间武术组织几乎覆盖了整个四川省所辖地域，而且达到了从省会到基层县的全域覆盖。民国时期，城市得以迅速发展，资本相对集中，更多的民间拳师向城市流动，

---

① 以上资料主要来源于四川省地方志编纂委员会：《四川省志・体育志》，四川科学技术出版社 1998 年版。以及《四川体育史料》1984 年第 5 期、重庆体育运动委员会编《重庆武术志》，重庆出版社 1993 年版。

形成了以城市为中心组建武术社团的特色，而且越是高级发达的城市，所成立的民间武术社团数量越多。四川地区，无疑以成都与重庆两大城市凝聚的民间拳师数量占多，所形成的社团数量也相对较多。

第二，形成了两大民间武术组织系统，即受上海精武体育会直接影响所形成的以“精武武术”为主体的精武系统，与以“国术”为称号的民间国术系统。1925 年，松溪内家拳传人陈晓东等人在四川南充创建了“四川精武体育第一分会”，标志着民国最大的民间武术组织精武会在四川落地生根。“四川精武体育第一分会”主要教授武当松溪内家拳，兼学其他武艺。由于多种原因，该会于 1928 年停办。1935 年，“重庆精武体育学校”于重庆市中区储奇门药材公司大厦创立。该民间武术组织前后只存在四年时间，于 1938 年停办。因此，关于这一组织的相关资料也较少。不过，可以肯定的是，重庆精武体育学校与南充精武体育学校有很深的渊源关系。1923 年被陈晓东派去上海精武体育会学习的林济群加入重庆精武体育学校，任教务长一职，而且教授的内容也以松溪内家拳为主，兼及少林吐纳易筋经、字门拳法等其他武术。南充与重庆的精武体育会虽然持续时间都不长，但一前一后遥相呼应，共同构成了川东地区民间武术组织的一大特色。

国术组织体系在四川的形成几乎是与全国国术化进程同步进行的。1928 年，中央国术馆正式成立后，四川省国术分馆也于该年创建。1929 年，根据中央国术馆的制度规定，更名为“四川省国术馆”。伴随着这一省级官方国术馆的建立，下属的部分市县也相应地建立了国术馆，如万县国术馆（1928）、达县国术馆（1930）、重庆市国术馆（1930）、江北县国术馆（1933）等。这些都是官方承办的国术馆，属于中央国术馆的官方组织体系。基于本课题的研究重心，我们不得不强调的是，在这些官方的国术体系之外，四川民间武术界中也出现了大量的以“国术”为名的民间社团组织，如成都露天国术馆（1926）、扬武国术社（1928）、平民国术学校

（1929 年前夕）、武靖国术学校（1932 年前夕）、帏馨国术学校（1934 年前夕）、武英国术馆（1936）、冀北国术馆（1936）、武英国术馆（1938）、辅光国术社（1940）、陪都速成国术馆（1940）等。这些国术组织是民间拳师在国术化浪潮中，自发成立的推广传播国术的民间武术团体。虽然他们一同汇入民国期间的国术化运动之中，但在官方国术强大的话语结构下，因其自给自足的民间特性极易被忽视或轻视。基于其塑造的独特的民间武术文化模式，以及在繁荣基层武术上的基础性作用，笔者认为还是有必要将其视为一个相对独立的“变量”进行分析，才能体现出武术丰富的内部结构。

第三，官办与民办武术之间的良性互动，构成了四川此一时期内民间武术的又一特征。民间武术并不是不受影响的文化存在，它与官办武术之间的互动是必然的。可以认为，在中央国术馆的国术体系建立之前，四川地区的武术几乎完全是民间的自然样态。我们在前面的讨论中发现，南京中央国术馆创建时也从民间汲取资源，四川地区的情况基本能够反映这一情况。四川最先成立的官办国术组织是 1928 年设在少城公园的“四川省国术分馆”。随后，1929 年 9 月，国民政府颁布《省市国术馆组织大纲》，并电令取消“分馆”，四川省国术分馆正式更名为“四川省国术馆”。探寻这一组织的源头，不难发现它是由原来的四川民间组织“四川武士总会”演变而来。

四川武士总会，由四川清代唯一的文状元骆成骧（字公骕，1865—1926）筹集资金于 1925 年在成都少城公园内创办，属民间拳社。骆成骧曾任民国四川省临时省议会议长、国史馆纂修、四川高等学校（四川大学前身）校长等职。[①] 骆成骧虽为一代文儒，但他有感于清末民初的国孱民弱景象，身体力行地习练武艺以求强种强国，此等气节非一般自恃清高、视武

① 郑光路：《四川旧事》，四川人民出版社 2007 年版，第 148 页。

术为末技的迂腐文儒所能比。骆成骧"练武""讲武"，最后发展到"办武"，四处奔走推动成立四川武士总会，提倡尚武精神。1925 年，"四川武士总会"成立，骆成骧任会长，刘崇峻任副会长。除教授武术外，该会每年春季定期举办武术比赛，以擂台比武形式进行，成为四川地区当时社会影响最大的民间武术组织。当四川省政府接到南京国民政府通令成立国术分馆的任务时，鉴于四川武士总会的前期基础与影响力，他们便直接把这一民间组织收归"国有"，1928 年将其改组成"四川省国术分馆"。此时，创办者骆成骧已去世，副会长刘崇峻被推荐到南京中央国术馆参加首期教授班，所以"四川省国术分馆"的馆长由曾任四川军政府都督的尹昌衡担任，孙兆鸾任副馆长。

从"四川武士总会"到"四川省国术分馆"，一方面体现出官方对民间的整编与重塑，另一方面凸显官办武术与民间武术的对话与互动。民间武术不再是江湖末技，而是取之不尽的资源库。清末民初的强种救国主题决定了民间武术处于被收编与启蒙的地位，也就是用现代科学体系对其进行组织化与科学化的改造。中央国术馆不仅重视"三教九流"的民间武术资源，而且通过对民间武术的动员，将国术化运动推向高潮。这一破天荒的文化现象，既是 20 世纪文化民族主义的表征之一，也是其重要组成部分，同时在身体的维度上制造了另一种启蒙。20 世纪初期国术化的民间取向，所表现的正是与民间的对话。这种史无前例的对话，着实让人感觉到一种尚武精神以及一种对民族与国民身体羸弱的医治。

（二）精武体育会与川东民间武术的互融

20 世纪前 30 年，精武体育会奏出了民间武术发展的时代最强音，它在无形之中推动国术化运动的同时，给整个民间武术带来了广泛的影响。在中国大陆地区，精武体育会并没有局限于东部沿海一带，它延伸到了内陆川东一带的南充、重庆等地区。据陈公哲的《精武会五十年》记载，"一九二七年春，陈晓东、林震东、林旭初等于四川顺庆县发起筹办四川精武第一分会及精武学校，一时加入者数百人，会务甚为发达。一九二八年，黄楚湘、林应琮等在涪陵又组成四川精武第二分会。黄君精技击，曾任沪会武术教员。林君为沪会师范生。两君皆热心社会，致力精武者。”①

南充、重庆为川东“重镇”，自古武风浓厚。据民国18年《南充县志》载，明清两代，南充地区有武探花1人、武进士1人、武举40人，武秀才则更多。民间有不少人幼习武术，不入仕途，其拳技子孙相传。也有拳师在家或受聘设拳场，教授乡邻中的青壮年学“扁卦”（拳术），以强身、抗暴、自卫为目的。民国期间，杨卓之、陈晓东、蒋宝删等拳师较为著名。②精武体育会风起云涌时，南充地区民间著名拳师陈晓东为吸取各家武术之长，1923年派门生林济群前往上海精武体育会学习深造。③林济群功底厚实，天资聪慧，1925年学成后返川，带回了精武会的尚武救国精神与组织章程等。从此，四川民间武术与精武体育会建立了联系。在上海精武体育会的支持下，1925年6月，陈晓东召集门徒，并邀约邱海东、陈中甫等60余名民间武术人士，集资筹办了“四川精武体育第一分会”。会址设在县城南华宫内，陈晓东任会长。这是四川成立的第一家精武体育会，也是精武会在西部地区成立的第一个分会。1927年，四川精武体育会更名为“四川南充精武体育学校”，陈晓东任校长，邱海东、袁兴田任副校长，其子陈伯庸、门人李良谷、陈伯乐等担任教员，从学者甚重。④

对比陈公哲的《精武会五十年》与四川南充县志编纂委员会编辑的

---

① 陈公哲：《精武会五十年》，春风文艺出版社2001年版，第97页。

② 南充县志编纂委员会编：《南充县志》，四川人民出版社1993年版，第823—824页。

③ 林济群又名林国均，陈伯庸弟子，松溪内家拳十二代传人，曾任国民党21军军部教官和总统侍卫教官主任。林在上海精武会进修期间展示了松溪内家拳技艺，顾留馨等人曾向其学习了松溪内家拳。林在技法上善于脱身化影，闪展腾挪，抓筋拿脉，点穴击要。见 http：//www. wdgf. com. cn/new. php？nid＝2833。

④ 南充县志编纂委员会编：《南充县志》，四川人民出版社1993年版，第823—824页。

《南充县志》、陈晓东之子陈季康的回忆录，以及其他相关资料发现，关于“四川精武体育第一分会”以及“四川南充精武体育学校”的成立时间方面的表述存在很大的误差。在陈公哲的叙述中，陈晓东、林震东、林旭初等人于1927年春在四川顺庆县发起筹办四川精武第一分会及精武学校。但《南充县志》记载的却是，1925年6月，陈晓东召集徒弟，并邀约邱海东、陈中甫等60余名民间武术人士，集资筹办了“四川精武体育第一分会”。另据“武当松溪内家功夫团”网站刊载的陈晓东之子陈季康的回忆录，陈晓东在1925年召集他的学生，并邀请社会上爱好武术的热心人士，集资筹办四川精武体育第一分会。[①] 此外，该会在1928年秋因校舍被驻军挤占，遂停办。如果按照陈公哲的表述，该会仅存在一年有余。结合笔者在南充对松溪内家拳后人的田野调查资料，该会的存在绝不会如此短暂。因此，笔者认为1925年成立“四川精武体育第一分会”一说更为可信。另外，为精武会史遗漏的是，在四川精武体育学校停办后，陈伯庸继承父志，曾于1936年在南充北大街万寿宫创立“精武小学”，并持续数年。

至于重庆地区的精武体育会，从现有资料看，存有两个——“四川精武第二分会”与“重庆市精武体育学校”。据陈公哲的《精武会五十年》记载，黄楚湘、林应琼等人于1928年在涪陵创办了“四川精武第二分会”。并交代说，黄楚湘精于技击，曾在上海精武体育会任武术教员。而且，林应琼也是上海精武体育会的师范生。黄、林二人皆来自上海精武体育总会，因此，可以推断其在四川创办分会事宜必定要向总会实时报告。因此，陈公哲所言可为信史。另外，据“武艺百科”的“重庆市精武体育学校”词条显示，“重庆市精武体育学校”为民办武术社馆，1935年，由黄楚湘（一说黄炳南）创立于重庆市中区储奇门药材公司大厦，1938年停办。[②] 重庆精

① 陈季康：《松溪内家拳宗师——陈晓东先生》，http：//sxnjgft. com/newsdetail_ 24015. html。
② 《重庆市精武体育学校》，http：//www. wuyitang. com/baike/doc - view - 3221. html。

武体育学校与南充精武体育学校有一定的渊源关系。1923 年被陈晓东派去上海精武体育会学习的林济群加入了重庆精武体育学校，任教务长一职。而且，该学校也教授松溪内家拳。

除此以外，笔者还发现，1941 年，北碚黄桷镇创办了“黄桷精武国术社”，组织国术爱好者进行晨练。[①] 这一民间武术社团在名称上把“精武”与“国术”并用，这很有意思。事实上，这一民间武术社团与上海精武体育总会以及中央国术馆都没有任何实质性的联系，仅仅是这一时期国术化运动的产物。精武会对四川民间武术的影响可见一斑。

精武体育会在民间构成的体系对四川民间武术的发展有着积极的影响。首先，虽然由于时代原因，这几个相关的精武组织存在的时间并不长，但他们在为四川培养武术人才方面做出了一定的贡献。据统计，仅在 1927 年，四川南充精武体育学校的初级班与高级班就有学生 60 余人，学员班 20 余人。随后成立的“精武小学”，在校学生达到了 300 余人；[②] 其次，精武体育会为四川民间武术在组织模式上提供了借鉴。林济群从上海精武体育总会带回的相关组织章程为四川南充精武体育会的成立打下了基础。“四川精武第二分会”也是黄楚湘、林应琼等人对精武会组织章程的直接应用；最后，精武会在四川地区的发展不但弘扬了本土拳种，而且也为川东地区带来了其他武术拳种。“四川南充精武体育学校”与“重庆精武体育学校”在向学员传授“松溪内家拳”“字门拳”等本土武术的同时，也兼及少林吐纳易筋经等其他武术，在一定程度上使四川民间武术更为多样化。

不过，精武体育会对四川民间武术的影响，不论是在地理范围上，还是在对四川民间武术结构的影响上都存有一定的局限性，毕竟它同样都属

① 重庆市体育运动委员会编：《重庆武术志》，重庆出版社 1993 年版，第 2 页。
② 南充市地方志编纂委员会编：《南充市志》，四川科学技术出版社 1994 年版，第 473 页。

于民间武术同一个范畴。然而，当1928年中央国术馆体系陆续建立起来后，四川民间武术就呈现出了另一番景象。

（三）中央国术馆影响下的四川民间武术

前文已述，中央国术馆成立后便借助行政权力通令全国建立相应分支机构，在《中央国术馆组织大纲》颁布后不久，便发布了《省市国术馆组织大纲》以及《县国术馆组织大纲》。据不完全统计，至1933年年底，共有24个省市成立了国术馆（不含此前已停办的江苏、湖北两省国术馆），县设国术馆更多达300余所，许多区、乡（村）也成立了支（分）馆（社、所）。根据相应大纲规定，各级国术馆馆长由各级政府首脑（省主席、市长）兼任，或由省市政府及董事会推定资望相当者充任，并上报中央国术馆对之进行备案。① 中央国术馆建立了一个结构紧密，覆盖广泛，权力强大的组织体系。中央国术馆的权力控制直达中国社会最底层的乡村一级，史无前例地创建了由官方组织管理并提供资助的官方武术体系。其对民间武术造成的空前影响，在四川民间武术中有着鲜明的体现。

国术化给四川民间武术带来的一个显著变化是，一些拳师的身份地位悄然发生了变化，他们逐渐脱离民间的草根身份而融入官方体制之中。笔者发现，四川地区的民间拳师刘崇峻的经历最为典型。刘崇峻（？—1938），四川广汉人，家传武学深厚。其自幼好武喜文，传承家学的同时，又师从数人。21岁时，家传的拳法、功法日渐精湛。1908年，他又与师兄马镇江一道拜马黑子学习北派武艺，获传“大红拳”“小红拳”“小神拳”“九龙大刀”等技艺。刘崇峻身形魁伟而灵巧，武功全面。后来，马镇江被聘为清军十营总教官，刘崇峻辅之，其武艺高强深得赞誉。刘崇峻出身草根阶层，但有着一颗炽热的爱国之心，曾秘密参加了反清组织“哥老会”。

① 陈长河：《民国时期的中央国术馆》，《历史档案》2009年第3期，第109—110页。

1911 年，成都保路运动开始，刘崇峻武勇报国，积极参加。民国期间，刘崇峻以反清之功曾在军中谋有职位，但彼不欲仕途，旋即解甲归田，复以习武养生为乐事。

1912 年，四川著名的民间武术组织——“四川武士会”在成都忠烈祠正街成立。刘崇峻凭借自身的高超武技，被四川武术界一致公推为“四川武士会”副会长（省都督尹昌衡为名誉会长、马镇江为会长），且在两年后继任会长。四川武士会是四川地区民国以降产生的第一个民间武术组织，影响很大。1923 年，该组织在重庆成立“四川武士会重庆分会”，主要由陈大章、张玉龙、安定帮等负责打理，并于 1924 年在重庆举行了武术表演赛。①

南京中央国术馆的成立，使刘崇峻得以进入当时官办武术最高权力机构，并顺利完成了从民间武师到官方在编人员的转变。中央国术馆建成后，张之江即以国民政府的名义通电各省府主席，督其在省内选推武艺高强者执省主席之手谕抵首都集中。于是，各省均先后用自报自荐与公推公选的方式挑选出数十名行家里手，经过考核后保送至“央馆”供职。② 这给民间拳师创造了弘扬国术，强种强国的大好机会。当时，有来自国内 32 个省、特别市（青岛）的 57 名年龄不等的民间知名拳师聚首南京。一些耳熟能详的大家，如朱国福、张英振、郭长生、马英图、龚润田、李椿年等都在此列。经四川省府推荐，刘崇峻只身前往南京参加了南京中央国术馆组织的“首期教授班”，并留任教员。

事实上，刘崇峻受聘中央国术馆，可上溯至 1926 年。当时，冯玉祥将军邀集国民政府要员李烈钧、戴季陶、于右任等 7 人，以及居住南京的武术大家李松如、于振声等 6 人到冯公馆，就在首都设立一个武术机构的事宜进

① 孙仲达：《四川近代传统武术》，《四川体育史料》1983 年第 1 期。

② 范克平：《旧时国立南京中央国术馆写真》，《中华武术》2004 年第 7 期，第 11 页。

行讨论研究。他们拟定成立“南京国术研究馆筹备组”，由张之江任组长，李景林任副组长，刘崇峻、李松如、于振声、张洪之4人为筹备执行委员。在南京中央国术馆正式成立前夕，刘崇峻等筹备组执委开展了大量的诸如拟请国府要人与社会名流、筹措经费、聘请教习（教员）、征集与编纂教科书（讲义）等工作。因此，到1928年南京中央国术馆成立后，李景林被任命为第一副馆长，刘崇峻与李松如、于振声、张洪之一道被任命为顾问。

有趣的是，1929年，杭州举行首次国术国考时，刘崇峻这位中央国术馆元老级人物竟以高龄参加实战对抗比赛，并在第三轮比赛中战胜余先堂，给人留下深刻印象并传为一段佳话。[①] 刘崇峻武艺高超，处处与人为善，得到各方人士的好评。民国十九年（1930）7月，刘崇峻被委以中央国术馆教务处长一职，负责教学工作，为中央国术馆的发展做出了积极的贡献。他将家传“龙拳”武艺贡献出来教授学员，后来被选为首期教授班成员们的必修课目。随后，“龙拳”又被选定为第二、三、四、五期学员队（班）训练时正课教材与每月必考科目。另外，央馆编审处还组织专人，由编审处处长吴志青执笔，将该拳术编纂成书稿交由上海大东书局，于民国二十年（1931）3月正式出版发行。[②]

刘崇峻年事已高，在宁期间思乡心切，因此从南京中央国术馆返回四川成都参与并负责省国术馆工作。刘崇峻主持省国术馆期间，成绩斐然，网罗众多俊才逸士，为民国期间四川武术的发展做出了重要的贡献，有“吾川国术泰斗”之誉。

当然，刘崇峻是个特例，只具备特殊性不具备普遍性，因为能够到南京中央国术馆任职或教拳的民间拳师所占的比例必定是十分低的。中央国术馆从无到有，其师资力量在很大程度上依赖于民间武术资源，尤其在其

---

① 范克平：《旧时国立南京中央国术馆写真》，《中华武术》2004年第4期，第32页。

② 范克平：《旧时国立南京中央国术馆写真》，《中华武术》2004年第11期，第44—46页。

成立之初的那段时间里更是如此，后期倾向于自己培养。1935 年，中央国术馆还通电全国搜罗民间武艺高强者，“各省市及市政府均鉴，所惟大造育材，何奇蔑有，深山大泽，龙蛇所出，况我神州，夙推雄武，当此刷新伊始，宜有魅拔之杰，应运而生，敝馆成立以来，为振刷起见，对于此类人才，或悬方旌或明考试，提倡号召罔不尽力，诚恐耳目未周，搜罗难尽，野有遗贤域向隅，相应电请贵政府，对于境内谙精技击人材，应咨博访，举行登记，克期完竣，并将登记册寄送敝馆，以便骥可按图，珠不遗海，国术前途，宝深利赖，特此电达，即照查办，施行为荷，中央国术馆理事长李烈钧、馆长张之江。”①

中央国术馆推动的国术化运动，不仅在官、民之间搭建了沟通的桥梁，而且由于中央国术馆的军方背景以及所提倡的“强种救国”政治目标，它在民间武术与军方之间也开辟了通道。在四川“青羊宫打擂”中取得优异成绩的民间拳师即有可能获得聘任军队拳术教官的机会。一旦聘入部队，即授予军衔，从中尉、上尉起，最高有授予中校衔，而且在部队中很受尊敬。这一身份地位发生变化的现象在四川民间武术中较为普遍，关于这一点前文已有涉及，此处不再赘述。

尽管如此，我们认为仍然有必要说明的一点是，民间武术与官方以及军方的互动并不是单线的存在，而是一种良性的互动。当一些拳术教员/教官从国术馆体制内退出或从军队中退役后，他们会再一次融入民间收徒传艺，进而促进民间武术的活跃与发展，在四川民间武术中这样的例子不胜枚举。如绿林派拳师路君健即是一例。路军建（1910—2013. 11），四川新繁人，后定居雅安市。6 岁时，路君建拜武术大师吴铁成习绿林派武功。1929 年，路君建参加青羊宫举办的武术擂台赛，取得金章。次年，被聘任为国民党二十四军川康第一师国术教官。二刘大战导致刘文辉败走

① 《中央国术馆六周年特刊》，1935 年，第 24 页。

西康，路君健也追随到了雅安，并定居于此。新中国成立后，路君建就职于雅安电力公司，并致力于弘扬绿林武术。1982 年，陆军建参加四川省第五届运动会武术比赛，获优秀奖。1983 年四川雅安市武协成立，任副主席，后兼任雅州武馆顾问。同年参加全国传统武术观摩大会，以绿林派七弦太守刀、绿林双卡夺雄狮金奖。1986 年被四川省体委授予四川武术先进个人称号，载入《四川体育史料》，1989 年载入《四川武术大全》，1994 年作为绿林派代表人物载入《中国武术人名辞典》。1995 年为表彰其对四川武术事业做出的贡献，被四川省体委授予四川省武术荣誉拳师称号。路军建教授学生数千人，著名弟子有何三金、宋守义、刘志贵、刘志全、张俊等。

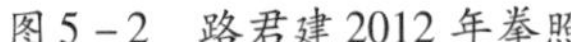

图 5－2　路君建 2012 年拳照

图 5－3　笔者访谈路君建及其弟子

又如，僧门代表人物彭元植也是如此。彭元植（1911—2002），出生于成都华阳一个工商家庭。受父亲影响，彭元植自幼喜爱玩弄拳脚，其父也为其广请名师执教。彭元植先后拜在向昆山、张海门下，习岳门硬拳、黄林功夫。13 岁时，拜四川僧门高手侯世荣（原清军武营教习周玉珊之徒，周玉珊则是新都赵麻布的嫡传）学习僧门武技。彭元植师从侯世荣五载，从其处学得僧门拳法大练、单鞭、六通、缠丝、虎抱头五路拳等功夫。后又跟随有“五龙二猴”之称的侯坦学习僧门武技。19 岁在成都打擂成名后，到四川省国术馆首届国术研究班学习，遍习中国各门派武术。

年轻的彭元植自出道后，就以其身手敏捷、快如闪电在四川武术界扬名，人们称其为“千手观音”“蜀中第一快手”。1929 年，彭元植报名参加“国术”省考比赛，自始至终，未输一场。1936 年至 1941 年期间，彭元植先后任职国民党川南边防军司令部、重庆炮兵司令部、四川省军管区军管总队武术总教练。新中国成立前夕，彭元植淡出武术界，在望江楼小学（今川大附小）当教师，教体育、历史等。20 世纪 80 年代，在市体委等有关方面的动员下，退休在家的彭元植重出江湖，参加比赛，收徒授艺。

国术化运动造就了大批武术精英，伴随着中央国术馆迁移重庆，以及东部战事的吃紧，这些精英人士陆续会聚川内，给四川民间武术注入了新鲜血液。尽管中央国术馆迁入重庆北碚时，馆内所剩人员不足三十人，但仍旧极大地促进了当地民间武术的繁荣与发展。知名者有朱国福、朱国桢、郑怀贤、张英振、李雅轩、王树田、赵子虬等。

朱国福①（1891—1968），字炳公，河北定兴人。受直隶一带浓郁的武风浸染，自幼拜师习武，师承马玉堂、张占魁、李存义等，精通形意拳、铁砂掌与技击实战等武艺。因其与弟朱国禄、朱国桢、朱国祥皆以实战蜚声武坛，故有“朱氏四杰”之誉。曾担任社会名流周善培（号孝怀）的护院、保镖，创办上海武学会，发扬国术。民国十二年 8 月 12 日，朱国福于上海击败俄国拳手，《申报》登载了此次比武，并称“此则为竞武场创办以来，华人打败外人之第一次也”。1928 年，朱国福被推荐为南京中央国术馆首期教授班成员，随后参加在南京举办的首届国术国考，朱国福积极报名

① 参见朱梅玲《台北之行——记武术史学家周剑南》，《中华武术》2013 年第 5 期，第 12—15 页；朱国福《“形意六合拳撮要”》（一），《精武》2009 年第 10 期，第 32—37 页；张又匀《重庆形意拳传承与发展的思考》，《搏击：武术科学》2013 年第 1 期，第 41—42 页；郑光路《北方武术精英入川传艺》，成都日报多媒体报刊，http：//www. cdrb. com. cn/html/2013 - 10/28/content_1943393. htm。

参加，一路过关斩将获最优等，后任教务处处长。朱国福致力于将中国传统武技与西洋拳击相结合，成为中国近代“拳击之父”。1932 年，朱国福应邀任湖南凤凰三十四师军训所少将副所长。1935 年，调任湖南长沙任湖南省国术馆教务长兼总教官。1936 年，朱国福辗转到“陪都”重庆并定居于此，筹建重庆市国术馆，后任副馆长。新中国成立后，任教重庆大学，担任全国武协委员，重庆市武协主席等职。朱国福为当地培养了大批武术人才，并将形意拳等川外拳种传播到四川地区，为当地民间武术发展做出了重大贡献。

图 5－4　朱国福

图 5－5　朱国祯

朱国祯[①]（1904—1949. 12），自幼随兄朱国福学艺，拜马玉堂为师习形意拳，后又拜孙禄堂门下学习形意、太极等武艺。除此以外，还擅长醉八仙、实战技击等武艺。1923 年，朱国桢随兄长到上海闯荡，以表演武术、授徒为生，并与兄长共同练习拳击。1928 年，朱国桢参加南京中央国术馆第一届国术国考，获最优等。1929 年，朱氏三兄弟皆被中央国术馆聘用，朱国桢任第一期教授班班长。当时，张之江馆长赠其“自卫奋斗、强种救

① 参见朱梅玲《台北之行——记武术史学家周剑南》，《中华武术》2013 年第 5 期，第 12—15 页；网络孔子学院词条“朱国祯”，http：//www. chinese. cn/kungfu/article/2009－12/02/content_90130. htm。

国”书贴，以此勉励。1932 年，朱国桢被湖南长沙第四陆军军事训练处聘为国术教官，并兼任湖南省国术馆教官。1938 年，朱国桢随中央军校迁往重庆，定居成都，时年 33 岁。次年，任国民党中央军校成都分校技术教研室教官。1944 年，被聘为成都体育专科学校（成都体育学院的前身）副教授。朱国桢从军队离开后收徒授艺，组织武术表演，时常与川内武术精英好友切磋交流拳技，积极宣扬“我武维扬”“发扬国粹”“强身强种，保家卫国”的尚武精神，促进了当时四川地区民间武术的发展。

郑怀贤（1897.9—1981.10）[①]，又名郑德顺，河北省白洋淀安新县人。通过参加第十一届奥运会国术代表团，而成功进入国术馆体制。在此之前，郑怀贤与中央国术馆也有过短暂的交集。1911 年，郑怀贤与民间武术结缘，拜家乡当地民间拳师屈恒山学拳，又向李洱庆学习飞叉和中医骨伤。八年后，经李洱庆介绍到魏金山处学习武术与武医。后由魏金山引荐，1928 年，郑怀贤又拜孙禄堂为师学习武术，并在南京中央国术馆协助孙禄堂教拳。郑怀贤并没有参加接下来的国术国考，而是在次年前往上海闯荡。据郑怀贤的档案记载，他曾被聘为上海体育总会、两江女子师范和交通大学的武术教员，也曾做过保镖、加入过青帮、为永安公司表演过飞叉。直到 1936 年，中央国术馆牵头组织国术代表团，赴德国柏林参加第十一届奥运会表演的机会出现，郑怀贤经过层层选拔，被录取为 11 名成员之一。自此，郑怀贤跳出民间武术圈，正式走进中央国术馆官办国术体制之中。回国后，1938 年，郑怀贤随中央军校迁往重

图 5－6　郑怀贤

① 《郑怀贤档案》，成都体育学院藏。

庆，定居成都，被陆军军官学校聘为军衔二阶国术教官，同少校待遇，一直持续到1949年。1948年，郑怀贤在成都体专兼课，1950年至1958年，在成都体院教授武术，后将工作重点转移至骨伤科，一手开创成都体育学院两个系——武术系与运动医学系。

郑怀贤入川后，不仅在军队中传授武艺，还广泛参与民间武术活动，授徒授艺，并将飞叉技艺传播给四川民间的习武人士，并传授孙禄堂八卦、太极等内家武学。中国台湾省贺顺定[①]在所编《八卦拳学之现状》结束段写道："抗日之战兴起，郑怀贤先生随军入川，在成都传授内家之学，八卦为主科之一，从学者甚众，盛极一时，来台者亦多，计有洪懋中、张世荣、周继春、张庆余、李伯敦、李灿多人，其中或以专业开馆授徒，或于公余苦心琢磨，数十年来默默耕耘，不遗余力，从学者遍及全岛。"[②] 此外，他时常还与朱国桢、张英振、李雅轩等同道中人参加社会表演。无论是对近代四川学校武术还是民间武术，郑怀贤都有重要的开创之功。

张英振[③]（1896.3—1977.9）从中央国术馆体制脱离后，隐居四川，是又一位对四川民间武术有重要影响的一代武术精英。张英振出生于山东冠县的查拳世家。位于鲁西的冠县是查拳的发源地，武风浓厚，也是清末时义和拳的兴盛之地。查拳歌诀说，"查拳创始人查密，鲁西冠邑有故居。流传民间数百载，歌颂前人留绝技。"1908年，张英振跟随其堂伯——著名拳师张其维习练查拳，19岁时，武艺已十分了得。1917年，在泰安三中任武术教员，并担任当地驻军的武术教官。曾受马良的聘请，在山东省武术讲

---

① 注：贺顺定（1916.8—），湖南湘潭人，在成都期间任装配工作，师承郑怀贤。1994年5月，曾在中国台北天工行出版《八卦拳学》一书。

② 转引自，朱梅玲：《台北之行——记武术史学家周剑南》，《中华武术》2013年第5期，第12—15页。

③ 张铜霞、张岱林：《查拳名师张英振》，《中华民族》1991年第8期，第36—37页；秦耕：《查拳名师张英振》，《体育报》1984年3月24日第2599期，4月7日第2607期，4月14日第2611期；刘鸿池：《传统查拳》（上卷），人民体育出版社2006年版，第14—15页。

习所任职教拳，后又被选入山东省督军马良的卫队。1928 年，经山东省推荐，加入南京中央国术馆首期教授班，随后参加 10 月 5 日的首届国术国考，一路过关斩将，名列最优等中前五。在国术馆任教期间，张英振博采众长，掌握了多种拳技，如拳击、太极拳等。1930 年，张英振被中央军校聘为国术教官。1938 年，随中央军校西迁，定居成都。入川后，张英振也开始广收徒弟，传授武艺，开启了查拳在四川民间社会传播的先河。因其在国民党军队授艺的背景，在“文化大革命”中受到很大的冲击。张英振曾受郑怀贤之邀到成都体育学院传授查拳技艺，至今这一拳技被该校武术系列为必修技艺进行教授。晚年，他整理编写了《查拳概况》《五路查拳》《八路查拳》《查拳诗词歌谱论》《中和拳》等著作。其著名弟子有郭涛、彭清贤等。

图 5 - 7　李椿年　　　　图 5 - 8　张英振

李椿年[①]（1894—1976），字雅轩，河北交合县人，师承陈殿福、杨澄浦等人，擅长杨氏太极拳、少林拳等，为南京中央国术馆首期教授班成员

① 陈龙骧、李敏弟：《李雅轩杨氏太极拳架精解》，四川科学技术出版社 2007 年版，第 1—16 页。

之一，四川太极拳传播的开拓者。李椿年自幼酷爱武术，拜当地拳师陈殿福为师学习少林拳。1914 年，李椿年结识傅海田并为其太极拳技折服，遂向其学习。后经傅海田推荐，拜师杨澄浦专攻太极拳。1928 年，李椿年以一套精湛的太极拳和太极大枪被南京中央国术馆吸纳为首期教授班成员。1929 年，李椿年追随师父杨澄浦来到浙江省国术馆，担任太极拳主任教员。1934 年，被江苏太极拳社聘为社长。1935 年，任南京国民体育学校国术教员，享受上校级待遇。抗日战争爆发，李椿年辗转经徐州、郑州、汉口、武汉、长沙、宜昌等地，1938 年到达重庆，而后定居成都，收徒传拳授艺，从此使杨氏太极拳在四川民间社会扎根发展开来。1939 年，被聘任成都北教场国民党军校任太极拳教官，1946 年任国民党二十八军军官总队上校教官，同年调任重庆陆军大学任军简三级教官之职，教授太极拳。新中国成立后，立足成都传授太极拳艺，从学者甚重，知名者有王明伦、林墨根、陈龙骧、李敏弟、马寅德等。李椿年为太极拳在四川的传播做出了卓越的贡献。

王树田（1918. 5—2005. 12）①，生于直隶省（河北）新城县，5 岁起随父亲赴上海谋生。1925 年，在上海先施公司游乐场“学武会”从师于其表兄朱国福学习形意拳、弹腿、摔跤、八极拳、搏击术等。1928 年，王树田以优异的成绩考入“南京中央国术馆”第一期专修班深造，师从朱国福、朱国桢、郭子平、马英图、高振东等名师。1933 年，王树田到湖南长沙国民革命军第四陆军军事训练处深造。在长沙，王树田向朱国桢、常东升、林存森等学习搏击、快跤术与六合通背拳。随后，王树田被聘为湖南省国术教官，同时兼任“湖南省国术馆”师范班国术教官。1937 年，抗日战争中他辗转移居四川，后定居成都，并在成都空军机械学校任国术教官。此后他参加“新生国术队”，积极参与成都的各种武术活动，常与郑怀贤配对表演空手夺枪、单刀进枪、对擒拿、形意拳等武艺。新中国成立后，王树

① 《王树田档案》，成都体育学院藏。

田担任成都体育专科学校（成都体育学院前身）武术教师兼教研组副主任。此后，他一直在成都体育学院担任武术教学工作，并兼任成都市武术协会主席、四川省武术协会副主席、四川省武术队主教练、四川省武术馆主教练等职。

王树田精熟形意拳、八卦掌、八极拳、太极拳、查拳、通背、劈挂、擒拿、摔跤、劈刺等武艺，他不但在高校任教传播武术，还在民间广收门徒传授技艺，其所传形意、八卦、八极等拳技在民间社会流传甚广。当前，在四川地区民间武术圈中活跃的肖家泽、翁邦森、许成钧、傅尚勋、刘绥滨、王学贤等人皆与王树田有师徒之谊。

图 5－9　王树田

图 5－10　赵子虬

赵子虬（1905. 6—1996. 12）[①]，字正清，四川广安县东岳乡人。赵子虬六岁时向舅父胡德炎学武，后拜师侯炳森、肖秀堂、刘天祺、马锡山、何玉龙、陈晓东等，学习峨眉洪门、岳门、松溪内家拳等四川地方拳械。1929年，以优异的成绩考入南京中央国术馆第二期教授班学武，并进入编审处协助唐范生（唐豪）编修武术书籍工作。1932 年 7 月，赵子虬完成学业后，

① 根据对赵幼生的访谈整理。访谈对象：赵幼生。访谈地点：赵幼生家中。访谈时间：2014年12月6日。

到江苏扬州绥靖督办公署和西北军将领张之江家任国术教官。1933年8月至1939年7月，赵子虬被聘为湖北武昌中华大学、湖北艺术专科学校、省立一中等校任国术课教员。1935年，赵子虬应约与美国西洋拳师马士林在武汉公书林擂台比武，连胜3局。武汉报纸以《赵子虬拳打美国大力士》为题对此进行了报道。为躲避战乱，1939年赵子虬随校携眷西迁回川，期间边教授国文课边传授国术技艺。新中国成立后，在“文化大革命”中，赵子虬被“造反派”关进牛棚，横遭审查。即使如此，仍时常深夜向学生传授武技。1976年，赵子虬调任县人民医院任中骨科医生，兼任县体委武术教练，不懈地培育新苗，训练武术骨干近千人，为江北县被四川省命名为第一个武术之乡（1987）和全国首批武术之乡（1992），做出了贡献。1983年，赵子虬被聘为四川省武术遗产挖掘整理小组顾问，往来于四川各市县之间，访问拳师、调查资料、撰写文章，为四川民间武术的挖掘与传承做出了重要贡献。

上述所列几位武术精英是与中央国术馆这一官方体制有直接关系，又在退出国术馆体系后再一次融入民间武术的案例，凸显出当时官方与民间的一种互动，也从一个侧面折射出“雅”和“俗”之间的某种转换。当然，当时四川地区的武术精英并不局限于此。这样一批国术精英入川传拳授艺，给四川民间武术所带来的显著影响在于：带来了新的拳种，激发了川人的习武热情，丰富、繁荣了四川民间武术。虽然他们中大多数人在军队或学校拥有正式的工作，但他们通过“收徒”——这一民间化的策略与方式，为四川民间社会培养了一大批武术人才，同时也树立了自身的影响力。他们或他们培养出的人才直接成为四川民间武术门派的代表或中坚人物。由于他们的支撑与传播，形意拳、八卦掌、八极拳、查拳、飞叉、杨氏太极拳等拳种在四川民间社会迅速生根，并形成了门派。从20世纪80年代挖掘整理时形成的《四川武术大全》看，这些拳派得以记载与梳理，得到了来自官方以及民间武术界的广泛认同。另外，一些四川本土出身的精英，如中央国术馆培养的赵子虬、重庆市国术馆培养的李毅立[①]等，他们成为民间武术门派缠闭门、化门中的独领风骚于一时的代表人物。

图 5－11 李毅立晚年传拳照

本章小结

国术化运动，是武术面对尚武、保种、救国、文化民族主义等社会思潮与历史需求时做出的应激反应。这一指向传承传统、改造身体、塑造精神的历史实践，给民间武术带来了前所未有的影响，形成了新的武术文化形态，改造了武术文化的结构。纵使国术化是官方的话语主场，但边缘的民间武术在这场运动中是受到尊重的，他们被吸纳，接受改编。即使形成了官、民两条泾渭分明的路线，二者之间仍旧存在着良性的互动。中央国术馆的中断为这场国术化运动画上了句号，但民间武术文化的发展并没有

① 李毅立（1924—2010），四川武胜县人，曾任重庆市武协副主席。李毅立幼年随父学缠闭门拳械，后师从陈树廷学大、小红拳及燕青拳。1937 年入重庆市国术馆，受教于郑怀贤、朱国福、朱国桢、朱国祥等，系统学习各种传统拳械、对练套路和竞技性项目。1940 年，从事武术与行医工作，曾先后担任重庆市国术馆教练、重庆青年会露天国术学校公园分校教师、教务主任。1954 年为中华全国体育总会西南分会武术研究整理组成员。1983 年任四川省武术挖掘整理组副组长。1984 年被评为全国武术遗产挖掘整理先进工作者。李毅立为缠闭门代表人物。

因此而停滞不前。正相反，民间是鲜活的、富有魅力的、海纳百川的空间存在，在国术化运动中历练成长的国术精英的民间回归，恰恰为民间武术注入了新鲜的血液。国术化最终消融在民间化之中，完成了轮回与时代赋予的使命。

下篇　当代发展

第六章 新中国历史进程中民间武术的沉浮起落

1948年，中央国术馆对外宣布闭馆，这标志着20年历史积淀的“国术体系”寿终正寝，以及此前的“官方武术”的解体消失。国术体系的瓦解使国术化运动产生的一大批精英武术人才流落并复归到民间社会，而成为民间武术的有机组成部分。中国武术再次回复到国术化运动之前的民间状态，民间武术也因此进入到了另一段新的历史进程，并面临另一种新的历史命运安排。

新中国成立后，整个中国社会百废待兴。伴随着国家的重建，断裂了的官方武术也开始着手进行建设。众所周知的是，由于政治的因素，新中国官方武术体系的建构并没有延续民国的传统，而是另辟蹊径。尽管如此，他们撇不开、不得不依靠的仍然是民间武术。在这种情况下，民间武术再次受到“召唤”，并迎来了新一轮的文化变迁。然而，在新中国成立的最初30年左右的时间里，中国的政治、社会、文化等各方面都处于新建阶段，因而缺乏稳定的秩序结构。民间武术也随之呈现出了“一波三折”的发展样态。

第一节　新中国成立初期的四川民间武术

政权的更迭让民间武术重新回到自在的状态，不过这一状态因体育体制重建的需要很快便被打破，民间武术的价值再次被发现。一些国家领导人的讲话清晰的传达出了他们对民间武术的认同与首肯。1949 年，时任中央人民政府副主席的朱德，在中华全国体育总会的筹备会议上讲话时提出，“要广泛地采用民间原有的许多体育形式。”① 1952 年，国家主席毛泽东号召并提倡打太极拳。② 因为民国时期官办国术体系的瓦解，“开展武术活动”，也只能选择面向民间的价值取向。民间武术因其丰富的内容、形式与顽强的生命力，成为被“广泛采用”的对象之一。尽管国家领导人对民间武术价值持有认同的态度，并认为它是需要珍视的传统，但与此同时他们也认为，民间是藏污纳垢之处，精华与糟粕同在，民间武术需要“淘洗”与“整理”后才能“登堂入室”。当时国务院副总理兼任国家体育运动委员会主任的贺龙如此评价民间武术，他说：“民间流传的武术套路是很多的，不仅汉族有，各少数民族都有，这是要花费力气去挖掘的。……被挖掘出来的东西是真宝还是假宝，又得花力气去淘洗、整理。要剔除其违反科学的东西，打开人们的眼界，还复它固有的健康形体。”③ 因此，在新的政权组织领导下，民间武术成为被改造利用的对象。伴随着官方武术体系建设，民间武术开始从底层走向前台。换言之，在新中国成立之初，民间武术的处境仍然是十分被动的，它们没有发出自己的声音，也没有体现出什么自主性。这种情况与当时的社会环境是相吻合的。

---

① 国家体委武术研究院：《中国武术史》，人民体育出版社 1997 年版，第 361—362 页。

② 同上书，第 362 页。

③ 同上书，第 364 页。

在政府的提倡与组织下，民间武术被视为是应该弘扬的传统，[①] 民间武术界的积极性也很快被调动起来。他们被推荐参加政府主办的各种表演与竞赛，一展身手。在一些政府主办的表演或竞赛大会上，四川民间武术一些传承人也频频亮相。1953 年 11 月 8—12 日，在天津举行了全国民族形式体育表演及竞赛大会——这是新中国举办的首次民族体育表演大会。四川民间武术界的佼佼者，如刘天模、肖应鹏、黄炳南等人被推荐代表四川参赛，其表演的峨眉剑、猴拳、豹拳等获得优秀奖。

一批民间武术传承人的生活与命运也因此发生了转变。我们在肖应鹏身上可以清晰地看到这种转变。肖应鹏（1915—1997），字韦飞，17 岁开始习武，先在其故乡武汉当地的国术馆习拳，随后进入重庆武英国术专科学校深造。1948 年，学有所成的肖应鹏任重庆警察学校国术教官。1949 年后，他的教官生涯就此中断，转而成了一名汽车驾驶员，同时融入民间武术之中。他对武术很是痴迷，在脱离官方体制的时间里仍旧苦练猴拳武艺，深得其奥妙，并在此基础上创编出了“猴拳”“猴棍”等套路。此时的肖应鹏只是民间武术中的一员，与任何官方组织都没有关系。然而，新中国对武术的提倡，给他的生活带来了改变。

因武艺出众，他被推举参加 1953 年的“全国民族形式体育表演及竞赛大会”，肖应鹏以一套猴拳获优秀奖后，受邀前往北京中南海向中央领导汇报表演，获得好评，旋即被选入首批国家武术集训队，成为享有国家资助的新中国运动员。随后，他多次参加全国各地举办的观摩邀请赛以及武术比赛，并荣获优秀奖、一等奖等奖项。1956 年，肖应鹏进入中央体育学院武术班学习。1958 年，调入成都体育学院武术系任教，直至退休。

肖应鹏并非仅存的个案，在上一章我们提到的朱国福、朱国桢、郑怀

---

① 朱德在看完武术优秀项目在中南海怀仁堂做的专场表演后表示说：“要珍视祖国几千年的传统。”见国家体委武术研究《中国武术史》，人民体育出版社 1997 年版，第 364 页。

贤、王树田等兼有民间与官方经历的人，在新中国成立后，也都很快进入教育系统成为高校武术教授、副教授。他们都是国术馆培养出来的、具有真才实学的武术精英人才，在新中国人才匮乏的情况下，他们被从民间请出来似乎是理所当然的。然而，并非所有国术馆系统培养出来并定居四川的精英人才都像他们一样进入官方体制。查拳名家张英振、杨氏太极拳名家李椿年等都立足民间进行收徒授艺。其他更多的默默无闻的四川民间拳师则继续在民间社会创造着属于民间武术自己的历史。不过，毋庸置疑，良好的大环境为他们多多少少都提供了教拳的便利。据官修《中国武术史》记载："不少地方的工厂、学校、农村参加武术活动的青少年和群众迅速增加，各种武术组织不断恢复和建立。"[①] 工厂、农村正是民间武术生存与活跃的空间。但是，这一良好的发展势头并没有持续多久。

在政府的提倡下，民间武术出现的繁荣之下，也出现了一些有损社会秩序以及社会主义文明的现象。少数民间武术团体在没有报批的情况下就随意成立，有的搞封建迷信，破坏社会秩序，有的骗取钱财，有的甚至成为隐藏反革命分子的巢穴。[②] 因这方面的文献记载极其缺乏，我们没有办法搞清楚当时民间武术的具体情况。总之，民间武术暴露出的"不光彩"一面，导致政府的政策由之前的"提倡"与"发扬"[③]，转而为"收缩"与"整顿"。[④] 农村地区的民间武术甚至直接被"坚决停止发展"。在这种形势下，四川地区民间武术的繁荣势头也被打压下来，一些民间拳师不再抛头露面。

尽管新中国成立的最初一段时间内，国家对武术活动进行了鼓励与提

① 国家体委武术研究院：《中国武术史》，人民体育出版社 1997 年版，第 365 页。

② 同上。

③ 冯文彬：《新民主主义的国民体育》，《新体育》1950 年第 1 期，第 8 页。

④ 注：这一政策转变发生在 1955 年。国家体委武术研究院《中国武术史》，人民体育出版社 1997 年版，第 365 页。

倡，但整体上看，四川地区的民间武术仍未达到之前的繁荣水平，甚至可以说整体上是呈现衰退的趋势的。前文已述，民国期间四川许多民间拳师通过“打金章”这一国民政府搭建的平台参与到军队中，他们或多或少与国民党有一定的联系。新中国成立后，这些经历成了他们沉重的包袱，一些人因此受到管制、关押，甚至丢掉了生命。成都体育学院已退休教师邹德发说：“解放前四川地区很多有名的民间拳师多数是跟国民党有关系，那时他们要挖人才嘛。但是，这批人在解放初的时候，杀了一批，关了一批，管制了一批。这批人在解放初的时候受到很大损失。”而且，在“镇反”“清匪反霸”的历史情境中，没有人想惹上“麻烦”，民间拳师很少大肆公开练武，尤其在四川西部的都江堰地区更是如此。

都江堰原名灌县，是四川平原西部边缘的一个城市，也是进入藏区的一条交通要道。新中国成立前，都江堰是响马、强盗出没之地，也是民间拳师集中之地。当地流传有“整烂就整烂，整烂去灌县”的民谚。当地民间拳师徐辉云告诉笔者说：“解放后，我们这几乎就没有打拳的了。因为大家要吃饭嘛，政府也不允许，你要打拳就是拉帮结派。政府也没有正式说不许练，但是刚解放的时候，没有人敢三五成群的练武术。那时候减租退押，清匪反霸，哪有人敢一堆一堆的练这些嘛，你练嘛，你想干啥子？你练拳的目的是想对付哪个？不敢，自己就晓得不敢练了。受当时的形势影响很重。刚解放的时候都是这个样子的，要镇压反革命分子，减租要退押，要清匪。当时进入川西嘛，川西坝子匪帮多噻，反霸就是铲除恶霸。受大环境影响。”

新中国成立后的第一个十年，四川地区的一部分民间武术精英人才在接受改造后，得到政府的重用，走向教育系统成为武术教师。从整体上看，尽管有国家领导人的指示与支持，四川民间武术受到当时特殊的历史环境影响，整体上没有达到很高的发展与繁荣。在一些老拳师的记忆中，新中国成立初期的四川民间武术呈现出衰微之态。

第二节 “大跃进”“文化大革命”时期四川民间武术的消沉

1949年以后，对于中国这个国家和民众来说，并不是所有的事情都进展得很顺利。1958年到1965年之间的八年时间，中国的发展进入了一个重要转变期。由于治国方略上的偏移，建立在乌托邦的乐观主义思想上的“大跃进”，给整个中国带来了灾难性的后果。1958年春季和夏季，中央政府开始大力推行“大跃进”计划，用以代替1953—1957年第一个五年计划间发展策略。这个策略中的主要部分最终拉开了中国经济灾难的序幕，而不是期待的富足时代的序幕。[①]“大跃进”和人民公社使中国社会绝大部分地区陷入了极其严重的大饥荒之中。当毛泽东准备改正冒进危险的政策时，四川的主政者以及“大跃进”的忠实拥护者却无意承认这个运动的危险和错误，坚持继续将其进行到底。[②]最终，四川这个曾经的产粮大省成为这场“大跃进”中少有的几个重灾区之一。对所有人而言，当饥饿导致生存出现严重危机的时候，练拳习武已经是不大可能的事了。四川一位民间老拳师回忆说：“大跃进那几年我们这没得人练武了，饭都没有吃的，怎么练啊？也不敢练，政府也不提倡。到‘文化大革命’之后，我们这些人才跟着师傅慢慢练起来。”邹德发也表示：“58年开始大饥荒，那时候民间根本就没有人练了，吃都吃不饱，吃糠、吃麸皮。”在那个年代，四川民间武术陷入了消沉。

然而，消沉并不意味着断裂。一方面，部分民间武术传承人在饥饿中挺了过来，他们成为延续四川民间武术的重要基因。在这里，可以简

---

① ［美］麦克法夸尔、费正清编：《剑桥中华人民共和国史（1949—1965）》，谢亮生等译，中国社会科学出版社1990年版，第310页。

② 同上书，第327页。

要地罗列几位比较有代表性的人物，如会门的朱智涵（1873—1973）、八卦门的吕紫剑（1893—2012）、杨氏太极拳传人李雅轩（1894—1976）、查拳门的张英振（1896.3—1977.9）、峨眉山佛教的释通永（1899—2010）、青城山道教的蒋信平（1902—2013）与曹明仙（1905—2010）、化门的赵子虬（1905.6—1996.12）、盘破门的刘成栋（1910—1999）与刘新吾（1910—2001）、绿林派的路君建（1910.9—2013.11）、僧门的彭元植（1911—2002）、青城派的余国雄（1913—2003）、贺家拳传人刘子均（1920—）、缠闭门的李毅立（1924—2010）等。他们要么生活在城市地区，要么在“大跃进”期间流落他乡后又返回四川，要么在宫观出家生活，不管怎样，他们撑过了那段艰辛的岁月，成功地生存了下来。从他们的阅历与年龄来看，在“大跃进”之前他们的技艺累积已经达到了纯熟的地步。这些民间拳师成为延续四川民间武术的火种。另一方面，一批国术馆体系培养出的朱国福、郑怀贤、朱国桢、兰素贞、王树田、肖应鹏等人被吸纳到高等教育系统工作，伙食定量供给使他们免于遭受饥饿的折磨，较为顺利地度过了“大跃进”年代。[①] 随后，他们通过教学、授徒等形式向四川民间传播武术，为四川民间武术的延续做出了积极的贡献。

---

① 习云太（1935.12—）回忆那段时间的生活时说：“大跃进时期没吃的，我原来定量一个月36斤（伙食），后来给我改成21斤，学校留2斤，实际我一个月才19斤，还有小孩，给小孩吃的多，基本一天才吃几两啊，绝对不够吃的，腿都肿的。但还要练，党内还都在练……后来国家体委发了通知，到了北京住在香山饭店，荣高棠讲，现在是困难时候，我们也把你们这些专家保护起来。就是一些各院校的教授和尖子。我是最年轻的。头一天吃饭的时候，一人给两斤黄羊肉，还有饭、菜，特好。结果是没一个说话的，就低头吃，一会儿两斤肉就吃没了，菜也吃没了。就这么吃了两个星期，然后大家就开始客气了。那时国家给我们保护了，要是没保护肯定完了，腿都肿的很粗。民间肯定不行了，没得吃的，没人练了，都保命了。”依据访谈录音整理。访谈对象：习云泰。访谈地点：习云太家中。访谈时间：2010年5月4日。

图 6－1　笔者访谈刁云泰先生

1966—1976 年，混乱疯癫的“文化大革命”给整个中国社会带来了十年浩劫，整个国家被推到了崩溃的边缘。如果说“大跃进”使四川民间武术受到重创，那么“文化大革命”则使四川民间武术面临一场巨大的灾难。像我们在前文分析的一样，由于国民政府迁都重庆，四川地区很多民间武术拳师与国民党或当时的国军有密切的联系。当“文化大革命”到来时，这样的“历史问题”为他们带来了超越想象的灾难与迫害，“批斗”“审查”“关牛棚”等各种折磨与凌辱成了他们每天不得不面对的“家常便饭”。这里举两个例子对此略作说明。[①]

赵子虬是四川民间武术中化门和缠闭门的代表性人物之一。1929 年至 1932 年，赵子虬在南京中央国术馆第二期教授班完成学业后，被聘请到江苏扬州绥靖督办公署和西北军将领张之江家任国术教官。据赵幼生（赵子虬之子）介绍，赵子虬曾经为冯玉祥的贴身保镖，家中保留有一张做保镖时穿着国军军装的照片。赵子虬的经历以及这张照片让他在“文化大革命”

① 注：在田野调查期间，关于赵子虬的生平，笔者于 2014 年 12 月 6 日专门前往重庆访谈了赵子虬的儿子赵幼生。关于余国雄的生平，笔者对其徒弟刘绥滨有长期参与式的调查，于 2010 年 2 月 1 日到纳溪县拜访过余国雄的夫人以及他的女儿，并进行了访谈。

期间被打为“反革命分子”，接着是被关进“牛棚”和没完没了的审查与批斗，这让赵子虬吃尽了苦头。

图 6-2　笔者访谈赵幼生先生

余国雄是 20 世纪青城派武术代表人物。他先随民间拳师易占彪学峨眉南拳，后拜青城山陈琳道长（字遐仙，道号紫阳，外号云游子）学青城武功，以及道家接骨技术和内外方药。1936 年，余国雄参加青羊宫打擂，获得蓝、银二章，随后被聘为国民党军队一四〇师国术教官。1938 年，奉命率大刀队参加台儿庄战役。1939 年，负伤退役回到四川纳溪县老家，被县政府聘为武术教官。1941 年，余国雄任纳溪县中学义务武术教师，同时兼任地方消防中队队长。“文化大革命”时期，余国雄被打成“反革命”，被要求每天打扫大街和厕所，并被迫挑水担煤进行劳动改造，而且还要经常参加批斗会接受审查，致使他血压升高、双目短暂失明、下半身瘫痪。即使如此，“造反派”仍旧没有放过他的意思。余国雄在不幸中坚持了下来，十一届三中全会召开后，他获得了平反昭雪。

“文化大革命”时期，四川地区像赵子虬、余国雄等有此遭遇的民间拳师不在少数。查拳名家张英振在“文化大革命”期间也遭到批斗，被红卫兵辱骂为“蒋介石的拳师”“社会的渣滓”。不仅这些在民间的拳师遭此际遇，即使在高校中的一些“有历史问题”的武术教师也未能幸免，一次次的谈话、审查、检讨让他们筋疲力尽，几近崩溃。据说，红卫兵在重庆大学大门挂上了“打倒国民党少将朱国福”的标语，他们不断地到朱国福家中进行骚扰，导致朱积愤成疾，于 1968 年中风去世。在四川民间著名拳师王庆余（1937—）的道医被定为“封建迷信”，加上“黑五类”的家庭背景，于是被关进“牛棚”严刑拷打，几乎断送了性命。[①] 这样的例子不胜枚举。

在“文化大革命”极端的社会环境中，有些拳师被打入政治贱民阶层，他们能够坚持下来度过劫难算是不幸中的万幸，练武授拳已经成为一种奢望。有些民间拳师虽然没有遭受批斗，但是迫于这种恐怖的氛围，他们也因恐惧而不敢练武，生怕卷进“斗争”的漩涡中去。在“文化大革命”中，不但一些拳师受到人身迫害，一些武术典籍、手稿、兵器，甚至荣誉证书等都在“破四旧”大劫难中遭到野蛮破坏，给民间武术带来很大损失。四川民间武术黄林派已故拳师刘震南，曾于中华民国三十二年（1943）四月获得“四川物产竞赛会国术比赛大会”（“打金章”）的擂台金章与获奖证书。该证书被其徒弟傅尚勋保存至今。[②] 当傅尚勋展示这张证书时，笔者发现其上部残缺一块，便请教缺失的地方是什么内容。傅尚勋告知笔者说：“‘文革’期间‘造反派’时常到家里来查抄，证书的正中间上方为国民党时期的徽章，为保护这张证书以及他们的人身安全，他们抠除了这个徽章。”从这个历史事件中足以窥探当时的形势对四川民间武术所造成的冲击。

---

① 魏承思：《巴蜀道医王庆余》，《南方人物周刊》2014 年 1 月 14 日，http://www.nfpeople.com/story_view.php?id=5157。

② 傅尚勋（1947—），为当代四川民间武术黄林派代表性传承人。傅尚勋 4 岁随叔父傅思齐习练峨眉黄林派拳术，后师从四川著名拳师刘震南。1966 年，为了更全面地学习黄林派武艺，他又向钟方汉、宋德昭、何绍清、邓善堂等黄林派老师学习，全面深入地掌握了黄林派拳术、器械。随后，傅尚勋又拜王树田、吕紫剑为师，学习内家拳和养生功法。

图 6－3　笔者访谈傅尚勋先生

不过，此时民间仍有人为了自保、复仇或参加武斗等需要，采取“秘密”的“偷着练”的形式进行练武，这显示出民间武术错综复杂的一面。杨雅军是四川民间武术青城派中的一位中老年拳师，“文化大革命”开始那年他9岁。当时很多人已不敢习武，但他偏偏在这一年开始接触并苦练武艺。当笔者问及他为何会在那样的社会环境下开始习武时，他说：“那时候我老儿（父亲）被整起来了，那时心里想报仇噻，给老儿、老妈报仇。那时他们整天被斗的嘛，戴的尖帽子都那么高，好惨哦！”杨雅军的父母在“文化大革命”中被打为“黑五类”，父母遭受的没完没了的批斗给他年幼的心灵带来了难以抹平的创伤。五十多年后，当他回忆起当时的情形，眼神中仍带有一丝愤恨。他当时就采用了“偷着练”的形式接触了青城派武术。他的师父是原国民党水上警察部队总教官，新中国成立后遭到判刑管制。因此，很多时候师傅会在夜里十二点以后教授他们技艺，或找没人的地方练武，不能让其他人看到，否则有可能会被叫去专门的办公室接受审查。在杨雅军的印象中，那时候练武被定位为“拉山头”（拉帮结派），习武的人被称作“操扁挂的”或“超哥”。[①] 据说，当时政府并没有明令禁止

① 注：“操扁挂的”是四川民间对习武练功之人的称呼。“超哥”则是对“混社会”之人的称呼。二者都为四川方言。

习武，如果所拜的师父是个“历史清白的”，也可以正大光明地跟着练习。

尽管整个中国社会都笼罩在“文化大革命”的恐慌之中，很多民间拳师遭到迫害，但民间社会仍有人采用各种方式进行武术传承，部分“历史清白的”民间武术拳师可以自由教拳。我们在四川确实发现了不少这样的例子。如赵门（直隶派）的胡子文收肖家泽（1951—）为徒是在 1966 年。在此前一年，1965 年他还将吴信良（1951—）收为徒弟。同在 1966 年，傅尚勋（1947—）向钟方汉、宋德昭、何绍清、邓善堂等黄林派老拳师学习黄林派技艺。曾经是南充市武术协会秘书长，后入道武当山的松溪内家拳代表性传承人游明生（1952—2008. 4），也是在“文化大革命”时期拜入了松溪内家拳第十二代传人吴兴贵（陈伯庸的弟子）门下，从此走上了习拳练武之路。如果稍稍再往前推两年，松溪内家拳代表性传承人黄延忠（1950—）在 1964 年拜入松溪内家拳第十一代传人陈季康门下开始学习松溪内家拳。上述列举的这一波 20 世纪 50 年代左右出生，“文化大革命”前后拜师的拳家，后来都成长为四川民间武术各门派的代表性人物。无疑，他们对于四川民间武术的传承是十分有益的。

“武斗”是“文化大革命”过程中发展起来的对立派别之间的狂热暴力运动。1966 年以后，“文化大革命”从写大字报、开批斗会等“文斗”形式，逐渐发展成拳打脚踢，棍棒对话，子弹相向的“武化大革命”。四川是这场武斗的重灾区之一。当时川西的成都地区形成了“革命造反派”与“产业军”两大派别，两派之间冲突不断，血案频发，川东的宜宾与重庆地区的武斗更因为其冲突的激烈和伤亡的惨重而被载入史册。在惨烈的“特殊内战”中，一些人为了参加“武斗”而练武，武术也被“乌合之众”动员用来参加这场动乱浩劫。据年长者回忆，“文化大革命”武斗时期成都分为两派，开始是用拳头、棍棒打，后来就用钢棍，用硫酸，最后就拿枪了。武斗时，有些民间练武的参加了，但是有“历史问题”的不敢参加。也有一些民间练武者参加了红卫兵，但后来意识到了这场运动的反社会、反人性的一面，及时退出了武斗。四川武术名家、史学家、作家郑光路亲身经历、目睹了那段残酷的动荡岁月。当“文化大革命”升级为白热化的身体与武装冲突时，郑光路正是意气风发的花季少年。当时他正跟随民间拳师学艺，在他决定参加武斗时被师父及时制止。他很庆幸得到师父的警告，没有将一身武艺用在这场泯灭人性的运动中，后来他成长为对武术文化以及“文化大革命”研究的知名学者，出版了一系列具有广泛影响的相关著作。①

自新中国成立后到“文化大革命”结束这段时期中，中国社会跌宕起伏，秩序紊乱，异化严重。面对管制、饥荒，以及社会动乱，民间武术受到了很大的冲击，造成了无法弥补的损失。在这一过程中，民间武术也呈现出另一番生存态势。虽难免消沉，不过并没有形成无法修复的断裂，民间社会的武术习练者在各自的诉求中完成了对民间武术的传承。当走过阴霾，度过那个艰辛的时代，民间武术也将迎来复兴的春天。

第三节　民间转向：“改革开放”与民间武术的复兴

“文化大革命”结束后，中国逐步走向建立新的政治与社会秩序的历史新征程。1978 年 12 月召开的十一届三中全会是后毛泽东时代的一个重要里程碑。邓小平上升为国家最高领导人，并确立了“拨乱反正”的思想路线，通过了“解放思想、实事求是、团结一致向前看”的工作方针。武术从

① 郑光路（1950. 9—），四川武术名家、史学家、文学家，出版有《气卷神州》《中国当代热点问题透视——中国武术、气功探秘》《1966 参与“文革”的外国人》《文革武斗：文化大革命时期中国社会之特殊内战》《文革文斗：文化大革命时期中国文斗之喧嚣怪状》《文革高潮中的四川》《特殊的战争—大武斗》《世界罕见的文化现象一一中国“文斗”现象奇观》《四川旧事》《成都旧事》《四川大抗战》等著作。

“十年动乱”中“封资修的毒草”和“传播封建迷信的工具”的阴影中走了出来，受到国家和社会的再次肯定。1982 年 11 月，国家体委在北京召开了第一次全国武术工作会议。这次会议标志着武术工作被提升为国家体委的重要工作之一，并通过了一些加快民间武术复兴和推动武术科学化发展的关键性决定。在这种大好形势下，四川民间武术拉开了复兴的序幕。

一　挖掘整理：政府主导下的民间武术再生产

早在 1952 年，刚刚成立的国家体育运动委员会就把武术列为推广项目，并组建了“民族形式体育研究会”，按照“取其精华、去其糟粕、百花齐放、推陈出新”的方针，对武术进行挖掘、整理、继承和推广。当时，四川地区民间武术的挖掘整理工作主要由“中华全国体育总会西南分会武术研究整理组”负责，李毅立等人作为重要成员参与了那次“挖掘”。需要指出的是，由于新中国刚刚成立不久，各方面条件尚不成熟，导致这一次针对民间武术的挖整工作并不是十分细致与得力，没有深入到民间底层去，取得的成果也十分有限。紧接着，受当时严重的“左”倾思想倾向影响，1955 年又开始实行“暂时收缩，加以整顿”的方针。这一政策的出台，使刚刚出现短暂复兴的民间武术遭受了打击。因当时一部分人将一些民间武术活动与政治破坏活动以及思想改造相关联，一些拳师担心惹上“麻烦”，索性采取静观其变的策略来应对。这一政策基本上使初露萌芽的民间武术挖掘整理行动无果而终，这次对民间武术的挖掘整理在四川地区也并未形成固化的成果。

改革开放后，政府部门着手对民间武术进行第二次挖掘整理。这次部署较为系统，落实的也较为扎实，投入比较大，取得了一些成果。初步的动员和调查工作从 1979 年开始。该年初，国家体委下发了“关于挖掘、整理武术遗产的通知”，随后即派出工作组深入到四川、山西、陕西等底层民间社会进行初期考察。5 月份，在广西南宁举办了“全国武术观摩交流大会”，全国民间武术拳师的积极性被再次调动起来。四川重庆市体委组织专人对赵子虬老拳师传承的技艺进行整理，拉开了四川地区民间武术挖掘整理的序幕。

1982 年，全国武术工作会议将“挖掘传统武术，抢救武术文化遗产”列为紧急任务。随后，四川地区成立了专门的挖掘整理小组。当时一大批知名拳师都参与了这项工程。如赵子虬被聘为四川省武术遗产挖掘整理小组顾问，郑怀贤、李毅立为挖掘整理组副组长，刘子均、傅尚勋、吴信良、陈尚洁、张培莲、吴朝成等拳师都参与了此次挖掘整理工作等。挖掘整理小组明确提出了用三年时间完成四川民间武术挖掘整理的具体目标与任务。一是对流传在四川省民间的传统武术，包括各个拳种及器械的源流、特点、套路、练功方法，进行一次全省性的普查，摸清四川省武术的家底，编写出《峨眉武术拳械录》（后定名为《四川武术拳械录》）、《峨眉拳宗史考》（后改名为《四川省武术人物志》）。二是收集整理散存在民间的各种武术刊物、拳谱、史料抄本、珍本、孤本等文字资料，撰写出《四川省武术史纲要》［后定名为《四川武术史（初稿）》，未出版］。三是完成七十岁左右老拳师技艺的挖掘整理工作，尽最大力量把四川地方拳种和流行套路的优秀内容继承下来。并与有关部门配合，争取出一部反映峨眉武术的影片和出版《峨眉武丛》（后因各方面原因，仅出版了一期）。四是建立四川省武术馆资料档案室，为四川武术的研究奠定基础。[①]

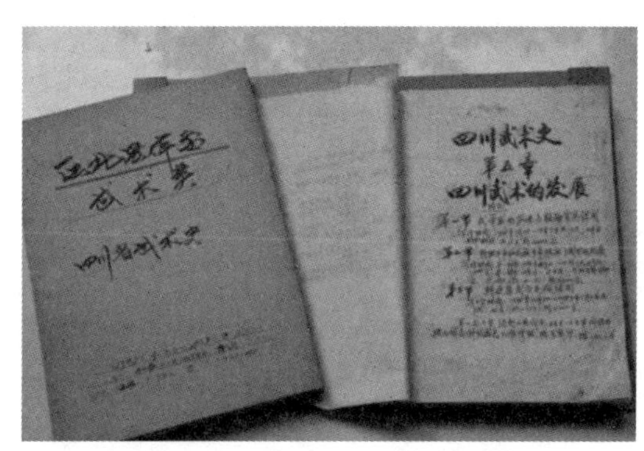

图 6－4　《四川武术史》手稿

① 赵子虬、陈尚洁：《四川武术史》（初稿），内部资料，1987 年，第 353 页。

这是新中国成立以来四川地区首次深入开展针对民间武术的挖掘整理工作。从当时的情况看，此次针对四川民间武术的挖掘整理历经了两个阶段：第一阶段（1983 年年初到 1984 年夏）主要任务是摸家底、探源流。以挖掘整理技术为主，学术研究为辅。第二阶段（1984 年冬以后）主要任务是在挖掘整理技术的基础上，重点进行历史渊源、拳理等方面的学术研究，即以学术研究为主，以挖掘整理技术为辅。在政府管理部门、民间拳师以及民间武术组织的共同配合下，挖掘整理取得了很好的成绩。挖掘整理小组依据掌握的四川民间武术第一手资料，相继整理编写了《四川武术拳械录》《四川武术大全》《峨眉拳》（一路、二路），以及《四川武术史》（初稿）等文字资料。这些资料都成为当今研究四川民间武术的重要参考资料之一。

此外，值得一提的是在此次挖掘整理工作中开展的“三献”（献技艺；献拳经、拳谱；献器械、实物等）活动。当年参与挖掘整理的吴信良主要负责在民间采集资料的工作，他保留了当年“三献”活动时期国家体委授予四川民间拳师的获奖名单。从获奖名单来看，当时四川民间拳师对“三献”活动十分支持，把一些“祖传”的“宝贝”都拿出来献给了政府。政府对民间拳师的慷慨授予了证书和奖章，以显示对他们的肯定和赞扬。

图 6－5　雄狮奖章

显而易见，四川省对民间武术的挖掘整理工作取得了较好的成绩。据统计，当时成都、重庆、达县、雅安、内江、万县、乐山七个地区都拥有超过 100 名以上的老拳师。虽然他们没有对老拳师的年龄进行明确的界定，不过这仍旧能够反映出当时这些地方的民间武术是十分发达的。这一统计也反映出四川民间武术分布的一个基本情况。国家体委对四川地区的挖掘整理十分认同，1984 年 6 月和 1986 年 3 月两次授予其“全国先进集体”称号。赵子虬、李毅立、傅尚勋、吴信良、陈尚洁等二十三人荣获“全国先进个人”称号。胡亚兴、姚兵、陈长科、李明伟等四人获全国“雄狮奖”一等奖，占全国一等奖的三分之一，位居全国第一。在全国武术挖掘成果会议上，四川省相关部门受到了国家体委的表彰和肯定。

不过，这次史无前例的挖掘整理也并不是不无遗憾，挖掘整理形成的材料并没有得到应有的重视。因人事变动和疏于管理，当时民间采风拍摄的照片、录音、视频，以及获取的一些练功器具并没有得到妥善的建档与保护。笔者访谈了当年参与挖掘整理的拳师，也向现在的四川省武术运动管理部门相关领导询问过此事，他们均表示不知道这批资料的下落。有的人说，这些资料应该还在原来放置它的地方，也有人说，可能已经丢失了，还有人说可能被个人收藏了，也许这些资料已经回归到四川民间社会之中。不管怎样，这是四川民间武术共同的遗产，也是对研究中国武术十分有价值的资料。如果遗失，必将是莫大的损失，期待它有朝一日能够重现天日。

当我们再回过头来看这场浩大的挖掘整理，我们需要问的是，这场由政府主导，民间广泛参与的“民间武术整理运动”，到底给四川民间武术带来怎样的影响？换言之，它推动四川民间武术走向何方，我们如何评价才较为适当？

政府的主导与渗入，成为民间武术中客观存在的一大新现实。在“国术运动”期间，政府权力对民间武术的渗入已初露端倪。新中国成立初期，由于国家治理结构的变化，政府权力几乎渗入社会的每一个角落，民间被置于政府严密的管理与注视之下。当民间武术表现得过于活泼或沉闷时，政府的权力杠杆就可以对其进行控制或调节。在很多时间里，民间更多地表现出了淳朴的自在性，同时缺少一种内在的原发性的动员力。因此，“搅动”民间需要一个外力。此时，政府扮演了这个角色，政府的介入改变了民间武术中的权力结构。

虽然政府尝试对每一处都进行必要的管控，但我们不得不承认，政府的作用也是有限的。20 世纪 80 年代过后，政府的精力主要放置在如何从民间武术中改造出适合竞赛的“竞技武术”，并对其进行持续的投入，民间则被忽视了。这其中透露出政府对民间武术的干预与控制总是与政治需要紧密联系在一起，对民间武术的挖掘整理带有高度的政治性。这就不难理解为什么辛辛苦苦获取的资料会轻易的流失了——对有些人来说，挖掘整理并不是发自内心的要去保护民间武术文化遗产的文化自觉，而是一项政治导向的工作！此外，政治导向决定了政府对民间武术的关注毕竟是非持续的。这种“运动式”的思维模式与行动风格，在一时的效果上是明显的，但长久的看，民间武术仍然只是民间权力的运作中心。

表 6－1　全国武术挖掘整理工作“三献”活动四川省获奖名单①

序号	姓名	地区	所献实物名称	获奖等级
1	胡亚兴	云阳县	青铜剑、青铜戈（战国时期）	一等奖
2	姚兵	云阳县	青铜剑、青铜戈（战国时期）	一等奖

① 由吴信良提供。

续　表

序号	姓名	地区	所献实物名称	获奖等级
3	陈长科	云阳县	青铜钺（战国时期）	一等奖
4	李明伟	云阳县	青铜矛（战国时期）	一等奖
5	袁欣白	重庆市中区	袁松林公珍藏秘本 3 本（抄本）	二等奖
6	邓忠异	万县	少林扁挂全集（抄本）	二等奖
7	刘大国	云阳县	古锏	二等奖
8	李明忠	夹江县	古锏	二等奖
9	张应人	綦江县	形意拳拳经	三等奖
10	陈季康	南充市	拳略（抄本）	三等奖
11	河清池	自贡市	中国养生学辑览 2 本	三等奖
12	孙美福、王家成	彭水县	艺学源流	三等奖
13	万腾博	自贡市	盘破内藏真诀	三等奖
14	王裕康	灌县	防身宝等 2 本（抄本）	三等奖
15	李仁国	威远县	威远高咀山拳谱（抄本）	三等奖
16	杨俊成	富顺县	少林庵万代秘传（抄本）	三等奖

续 表

序号	姓名	地区	所献实物名称	获奖等级
17	宋子元	南充市	十八般武艺等 4 本	三等奖
18	向忠全	灌县	南洋大刀、鬼头大刀	三等奖
19	黄克明	内江市	铜筷子	三等奖
20	钟鹏	乐山市	黄龙七星剑	三等奖
21	王智伯	南充市	藏剑	三等奖
22	舒型	射洪县	铜线锤	三等奖

如果跳出挖掘整理这一民间武术运动来看这一文化现象的话，我们会发现，20 世纪 80 年代的挖掘整理对四川民间武术带来的影响并不局限于撰写了几本书籍那么简单，而是极其的深远。挖掘整理使四川民间武术发出了声音，表达了民间武术自身的话语权。四川民间武术向人们展示了其丰富多彩的一面。据统计，当时四川地区民间武术共有 68 个拳种和门派，1093 个徒手套路，518 个器械套路，41 个对练套路，276 个练功方法和 14 个技击项目。不仅如此，四川民间武术文化呈现出了多元化的倾向。从当时统计的各拳种或门派看，它是多元混包、形式多样的。从起源上看，既有土生土长的，也有外来传入的；从哲学基础上看，既有以道家文化为基础的，也有以佛家文化为根基的；从表现形式上看，既有套路、格斗，也有养生功法等。

“峨眉武术”——这一关于四川民间武术的官方概念内涵的尝试性建

构，也是起始于此次挖掘整理。关于“峨眉武术”的说法，一直流传在四川民间社会之中，其起源甚早，但该概念具体形成于何时难以考证。20世纪80年代挖掘整理时，“峨眉武术”这一说法进入官方视野。当时，四川武术挖掘整理小组通过广泛深入的民间采风，陆续出版了《四川体育史料》（武术专辑）与《四川武术大全》等著作。在这些著作中，他们并没有对“峨眉武术”进行明确的界定，不过从表述中已经可以看出，他们尝试用“峨眉武术”来指代整个四川武术，并尝试赋予峨眉武术以历史内涵。《四川武术大全》中称：“从1983年以来，省武术挖整组……初步摸清了峨眉武术在四川流传分布的情况，整理编写了这部《四川武术大全》，把流行的拳种、门派源流，风格特点，拳理、拳法及练功方法；各门派的创始人、传人、代表人物及流传地域，作了全面系统的介绍，填补了峨眉武术史籍记载的匮乏。……《四川武术大全》是有史以来第一部比较系统全面介绍峨眉武术的巨著。”[①] 著者关于“峨眉武术”建构的意图跃然纸上。具有官方背景的挖掘整理小组提出的关于“峨眉武术”的这一观点，对以后“峨眉武术”概念的建构与表述有着持续性的至关重要的影响。它甚至成为四川武术的理论来源之一，而且这一影响对四川民间武术的发展产生了直接的作用，也带来了一些不必要的麻烦与问题。

此外，通过此次挖掘整理，确定了四川民间武术中一些拳种门派的代表性传承人，并为他们建立了意想不到的名望。这一名望在当时也许并不明显，今天来看已经成为一种门派自身的历史文化资本。笔者在田野调查中，四川民间武术中的一些门派当代代表性传承人，总是津津乐道于他们的师父被载入《四川武术大全》，是那个年代被指定的代表性传承人。当代四川民间武术传承人最容易想到的就是从挖掘整理留下的表述中去寻找建

① 四川省武术遗产挖整组：《四川武术大全》（序），四川科学技术出版社1989年版，第2—3页。

构门派历史与文化的历史合法性与合理性依据。挖掘整理运动对四川民间武术人力资源的改变并不局限于此。当年参与挖掘整理的一些年轻人，如傅尚勋、吴信良等人现在已成为四川民间武术中的知名拳师。挖掘整理工作为四川民间武术拳师的成长提供了不可多得的机遇。

二 “武术热”：民间武术的实践与复兴逻辑

20 世纪 80 年代，整个中国的民间武术都呈现出了一片欣欣向荣的“武术热”景象。从上往下看，政府通过组织挖掘整理向民间社会传递出的提倡发展信号，对民间武术的繁荣起到了重要作用。相反，如果我们从下往上看，民间武术习练者的各自行动则积极参与了这场繁荣景象的构建，造就了历史上罕见的“武术热”现象，并成为民间武术繁荣的结构性要素和嵌入性动因。从四川地区来看，民间武术习练者群体的实践，在创造彼时四川民间武术热潮的同时，也彰显了民间自身的实践逻辑。

（一）从川西到川东：遍布全川的民间武术个体化实践

四川各地的民间武术习练者们积极响应政府弘扬武术的政策，纷纷成立各种组织，为当地民间武术发展搭建平台。在川西一带，1983 年，肖家泽在成都开办了四川省第一所私立武术学校——成都市私立武术健身学校，自任校长、董事长。1984 年，谢正常、徐辉云等人在灌县（今都江堰）成立了武术协会，这是灌县时期该地第一届也是唯一的一届武术协会，谢正常任主席，徐辉云等人任副主席。① 1985 年，潘崇福在青城山地区主持成立了当地第一家武术馆——青城武术馆，潘崇福出任馆长，徐辉云任主教练，姚福沛为顾问。灌县武术协会与青城武术馆，成为四川青城山地区民间武

---

① 注：青城山地区在灌县时期只存在过一届武术协会，即灌县武术协会。成立后不久因各种原因最后自动解散。1988 年，灌县改称都江堰市。都江堰市成立了都江堰市武术协会，共有三届主席任职，分别是祁玉祥、李代阳和王焕友。1998 年，因都江堰市武术协会长时间缺乏管理，没有注册，被都江堰市体育局注销。

术复兴的标志。徐辉云对改革开放后青城山地区民间武术的繁荣印象深刻，他说："改革开放以后，青城武术的发展比以前好多了。84 年我们成立了武术协会，在体委注册了的。成立当天还表演了的，在公园里的灯光球场里头。当时还写了字的，'锻炼身体、保卫祖国'之类的，和当时的口号相吻合。85 年，我师弟潘崇福还搞了一个青城武术馆。在八几年时，成都市武协搞了一个成都市区、东城区、西城区还有周边县市的一个武术表演赛。当时我是裁判。我师弟潘崇福就带队当领队带我们灌县的人去比赛。当时要求表演的器械和拳术，我的一个女徒弟要了一套鞭杆，打了一套'五虎下西川'的北派拳，拿了个第二名。后头再过了几年擂台赛就开始了，什么护具都没有，不像现在还戴头盔保护。当时我师弟的徒弟张强还拿个冠军的，为灌县争了脸。"

图 6－6　笔者于南充市采访松溪内家拳李含光、黄延忠等人

在川东的南充地区，"文化大革命"结束后不久，民间武术随即开始了复兴历程。1974 年，在南充市的灯光球场举办了"文化大革命"以后的首场武术表演，当地的许多老拳师纷纷登台亮相献技。曾任国民革命军二十九军宋哲元部大刀队教官，有"武林夜侠"之称的袁智明，表演了一套龙行剑[①]，博得观众喝彩。1982 年，松溪内家拳代表性传承人陈季康带领弟子李含光、黄延忠、陈井亮等人开办了第一个松溪内家武术辅导站——南充三中辅导站，开门传授松溪内家拳。在辅导站的基础上，陈季康又创立了

① 据说传自山东国术馆首任馆长李景林。

“松溪内家武术研究会”，这使松溪内家拳在南充地区迅速传播开来。1984年5月5日，南充地区武术协会成立。[①] 当时，松溪内家拳传人李含光被聘为南充市（顺庆区）武术协会副主席，黄延忠任协会的教练委员会主任。

20世纪80年代初，随着相关组织的建立，一些老拳师自然成为其中的重要人物。在这里我们不妨再举两例。1982年，泸州市武术协会成立后，青城派代表人物余国雄被推举为副主席，同时任纳溪县武术分会主席。1983年，四川雅安市武协成立，绿林派代表人物路军建被聘为副主席，类似的例子比较多。可见，在当时四川地区，民间“领袖拳师”参与地方民间武术的管理成为一个较为普遍的现象。

民间拳师，尤其是上了年纪的老拳师走出民间，参加到政府组织的各类比赛中，也构成了这一时期民间武术复兴的一个典型标志。1981年，77岁的黄林派拳师钟方汉（1904.11—1995.3）参加了成都市组织的武术比赛，获得南拳第二名。1984年8月，他又以80岁高龄参加了在兰州市举办的全国武术观摩交流会获老年组优秀奖；同年9月参加四川省第五届运动会武术比赛获地方拳种优秀奖。[②] 1985年4月，81岁高龄的钟方汉再次参加峨眉武术精英会演暨对抗性项目比赛获传统项目优秀奖。20世纪80年代，在有关方面的动员下，曾在国民党川南边防军司令部、重庆炮兵司令部、四川省军管区军管总队任职国武术教练，退休在家的僧门代表性传承人彭元植也“重出江湖”，参加了一些省、市武术比赛，取得了十分优异的成绩。[③] 这些老拳师不顾年事已高，仍旧参加各种比赛，在带动民间习武方面，起到了十分重要的引领与示范作用。

---

① 南充市文化广播影视体育局：《关于南充市武术协会与业务主管单位（市文化广播影视体育局）脱钩的报告》，2014年4月10日。

② 相关资料由黄林（皇令）派代表性传承人张汉斌提供。

③ 相关资料由僧门代表性传承人何伟琪提供。

图 6－7　钟方汉画像

在这一氛围的熏陶、感染与带动下，一些年轻的习练者也开始积极参加各类表演与实战比赛。1983 年，时年 32 岁的肖家泽参加四川首次举办的武术散打比赛，获得无差别级冠军。1986 年 3 月，由四川民间武术界积极推动促成的开创性的“首届蓉城擂台赛”成功举办。黄林（皇令）派代表性传承人张汉斌当年参加了该比赛，并斩获银奖。不但如此，这一年的 2 月，他还参加了温江县第二届体育运动会，获男子拳术第一名（火龙拳）；10 月，参加川西民间武术散手擂台赛（传统打法），获得七十公斤级金牌。与此同时，他还走出四川走向全国、世界参加比赛与表演。1987 年 2 月，张汉斌受邀参加深圳大学举办的国际气功会议，并在大会上表演了“汽车过身”“十六辆摩托大分身”的气功绝技，获特别优秀奖；2002 年前往美国参加武术气功交流表演。1989 年，张汉斌在其家乡温江永宁，创办了以自己名字命名的武馆“汉斌武馆”，经营至今。

图6-8　汉斌武馆

“文化大革命”后，较为宽松的社会氛围，为民间拳师通过收徒传承武艺创造了较为理想的条件。年轻的武术爱好者开始四处寻找民间“高手”拜师学艺。前文述及吴信良在1965年拜胡子文为师学习直隶门马派功夫。1971年，他又拜张传警为师学习军警实战格斗技艺。1985年，他拜入赵子虬门下，学习峨眉化门武艺。1985年，他被林墨根收为门徒，学习太极推手技艺。很有意思的是，不仅身在民间的拳师大量收徒，在高校工作的知名武术教师此时也冲破一些世俗的鄙视民间的观念，开始在民间收徒授艺。最为典型的要数在成都体育学院工作的王树田老师。20世纪70年代初，自幼跟随舅父习武，后又师从巴蜀名师丁国基、李孟常学习峨眉派赵门与化门技艺的王学贤拜入王树田门下，系统学习了相关拳术、器械和武术基础理论以及教学训练方法，后被收为义子。许成钧于1986年正式拜王树田为师，系统学习形意拳、八卦掌、八极拳、武当对打等武艺。1988年，肖家泽也拜王树田为师学习形意拳、八卦拳、太极拳、查拳、八极拳等各流派拳械。这一时期，翁邦森、傅尚勋等人也投贴拜入王树田门下。后来，青城派的刘绥滨也拜王树田为师。

王树田在民间所收的门徒，如傅尚勋、吴信良、肖家泽、翁邦森、许成钧等，如今都已成为四川民间武术界中的知名拳师。2008年6月，王树田在民间培养的徒弟筹建了“王树田武学研究会”，并举办了规模庞大的仪式，以弘扬先师王树田的武学与品德精神。2015 年 3 月，他们又聘请雕塑家精心制作了师父王树田的铜像雕塑，并举办了落成揭幕典礼。王树田教授在高校从事武术专业教学数十年，估计他生前也不曾预料到，当年在民间收下的弟子能够如此执着地弘扬武学之道，而且一些人还成为“四川武林”中的翘楚。也许，这体现出的正是民间武术的一种特有的精神。

图 6－9　王树田武学研究会现场

图 6－10　王树田弟子在落成的雕塑前合影

（二）武侠影视带来的民间习武奇观

谈论中国民间武术在 20 世纪 80 年代的复兴，无论如何都不能忽略中国大陆武侠影视的影响。20 世纪 80 年代，中国内地的武侠电影异军突起，上映了一系列影片，如《神秘的大佛》（1981）、《少林寺》（1982）、《武当》（1983）、《自古英雄出少年》（1983）、《少林童子功》（1984）、《少林俗家弟子》(1985)、《大刀王五》(1985)、《神鞭》(1986)、《镖王》(1986)、《侠女十三妹》(1986)、《金镖黄天霸》(1987)、《关东大侠》(1987)、《神丐》(1987)、《八卦莲花掌》(1987)、《黄河大侠》(1988)、《风尘女侠吕四娘》(1988)、《大凉山传奇》(1988)等等。通过电影院线、电视转播、下乡露天放映等传播方式，这些武侠电影在弘扬武侠文化，丰富城乡百姓的业余文化生活的同时，也为处于懵懂阶段的青少年带来了一次武术情结视觉启蒙。从《神秘的大佛》开始，尤其是在《少林寺》的影响下，大陆导演和观众如同发现了一块新大陆。[①] 在张鑫炎的导演下，一批具有专业武术训练背景的演员，如李连杰、于海、于承惠等的加盟，让《少林寺》迅速蹿红全国，点燃了一股势不可挡的民间习武热潮。

这些武侠电影（后期也包括一些武侠电视剧和港台武侠影视剧）对四川地区的影响不亚于其他任何一个省份。一些青少年被美轮美奂的蒙太奇武术“冲昏了头脑”，少林寺、峨眉山成了他们心中的习武圣地，他们甚至不惜一切代价前去寻师朝圣，义无反顾地加入到了民间习武群体之中。如1985年，23岁的安徽涡阳人王全一，为武痴迷，北上少林学艺，后又慕名赶到四川江油拜入海灯法师门下，终成海灯法师弟子之一。学成后，王全一回乡创办了“海灯武术学校”，弘扬海灯武学。[②] 但是，在当年“武术热”中，并非所有的武术迷都像王全一一样幸运。相反，他们中有的人却走向了人性的反面，最终酿成了社会悲剧。四川新都县的钟清海就是武术热中的一个悲剧人物。80年代初，读中学的钟清海在武术热潮中迷恋上了武术。1985年11月，他离家出走，奔向峨眉山访师学艺，在洗象池出家为僧。1986年，他慕名赶到江油县欲拜海灯法师为师学武，为海灯所

---

① 陈墨：《刀光侠影蒙太奇：中国武侠电影论》，中国电影出版社1996年版，第152页。

② 张建伟：《为了恩师的重托——寄海灯关门弟子王全一》，《少林与太极》2011年第1期，第5页。

拒。后又云游至云南，当打听到昆明筇竹寺定才法师武功高强时，他毅然前往拜师。然而，辗转多处后，钟清海并未学到理想中的高深武功，开始自暴自弃，最终走上了违法犯罪的不归路。1988 年伏法，年轻的生命就此结束。[①]

图 6－11　郑光路、肖清黄等人 20 世纪 80 年代剧照

另一方面，由于一些武侠电影、电视剧如《神秘的大佛》《大凉山传奇》《自古英雄出少年》《海灯法师》《草莽英雄》《总统与大侠》等与四川社会相关或在四川境内取景拍摄，给四川民间武术习练者提供了较好的将武术与媒介相融合的机会。成都地区的郑光路、肖清黄、海灯法师、范应莲等一批民间武术人都参加过上述电影或电视剧的拍摄。在当时的条件下，参加影视剧拍摄给他们带来了较为可观的收入，改善了他们的生活水平。武侠影视剧在一定程度上带动了四川民间武术的繁荣，也反映了部分民间武术人士对武术的那一份执着。

（三）武术硬气功的另类狂热：民间、政府与军警的共同生产

20 世纪 80 年代的中国民间社会不仅燃起了“功夫热”，而且还流行着与此有广泛交集，上至高级领导人、专家学者，下至黎民百姓、贩夫走卒，

① 注：郑光路在《气卷神州》一书中对钟清海的悲惨命运有较为详细的描写。见郑光路《气卷神州》，成都出版社 1992 年版，第 64—67 页。

由社会各阶层人员广泛参与的社会文化现象——“气功热”。80 年代的“气功热”是在特定年代中产生的一个复杂的社会现象，它有着丰富的历史、社会与文化政治内涵。限于研究主题的限制，本文无意对这一社会现象做深刻的述评与分析，笔者更感兴趣的是与“气功热”和“功夫热”二者都存有交集的“武术（硬）气功”热现象。

当“气功热”与“功夫热”在同一个时空中碰撞反应，一种有趣的民间武术形式——“武术（硬）气功”便应运流行起来。俯卧钢叉、汽车过身、银枪刺喉、头开钢板、掌劈红砖、胸口碎大石、肚皮上切菜、五马分尸……精彩绝伦的硬气功表演总是能够吸引众多观众的关注与围观。

武术（硬）气功是气功的一种，同时也是武术的重要功法之一，它是通过意念“炼道化形，炼形化精，炼精化气，炼气还神，炼神还虚，炼虚化道”的循环往复，使“内气”在体内周转运行，进而激发经气，疏通经络，调和气血，平衡阴阳，培养真气，增强人体内各部的功能，激发和启发本体的潜力，[①] 进而可以形成一种抵抗攻击的能力。从民间武术研究的视角看，80 年代的武术硬气功热潮既是当时全民功夫热的一种表现，也对“功夫热”以及“气功热”的形成，起到了推波助澜的作用。

当时，四川地区成立了“四川省气功科学研究会”。四川民间一些具有硬气功功底的拳师被吸纳进了这个组织，并经常随该研究会组织的“气功表演团”进行巡访演出。郑光路曾是四川省知名的气功师之一。据他本人述称，曾多次跟随四川省气功科学研究会组织的气功表演团到各地演出，堪称“老江湖”。即使如此，每次面对狂热的观众，仍不由自主地会产生些许思想负担，深恐哪个节目表演砸锅，不能脱身。[②] 硬气功表演者的神秘化

① 邹德发：《武术纵横》（上篇），世界知识出版社 1992 年版，第 88 页。
② 郑光路：《气卷神州》，成都出版社 1992 年版，第 59—60 页。

处理方式，让观者对人类通过“功夫”获得的身体的潜能充满好奇。加之，十年“文化大革命”中枯燥的“样板”文艺剥夺了人们对多样化表演样式的追求自由，人们的文艺心理与精神遭到无情的摧残。当“文化大革命”终结在改革的大潮中时，极度渴望新的表演艺术样式出现的人们，对挑战人类认知和探索人体世界的好奇，使其对硬气功的表演充满了异常的狂热。1980 年，有一个外埠的硬气功表演团到成都表演，观众在售票处门口为争抢一张票竟大打出手，公安局不得不出面维持秩序。① 人们对硬气功的狂热程度可见一斑。

图 6－12　笔者访谈郑光路与王学贤

四川另一位拳师，黄林（皇令）派传人张汉斌，也曾在功夫热与气功热的年代中依靠硬气功“闯荡江湖”。据张汉斌口述，80 年代他在很多场合参加过硬气功表演。汽车过身、单掌开砖、脑门开砖、掌断鹅卵石、十二辆摩托大分身、金枪刺喉、大绳锁喉、钢筋顶喉、腹部大刀斩筷子等硬气功都是他拿手的项目。1987 年 2 月，32 岁的他受邀参加深圳大学举办的国际气功会议，并在大会上表演了“汽车过身”“十六辆摩托大分身”等硬气功绝技，获特别优秀奖。

① 郑光路：《气卷神州》，成都出版社 1992 年版，第 59 页。

摩托大分身

汽车过身

图 6－13　张汉斌硬气功表演

硬气功的独特之处在于，它不同于一般意义上的健身养生类气功。当始于 20 世纪 70 年代末，终于 20 世纪 80 年代末的气功热逐渐走向平静时，武术硬气功的武术属性，以及功夫的表演性，使其仍有很大的生存空间，并避免了像其他所谓的“气功”一样遭到禁止的命运。到 20 世纪 90 年代，张汉斌仍在做一些硬气功表演。1992 年 1 月，他应邀参加在深圳举办的“92 军警民大联欢，长城杯‘中华绝技表演’”，并展示了“单臂过汽车”以及“金钟罩铁布衫”等硬气功。关于武术气功，我国早有相关文献记载。如唐人唐骈在《据谈录》中说：“左军供奉管万敌‘富有臂力，扛鼎挟舟’，以拳勇蛮力横行于世。一日遇一道士，话不投机，便‘欲令损于手下’。时道士靠房柱而立，管万敌‘尽力拳之，如扣木石，观者咸见楼柱与房屋俱震其人略不微动'。"[①] 但武术气功在当代的风行与迅速扬名还是得益于"功夫热"与"气功热"这两股热风的强劲助力。

不但如此，政府相关管理部门的扶持与引导，也让武术气功能够顺利穿过十年的气功热并在民间社会能够获得持续性的存在。1979 年，由国家体委相关部门在广西南宁举办的新中国首次"全国武术观摩交流大会"上，给予了硬气功展示的平台，一些民间拳师表演了硬气功并获奖。1988 年，国家体委主任伍绍祖要求对体育气功进行必要的保护，为其生存争取了一定的空间。[②] 在当代，国家对武术改造主要集中在竞技套路与散打方面，对硬气功涉及不多。因此，硬气功的主要生存土壤仍然在广大的民间社会，仅偶尔出现在由政府组织的一些传统武术功力比赛中。如 1999 年 5 月，国家体育局武术管理中心、中国武术协会在浙江省台州市举办了"国际传统武术暨绝技大赛"。张汉斌参加了规定项目铁砂掌单掌开砖的比赛，获得了第三名。此外他还获得了特殊项目类特别优秀奖。近些年，由国家体育总局武术运动管理中心组织的武术功力比赛中，也列有硬气功比赛项目。

事实上，关于武术硬气功，我们不仅能够看到政府权力的参与，军、警系统也以不同的方式在这个项目上保持着某种存在。上述张汉斌于 1992 年参加的深圳表演即是一例。笔者也曾于《中国民间武术生存现状与传播方式》一书中，介绍过四川另一位民间拳师何道君时常也会在地方警民联欢中表演硬气功。中国一些军、警部队有习练、表演诸如银枪刺喉、背上断棍、头顶开砖、喉顶钢筋等武术硬气功的传统，并曾将其列为正规训练科目。1984 年 12 月，成都指挥学校学员二队副政委刘政扬在北京军委扩大

---

① （唐）唐骈：《据谈录》，艺文印书馆 1966 年版，第 35 页。

② David A. Palmer, *Qigong Fever: Body, Science, and Utopia in China*, New York: Columbia University Press, 2007.

会议上表演“抗打硬气功”，表演助理先后对准他砸碎两把椅子，打断三根扁担，紧接着他赤手将一根钢棍扭曲，受到时任国防部部长张爱萍和总参谋长杨得志的热情赞扬。[①] 虽然武术硬气功在当代战场的群体实战中作用甚微，但通过硬气功训练对于增强士兵的勇气胆略以及单兵近身格斗能力是确认无疑的。或许是出于这方面的考量，军中高层对硬气功较为推崇，而且他们还从民间社会邀请行家里手到军队中授艺。1986 年，成都军区曾在乐山举办武术集训队，他们邀请了四川江油县的海灯法师对参加集训的一百名侦察兵教授了少林自然门硬气功、独臂功等武术硬气功。[②] 据新华社的报道，受到官兵热捧的头开红砖、背断木棍、钢针穿玻璃、咽喉顶钢筋推车等训练科目，曾为北京军区某特种作战旅赢得不少荣誉。[③] 不过，遗憾的是，北京军区部队从“练为战”的目的出发，武术硬气功这一传统训练课目自 2014 年从训练课目中裁撤，不再统一组织训练。不过，该报道同时也称，军区不反对官兵将其作为业余爱好进行练习。

武术硬气功不但在国内因民间拳师的实践而形成热潮，而且还随着民间拳师们通过各种途径走向海外。一部分民间硬气功习练者受到国家相关部门的招募，组成了功夫表演团，获得了随高层领导出国表演的机会。如 1979 年 10 月至 12 月，由“硬气功师”赵继书[④]、邓培芝等人组成的中国武术表演团，随中央某领导，出访卢森堡、意大利、比利时、法国、罗马尼

---

① 四川省志编纂委员会：《四川省志·公安·司法志》，四川人民出版社 1997 年版，第 215 页。

② 杨玉辰：《“少林功夫进军营”的思考》，《中国民兵》1986 年第 6 期。

③ 《北京军区部队叫停大批表演性课目 包括硬气功》（http://news.xinhuanet.com/mil/2014-02/24/c_126179731.htm）。

④ 注：赵继书（1933—1998），湖南张家界人，自幼习武，尤擅长武术硬气功。1950 年应征参加抗美援朝，复员后开始参加各种武术表演和比赛。1979 年，参加湘西自治州第一届民间武术气功比赛，他的《颈卧钢刀》《腹卧钢叉》和《盘龙棍》均获第一名。同年，他代表湖南省到广西南宁参加首届全国武术观摩大会，他的《颈卧钢刀》《腹卧钢叉》被评为观摩大会的一等奖。该年 9 月，赵继书参加第四届全运会气功表演，荣获国家一等奖。当功夫热和气功热开始流行的 20 世纪 80 年代初，他带领十余名弟子组成武术气功团，到福建等地巡回演出，并出访新加坡、泰国等国。

亚等国家的25个城市，表演了“尖枪刺喉”“卧刀碎石”等节目。[①] 1981年，赵继书等人再度入选“中国硬气功表演团”，随中央高层领导出访英、法等国，表演“卧刀击石”等节目。《人民日报》对此不乏赞誉之词，“我国古老的硬气功初次到国外访问演出就获得如此成功，可以预见，随着与各国文化交流的增加，硬气功也将为增进人民之间的友谊和相互了解做出更多的贡献。”[②]

另一部分民间拳师则通过民间渠道，自行联系海外相关组织，前往传播武术硬气功。四川地区不乏这样的例子。2002年8月，应美国某武术气功文化传播公司的邀请，张汉斌与当时成都市武术协会秘书长付学理一道赴美参加国际武术气功交流会，在会中做了精彩的气功展示，并获得大会特优奖。后经美国功夫杂志社聘请留美传授中国功夫，多次在洛杉矶各项大型活动中进行硬气功等武术表演及交流。其中分别在2003年和2005年参加了第五届及第七届洛杉矶世界太极日的武术气功表演，《世界日报》《美国侨报》做了专题报道。[③]

（四）海灯现象：“武术热”中搅动三界的独特个案

“海灯现象”是这一时期中国武术复兴过程中民间、政府、军警与媒介共同生产的民间武术典型表现。海灯现象是20世纪70年代末至90年代初在中国产生广泛影响的一个十分复杂与吊诡的民间武术现象。随着海灯法师徒弟兼养子范应莲状告敬永祥“名誉侵权案”的起起落落，海灯法师更是家喻户晓。不论是在民间还是在官方，无论是在新闻界还是在法律圈，海灯法师都曾引起过无数关注。一个出生在川北农村地区的民间习武出家

---

① 《技艺高超功夫真 中国硬气功驰誉卢森堡、意大利、比利时》，《人民日报》1980年2月11日。

② 《我武术硬气功演出团在巴黎首场演出》，《人民日报》1981年4月7日。

③ 《高手绝活 铁头力敌万钧》，《世界日报》2002年8月26日；《第七届洛杉矶世界太极气功日将于帕市举行 千名太极气功爱好者共襄盛举》，《美国侨报》2015年4月13日。

人竟然受到如此关注，不得不说是四川乃至整个中国民间武术的一个“奇迹”。

海灯法师（1902. 2—1989. 1）[①]，俗名范靖鹤、范剑英、范无病，四川江油重华镇人。幼年随舅父薛久志习拳，后又拜朱智涵、王醴泉等人为师习练武艺。据其徒弟等人记载，海灯所习武术属于少林一派，尤善童子功、二指禅、梅花桩（少林梅花精拳）、铁布衫、金刚锤、罗汉拳、曲地龙等。海灯法师出身贫苦，在“出名”之前，求佛法于大江南北。1927年，海灯在成都昭觉寺受戒，皈依佛门。海灯武、佛共修，1939年，曾任梓潼县七曲山大庙住持。1942年青羊宫打擂期间，海灯法师应邀参加了武术表演。1946年，曾受邀前往少林寺交流传授武艺与佛法。随后，海灯一路往南云游至浙江，住禅天台山国清寺，直到新中国成立。其间，海灯与江浙一带的拳师，如顾留馨、王子平等人有过交往。1958年，海灯云游至苏州吴县，被统战部门引荐至石公寺做住持，直到“文化大革命”爆发。在吴县期间，海灯礼佛讲经、传武授徒较为频繁。1962年至1963年间，海灯法师曾短暂回川访问，持顾留馨的介绍信与在成都体育学院供职的武术家郑怀贤结识。在郑怀贤的支持下，成都体育学院派出了一些武术教师配合海灯于1963年7月在成都体育馆做了武术表演。随后他又在重庆、绵阳等地进行了少林武术表演。海灯向观众展示了金刚锤、六通罗汉拳、二指禅、火头棒、少林对剑、空手进枪、单剑进枪等少林功夫。[②] 1965年，受少林寺行正和尚邀请，海灯前往少林寺讲经交流并表演功夫。“文化大革命”期间，石公寺在“破四旧”的浪潮中受到很大破坏，海灯无法继续下去，将三个徒弟遣散后，于1967年回到了阔别多年的四川重华老家。“文化大革命”期间，海

---

① 范应莲：《我的恩师海灯》，四川人民出版社1991年版；荷华、吴芳和：《海灯法师永远美丽的神话》，《中国气功科学》1995年第5期，第15—17页；郭同旭：《海灯疑案》，安徽文艺出版社1991年版；张扬：《海灯神话》（上、下），中国文联出版公司1998年版。

② 《少林寺武术家海灯法师回四川省访问》，《中国体育报》1962年8月9日。

灯也受到了迫害、关押与审查，备受折磨。红卫兵在重华的街上贴出了“打倒反动学术权威海灯”“打倒国民党特务海灯”的大字报。然而，海灯没有被红卫兵打倒，他坚持了下来，并传武授徒，培养了一批颇有成就的弟子。

及至“文化大革命”期间，海灯一直都是一个修武、礼佛的民间武术拳师与佛教徒。海灯的大部分时间都在寺庙礼佛念经，传武授艺，偶尔也会在不同场合做一些武术表演。他在佛教界有一定的声望，与民间武术圈也多有交流。事实上，海灯就是一个地地道道的习武授拳念佛礼法，有一定成就的佛教徒与民间拳师而已，除践行着作为一个佛教徒和一个民间拳师应尽的义务与权利外，别无其他。然而，改革开放后，媒介、政府、军方等不同权力的介入使海灯卷入了随之而来的旷日持久、史无前例的“武术热”中，海灯法师获得了很多民间拳师无法企及的“名望”。武术让他再也无法平静修佛与生活，他的人生轨迹也发生了翻天覆地的变化。这恰好从一个侧面体现出了那个特定时代民间武术的复兴以及民间拳师的个体化实践。

1979 年，香港长城影业公司与四川峨眉电影制片厂合作拍摄了纪录片《四川奇趣录》，海灯受邀参加拍摄，他表演了“童子功”“二指禅”等“少林武功”。随着海灯被搬上银幕，佛教徒海灯与他的“少林武功”逐渐传播开来。与此同时，随着宗教政策的落实，海灯在 1979 年被补录为县政协委员，继而又被增补为常委。1981 年，又被补录为省政协委员。[①] 1982 年，电影《少林寺》公映后，佛教圣地少林寺与少林功夫一夜成名，整个中国，甚至包括海外一些国家都掀起了“少林热”与“武术热”。

少林武术早有史载，在电影《少林寺》的推动与传播下，少林佛教与少林功夫愈加声名鹊起。然而，令人尴尬的是，在“文化大革命”中，全国上

① 范应莲：《我的恩师海灯》，四川人民出版社 1991 年版，第 125 页。

下一大批僧道被遣散还俗。曾经的禅武盛地少林寺，此时也是人丁稀少，寂寞寥寥，会少林功夫的和尚更是十分难以找寻。当年的少林寺的情况大抵如此。关于探讨海灯为什么会在20世纪80年代初再次造访少林的原因时，范应莲如是说："十一届三中全会后，中国掀起了一个武术热，甚至在全世界也出现了武术热。这时候，少林如果有人出来支撑门面，将会对武术的大发展，对少林精神的光大，起到极有利的作用。然而少林寺却缺少这样的人。于是少林寺的当家人想到了海灯，并多次来信请海灯上师回少林。"① 范应莲对海灯为什么会在此时被邀请去少林寺的原因的叙述应该基本可信。

少林寺，"寺以武显，武以寺名"。因其在佛教界的显赫地位与悠久历史，少林寺与少林功夫早已名声在外，为世人所知。但是，经历社会动荡与破坏后，国内外有一种声音认为，古老的少林拳法已经失传。这一观点并非空穴来风，且在日本应该颇为流行。日本著名武术史学者松田隆智在其撰写的《中国武术史略》中，讨论"现代的少林寺"时，开篇即对这一观点进行了反驳。他说："从1900年直到今天，在中国，古老的拳法并未失传，还有许多人继续在练，但对少林寺拳法状况的报道少了。因此，有的人说，'少林寺拳法已经失传了'……实际上在中国受到镇压的那些邪门歪道集团的拳法家和想要颠覆政府的拳家，只是禁止一部人练拳，与大多数拳法家无关，失传的事从未有过。在河南嵩山少林寺，直到今天，练拳和练武仍然在盛行。"② 紧接着他便举出《中国体育报》刊发的，1962年海灯法师回乡在成都进行表演的例子来支撑该论点。并说，"海灯法师在第二次世界大战前后都在嵩山少林寺，同时也可看出，现在少林寺也还盛行各种拳法和练功法，也练剑、练棍、练枪等。"③

---

① 范应莲：《我的恩师海灯》，四川人民出版社1991年版，第129页。

② ［日］松田隆智：《中国武术史略》，吕彦、阎海译，四川科学技术出版社1984年版，第69页。

③ 同上书，第72—73页。

应该说，松田隆智的判断是正确的。少林功夫的历史并未中断。“文化大革命”致使少林寺大部分僧众被迫还俗，少林功夫因此也随之隐藏于民间社会。但是，当电影《少林寺》在社会上营造了少林热与武术热后，少林寺难以找到合适的人选来为少林武术代言也是实情。少林武术的“热”以及“天下功夫出少林”的赞誉，与少林寺中具有和尚身份的少林武术传承人的稀缺形成了鲜明的对比与落差。出于文化民族主义心理，几乎所有的人都更为愿意接受“少林武术热”与“天下功夫出少林”的赞誉。一时间，少林寺似乎无法给出一个能够令人满意的交代。

因此，一场关于当代少林武术的重构活动在20世纪80年代初也随之开始。此前便一直在社会上以“少林武术”与“少林派”为名进行传播佛法与武艺的海灯，便顺理成章地走进了大家的脑海之中。1982年11月，少林寺行正大和尚到江油重华镇邀请海灯回少林寺授武讲法，[①] 以维护“天下功夫出少林”的美誉，以及昭告世人少林武术并未断裂的事实。不但如此，在80年代中后期，一些高校（如当时的北京体育学院等）中武术专业教师和学生也被聘请前去研究复兴少林武术。应该说，这对少林功夫的研究与传承有着积极的意义。

大众媒介在海灯与少林之间“亲密关系”的建构上扮演了极为重要的角色。报纸尤其是一些高级别的有“党报”之称的媒介较早地将海灯与这一社会现象联系起来，对海灯进行了采访与报道。1982年11月，《四川日报》记者敬永祥和通讯员萧定沛共同对海灯进行采访后，撰写了《海灯法师话少林》一文，并发表于当月的《四川日报》上。随后几年，新华社及《人民日报》《四川日报》《成都日报》《中国体育报》《新民晚报》《旅游报》《北京晚报》《四川青年报》等一大批报纸媒体对海灯法师及其武术进

① 《海灯法师》，http：//www. jiangyou. gov. cn/jiangyou/28964214908177 6128/20121127/398841. html。

行了大量的报道。

不仅如此，电视媒介也参与到这场关于海灯与少林武术的宏大叙事之中。1984 年，为了向海内外观众介绍“武术正宗”仍在中国，中央新闻电影制片厂找到海灯，并以《少林海灯法师》为题制作了关于海灯的纪录片。[①] 1985 年年底，《少林海灯法师》大型纪录片拍摄完成。1987 年，四川电视台制作播出了二十集连续剧《海灯法师》。在报纸、电视等大众媒介的传播下，海灯更加声名远播，深入观众心中。[②] 在大众媒介的狂轰滥炸下，海灯已然被塑造为一个时代的传奇符号，也成为少林武术“理所当然”的代言人。这一由大众媒介制造的“海灯现象”，是“武术热”与“少林热”在民间武术上的反映。

海灯并不只是被动的被媒介所报道与传播，他同时也以一个实践者的身份参与到民间武术文化的再生产之中。这助推了“少林热”与“武术热”的进一步发酵，而且也是民间拳师对民间武术文化进行的再生产。海灯通过媒介所展示的武艺，深深吸引了一大批年轻人，促使他们投入到了学拳练武的大潮之中。他们中的一些人甚至不远千里前往四川江油寻找海灯拜师，一批年轻人成了海灯的入室弟子。这其中也包括后来成为“气功大师”的严新。与此同时，海灯不失时机地将“少林武术”向海外传播。1985 年，《海灯法师少林武术》在美国上映后，反响颇佳。美方电影机构邀请中国电影代表团访问美国，海灯及其弟子一同随行前往。海灯及其弟子在美国讲经演武 21 天，向观众展示了梅花精拳、金钟罩铁布衫、三节棍等武艺，在当地华人社会掀起了一阵“少林旋风”。海灯从美国回来后，由地方政府大力支持的以海灯名字命名的“海灯武馆”在四川省江油市奠基兴建，历时

① 易旭东：《舌剑唇枪辩海灯——范应莲诉敬永祥“侵害海灯法师名誉权”一案始末》（续），《新闻记者》1993 年第 10 期，第 14 页。

② 注：在这期间，海灯撰写的《少林云水诗集》与《少林气功精要》陆续出版。1986 年，巴蜀书社还出版了作家丁学书撰写的文学作品《海灯法师传奇》。

三年，至1988年方才完工。海灯武馆是当时四川地区规模最大、特色鲜明的民间武馆，海灯任第一任馆长。海灯武馆在继承海灯武术以及推动地方民间武术发展方面搭建了较好的平台，自然这也成了地方政府利用名人效应，发展文化与经济事业的耀眼的“政绩”之一。

海灯及其弟子造就的海灯武术热不仅在民间社会影响力惊人，他们还将这一热潮推向了军营与政府部门。[①] 海灯及其弟子被一些军区邀请前去指导武术训练，深受相关军区一些将领与战士的喜爱。如海灯法师及其徒弟范应莲分别应聘担任在济南举办的全军侦察兵武术骨干集训队总指导和总教练。1987年，武警上海指挥学校邀请海灯法师及其高徒到该校检查指导学员的气功训练。[②] 海灯在军队中也形成了一定的影响力。关于这一点，我们从海灯武馆的落成典礼也能窥探一二。据海灯义子范应莲记载，中国人民解放军总参谋长迟浩田为武馆题词并发来贺电，济南军区司令员李九龙发来贺电，海南军区、成都军区派代表前去表演了武术。一个川北县城的武馆落成这种微不足道的事情，因何能够让这些军中高层领导不但为其题词还要发来贺电？这从一个侧面显示了海灯在当时军队中的影响力。海灯所造就的影响力不仅如此，还体现在政府部门方面。海灯武馆成立时，原国家副主席乌兰夫为其题写了馆名，并赠送了对联。武馆落成的仪式上，四川省人大常委会副主任邓自力、副省长韩邦彦、原省政协主席杨超等地方重要领导都亲临现场参加了武馆的落成典礼与剪彩仪式。正是应了《我的恩师海灯》中的那句话——武馆落成，盛况空前！[③]

在海灯被建构成“传奇”与“神话”的过程中，我们看到了媒介、作家、军方、地方政府等多种因素的综合作用。一些无中生有的信息被附会

① 关于这一点在张扬批判性的著作《海灯神话》（下）中也有描述。参见张扬《海灯神话》（下），中国文联出版公司1998年版，第598、607、763页。

② 上海军事志编纂委员会：《上海军事志》，上海社会科学院出版社1994年版，第284页。

③ 范应莲：《我的恩师海灯》，四川人民出版社1991年版，第153—156页。

到海灯身上，一些带有娱乐性的文学作品与影视创作被当成历史来解读，关于海灯出现了过度消费与误读的情况。在武术人看来，二指禅、梅花桩这些正常武技，在不明就里或“各怀鬼胎”的文人的纸墨与影视的话语逻辑中完成了神奇与神秘化的建构。这与历史上秘密结社中民间武术包装路数几近一致。最终，受众被说服，“魔弹”发挥作用，“沉默的螺旋”得以形成，传播的“魔力与魅力”最终显现出来。过度的建构极有可能带来过度的解构。这从敬永祥、甄秉浩、张扬等人对海灯的口诛笔伐中就已显现出来。

在“无神论”的影响下，20 世纪 80 年代特有的“崇科学”与“反迷信”的双重话语体系，以及在“后文革”时代亟待矫正的思想中，海灯被贴上了“神”的标签，进而戏剧化的又成了被批判与讨伐的对象。对社会现象进行公开、民主、自由的讨论或辩论是认清事物本质的最好方法。但查阅当年的资料不难发现，理性的批判演变成了街头口水仗，最终使对社会现象的讨论变成了对海灯本人的口诛笔伐。一场旷日持久①、搅动“三界”的公共事件居然变成了私人恩怨，缺少更多的追问与反思，进而也失去了公开辩论的普世价值与意义。这不禁令人感到些许遗憾！海灯不仅拥有大量的忠实“粉丝”，他还曾经获得了第六届、第七届全国政协委员，四川、河南两省及江油、登封两县的政协委员，中国佛协理事，四川省佛协常务理事和河南省佛协副会长等职务与荣誉。仅仅依靠海灯及其徒弟几人，即使他们每天像念佛经一样重复一万遍所谓的“谎言”，可能也根本无法获得如此殊荣与成就。这背后的玄机才是学者与评论家不得不去反思的。

在“武术热”中，海灯及其弟子通过与大众媒介、军方以及地方政府

---

① 注：直到 2010 年，仍能见到对该事件进行的缺乏洞见、深刻性和客观公正的牢骚式的评论。孙家红：《重温“海灯神话”》（http：//www. iolaw. org. cn/showarticle. asp？ id =3173）。

的互动无疑进一步为武术热添加了助推剂。由此，海灯成为备受关注的社会现象。但是这一现象以《四川日报》记者敬永祥于 1988 年 10 月向新华社写内参反映海灯问题，并于 1989 年 8 月公开在《报告文学》杂志上发表长篇报告文学《“海灯现象”——八十年代的一场造神运动》为起点，以该年范应莲状告敬永祥“侵犯海灯名誉权”并于 1993 年 5 月（成都市中级人民法院宣判）和 1998 年 8 月（四川省高级人民法院宣判）两次获胜为高潮标志，“海灯现象”被转换成了“海灯事件”。随着这一事件的持续发酵，以范应莲、郭同旭等人为代表形成了“褒扬派”，而敬永祥、张扬等人则组成了“贬抑派”。在双方的论战中，“贬抑派”对民间俗文化充满不屑与蔑视，并为之贴上“封建迷信”与“跑江湖卖艺”的标签，体现出“后文革”时代广泛存在的文化价值观。

改革开放为整个中国带来了巨大的改变，也为民间武术的复兴创造了条件。在政府的主导下，20 世纪 80 年代初轰轰烈烈的民间武术挖掘整理，昭示出整个中国武术发展的民间转向。民间再一次被发现，民间武术在政府权力的介入下进行了必要的重构与再生产。政府的重视、武侠影视的刺激、“后文革”时代人们对文化的渴望、军警系统的介入以及大众媒介的参与等共同塑造了20 世纪持续整个 80 年代的“武术热”现象。这彰显了市场经济导向下民间武术的自觉实践，同时也传递出民间武术复兴的潜在逻辑。

本章小结

从应该弘扬的“民族文化传统”到“封建糟粕”，再到轰轰烈烈挖掘整理的“文化遗产”，新中国初期至改革开放的短暂历史进程中，民间武术经历了前所未有的曲折发展态势。民间武术这一文化生态变迁的背后隐藏的是官方政治权力干预下的社会文化再生产，民间武术传承人的日常生活也因此发生了天翻地覆的变化。然而，无论如何，不变的是他们对民间武术的初衷。他们丰富多样的实践构成了20世纪中国社会罕见的“武术热”文化奇观，书写了那个特殊时期的民间武术文化信仰。

第七章　当代民间武术的组织、信仰与生存

第一节　四川民间武术组织结构与传承关系

民间是一个充满自由的诗性空间，但是民间并不是一个无序的存在，它的内部也充满各种权力交织，是一个被网构并形塑了的结构性社会空间。因此，民间武术自有其独特的组织结构和传承关系。当探究民间武术的结构秩序时，我们发现当代四川民间武术的组织主要存有三种比较清晰的组织结构模式与传承关系。一是代表或行使官方权力的，以各级武术协会为标志所形成的自上而下的对民间武术进行组织管理与传承的结构体系；二是在民间武术中有着悠久历史，以“师徒”关系结构为特征的、纵向的、相对松散的民间武术自组织传承体系；三是以现代学校教育组织模式为基础所形成的特色鲜明的民间武术馆校组织与传承体系。

新中国成立以后，最先成立的对民间武术行使管理职能的组织机构是1955年设立在国家体委的“武术科”，随后该部门升级为“武术处”。至1987年，该部门被并入1986年成立的国家体委武术研究院。此外，为了与国际体育组织形式接轨，并进一步提高武术的组织化水平，1958年9月，国家体委成立了中国武术协会。在推进中国体育体制改革，落实协会实体

化的过程中，中国武术协会成为具有事业单位编制和行政职能的中华全国体育总会的成员，并于1994年在保留中国武术协会的情况下，增设了中国武术运动管理中心。这一改革的初衷被描述为“进一步理顺关系，完善管理体制”，但“协会”与“中心”这种烦琐、办公人员互用、行政职能重复的设置使这一改革愈加偏离了原来的目标。

在国家对武术组织机构进行探索的过程中，其对民间武术的管理组织并未迅速地达到省及以下行政区划单位。从四川地区看，直到20世纪70年代后期，四川省武术协会才得以挂牌成立。这比中国武术协会的成立晚了十余年时间。四川省武术协会是新中国四川地区成立的最早的具有法人资格的群众性武术团体组织，它的性质是群众性组织。但众所周知的是，这并不是一个理想类型的由习武民众自发形成的群众性组织，而是一个纳入国家行政管理体系的官方色彩浓厚的行政组织。为了能够深入基层实现对整个武术的引导与管理，到1983年年底，四川全省各地市州相继成立了50多个武术协会。尽管武术协会组织没有实现对全省所有市县的覆盖，但这并没有影响武术协会在四川地区网织成一个有效的组织体系。武术协会隶属于体委（体育局）系统，在尚未建立武术协会的地区，体委（体育局）相关科室代行了管理民间武术活动的权力。正是四川省武术协会这一组织体系主导并执行了80年代初期的民间武术挖掘整理活动，因此，它对四川民间武术所起的作用不容小觑。

1986年5月，四川省体委成立了四川省武术馆筹备处，办公地址设在位于成都人民南路的省体育馆招待所。雷大燮、刘泰福、吴信良、李蓉、曹科润、唐玉清、王向红等人被抽调任武术馆的专职干部，具体负责省武术馆的筹建和四川省武术的竞赛训练、挖掘整理、科学研究及群众活动等工作。在四川省武术协会及四川省武术馆的推动下，重庆、内江等武术基础较好的地市也相继成立了武术馆。至2007年，四川省武术馆被新成立的四川省武术运动管理中心取代。以“武术运动管理中心”为名的针对武术的专门管理组织体系仅延伸至省级层面。省级以下行政区划的地、市、县，执行对民间武术进行管理的官方组织，由武术辅导站（主要集中在20世纪80年代）与体育局（体委）或相关设置有武术科室的“局”（委）具体执行。这一组织体系是国家对民间武术进行管理的官方意志与权力的具体体现。

20世纪80年代遍布城乡、街道、单位、企业、工厂、公园等地的最基层组织——武术辅导站，处于官方组织的最末端。在繁荣民间武术方面，武术辅导站曾经发挥过重要的历史性作用。据1983年的不完全统计，仅成都、重庆、自贡、渡口四个地市的公园、体育场馆和一些工厂、机关、学校、街道，参加武术锻炼的就达十万人左右。此外，重庆市体委为了普及武术活动，1980年在政府相关机构的领导下，建立了业余武术中心辅导站，到1982年11月，先后承办15期培训班，参加学习的群众达到18300多人。① 为鼓励武术辅导站取得的成绩，国家体委对辅导站和辅导员进行了评优表彰。1984年，曾庆宗、王学贤等人作为四川代表参加了全国武术优秀辅导员颁奖大会。② 据赵子虬、陈尚杰等人的统计，1983年四川地区有省优秀辅导站34个，国家级优秀辅导员50人。如表7－1所示。

值得注意的是，进入21世纪，四川地区出现了大量的拳种研究会组织。截至2015年年初的统计显示，四川地区陆续建立了峨眉武术联合总会、青城派研究会、青城功夫研究会、盘破门研究会、松溪内家拳研究会、松溪内家武术研究会、余家拳研究会、生门武术研究会、峨眉赵门武术研究会、综合太极拳研究会、李雅轩太极拳研究会、彭祖太极研究会、双节棍暨红缨枪研究会、和式太极拳研究会、肖德生太极拳研究会、陈氏

① 四川省武术协会：《峨眉武术史略》，人民体育出版社2017年版，第111—115页。

② 据曾庆宗本人口述整理。

太极拳研究会、太极推手研究会、杨绍西武学研究会、查拳研究会、吴氏太极拳研究会、海灯武学研究会、武当功法研究会、峨眉绿林武术研究会、形意拳研究会、法门武术研究会、巴蜀武术研究会、自然门西蜀流武术研究会、内家武术联合会、东岳太极研究会、陈正雷太极研究会等30余个。①

图7-1 简阳余家拳研究会揭牌仪式

表7-1 1983年四川省优秀武术辅导站、辅导员统计表②

	市地州名称	省优秀辅导站（个）	全国和省优秀辅导员	
			省优秀辅导员（位）	其中评为全国（位）
1	成都市	7	38	8
2	重庆市	7	43	7
3	自贡市	3	24	4

① 四川省武术协会官网：http：//www. scwushu. com/portal. php？mod = list&catid = 29。

② 数据来源：赵子虬、陈尚洁：《四川武术史》（初稿），内部资料，1987年，第351页。

续　表

	市地州名称	省优秀辅导站（个）	全国和省优秀辅导员	
			省优秀辅导员（位）	其中评为全国（位）
4	渡口市	—	10	4
5	德阳市	—	6	1
6	泸州市	2	12	2
7	宜宾地区	2	20	2
8	内江地区	3	8	2
9	乐山地区	1	11	3
10	绵阳地区	2	15	3
11	南充地区	2	13	3
12	达县地区	1	19	3
13	涪陵地区	2	13	2
14	万县地区	1	20	2
15	雅安地区	—	1	1
16	凉山州	1	1	1
17	甘孜州	—	8	1
18	阿坝州	—	—	—
19	铁路体协	—	1	1
合计		34	263	50

这些研究会是在四川省武术协会/四川省武术运动管理中心的主导与推动下，由一些民间武术拳种传承人申请成立并注册于四川省武术协会下的民间武术组织。这一新鲜事物的独特性在于，尽管这些研究会的负责人全部来自民间武术之中，但这些研究会是在四川省武术协会/四川省武术运动管理中心的推动下成立的，因此在某种程度上体现了一定的官方意志。我们也可以认为，这是发生在四川地区的新时期官方权力参与民间武术并给予民间武术认同的体现。这一举措在突出民间武术的拳种和门派属性的同时，使四川民间武术迈向组织化发展阶段，为民间武术搭建了发展的平台。研究发现，尽管这一组织形式无法完全消弭民间武术中根深蒂固的“正宗嫡传”“门户之见”等矛盾，但官方权力的积极介入，并在其中发挥了积极的调节作用，因此在一定程度上使这些矛盾有所缓和。

“师徒关系”是民间武术中典型的结构性关系，它也是支撑民间武术得以形成特定社会空间的“原结构链”。因此，以“师徒”关系为特征所形成的相对松散的组织传承体系，亦是构成民间武术重要的组织结构之一。拜师收徒是传统中国社会诸多行业，如理发、打铁、厨艺等都采用的一种传承技术与文化的基本形式，非武术所独有。随着中国社会现代化进程的加快，一些行业逐渐失去了“谋生”的价值，因而被边缘化甚至消失在现代社会之中。然而，民间武术的持续传承使这一中国文化传统得以保留，并发展成民间武术内部结构组织的重要形式之一。

在民间社会中，拜师收徒是加入以某门派祖师爷为核心所形成的特殊群体，并得到师父“真传”的唯一途径，亦是师父建构以某祖师爷为核心的群体的特殊方式。中国社会是一个重血缘、地缘、宗法、伦理、关系的社会。以家族为核心的伦理思想在我国社会中深入人心，根深蒂固，牢不可破。中国的“宗族”“血缘”“家族主义”等文化的内在规定性是导致民间武术举行拜师收徒的重要原因之一。因此，透过仪式化的拜师收徒以及日常生活的道德教化，拜师收徒设定亦强化了“徒弟”与“学生”之间的区分与界线，同时也建构了以师徒关系为纽带的组织体系。

图 7－2　李建平收徒仪式现场

图 7－3　何伟琪收徒仪式现场

民间武术的这种组织体系呈现出以下几大特性，即有共同的信仰、以师徒关系为纽带、结构上既紧密又松散等。任何一个民间武术门派总是有一个祖师爷存在，不管这个祖师爷是虚构或真实存在的。这个祖师爷成为这个门派组织共同的信仰核心。如少林派尊达摩为祖师，四川僧门举办的“达摩会”即是一个明显的例证。在拜师仪式上或练功房的墙壁上总是要摆放祖师爷的肖像，有的甚至将祖师肖像制作成雕塑供后人瞻仰供奉。王树田在四川民间传播武术，收了不少的徒弟，俨然形成一个以王树田为核心的新兴门派——“王树田派”。只因为王树田是这一新兴门派在四川的开山祖师，才有了前文所述的他的徒弟们为他制作了铜像。显而易见的是，王树田成了他们共同的信仰核心。有了祖师、师与徒，便有了师徒关系。依靠师徒关系，入门或入室的徒弟以师父和祖师为核心凝聚在一起形成一个群体，师徒关系成为凝聚的纽带。师徒关系是对血缘关系的模拟，所以在表现上总是呈现出强弱不同的一面。师徒关系的强弱受师父的影响力、徒弟的热心程度、师徒的道德品行等因素的制约。因此，从结构上看这一组织形式的各维度与要素是紧密联系在一起的。但因其关系强弱的程度表现不同，且主要以道德为约束力，缺少外在的法律约束，所以在呈现出紧密结构性的同时，亦显示出松散的特性。这也是我们在田野中观察到有些徒弟始终追随师父的左右，并成为主要传承人，有些徒弟则只是给师父磕过头入过门，但并未真正传承过师父的技能或品德，这也是有的徒弟甚至不会受到大多数同门的认同的原因所在。这种组织的松散特性还表现在，如果师父一旦过世，诸徒弟之间便很容易因各种各样的原因瓦解成不同的次级团体。虽然他们仍然有共同的祖师爷信仰，但已形成事实的分裂。如四川的某门派，师父在世的时候，所有的徒弟、徒孙们紧紧团结在师父的身边，共同组织活动，切磋交流拳技。但当师父过世后不久，该门派内部便因价值取向的不同出现了矛盾，师兄弟反目，造成了事实的分裂。

以师徒关系结成的这种组织在民间武术中是普遍存在的组织形式。这种组织形式与上述的各种研究会的组织形式并不冲突。师徒关系是内嵌在各种研究会内部的主要的隐性关系之一。因此，以师徒关系为纽带的组织与各拳种研究会组织是一种交叉的存在。然而，并不是所有的民间武术习练者都热衷于与官方管理机构发生某种联系或关系，有的甚至是刻意回避与官方管理部门的接触。有习练者告诉笔者说："我们就是练起耍，时常与师父还有师兄弟聚一下，但是我们懒得与他们（官方管理部门）接触。"在类似这种民间武术团体内部，师徒关系则成为唯一的组织纽带。

以现代学校教育组织模式为基础所形成的特色鲜明的民间武术馆校亦

是当前民间武术重要的组织与传承体系之一。无论是在规模还是在数量上，四川地区的民间武术馆校都无法与河南、山东等地的武术馆校等量齐观。更是缺少像少林塔沟武校、郓城宋江武校那样规模与影响力的民间武术馆校。四川省成都市第一所私立武术馆校——“成都市私立武术健身学校”，由肖家泽于1983年开办。1991年，该校更名为“成都市峨眉武术学校”。该校于2004年停办，发展顶峰期创下2000多名的在校生纪录。汪健（1968—2013）于1991年创办的“乐山大佛文武学校”，曾经也颇有规模，在四川地区也较有影响力。但随着他于2013年猝然离世，该武校也逐渐走下坡路。“武术热”过后，四川地区的武术馆校与其他地区的武术馆校情况大致相当，一些武术馆校逐渐由扩张走向萎缩甚至关闭。

当前，四川地区存有不少风格各异的民间家庭式武术馆校。这类武术馆校在相关部门有登记备案，规模较小，以庭院式教学为主。因规模小、学生少，负责人往往不聘或很少聘教练人员任教，时常需要亲自传授武艺。如何道君与鲜宗丽夫妇开办的位于都江堰崇义镇的“青城道君精武馆”、何伟琪开办的位于成都市成华区的“峨眉僧门武校”、张汉斌于温江永宁镇创办的“汉斌武馆”、李全于成都市三圣花乡创办的“武道之家”等皆可归入此类民间家庭式武馆之列。

图7-4　笔者调研僧门武校

上述各类民间武术组织是四川民间武术结构化的体现，亦构成了四川民间武术的重要传承体系。多样化的组织为民间武术发展提供了动力，从一个侧面展示出了当代民间武术的生存状态。

第二节　民间武术的祖师爷信仰

祖师爷信仰属于我国历史上广为流传的民间信仰范畴。千百年来，中国民间武术汲取儒释道文化精华，尊师重祖。虽然如此，但是民间武术边缘化、底边化的生存境遇，致使其祖师爷信仰这一文化传统长期被研究者所忽视，或者被当作糟粕而尘封进历史的空间。调查发现，当下民间武术的祖师爷信仰十分鲜活且复杂，它对民间武术的发展有着重要的社会学功能和意义。① 那么，当下民间武术的祖师爷信仰状况如何？其中又蕴含着什么样的社会心理？这种祖师爷信仰发挥了怎样的功用？诸种问题，值得深入探究。

一　断裂与延续：从历史中走来的民间武术祖师爷信仰

清人纪昀《阅微草堂笔记》说："百工技艺，各祠一神为祖。"祖师也称"祖师爷"，指的是这些文化传承者所信奉的，开创其所操演的技艺、所从事职业的活生生的"人"，是一个群体阶序形成、行动交往基本准则的标志与象征。②

中国民间武术的祖师爷信仰有着悠久的历史和深厚的群体基础。民间武术的祖师爷信仰具体源于何时已不可考。但是，依据相关记载可以断定，作为民间武术群体的泛宗教信仰形式，它与中国人的宗教观有密切关系，

① 注：有学者认为，"作为与心性相连的信仰，祖师已经淡出人们的生活、视野与观念。"事实上，祖师爷信仰鲜活地存在于在当代民间武术群体的日常生活之中，并未消失得不可找寻。

② 岳永逸：《磕头的平等：生活层面的祖师爷信仰——兼论作为主观感受的民俗学》，《中国农业大学学报》（社会科学版）2008 年第 3 期，第 21 页。

并于明清时期臻于成熟。如起源于明朝正德年间的镖师通常尊关公和各自门派技术鼻祖为祖师爷。清人姬际可创立形意拳被尊为该拳种的祖师。在民间信仰浓厚的传统社会，祖师爷信仰构成了民间武术群体精神生活的重要组成部分。随后，在历经了“新文化运动”“反右斗争”“文化大革命”等社会、政治运动以后，祖师爷信仰被作为科学的对立面而斥为迷信，遭受到意识形态和政治现实的双重压迫。在 20 世纪中国史中，一个显著奇特的事是：彻底否定传统文化的思想与态度出现与持续。[①] 因此，像其他文化传统一样，这一时期的民间武术祖师爷信仰遭遇了全面的断裂。

十一届三中全会以后，宗教信仰自由政策重新得到落实，民间信仰逐渐得到恢复。民间武术群体的祖师爷信仰也逐渐复兴起来。但是，其社会空间仍然极其有限，其合法性也一直没有得到政府的认同。21 世纪初期，非物质文化遗产保护运动席卷全球。借助这一西方强势话语，2006 年，中国非遗保护运动完成了将民间信仰正名为“非物质文化遗产”的文化启蒙。2006 年 12 月发行的《中国非物质文化遗产普查手册》中，民俗信仰的普查提纲明确列于 16 类普查提纲之中。民间武术的祖师与其传承人一同成了保护的重要范畴。当前，民间武术的祖师爷信仰基本完成了从封建迷信到非物质文化遗产的转换，昭示出这一文化传统得到了合理、合法的延续与传承。

当前，民间武术各门派祖师爷信仰逐渐复兴且异常庞杂。他们供奉祖师爷的地点多在家中或俱乐部会馆之中。民间武术的祖师爷信仰并未像其他行业的祖师爷信仰一样因衰亡而不得找寻。

据峨眉派武术代表传承人口述，司徒玄空被尊为该派祖师。[②] 春秋战国

① 林毓生：《五四反传统思想与中国意识的危机》，《中国时报·人间副刊》1979 年 5 月 9 日。

② 访谈录音整理。访谈对象：王超、李万峰。访谈地点：四川峨眉武术院。访谈时间：2012 年 8 月 15 日、25 日。

时期，司徒玄空修行于峨眉山，受灵猴启发创立“峨眉通臂拳”传于后人。近年来，相关部门在峨眉山上为司徒玄空雕塑了蜡像接受众人奉祀。同处四川的青城派武术尊五岳丈人宁封子为远祖、张陵为初祖。① 相传轩辕黄帝曾在青城山学艺于宁封子，获龙蹻飞行之术。黄帝在获得飞行之术后打败了蚩尤部族，使华夏民族获得了统一。因此，宁封子被青城派尊为世间轻功第一人。② 相传张陵到青城山创道，杀鬼降魔，为后世留下诸多武功。青城派刘绥滨在收徒之时，其会馆中的案桌上依次摆有宁封子、张陵神像以及其师父余国雄的照片，徒弟要同时给这三位祖师磕头上香。同为青城派的何道君在家中堂屋的案桌上供奉张陵、关公以及传艺于己的曹明仙道长，每日定时上香磕头。何道君说：“我信奉关公，不仅仅是因为关公是武神，他身上还有仁义和不一般的心态，他还是财神，有招财进宝之意。”③ 近些年，四川民间武术界还在成都望江公园定期祭拜达摩祖师，举行“达摩会”切磋武艺、拜师收徒。

图 7－5　青城武术香堂

---

① 访谈录音整理。访谈对象：刘绥滨。访谈地点：都江堰市上善酒店、国际豪生酒店。访谈时间：2010 年 2 月 15 日、23 日。

② 访谈录音整理。访谈对象：张明心。访谈地点：青城山建福宫。访谈时间：2009 年 8 月 3 日。

③ 访谈录音整理。访谈对象：何道君。访谈地点：都江堰市青城道君精武馆。访谈时间：2010 年 4 月 6 日。

二　当代民间武术祖师爷信仰的特征

中国民间武术祖师爷信仰呈现出多元庞杂的特性。中国行业神通常是一业多神，或几业一神。[①] 从整体上看，民间武术的祖师爷信仰也呈现出多神的特性，其内部各门派之间尚没有一个统一的祖师爷信仰。民间武术有些门派中信奉的祖师爷一般是对一些帝王将相、宗教人物的附会，对一些民间传说和故事进行加工，从而制造出本门派的祖师爷，这些祖师爷是否对本门派的武术有传承却无法考证。

图 7－6　青城山功夫香堂

但是，民间武术也与其他行业共祀一个祖师爷，如关公信仰。相传关公既可以震慑邪恶，弘扬正义，又可以招财进宝。因此，与之相关的行业都敬而祀之。可见，民间武术的祖师爷信仰是多元与庞杂的，具有自身的特性，并非有如部分学者指出的只有关公为行武之神。[②]

中国民间武术祖师爷信仰是民间武术群体的自发自愿行为，进而体现出一种自发性。一直以来，民间武术祖师爷信仰并没有得到官方的认可与接纳，一度被视为“淫祀”。如今虽得到正视，但仍处于自生自灭的状态。

① 李乔：《中国行业神崇拜》，《百科知识》2006 年第 6 期，第 43 页。
② 王玉德：《中国神秘文化》，湖南出版社 1993 年版，第 328 页。

各门各派常常根据需要，如收徒、传位等，来组织奉祀仪式。奉祀所需的一切道具、服装、香蜡、宴席等都是通过自筹资金来解决。即使要增加或删减一些祭拜程序，也是根据实际需要来进行，并不需要得到其他组织或政府部门的许可。

民间武术祖师爷信仰还体现出了明显的实用功利性特征。一方面，在祖师爷认同上具有实用功利色彩。民间武术所祭拜的祖师爷有些是有传承关系的祖师，有些则是经过精心选择建构而来。如少林派崇达摩为祖师，此乃后世伪妄之说，有言赵匡胤为其开山祖师者，更是虚构。[①] 此类依附选择的往往是德高望重、影响广泛的帝王将相、神秘人物或爱国英雄作为门派的祖师爷，如此便可以增加自身门派的历史感和文化含金量。实际上，这是一种包装行为。[②] 他们通过祖师爷建构来对特定文化资源进行利用。另一方面，民间武术祖师爷信仰还蕴含有另外一种现实功利性诉求。即通过祭拜祈求神灵赐福禳灾，财运亨通。

大多数民间武术的祖师爷信仰都体现出门派的特性和局限。这里有两种情况：一是同为民间武术，各个拳种门派的祖师爷信仰不同。如少林派受佛教文化影响信仰达摩祖师，武当派起源于道教圣地武当山，则信仰张三丰和真武大帝。二是同一门派内部不同支脉的祖师爷信仰有差异。如同为青城派，刘绥滨一脉和何道君一脉共同信仰张陵祖师，但刘绥滨还信奉宁封子为远祖，何道君则奉祀关公。

民间武术中体现出私家祖师与公用信仰祖师共存的特征。民间武术各拳种门派都奉祀自家的祖师爷，这种祖师爷都带有私家祖师的特性。但是，现在很多民间武术门派和武术馆校除奉祀与自身武术传承有特定联系的私

---

① 唐豪：《少林武当考·太极拳与内家拳·内家拳》，山西科学技术出版社 2008 年版，第 35—54 页。

② 龚茂富：《中国民间武术生存现状及传播方式研究》，人民体育出版社 2012 年版，第 84 页。

家祖师外，也奉祀关公。这说明关公在一定意义上具有公用祖师的意味。此外，关公还是餐饮业、典当业等行业的行业神。

三　民间武术祖师爷信仰存在的文化解析

崇祖的宗法意识促进了民间武术的祖师爷信仰。康有为把中国社会称为家族社会、宗法社会。[①] 中国乡土社会的结构特点和核心就是以血缘为基础的宗法制度。体现宗法制度的祖先崇拜，数千年来渗透到每个家庭，成为全社会认同的价值观。慎终追远、祭祀祖先亡灵的传统，使芸芸众生与祖先灵魂的精神交往，成为华夏民众宗教意识的重要特征。[②] 民间武术在这种大的文化背景下诞生发展，不可避免地打上宗法的烙印。宗法意识具体表现为尊祖、敬宗、重传统等意识，这种宗法意识源远流长，表现在民间武术中就是祖师爷信仰。

酬谢神恩、祈福禳灾的社会心理是民间武术祖师爷信仰的重要内在驱动力。一位民间武术的传承人告诉笔者，“我们拜祖师，一是感谢祖师传给我们武功，因为没有祖师就没有我们这个门派。还有一个原因就是希望祖师爷保佑我们门派能够发扬光大，保佑我们能够发展得更好。”这两句简单朴实的话语道出了民间武术祖师爷信仰的社会心理基础。武术技术是民间武术传承人赖以生存的手段，所以他们非常感谢传承了这门技艺的祖师爷。他们还希望通过祭祀祖师爷来达到驱魔辟邪、规避社会风险，保佑自己拥有更好的经济效益。

多神崇拜的社会环境为民间武术奉祀多个祖师信仰提供了可能。我国民间信仰的一大特色就是多神崇拜。历史上，我国民间信仰丰富多样，除了统治者禁过所谓的“淫祀”之外，其他信仰多数情况下是不管的，因而

---

① 钱钟书：《康有为大同论两种》，生活·读书·新知三联书店 1986 年版，第 228—229 页。

② 习五一：《近代北京的行业神崇拜》，《北京联合大学学报》（人文社会科学版）2005 年第 1 期，第 78 页。

信仰相对自由。这一点与西方社会统一的宗教信仰有较大的区别。因此，民间武术可以奉祀多个祖师，同一门派内部也可以允许不同的祖师信仰出现。

四　民间武术祖师爷信仰的作用

民间武术祖师爷信仰发挥了建构关系，形成群体认同，维持特定群体微观秩序的积极作用。在民间武术中，第一次接触祖师爷是从“拜师”仪式开始的。在拜师仪式中，最重要的就是要把祖师爷的牌位请出来接受拜祀。民间武术收徒过程中时刻有祖师爷在场。整个拜师仪式看似是师父与徒弟之间发生关系的人与人之间的事情，其实是师父代祖师爷为本门派收徒。在观念层面，在场的所有人都将此与祖师爷联系起来。祖师爷不但是不可或缺的符号、仪式空间必备的要素，他还是新人必须跪拜并用心感受的对象，也是行当中的同人要重温和感念的对象。[①] 通过拜师仪式，门派中的所有人又一次共同重温了群体的记忆。新人完成拜师仪式以后，便与祖师爷、师父、师伯、师叔、师兄弟等完成了类血缘宗族的关系建构，祖师爷和门派的概念便在徒弟心里打上了烙印。

图 7－7　皇令派弟子祭祖合影

① 岳永逸：《磕头的平等：生活层面的祖师爷信仰——兼论作为主观感受的民俗学》，《中国农业大学学报》（社会科学版）2008 年第 3 期，第 25 页。

民间武术门派的祖师爷是形成该门派聚合的重要精神性力量。祖师爷信仰是传统血缘宗法在民间武术上的文化投射。通过拜师仪式，徒弟将自身编织进这个具有中国本土传统特色的类血缘的网络关系之中，由此而来的归属感油然而生。周伟良认为，对一些入了“名门大宗”的习武者而言，这种归属感就更为强烈，他们更容易产生一种高度的文化认同，以及在这基础上形成的凝聚力。[①] 作为民间武术知识体系的源生点、重要组成部分和民间武术内部交往行动的基本准则，祖师爷就内化为每个个体慎终追远的存在，并由此形成异乎寻常的聚合力量。祖师爷的积极膜拜信仰和拜师仪式使民间武术获得了社会整合。在某种意义上，这也验证了涂尔干的仪式功能理论。[②]

祖师爷成为身份的标示符号以及社会资本。文化是相互作用的，而不是彼此孤立的。为了区别于其他群体，人们往往设置边界，尽管有人会逾越它，但边界会继续存在。[③] 在民间武术中，祖师爷就是标示自身群体与其他群体相区别的文化符号之一。这种符号的意义在于，它是不同拳种门派之间相互交流时的自我定位、身份区别以及存在的合理性的说明，也是不同拳种门派群体之间进行斗争的策略与方式。它兼具工具价值和理性价值。民间武术不同拳种门派之间的斗争古已有之，清人王南溪对这种狭隘的门户之见批判为“分门外户，巧捏色名，往往自以为誉，曰吾术之近路也”。[④] 然而，即使到了当今社会，民间武术的门户之见依然如此，尽管他们也能意识到这是一种自我封闭式的文化隔阂。

---

① 周伟良：《师徒论——传统武术的一个文化现象诠释》，《北京体育大学学报》2004 年第 5 期，第 588 页。

② ［法］爱弥儿·涂尔干：《宗教生活的基本形式》，渠东、汲喆译，上海人民出版社 1999 年版，第 395—508 页。

③ ［美］约翰·R. 霍尔、玛丽·乔·尼兹：《文化：社会学的视野》，周晓虹、徐彬译，商务印书馆 2004 年版，第 102 页。

④ 马贤达：《中国武术大辞典》，人民体育出版社 1990 年版，第 457 页。

祖师爷在民间武术发展中还扮演了社会资本的角色。社会资本是嵌入社会网络关系中的可以带来回报的资源投资。① 祖师爷是民间武术群体社会关系的重要的节点之一，虽然多数祖师爷是虚构的存在，但这种关系却是客观存在的。祖师爷所带来的声望和历史价值都是民间武术的重要资本，在民间武术各种投资活动中，祖师爷就成为嵌入民间武术生存和发展的资源。在更多的情况下，民间拳种门派所谓的“历史”是通过祖师爷来体现的。

民间武术的祖师爷信仰属于民俗文化的范畴，同时它也是武术非物质文化遗产的重要组成部分。民间武术信仰的对象，如青城派的老子、张道陵、关公，少林派的达摩，武当派的张三丰、真武大帝，岳家拳的岳飞等，都是中国传统文化的重要组成部分。对他们的信仰，无疑是继承和发展了民间文化，丰富了民间武术群体的精神生活。经验证明，割断传统的文化建设不仅缺失理性，而且还很可能质变为一种“文化创伤”乃至于人民的精神创伤。②

我们还应看到，民间武术祖师爷信仰祭拜仪式本身也是一种文化。仪式一直被人类学家看作是理解文化生成、阐释人类社会意义的重要文本。仪式能够在最深的层次揭示价值之所在，人们在仪式中所表达出来的，是他们最为之感动的东西，而正因为表达是囿于传统和形式的，所以仪式所揭示的实际上是一个群体的价值。③ 民间武术祖师爷信仰对这一特殊文化的传承起到了积极的作用。

中国武术的发展格局已基本形成，但是，武术文化核心的信仰维度还较为模糊。祖师爷信仰在武术中的建构，尚需要清除其在现代化过程

---

① Nan Lin, *Social Capital*, *A Theory of Social Structure and Action*, New York, Cambridge University Press, 2001, pp. 24 – 25.

② 高长江：《民间信仰：和谐社会的文化资本》，《世界宗教研究》2010 年第 3 期，第 116 页。

③ ［英］维克多·特纳：《仪式过程》，黄剑波等译，中国人民大学出版社 2006 年版，第 6 页。

中形成的各种关乎祖师爷信仰本体的偏见，打破一些成见，让渡出适度的祖师爷信仰空间，以促进民间武术的发展，壮大武术的根基与文化根底。

第三节　四川地区民间武术传承者的生存方式

长期以来，诸多武术学者的研究多是将着眼点放在武术技术或文化上，这样做使武术技术或文化得到了凸显和较为深入的研究。但也有明显的不足，即造成了对民间武术传承主体——“人”的忽视，尤其是对民间武术传承者的生存情况缺乏关注。不得不说，这是武术研究中的一个亟待弥补的缺憾!

对民间武术传承主体的关注，最核心的就是要考虑他们是如何生存的?人总要生存，只有民间武术传承者生存下去，才能对民间武术进行传承和发扬。而且，他们的生存状态与方式，将直接影响到民间武术的发展。通过考察和认真的梳理，当代民间武术传承者的生存方式主要涉及以下几个方面。

一　开办武馆：艰辛的经营之路

开馆授徒是民间武术中较为常见的生存方式之一。新中国成立之后的四川地区民间武术传承人利用开武馆求生存的历史，可以追溯到20世纪70年代末到80年代初那段时间。1982年，因电影《少林寺》兴起的“武术热”开始席卷整个华夏大地。此时，在成都电讯工程学院校医院任中医师的峨眉赵门传人肖家泽隐约感到这是一次不容错过的发展武术的良机。1983年，他毅然办理了停薪留职手续，并于这一年的年末创办了“成都市私立武术健身学校”。这是新中国成立以来，四川地区成立的较早的民办武术馆校之一。

图 7－8　笔者访谈肖家泽先生

20 世纪 80 年代初期，四川各地武馆林立。前文已述，1984 年，江油的海灯武馆进行了奠基活动，1988 年正式成立。1985 年，青城山地区也出现了第一家武术馆——青城武术馆，由潘崇福主持建立，并出任馆长，徐辉云任主教练，姚福沛为顾问。1989 年，张汉斌在温江永宁镇开办“汉斌武馆”。“武术热”带来了大量的生源，因此开武馆谋生存成了那个年代民间武术普遍的现象。地处东部一带河南、山东等地的情形与西南地区四川的情形大致相同。如 1978 年，河南省登封县塔沟村老拳师刘宝山创办了“少林塔沟武术学校”，1985 年，山东郓城县两位拳师樊庆斌、刘国庆自筹 300 元资金创办了“郓城宋江武校”。

肖家泽全身心投入武校的经营发展，曾取得过不错的业绩，最兴旺时招生规模一度达到 2000 多人。1991 年，肖家泽将武校更名为“成都市峨眉武术学校”。肖家泽从开办武校中赚得了人生的第一桶金。20 世纪 90 年代初以后，“武术热”渐渐退潮，全国规模较大的武术馆校都出现了萎缩现象，规模较小、起步较晚的武术馆校甚至转业或关门停业。肖家泽的武馆也在逐渐萎缩。后来，他索性停止了招生，在武校的土地上创办起了驾驶学校，并开始经营一家宾馆。随着资金和经验的积累，肖家泽后来成立了公司并开始涉足房地产业。借助经营武术馆校，肖家泽获取了原始的资金积累，这为他成为企业家奠定了必要的基础。

这一时期开办武馆的民间武术人并没有像肖家泽那样抓住了发展机缘。潘崇福等人在都江堰开办的“青城武术馆”一直不温不火，没过几年便倒闭关门了。江油市政府大力扶持的海灯武馆富丽堂皇，但因多种原因没有发展壮大起来。对民间武术人来说，通过开办武馆寻求生存的道路并不是轻而易举和一帆风顺的。进入20世纪90年代后，虽然开办武馆的黄金时期已过，但四川地区仍有不少民间武术人为了生存下去，选择尝试开办武馆。

1991年，峨眉派传人汪健于乐山市创办了“乐山大佛文武学校”，经过十多年拼搏，一度发展成为四川地区规模较大的武校之一。但不幸的是，汪健于2013年猝然离世。1992年，何道君、鲜宗丽夫妇在都江堰市崇义镇创办了“青城道君精武馆”。同年，李康全于广安市投资创办“康泉文武学校”。1995年，刘绥滨在都江堰市青城山镇创办了名为“青城山功夫馆”的武馆。其间几易其名，到2005年，他将武馆正式定名为“青城武术馆”，并沿用至今。1997年，何伟琪于成都市成华区创办“峨眉僧门武校”等。除“乐山大佛文武学校”“康泉文武学校”等武术馆校外，其他的武术馆校都难以用“规模”加以形容，其经营收入也仅够维持武馆日常运转而已。尽管如此，武馆仍旧为一些民间武术人提供了生存必要的经费来源。

二　收徒：从“略备薄礼”到“重金投拜”

众所周知，拜师收徒是民间武术文化的重要组成部分。它不但承载着民间武术核心的价值要素，同时也承担着将技艺传承下去的重要使命。因此，拜什么样的师父，学哪家的武艺，收什么样的徒弟，传多少“把式”，都是师徒双方在建构师徒关系之前需要认真仔细考虑的重要事情。拜师不仅仅与师父所传的技艺高度相关，而且与师父的品德、声望、名气、影响力也高度相关。作为徒弟，总想找到德艺双馨、影响力大的师父，以继承到高超的武学并得到无形的“行走江湖”的名望资本。作为师父，也始终愿意将天赋高，悟性好，有经济实力的人纳入门内成为徒弟。

图 7－9　青城道君精武馆

师父需要徒弟供养，这是十分现实的问题。但是在现实生活中，人们总是忌讳公开谈论这一话题。很多师父会谈论其他人收徒弟需要多少钱，但他不会谈论自己收徒弟需要徒弟支付多少钱。这是中国人“面子”心理在起作用。传统的观点认为师父是不应该把收徒作为赚取资金的手段的，因为“师徒如父子”，那样做无疑违反了儒家的伦理道德。但事实上，徒弟总是要为学到师父的真才实学付出些劳动或资金，古往今来莫不如此。否则，也不会有“穷文富武”这句老话了。

新中国成立之前，富庶的大户人家请武艺高强之人到家中传授武艺一并看家护院是常有之事。虽然我们没有看到文献记载需要为这种上门师父支付多少酬金，但很明显的是，这种上门师父的待遇是很高的。不但要为其提供吃喝，还要支付一定的报酬。即使是出去拜一个师父也要在拜师仪式上对师父有所表示，逢年过节更是缺不了要购买些礼物去看望师父。当然，我们这样讨论并不是想将传统的师徒关系界定为纯粹的经济关系，那样的话必然是对武术中师徒关系的误读。但是，不考虑经济关系也是对师徒关系的曲解。如果一个以教拳为主要职业的拳师，没有来自徒弟们的供养，他如何生存下去？因此，经济维度也是解读师徒关系的一个重要参考变量。

新中国成立前后，拜师较为简单，所需要的花费相对较少。一般来说，如果想拜某人为师，需要中间人帮助介绍，在获得同意后，准备些肉、布、米、公鸡、鸡蛋、糖果、水果等物品送到师父家，再磕个头就算完成了拜师仪式。经济条件好些的家庭可能会摆上几桌宴席，将师父和一些相关人士请过来完成拜师仪式。待师徒关系确定后，逢年过节给师父送些东西，表示对师父的尊重和感谢。师父从中也获得了些许生活资助。当然，并不是所有的人拜师时都要付出一些东西或金钱。这样的例子也时常能够见到。但已经风俗化的逢年过节的"送礼"则总是必不可少的。

近些年，随着经济与生活水平的提高，民间拜师已经成为一项支出不菲的活动。少则上千元，多则数万元已是常有之事。四川地区一位拳师告诉我们说："以前（拜师）就是拿一个鸡公，买几包糖，提点水果就去请师父吃饭，给师父发个红包。1991 年我收拜师费只收 1000 块。但我们也有没要钱、不收钱的徒弟。现在收徒弟，有钱的就给，没钱的也就买礼品啊或随便买些东西啊。愿意收你（做徒弟），一分钱不给都无所谓，不愿意收你（做徒弟）你给再多都不行。北京有一个老板，要给我 50 万元，我都没收。现在民间还是有些把拜师当生意在做的，收一个徒弟要收多少钱。送红包是对的，但你不能把他设定一个价格，因为以前我有一个徒弟跟我讲，你现在名气大了，要把这个提高到多少多少，我说没必要，因为我们收徒弟不是收钱的。徒弟这个实际上跟儿子一样，跟他有没有钱实际上没什么关系的。就像他是你儿子，他没钱你就不认他了吗？我拜师那时，80 年代末就兴这些了。"拜师费是对师父的认同、尊重与回报，也是对自身学武的一个约束，使其更加珍惜来之不易的学习机会。但至于需要支付多少"礼金"

或“压帖金”①，大多数师父都不会明说，必定经济关系在师徒关系中并不是最重要的部分。因此，拜师费往往由徒弟自身的经济情况来决定，量力而行。拜师费是徒弟“诚意”的经济表现，因此“装穷”之人会被视为对师父的亵渎与德行糟糕的表现，往往会遭到拒绝。一般情况下，师父反对徒弟之间相互打听“压帖金”的数目，避免相互之间出现不平衡的心理，以致师兄弟之间产生不必要的矛盾。

事实上，投贴某位拳师的“压帖金”总是会通过不同的渠道不胫而走。有时是已入门的徒弟“泄露”出去的，有时则是师父“不经意间”吐露的。四川地区民间武术圈中也流传有某位拳师收取的拜师费价位，笔者在田野调查过程中时常能够听到一些人议论此事。有的人认为此事无可厚非，但也有人不以为然。如此一来，拜师也基本成了“明码标价”的事了。

收徒所带来的收入已成为一些拳师的主要收入途径之一。一些拳师也开始热衷于收徒。一位信息提供者说：“W 拳师在前些年都不大愿意收徒，有人找他他都不想收。你看这几年接二连三的收徒弟呢。”我问：“为什么?”他接着说：“能赚钱啊，有的给拜师费，一给就是好几万。”这一情形确实已经变得较为普遍，有些拳师几乎每年都要举办仪式收徒弟，笔者也曾被邀请前往参加祝贺。近年来，收徒费似乎有逐渐被抬高的趋势，并引发了一些诸如“靠收徒弟赚钱”的负面评价。以致四川省相关管理部门领导在某次收徒仪式的讲话中专门提出来批评了这种现象，认为这是一种“歪风邪气”，应该及时止住。

需要指出的是，并不是所有的拳师对于高额的拜师费都怦然心动。他们认为当年自己向师父学艺时，师父分文未取，自己应该将这种德艺双馨

① 注：拜师时，在递送拜师帖时，徒弟需要向师傅递送包有现金的“红包”，故有“压帖金”一说。

的精神传递下去。四川地区某门派的 Z 君就持这一观点，他还认为收取高额拜师费将毁掉师父传下来的很多东西，那样的话会把整个门派都毁了。但是，他的这一观点没能得到门派中其他几个师兄弟的认同，因此师兄弟之间也出现了隔阂与矛盾。

从“略备薄礼”到“重金投拜”，彰显出民间武术拜师文化在当代的变迁，也映射出了民间武术生存的现实生态。

图 7－10 一位徒弟在拜师现场为师父师娘送上“压帖金”

三 其他

民间武术涉及面广，传承人的生存方式也极其多种多样。上述开办武馆与收徒等是民间拳师较为普遍的生存方式，四川地区的民间武术人也还存有一些其他生存方式。一些知名度较高的拳师，如刘绥滨、吴信良等人，时常会受邀参加电视节目制作或前往异地讲学等商业活动，或者依托四川地区都江堰青城山以及峨眉山的旅游资源引入国外资源到青城山进行教学。这也能够为其带来可观的经济收入。上述生存方式主要是针对较为职业化的拳师进行的讨论。对于并不把武术作为主要谋生手段的一些民间习武之人来说，他们更多的还是依靠其他工作的收入来支持自身的习武爱好，本研究对这类民间武术人不做深入探讨。

图7－11　吴信良在“第二届中华武侠文化节”开幕式上的表演

本章小结

政府管理组织与传承体系、民间“师徒”组织与传承体系以及民间武术馆校组织与传承体系共同构成了民间武术组织与传承体系的一体三面，推动了民间武术的当代传承与发展。当今社会，在经历了断裂之后，民间武术的祖师爷信仰呈现出一片复兴趋势，并显示出鲜明的时代特征。民间武术祖师爷信仰的当代复兴有着深厚的文化内蕴，它在民间武术发展过程中发挥着诸如建构关系、形成认同、凝聚门派、标示身份符号等重要价值与作用。对民间武术“人”的关注，让我们不得不对民间武术传承人的生存情况进行分析。随着社会的发展，民间武术传承人的生存方式也在不断发生着变化，不过，研究显示，“开办武馆”与“收徒”依旧是当前民间武术传承人的主要生存方式。

第八章　民间武术文化传统的复兴与再造

论及民间武术文化传统的复兴与再造，必然要涉及民间武术文化传统的历史维度。然而，在这之前我们有必要先弄清楚“文化传统”是什么，然后才能进入对民间武术文化传统的讨论。也许是我们自己创造了文化传统，同时又生活在文化传统之中，因此，对于很多人来说，“文化传统”似乎是不言自明的东西。然而，事实可能并非如此。

第一节　文化传统

中国社会有着悠久的历史，一直以来人们并未意识到“文化传统”是需要讨论的问题。在很多场合，人们经常将传统文化与文化传统交互使用，即使是在学者们的文化论争中也同样如此。这一情况一直持续到20世纪80年代末期。在20世纪对文化的大讨论中，最终“文化传统”作为一个问题显现出来，少数几个学者对之进行了一定程度的讨论。

一　国内学者对“文化传统”的论争

庞朴先生较早地意识到，对于文化研究而言，区分什么是“文化传统”是十分有必要的。庞朴将文化传统与传统文化进行了对比分析。他提出，文化传统是形而上的道，而传统文化是形而下的器。道在器中，器不离道。

文化传统是不死的民族魂。它产生于民族的历代生活，成长于民族的重复实践，形成为民族的集体意识和集体无意识。简单来说，文化传统就是民族精神。……它不具有形的实体，不可抚摸，仿佛无所在，却无所不在，既在一切传统文化之中，也在一切现实文化之中。[①] 文化传统在整个民族成员中起作用……支配千人万人的习惯和力量，可以说是集体无意识，是一种潜意识……它构成某一文化的核心力量。[②] 从中可以看出，庞朴先生对文化传统的说明是含糊其辞的，将“文化传统”等同于“民族精神”也是一个有待商榷的命题。尽管这一评价略显苛刻，但事实如此。李慎之也认为，“至于到底什么是中国的文化传统，庞朴先生并无具体说明。”[③] 庞朴对“文化传统”的肯定，并将其与传统文化区分开来，受到了学界一些人的认同。汤一介撰文表示，庞朴将“文化传统”和“传统文化”区分开来很有道理，并补充说，“文化传统是指活在现实中的文化，是一个动态的流向。……不管人们愿意或不愿意，一个能延续下去的民族的文化总是在其文化传统中，而且不管如何改变它仍然是这一民族的文化传统。”[④]

几乎与庞朴同时对文化传统展开论述的另一位代表性学者是朱维铮先生。朱维铮采用的也是对比区分“文化传统”与“传统文化”的路径。1987 年，他撰文说：“先辈曾经认定是合宜的行为规范，以后继续被认为合宜的，被认为往古社会所累积的最佳经验，体现这种传统的文化形态，属于历史的遗存，却在现代社会文化生活中依然存在，尽管已经变了位并且

① 注：庞朴在 1987 年对西安、成都、重庆等地学员所作的题为“文化传统与中国社会”的演讲中提出了该观点。该演讲稿经整理后，以“文化传统与传统文化”为题于 2003 年发表在《科学中国人》杂志上。见庞朴《文化传统与传统文化》，《科学中国人》2003 年第 4 期，第 9 页。同时，该观点也被邵汉明主编的《中国文化研究二十年》收录，见邵汉明主编《中国文化研究二十年》，人民出版社 2003 年版，第 471 页。

② 庞朴：《文化的民族性与时代性》，中国和平出版社 1988 年版，第 158、161 页。

③ 李慎之：《中国文化传统与现代化》，《战略与管理》2004 年第 4 期，第 1 页。

④ 汤一介：《港台海外中国文化论丛》，生活·读书·新知三联书店 1990 年版，序言。

变了形，那就是活文化。……就是人们习称的文化传统。”[①]朱维铮从历史与当下两个维度肯定文化传统，并强调文化传统对人类行为的内在规定性。同时，朱维铮先生在肯定文化传统历史维度的同时，尤其突出它的现实存在性，即历史与当下的辩证统一。他说：“难道文化传统不是历史遗存吗？正是，但它更多还是属于现状。……与传统文化相区别，文化传统更多属于现状的研究范畴。”[②]

很容易看出，关于“文化传统”，朱维铮与庞朴、汤一介等人达成了一定的共识。一、文化传统不同于我们所说的传统文化，虽然二者有交叉重叠，但文化传统有独立的范畴与属性；二、文化传统从历史中来，并且仍然活在当下社会之中。这一点尤其在朱维铮与汤一介的表述中得到了明证；三、文化传统是得到广大民众集体广泛认同的，因而对这个集体的行为与道德具有一定规定性，表现出一定的力量感。对文化传统的探究尽管取得了一定的成果，但让人遗憾的是，也许是一些文化传统被强加的“封建”“迷信”等坏名声的原因，文化传统的研究并未引起中国学者多大的兴趣。目前，对文化传统的研究也几乎是止步于概念和内涵，后续跟进的研究乏善可陈。

文化虽然永远在不断变动之中，但是事实上却没有任何一个民族可以尽弃其文化传统而重新开始。[③] 余英时先生的这一宏观性论断具有广泛适应性。一个民族尚且如此，一种文化的延续更是不可能建立在文化传统的荒漠之上。不过，目前学界对文化传统的阐释与研究的不足，导致在推进民间武术文化传统研究时难以直接借鉴使用。那么摆在面前的问题是，如何深化关于文化传统的认知呢？朱维铮提出，“坚持从传统本身说明传统”[④]

① 朱维铮：《传统文化与文化传统》，《复旦学报（社会科学版）》1987 年第 1 期，第 51 页。
② 同上。
③ 余英时：《文史传统与文化重建》，生活·读书·新知三联书店 2004 年版，第 429 页。
④ 朱维铮：《传统文化与文化传统》，《复旦学报（社会科学版）》1987 年第 1 期，第 52 页。

的见解是极有见地的。文化传统是基于文化的传统指向，因此只有面向传统本身才能认识文化传统——这多少有点现象学的面向事实本身的意味。国内学界对“传统”的认识是有深厚基础的，[①] 但是西方学者 E. 希尔斯（Edward Shils）与 E. 霍布斯鲍姆（Eric Hobsbawm）的相关著作更具洞察力与操作性。

二　西方学者关于“文化传统”的阐释

美国社会学家 E. 希尔斯倾其 25 年心血对“传统”本身展开研究，于 1981 年出版了《论传统》一书。该书是首部针对传统本身进行探讨的著作。该书于 1991 年被译介到国内，受到广泛赞誉。E · 希尔斯认为，传统，就其最明显、最基本的意义来看，它的含义只是世代相传的东西（traditum），即任何从过去延传至今或相传至今的东西。它是人类的行为、思想和想象的产物，并且被代代相传。它包括物质实体，也包括人们对各种事物的信仰，关于人和事件的形象，也包括惯例和制度。[②] 希尔斯同样肯定传统的历史特性，认为传统必须有历史持续性，也就是“必须要有一定的历史感”才能够被称为“传统”。但究竟要在时间维度上持续多久才能使一个“传统”得到认同，希尔斯认为，它至少要持续三代人——无论长短——才能成为传统。[③] 有必要指出的是，“三代人”的期限只是希尔斯的个人观点，持有不同意见者大有人在。笔者认为，在尊重历史感的前提下，具体的时间期限总是仁者见仁，智者见智。同时，希尔斯也强调传统中存在强烈的主观认同性。所以，有时候，所谓的传统的历史存在维度并不是最重要的，因为人们选择相信并接受，这并不基于过去该传统是否真正的存在过。传统是人们在过去创造、践行或信仰的某种事物，或者说，人们相信它曾经

① 邵汉明主编：《中国文化研究二十年》，人民出版社 2003 年版，第 465—470 页。

② ［美］E. 希尔斯：《论传统》，傅铿、吕乐译，上海人民出版社 1991 年版，第 15—16 页。

③ 同上书，第 20 页。

存在，曾经被践行或被人们所信仰。[①] 因此，传统并不是一成不变的。那些继承了传统的人希望创造出更真实、更完善，或更便利的东西。传统接受人们对它所做的必要的解释和改变，希尔斯将其称为“传统的延传变体链（chain of transmitted variants of a tradition）”。[②]

希尔斯意义上的传统多少与人类学家所指称的宏观的文化概念是相似的，因此将他所说的传统理解成文化传统并无多少不妥之处。被人类赋予价值和意义的事物，包括物质性的产品和非物质的语言、思想、制度、习俗等，以及保存在人们记忆和语言中的所有象征建构，延续并传承一定时间以上都可以称为传统。传统使代与代之间、一个历史阶段与另一个历史阶段之间保持了某种连续性和同一性，构成了一个社会创造与再创造自己的文化密码，并且给人类生存带来了秩序和意义。[③] 因此，人们往往会出于某种目的创造性地改造传统以适应社会的需要。

理解这一点很重要。即传统并不是生而有之的，它也是人类创造出来的文化之一，只因为它具有一定的历史感并得到了广泛的认同才被称为文化传统。E. 霍布斯鲍姆等人的研究，揭示了传统的形成自有其内在的规律，而且他指出那些表面看来或者声称是古老的“传统”，其起源的时间往往是相当晚的，而且有时是被发明出来的。[④] “被发明的传统”意味着一整套通常由已被公开或私下接受的规则所控制的实践活动，具有一种仪式或象征特性，试图通过重复来灌输一定的价值和行为规范，而且必然暗含与过去的连续性。……被发明的传统的独特性在于它们与过去的这种连续性大多

---

① ［美］E. 希尔斯：《论传统》，傅铿、吕乐译，上海人民出版社 1991 年版，第 17 页。

② 同上书，第 18—19 页。

③ 同上书，第 8 页。

④ ［英］霍布斯鲍姆、兰格主编：《传统的发明》，故杭、庞冠群译，译林出版社 2004 年版，第 1 页。

是人为的（factitious）。[①] 当然，并不是所有的传统都是带有“被发明”的烙印。霍布斯鲍姆认为，在旧方式依旧起作用的地方，传统既不需要被恢复，也不需要被发明。相反，当社会的迅速转型削弱甚或摧毁了那些与“旧”传统相适宜的社会模式，并产生了旧传统已不再能适应的新社会模式时；当这些旧传统和它们的机构载体与传播者不再具有充分的适应性和灵活性，或是已被消除时；总之，当需求方或供应方发生了相当大且迅速的变化时，传统的发明就会出现得更为频繁。而且，这些被发明的传统似乎属于三种相重叠的类型：a）那些使各个团体（真实的或是虚假的共同体）的社会凝聚力或成员资格得到确立或是象征化的传统；b）那些使制度、身份或是权力关系得以确立或合法化的传统；c）其主要目的是使信仰、价值体系和行为准则得到灌输和社会化的传统。[②] 在霍布斯鲍姆等人的笔下，文化传统变得更加具有活力，更加体现出了文化传统的再生产过程中人的主体性的在场。

无论是庞朴、朱维铮、汤一介等人的研究，还是 E. 希尔斯（Edward Shils）与 E. 霍布斯鲍姆（Eric Hobsbawm）等人的深度阐释，他们对文化传统的历史、价值等方面有着较为一致的认识。然而，也可以看出他们的差异在于，中国的研究更多地指向将文化传统视作一个独立的客体，他们更加侧重的是文化传统对人的教化和行为与道德的规范作用。西方学者的不同之处在于，他们将人类的实践加入了文化传统的研究范畴，突出了人在文化传统形成过程中的创造性、选择性与目的性的统一。换言之，文化传统的存在是人类价值理性的体现，说到底文化传统终究是人的传统。这无疑将文化传统的研究推向了一个新的高度，从而也为民间武术文化传统研究提供了更多的理论生成资源。

---

① ［英］霍布斯鲍姆、兰格主编：《传统的发明》，故杭、庞冠群译，译林出版社 2004 年版，第 2 页。

② 同上书，第 5—11 页。

第二节　民间武术中的文化传统

可能很多人会提出这样的疑问，民间武术到底有没有所谓的“文化传统”？这是一个毋庸置疑的问题。可以肯定地说，中国武术的传统几乎都存在于民间武术社会之中，当然其中也掺杂有官方权力的建构。长期以来，武术界诸多学者对传统武术文化研究着墨颇多，然而对武术文化传统却鲜有关注，这也导致民间武术文化传统在很多文论中长期缺席。这对武术研究的深入推进是极其不利的。

一　民间武术中丰富的文化传统样态

民间武术中的文化传统的样式是丰富多彩的。在民间武术中，最为明显的是文化传统应该是各式各样的“技术”传统（这里包括技术的构造以及展现的风格）。在众多中国民间武术门派中，技术是一种非物质的文化遗产，它的源头在最初的创拳者那里，是各门派得以存在的重要载体与显性特征，也在技术完善的过程中被不停地创造着。最为重要的是，民间很多拳师反对“改拳”——尽管这一改造以各种形式被进行着。不过，后继者的改造总是遵循一定的规律并在一定范围内进行的，这就最大限度地保证了各自门派技术的纯洁性。否则，所谓的“门派”就会变得虚无。自陈长兴创陈氏太极拳之后，杨氏、吴氏、武氏、孙氏太极拳相继被创生出来，由于他们遵循着共同的技术规律，所以这并不妨碍他们共同属于太极这一门派。从民间武术的技术发展史看，多数民间门派技术的流传时间都已充满了所谓的“历史感”。不但如此，这些技术通过一代一代的传承，仍然流传在当代社会之中。因此，技术作为民间武术的文化传统是显而易见的。

除此以外，民间武术中的师徒传承这一制度方式也是得到学界公认的典型文化传统之一。诸多学者对此已有深入的讨论，此处不再赘述。如果再往核心层次探寻，民间武术社会中流传的“尊师”“义气”“讲究”等价值观，以及对“仪式”的塑造、传承与重视也是鲜明的文化传统。在前文已论及的四川地区民间武术的三种典型仪式样式中，其中的拜师收徒仪式的历史最为悠久，将其划入民间武术的文化传统之内，应该无可厚非。团年仪式则是四川民间武术社会对日常生活仪式的借用，虽然我们无从考证这一仪式究竟在四川民间武术中传承了多长时间，但鉴于该仪式在四川人们日常生活中的长久历史，以及民间武术社会与日常社会的交融，我们仍有理由认为它是四川民间武术社会中的文化传统存在。掌门人传位仪式则体现出四川民间武术社会对传统的创造。民间武术在祖师爷信仰方面无疑也形成了传统。民间习武必言师，言师必溯其祖！民间武术对祖师爷的崇拜与信仰是伴随民间武术传承始终的，也体现在很多仪式性的场合方面。前文已有深入的讨论，此处从略。

二 四川民间武术文化传统的历史解读：基于“达摩会”的分析

在四川地区民间武术中，我们不但发现了上述的各种文化传统，与此同时，我们也发现了四川地区存在一些独特的民间武术组织结社与办会的文化传统。比如，前文述及的青羊宫花会“打金章”，以及与青羊宫花会“打金章”和成都大庙会并称“老成都三会”的“达摩会”与民俗有紧密联系的民间武术文化传统等。尽管“打金章”、达摩会等文化传统的存在并未达到希尔斯意义上的量化标准，但因其是“老成都”历史记忆的重要组成部分，因此对当地人而言其历史感十足，已成为地方身份认同的文化符号标志之一。因此，当地人发自内心地接受并将其视为四川地方武术的重要文化传统之一。

达摩会的始创可以追溯至清末时期。据当代僧门代表人物何伟琪介绍，1910 年，在周腾蛟、吴蔚生、王镜屏等人的大力倡导下，四川民间武术界各门派积极响应，达摩会得以成功创办。[①] 参与者们相约每年农历十月初十在成都韦陀堂（今文庙后街）进行聚会演武交流活动。达摩会既是一个民间武术结社组织，设有正副会长等职务，又是一个以武术为主题的民间聚会表演活动。达摩会创办后，周腾蛟、吴蔚生被推举为正、副会长，王镜屏任执法。在达摩会举办期间，四川地区各地武林高手云集成都以武会友，交流技艺，拜师收徒，场面精彩壮观。达摩会采取开门办会，时常吸引众多市民前来参观，与市民生活的交融使其很快发展成为当时成都的一项知名民俗活动之一。抗日战争爆发后，社会动荡不安，达摩会就此停办。“达摩会”历时数十年，与成都大庙会、青羊宫花会（“打金章”）并称为“老成都三会”，共同构筑了独具特色的成都民俗庙会文化体系。

达摩会在成都民间社会留有很好的集体记忆，街头巷尾、茶馆酒肆中时常能够听到成都的老人们津津乐道此事。但是，达摩会并不像“打金章”一样有着较为丰富的文字记载也是历史事实。达摩会的发起人周腾蛟为僧门第三代代表性传承人，曾任四川清军五营总教习。因此，达摩会与僧门有着直接的联系。四川民间武术中为何会有崇信达摩的传统，达摩会背后的支撑力量如何等问题都要从对僧门的解读中才能找到答案。

历史上，僧门在四川曾是影响力很大的民间武术门派之一，尤其是民国以降，可谓是人才济济。清朝嘉庆年间，少林派马朝柱（有赵麻布之称）于四川创立僧门。据说，马朝柱习少林武艺，武功精绝，为天地会分舵——香花僧堂主。因刺杀嘉庆皇帝未成，遭到通缉。马朝柱一路奔逃至四川，落脚新都县，以卖麻布为生。此时，马朝柱已更姓“赵”。因此，当地人称“赵麻布”。马朝柱传有觉登武（韦驮堂的主持）、魏登云、侯仕福（曾参加太平军石达开部，又名侯三大王）、刘阙巴等徒弟。其中，魏登云因文化素养很高，

① 关于达摩会成立的具体日期有待进一步考证。程大力认为达摩会成立于“辛亥革命”前后。见程大力《僧门著名武术家侯坦及其得意门生》，《体育文史》1994 年第 2 期，第 50 页。

悟性也好，得传最多。马朝柱去世后，觉登武、魏登云、侯仕福等徒弟为纪念恩师，追记宗祖，遂以“僧门”自称。这一称呼一直延续下来。

周腾蛟在僧门中位列第三代传人。周腾蛟自幼是个孤儿，被遗弃在韦驮堂门口。觉登武将其收留抚养长大，并将自己平生所学悉数传授于他，并将周腾蛟推荐给刘阙巴培养。刘阙巴教授一段时间后，又将周腾蛟推荐给魏登云。魏登云也将自己所学传授给周腾蛟。在觉登武、刘阙巴、魏登云等联合培养下，周腾蛟终得大成，逐渐成为僧门第三代传人中的佼佼者。周腾蛟艺成后，旋赴武科考试，中进士出任边防为广东偏将。周每出战皆用大鎲，冲锋在前，一生征战从未负伤，时人呼之为“周鎲”。晚年，周腾蛟被四川总督礼聘为清军五营总察。

周腾蛟在成都韦驮堂（今文庙后街）教授学生，徒弟众多，最出名者为僧门第四代代表性传人——侯坦（1896—1952）。侯坦名列四川武林“五龙二侯”[①] 之中。1919 年，侯坦在成都中莲池街螃蟹石门窦开棚授徒，其所传徒弟中的王镜屏[②]、蓝伯熙、彭栋梁（彭元植）、刘文华、侯仲约、张志清（女），晏星五、杜子明等都成了四川及成都“打金章”擂台上威名赫赫的人物，也成为僧门第五代的优秀代表人物。[③] 由此，侯坦及螃蟹石门窦之名遂显赫川省内外，“侯门深似海”之说亦不胫而走。历史上，僧门第三代至第五代是该门派最为兴盛的时期，周腾蛟等人组织了影响广泛的“达摩会”，所传后人中著名弟子大量涌现，可谓群星闪耀。及至当代，侯仲约门下的何伟琪、程大力、黄黎明（黄三）等成为僧门武艺的主要弘扬者。

---

① 注：“五龙”为李飞龙、张永龙、陈柱龙、李云龙、李犹龙，“二侯”为侯坦、侯万里。

② 注：王镜屏本为周腾蛟徒弟，侯坦师弟。周腾蛟晚年病重，临终时，唯有王镜屏与侯坦父子 3 人跪于床前。周叹息说：“我一生没有见过如此酷爱武术之人，我失人才而不传，终生遗恨。我死后，侯坦悉心辅（王镜屏）成，使就大名。吾爱侯坦而厌王镜屏是我偏爱也，今后为人师者宜戒偏字。”周死后，王镜屏从其师兄侯坦学艺，一年大成。见程大力《僧门著名武术家侯坦及其得意门生》，《体育文史》1994 年第 2 期，第 50 页。

③ 注：蓝伯熙被誉为“南（蓝）侠”，彭元植则有“蜀中第一快手”的美称，侯坦之子侯仲约武艺超群、枪法精绝，被誉为“小罗成”，杜子明医术高明，是我国骨伤科名医。

图8－1　侯仲约

对成都僧门的历史解读，能够让我们了解达摩会主要组织者与佛教的历史联系以及背后的门派支撑。但这似乎还不能够完全说明为什么达摩会在初创之时便能够得到四川武林界的大力拥护。历史上，僧门在四川地区具有广泛的影响，从《四川武术大全》记载来看，僧门在四川曾有七支传承脉络，而且相互之间较为独立，但是他们都声称技艺来自少林。这说明他们有着共同的祖师认同——达摩信仰。不但如此，四川民间很多门派的起源在一定程度上或多或少与“少林”“和尚”“佛教”“僧人”有着联系，如生门、洪门、会门、法门、字门少林南拳、余家拳……无不如此。正因为如此，达摩成为四川民间武林众多门派共同享有的祖师爷，或至少是他们共同的文化认同。正是在这一前提下，再加上僧门在当时如日中天的影响力，达摩会的成功创办并形成传统已不难理解。

可见，民间武术的文化传统绝非是历史的偶然，而是在历史积淀的基础上生发出来的文化现象。我们知道，大多数文化传统形成于传统社会。然而，传统社会在发展过程中的变迁，以及战争、意识形态的变化等外力因素都会造成民间武术文化传统的某种断裂或抑制，这样的例子有很多。从民国初年（1918）到新中国诞生，青羊宫花会“打金章”历时30年成为一个时代的记忆与见证。从清末辛亥革命前后到抗日战争爆发，达摩会在走过20余年的历史光辉过后戛然中断。民间武术拜师仪式则一度在新中国成立初期的“社会改造”中因管制与恐惧而几乎断裂。我们强调外力因素对民间武术文化传统的影响，并不是刻意忽略民间武术内在作用力的影响，而是在对比之下这些外在因素对民间武术文化产生巨大的冲击。有意思的是，就像霍布斯鲍姆在《传统的发明》中讨论欧洲传统时指出的一样，这些受到认同的被发明的文化传统并没有想象的那样悠久，甚至有时是比较晚近才发生的，然而这却并不妨碍人们接受它作为一个文化传统。不管怎样，这些在不同程度上呈现出断裂迹象的文化传统在当代/后现代中得到了复兴与再造，这成为非常值得关注的民间武术文化现象。

第三节　“传统”的复兴与再造：民间武术社会的行动

当前，中国正在经历一个重新发现或重新发明曾经受到长期抑制的传统文化的特殊历史时刻。[①] 笔者在四川地区对民间武术的考察中也见到了中国社会这样一股旷日持久的、被诸多学者热议的文化传统复兴与再生产现象。

一　四川民间武术文化传统复兴与再造的时代表现

（一）仪式化与程式化：拜师仪式的复兴

在这一民间武术文化传统复兴过程中，民间武术拜师仪式不但得以复兴而且有逐渐复杂化、程式化的趋势。“现在的民间武术拜师仪式确实越来越复杂了”，这是一位民间老拳师发出的感慨。据一些老拳师回忆，新中国成立前后，四川民间武术社会中的拜师虽然是很重要的事情，但过程较为简单，并不似如今这般复杂。尽管当时多数学武的孩子的家境相对比较殷实，但当时中国的经济情况整体上比较贫弱，普通百姓的口袋中并没有多

① Sebastien Billioud, *Confucialism*, “*Cultural Tradition*” *and Official Discourse in China at the Start of the New Century*, China perspectives, 2007, No. 3, p. 51.

少可供开支的经费。可以说，那时候中国社会是一个扁平的结构形态，绝大多数家庭都没有钱是那个时代的典型特征之一。所以，如果想拜师学武，在中间人的介绍下，征得师父同意，给师父磕个头再送些鸡蛋、肉、米、糖果等类似的东西就算完成了拜师仪式，这个过程是极其简单的。到 20 世纪 90 年代，四川某些地区的拜师收徒仪式开始逐渐变得复杂化与程式化。

其中一个典型的表现，就是“烧香”在拜师仪式中体现出来。20 世纪 90 年代初，都江堰拳师宋子明在收一个徒弟时开始要求“上大香、点大蜡”，这在当时是有突破性的。因为，“烧香”“点蜡”“磕头”诸如此类的事情是曾经被归入封建迷信中，遭到官方意识形态抵制杜绝的东西。大众媒介对民间武术拜师仪式的介入，成为当代民间武术的一大创造。在 20 世纪 90 年代初的时候，四川地区民间武术拜师尚没有大众媒介的参与，或者说当时大众媒介尚不关注这类社会现象，这也是我们在当时报纸上很少能够查阅到关于民间武术报道的原因。近年来，这一现象已经被颠覆。不但传统纸媒大力介入民间武术的拜师收徒仪式的报道，各种各样的新媒体也极力关注民间武术拜师的热潮。越来越多的民间拳师希望得到媒介的关注与报道，因此有些民间拳师主动通报或邀请媒体前来参加拜师仪式进行报道。民间武术拜师俨然从一个少有人关注的边缘底层的圈内事儿，变成了引发关注的大众媒介事件。除此以外，邀请大量的地方各界人士参加仪式、武艺表演、讲话、缴纳大量的拜师费等都构成了对传统拜师仪式的改造与超越，从而使民间武术拜师仪式充满了后现代的意味。

（二）从中断到再现：民间武术民俗的传承与再创造

2005 年 11 月，在僧门代表性传承人何伟琪的操办下，中断 50 多年的成都民间武术民俗活动“达摩会”在成都望江楼公园内的僧门武校举行，成都老民俗“达摩会”正式恢复。达摩会自诞生之日起就一直由僧门负责组织。周腾蛟过后，其弟子侯坦接任继续办理，随后就是侯坦的徒弟侯仲约接手组织办理该活动，之后中断了50多年。就像僧门的武艺知识一样，达摩会的知识也主要依靠口传身授向下传承。尽管达摩会在民国期间有20余年的历史积累，但是并未留下些许关于达摩会的纸质文档与记载。侯仲约晚年没有恢复达摩会，但是对达摩会的盛况念念不忘，因此他将达摩会的知识告诉了得意门生何伟琪，希望有朝一日能够让达摩会再次恢复。

图8－2　第四届达摩会现场

2003年，何伟琪萌发了重新组织达摩会的想法，经过两年的酝酿，终于在2005年成功恢复了达摩会。关于这一过程，何伟琪向我们说道：

达摩会包含着我们民族的文化，包含着我们民族的精神，还有最重要的一点就是其中体现着武德。2003年的时候，我开始东奔西走。因为很多人对于达摩会也仅仅是从老一辈师父那里听说过，了解不多，后来我就给他们讲（关于达摩会的东西——笔者注），他们都很赞同，然后达摩会就一届一届地展开了。在恢复的过程中也很艰难，因为他们（指政府相关管理部门，文体局、非遗办等。——笔者注）不了解，这是最大的一个困难。之后，在2010年的时候他们才比较了解。每一届我都会请他们来讲话，因为从他们的角度来看，达摩会在这也是一个传统的文化，无论是文体局的还是非遗办的都来参加过。还有就是当时出现了一个很大的邪教组织“法轮功”，政府就对这种聚会形式管得特别严，这本身是件好事，但政府却很敏感。那时候文体局、公安局的都来了，我们都很欢迎。

当时我就恢复了几个活动：一个是祭祖仪式，一个是拜师收徒仪式，还有一个是比较大的交流仪式。他们看到我们就是上香祭祖，交流，也没什么，其他部门也没人管我们，所以2005年第一届举办的还是比较成功的。第二年我们又搞，到了第四届的时候我又恢复了一样东西，那就是飞鸽传书。这是任何地方搞武林大会都没有听说过有的，只有达摩会有。当时这个影响之大，还有国外的媒体来采访。

第一年基本上就是四川省内的（媒体）来采访报道，越到后面扩展的范围就越大，全国各地的媒体都有。这是一真正交流的平台，这个平台最大的好处就是没有门户之见。这个平台的建立，让很多门派都愿意来参加，相互交流，坦诚地切磋。不论从技艺方面还是理论方面都有提高，这是一个很好的事情。到了第七届达摩会的时候我又把他提升了一下，将它提升为学术论坛（事实上是增加了一个学术论坛环节——笔者注），并申报了非物质文化遗产。

不容忽视的是，何伟琪组织复兴的达摩会已经有了新的创造。在达摩会复兴过程中，他增加了学术论坛环节，而且媒介也积极地介入到了这一民间武术民俗的过程之中。不但如此，在2010年，何伟琪还成功地为达摩会申报了成都市的非物质文化遗产。这些都是50多年前的达摩会所不具备的，体现出当代人对传统的再生产。

近些年来，“打金章”是四川地区复兴的又一民间武术文化传统之一。随着民国的结束，历经30余年的四川民间武术的“打金章”活动也被尘封进历史之中。“打金章”既是四川民间武术无论如何都不能忘记的记忆，也是成都历史文化的重要积淀。一直以来，在四川民间武术社会有识之士群体中有着强烈的复兴“打金章”的呼声。2000 年 12 月，成都市举办了“跨世纪‘打金章’武术擂台赛”。尽管这次以“打金章”为名的比赛犹如昙花一现，但这次比赛是“打金章”传统在四川武术界心理地位和复兴努力的一次反应与有益尝试。可以看出，四川武术界对“打金章”的留恋与再创造的渴望。时隔六年后，四川民间武术社会再次尝试恢复“打金章”，重振四川民间武术文化传统。2007 年 10 月，成都市巴蜀武术文化交流中心和成都文殊坊联合举办了“成都文殊坊‘打金章’峨眉拳王争霸赛”。此次比赛取得了预期的成功，观众人山人海，可谓盛况空前。“打金章”的再次复兴受到了地方社会各界的大力关注。随后，在 2008 年 2 月、2009 年 1 月、2009 年 10 月连续举办了四届文殊坊“打金章”活动。尽管随着时空的转换，“打金章”被挪进文殊坊举办，并融合了现代西方格斗术语——拳王争霸赛，复兴的努力使“打金章”这项沉睡多年的民俗赛事再现街头，“打金章”的传统意蕴得到了延续。

图 8－3　一位拳师在 2007 年“打金章”舞台上表演太极拳

如果说成都市巴蜀武术文化交流中心复兴“打金章”的努力还停留在对“打金章”这个文化传统符号的借用，以及民间“草根”社会的层面，那么 2011 年由四川省武术运动管理中心、四川省武术协会出面将“打金章”与在武侯祠举办的第八届“成都大庙会”[1] 一同举办，则体现出官方权力对文化传统复兴的认同与介入。这一次对“打金章”的复兴借用了“成都大庙会”这一在青羊宫花会基础上复兴的“新民俗”，而且尝试复兴一些重要的仪式，比如对于金章获得者的庆祝仪式——披上红披风，骑着白马绕场3周等。随后，当代“打金章”被固化下来，每年都举办。但是，现如今的新传统“打金章”与原来的那个“打金章”相去甚远——它没有固定的举办地点，也与民俗相脱离，更看不到所谓的传统功大技艺。毋宁说这是当地人们对文化传统的复兴，不如说是商业运作对文化传统符号的拙劣借用而已。因此，当代“打金章”的真正复兴尚需要精心设计。

（三）概念的生产与重构——“峨眉派”的发明

“峨眉派”这一看似或声称非常古老的文化传统——有学者将它远溯春秋战国——其形成也是比较晚近的，而且是被发明出来的。当今，人们常常用少林、武当、峨眉三足鼎立来形容中国民间武术的发展态势，足见作为对峨眉武术/四川民间武术的代称的“峨眉派”已经深入人心，受到广泛认同。然而，稍作考察我们很容易发现，与很多民间武术文化传统，如少林派、武当派等一样，峨眉派也是一个被“发明的传统”。前文我们已经讨论到，据可靠的正史文献记载，峨眉武术在明清时期曾以拳、枪显耀于世，但是相关文献缺乏“峨眉派”的记载。而且，四川地区的峨眉武术在发展过程中出现过明显的断裂，“峨眉道人拳歌”中的“峨眉拳”、吴殳所云的“峨眉枪”，以及“清史稿”所载的“峨眉十八棍”与现在四川地区流行的各种“峨眉拳”“峨眉枪”“峨眉棍”并无内在的直接的历史传承关联。但不可否认的是，那些曾经存在过的历史，为“峨眉派”的形成奠定了一定

---

① 注：现今的“成都大庙会”，是基于原民国时期的青羊宫春节庙会的基础上，于2004年春节恢复举办的一项当代民俗活动。第一届成都大庙会在成都青羊宫附近的文化公园举办，自2005年至今，成都大庙会转移到成都武侯祠博物馆举办。2011年，“打金章”试图借成都大庙会完成自身的恢复与重建。

的基础，提供了与过去建立联系的事实。换句话说，当今的“峨眉派”正是在这些仅有的史实基础上的创造与再发明。或许四川武术界中有些人看到这一学术化的表达可能会产生强烈的抵触情绪，实际上大可不必如此。世界上大多数文化传统都是人为创造出来的，而且有些历史也并不像说的那么悠久——美国的感恩节、苏格兰男人穿的格子呢褶裙、印度的板球、日本的棒球，以及被称为“国球”的中国乒乓球等无不如此。不过，无论如何，“峨眉派”终究是在历史中形成的，民间武术家、小说家、研究学者，以及代表官方的政府部门等都不同程度地参与了这一文化传统的塑造。

图 8－4　2014 年笔者就峨眉武术与四川省相关学者专家集体讨论

“峨眉派”最先出于武侠小说家言。峨眉派首次正式被使用是在平江不肖生（向恺然）的《江湖奇侠传》中。[①] 向恺然于 1923 年在《红杂志》（后改名《红玫瑰》）上，连续六年刊载《江湖奇侠传》，前后共计一百五十回，达百万言，[②] 读者甚众，影响广泛。随后的 1932 年，还珠楼主（李寿民）在天津《天风报》连载长篇小说《蜀山剑侠传》。一经推出，该作品随即风靡全国，深受读者欢迎，“峨眉派”也随之深入人心。通过《蜀山剑侠传》对“峨眉派”的成功塑造，李寿民将剑仙小说推向高峰，并成功奠

① 程大力、王小兵、程馨：《“峨眉派”详考——兼论峨眉派武术绝非峨眉山武术》，《中华武术研究》2015 年第 4 期，第 14 页。

② 罗立群：《中国武侠小说史》，花山文艺出版社 2008 年版，第 175 页。

定了他在中国武侠小说史上的地位。此外，还珠楼主的《峨眉七矮》《蜀山剑侠新传》，徐哲身的《峨眉剑侠》等武侠小说继续对文学“峨眉派”进行故事生产。横空出世的有“武林盟主”之誉的金庸，通过《倚天屠龙记》则进一步使这一虚构的“峨眉派”更加生动与有血有肉。再加上现代传媒电视、电影等对《倚天屠龙记》等相关武侠小说的二次再生产，武侠江湖中的“峨眉派”已经深入人心，有时竟会让受众迷离文学虚构与社会真实之间的界线。

有意思的是，这种空间“迷离”，已使怪诞离奇的武侠小说照进现实，不得不说是中国武侠文化的独到之处。不经意间，真实的武术界被虚拟的武侠文学所感染，而且民间武术界似乎也从武侠小说中得到了启蒙，他们试图按照武侠小说的提示，去建构或创造一个走出虚拟的真实的武林世界。至民国中期，有武术界人士开始进行武术门派的建构，并且提到了“峨眉派”，但来源不清。1935 年，一位署名“一明”的人在《国术周刊》撰文“国术派别考（续）”中提道：“……陆桴亭，为峨眉山僧所授，近世尚有峨眉派者。”[①] 同年，蒋英华在为《国术周刊》撰文“国术门类分歧之原因”中提到了更多的门派，他说，“厥后达摩开少林之派；三丰启武当之宗；昆仑峨眉，各树其帜，而极其妙；岳武穆为形意之祖……”[②] 霍布斯鲍姆指出，发明传统本质上是一种形式化和仪式化的过程，其特点是与过去相关联，即使只是通过不断重复。[③] 在建构“峨眉派”的过程中，有人也采用了向历史靠拢的策略。从当时一些学者对这一点的批判中可以看出这一策略

① 一明：《国术派别考（续）》，《国术周刊》1934 年第 122 期。见释永信主编《民国国术期刊文献集成》（卷 24），中国书店 2008 年版，第 404 页。

② 蒋英华：《国术门类分歧之原因》，《国术周刊》1935 年第 136 期、137 期合刊。见释永信主编《民国国术期刊文献集成》（卷 25），中国书店 2008 年版，第 106 页。

③ ［英］霍布斯鲍姆、兰格主编：《传统的发明》，故杭、庞冠群译，译林出版社 2004 年版，第 4 页。

的存在，“世有妄将拳术分派者，说者谓明唐顺之有《峨眉道人拳歌》可证……”[①] 同时，这也透露出，民国中期关于门派的建构在当时并未达成一致的共识。同时，尽管民间武术界已有人称“峨眉派”，但并未被普遍地接受，或至少没有达到少林、武当、峨眉三足鼎立之势。一些文章在谈及民间武术宗派之别时，仍喜欢只用“少林、武当之别”来表示。如孙培基在《车君毅齐纪念碑记》中提到，“拳术，中国绝技也，其宗派有少林武当之别。”[②] 民国期间，在武侠文学启蒙下，对“峨眉派”的创造属于初始阶段，带有鲜明的“自下而上”的民间自发性特征，这昭示出对于“峨眉派”的生产已经走出了第一步。

对于“峨眉派”的大力度地创造与生产是新中国成立以后的事情。在这一阶段中，本土官方权力的直接介入以及一些史志学者的参与，使“峨眉派”建构取得了前所未有的推进。20 世纪 80 年代，刘太福、傅尚勋、吴信祥（良）等人均在四川地方相关武术管理机构任职，他们也是当时武术挖掘整理的重要参与者之一。在当时，为“峨眉派”确定一位可以追根溯源的祖师爷是推进“峨眉派”进一步发展的当务之急。因此，1987 年，挖掘整理小组在搜集民间资料的基础上，刘太福等人撰写了《四川武术拳种》一文，首次将“白猿公”与四川民间武术——通背拳联系起来。最终，他们为“峨眉派”武术找到了最为久远的祖师爷。他们说：“春秋战国时，由白猿公所创（姓白名士口，字衣三，道号动灵子，即四川峨眉山的司徒玄空）。司徒年迈时人称白猿道人，在峨眉山授徒甚众。”[③] 中国民间有一种传统，有时总是喜欢竭尽全力地把一件事情追溯得久远，通过此种办法来增

---

① 一明：《峨嵋派》，《国术周刊》1935 年第 136 期、137 期合刊。见释永信主编《民国国术期刊文献集成》（卷 25），中国书店 2008 年版，第 129 页。

② 孙培基：《车君毅齐纪念碑记》，《山西国术旬刊》1934 年第 5 期，第 13 页。

③ 刘太福等：《四川武术拳种》，《四川体育史料》1987 年第 1 期，第 22 页。

加自信与认同，似乎历史久远就等于当代也略胜一筹一般。通过附会，[①] 代表四川官方的刘太福等人不但为峨眉派寻找到了祖师爷，还直接追溯到春秋战国时期。相比较少林的达摩、武当的张三丰（这里有必要强调，这二者也都是附会之说），“白猿公”自是久远得不能再久远了。因此，这一策略看上去似乎是较为成功的举措。

1989 年，由“四川省体育运动委员会”和“四川省武术遗产挖整组”编纂出版的官方性质鲜明的《四川武术大全》对“峨眉派”武术的建构具有里程碑的意义。《四川武术大全》不但肯定与强化了白猿道人司徒玄空的祖师爷地位，而且首次将整个四川地域流传的民间武术纳入“峨眉派”的体系之中。他们在该书的“序”中称，“从 1983 年以来，省武术挖整组……初步摸清了峨眉武术在四川流传分布的情况，整理编写了这部《四川武术大全》把流行的拳种、门派源流，风格特点，拳理、拳法及练功方法；各门派的创始人、传人、代表人物及流传地域，做了全面系统的介绍，填补了峨眉武术史籍记载的匮乏。……《四川武术大全》是有史以来第一部比较系统全面介绍峨眉武术的巨著。”[②] 当时官方修订的这本最全面、最权威的《四川武术大全》尝试建构“峨眉派”武术的良苦用心跃然纸上。

官方自上而下的建构有整合四川民间武术资源，建构民间武术新秩序，与少林、武当等门派争取话语权的内在考量。然而，民间武术的发展有其自身的规律所在。对于官方“自上而下”的建构努力与给出的定论，四川民间社会存在一些争议。“峨眉派”武术的认同危机很快展现出来。绝大多数门派对所谓的峨眉派武术并无异议，但少部分门派出于自身发展的需要，拒绝接受四川武术管理部门将其纳入“峨眉派”武术之中。1995 年，青城

① 经当代武术史家程大力考证，此为附会之说。具体论证细节见程大力、王小兵、程馨《“峨眉派”详考——兼论峨眉派武术绝非峨眉山武术》，《中华武术研究》2015 年第 4 期，第 7—8 页。

② 四川省武术遗产挖整组：《四川武术大全》，四川科学技术出版社 1989 年版，第 2—3 页。

派的刘绥滨等人开始酝酿将“青城派武术”从“峨眉派”武术中“独立”出来。他们给出了比较充分的理由，并成功将都江堰市政府拉到与四川省武术管理部门之间的“谈判”桌前。到 1997 年，他们正式宣布了青城派武术不是峨眉派武术的一个分支。[①] 这一认同矛盾，体现出在特定条件下，官民之间，以及不同主体之间的利益诉求的冲突。然而，当时位居“四川省武术协会秘书长”的刘太福为了弥合裂痕，除了选择与之对话沟通外，还于 1996 年，在全国发行量最大的官媒《中华武术》杂志上刊发了一篇《四川武术与峨眉武术》的文章，对峨眉武术进行正名与阐释。文章中提到了青城派武术，并认为，“峨眉武术形成，得益于四川峨眉山。‘峨眉’二字，广而言之，为古巴蜀（今四川省）之称。因此，无论过去和现在，凡在川内流传久，根基深，具有浓厚四川地方风格特点的拳种，均可称为‘峨眉武术’。”[②] 不可否认，自上而下的民间文化建构与生产创造，有内在的考量因素，官方权力的强势介入也可以高效率地推进民间文化的发展与整合进程，但“官”“民”之间的冲突也可能在无形之中得到强化。

著书立说的地方知识精英对峨眉派的创造并不局限于此。四川乐山地区的史志编纂者，对峨眉派武术起源论述“史料”的选用带有明显的倾向性与创造性。《乐山市志》（2001 年版）以及《峨眉山志》（1996 年版）的编纂者有意弃用民国及之前地方史志中的相关表述，将民间传说“司徒玄空”峨眉山造拳与传拳的神话故事纳入其中，营造了司徒玄空为峨眉派祖师、峨眉山为峨眉派祖庭的历史传统氛围。如《峨眉山志》（1996 年版）说道：“战国时，有白衣三者，号动灵，亦名司徒玄空，仿山猴动作创编‘峨眉通臂拳’，攻防灵活，在峨眉山授徒甚众。今流传于成都、重庆、攀

① 龚茂富：《中国民间武术生存现状研究》，人民体育出版社 2012 年版，第 87 页。

② 刘太福、周直模：《四川武术与峨眉武术》，《中华武术》1996 年第 8 期，第 19 页。

枝花市等地。后人称他为‘白猿祖师’。”[①]《乐山市志》（2001 版）也有类似表述，“战国时，有白衣三者，号动灵，亦名司徒玄空，仿山猴动作创编‘峨眉通臂’，攻防灵活，在峨眉山授徒甚众。”[②] 然而，民国及之前的诸多地方史志资料中确无相关文献记载，这已经被诸多武术史家所证实。[③]

地方学者对峨眉派武术传统的建构并没有局限于此，有时他们还会添加一些新的“注脚”，在大众传媒时代，这些表述的影响巨大。2009 年，原四川省社科院乐山分院院长魏奕雄接受《环球人物》杂志记者朱珠的采访时称：“峨眉派的起源，可追溯到春秋战国时期。当时……司徒玄空、号动灵子的武士，在与峨眉灵猴的朝夕相处中，模仿它们的动作创编了一套攻守灵活的“峨眉通臂拳”，招来众多学徒。因为司徒玄空常身着白衣，也因此被称为“白猿祖师”。不但如此，他还增添了新的材料，“‘白猿祖师’的传说和名声十分响亮，直到唐代，诗人李白还在《结客少年场行》中写到‘少年学剑术，凌轹白猿公’，将剑术优良的少侠比作‘白猿祖师’。”[④] 虽然事实并非如此，但魏奕雄作为曾经拥有“原四川省社科院乐山分院院长”身份的当地文化名人，其论断多少都通过媒介向受众进行一种灌输与说服，重塑人们的记忆。这个例子也向我们说明，地方文化人对“峨眉派”武术传统的建构，构成了当代四川民间武术文化传统再造的重要表征之一。

二　民间武术文化传统发明的两个国际案例——“柔道”与“桑搏”

民间武术文化传统的复兴与发明不唯中国独有，而是一个全球性存在的普遍现象。本部分将对“柔道”与“桑搏”两个国际案例进行分析，以

① 四川省地方志编纂委员会：《峨眉山志》，四川科学技术出版社 1996 年版，第 8 页。

② 乐山市地方志编纂委员会：《乐山市志》卷五十三《人物》，巴蜀书社 2001 年版，第 726 页。

③ 参见程大力、王小兵、程馨《“峨眉派”详考——兼论峨眉派武术绝非峨眉山武术》，《中华武术研究》2015 年第 4 期，第 7—8 页；周伟良《史学视野中的峨眉武术史研究》，《搏击·武术科学》2012 年第 1 期，第 1 页。

④ 朱珠：《中国传统正宗武术门派调查：历史上的峨眉派》，http://news.sina.com.cn/c/sd/2009-12-03/101019181377.shtml。

此与我国民间武术文化传统发明形成对比，并加强对我国民间武术文化传统发明的理解。

（一）从“柔术”到“柔道”：嘉纳治五郎的“柔道”发明之路

众所周知，日本武术有着很长的历史，以“武道”著称。然而，“武道”却是个现代的发明再造产物。“武道”一词在日本早期也曾使用过。在德川时代，“武道”是指武士阶层的行为与品德规范——“武士道”，这与当今武道的含义并不相同。当今，意指诸如空手道、剑道、柔道、合气道、弓道等日本武术的“武道”，从19世纪晚期才开始使用。① 伴随着日本现代化的发展，日本武道经历了一系列现代发明与再造的过程。

柔道（Judo）是日本武道发明最早的例子。19世纪末，曾经跟随几个著名的柔术家学习柔术的嘉纳治五郎（Kano Jigoro）在日本传统柔术（Jujutsu）的基础上开创了“讲道馆柔道”（Kodokan Judo）。1882年，23岁的嘉纳治五郎（Kano Jigoro）将位于东京地区镰仓市的一个学习地点改组成“道场”，以此筹建了一个传授“柔道”的“讲道馆”。随后，他开始从各门各派的柔术中选取最好的技术进行重新创造，致力于创造一门“新的”“科学的”日本武艺。

为了体现出“讲道馆柔道”的特色以及与众不同，嘉纳治五郎做出了很大的努力去刻画柔术这一古代武士徒手格斗技艺与他重新发明的现代柔道之间的区别。② 嘉纳治五郎对之前存在于柔术中的传统的“教与学”以及“师父与徒弟”的关系进行改革，并引入商业经济理念，将前来学习柔道的人视为客户与消费者。通过演讲、发表文章、主办杂志、出版著作等方式，

---

① Inoue Shun, *The Invention of the Martial Arts: Kano Jigoro and Kodokan Judo.* Stephen Vlastos Ed. *Mirror of Modernity: Invented Traditions of Modern Japan*, Los Angeles: University of California Press, 1998, p. 163.

② Kano, Jigoro, *Mind over Muscle: Writings from the Founder of Judo.* Compiled by Naoki Murata, translated by Nancy Ross, Tokyo: Kodansha International, 2005, p. 16.

嘉纳治五郎对柔道进行推广宣传，并积极推动柔道走进警察、军队、学校等机构系统进行传播，这大大缩短了柔道被社会接纳的过程，也为日本武术建构了一个全新的概念——柔道。在创造的过程中，嘉纳治五郎注重人体力学原理的运用，强调革新和实践经验，并大力称赞他所发明的柔道的现代化特征。在1889年的一个演讲中，他提到说，"'柔道'这个词听上去是比较新的"，并一再向听众强调说，"我遵从科学的原则，从现存柔术学校中取其精华去其糟粕，从而创立了这个最适合当今世界的新柔道学校。"[①] 嘉纳治五郎是位理性的教育家，他坚信科学的力量，想让"讲道馆柔道"充满科学思想。

日本武道中的"讲道馆柔道"被认为是在现代化"传统的"实践中产生的混合文化形式。然而，随着尚武精神和极端民族主义的上升，作为对西方价值入侵的还击，武道被重新发明，并赋予日本现代体育文化以"日本精神"。嘉纳治五郎对柔道的创造，已经不仅仅是建立一个新式的柔道馆那么简单。他成功的扬弃了柔术中一些不合时宜的东西，并大力地赋予其文化内涵，将柔道与市民个体的成长、现代日本民族国家，以及整个社会紧密结合在一起。嘉纳治五郎不失时机地向柔道注入新的文化要素以扩充其文化内涵。尤其强调柔道训练的最终目的是"保护自我，并为世界的发展做出贡献"——注重通过柔道塑造个体品性的养成，通过自我提升进而成长为对社会与国家有积极贡献的新的有才华和能力的市民等。柔道被塑造成为一种与日本民族身份、集体记忆紧密相连的"身体文化"的一部分。

我们注意到，在嘉纳治五郎创造柔道的过程中，他并没有让柔道与传统的柔术完全割裂开来，而是继承了柔术的一些文化传统，使现代柔道与

---

① Inoue Shun, *The Invention of the Martial Arts*: *Kano Jigoro and Kodokan Judo*. Stephen Vlastos Ed. *Mirror of Modernity*: *Invented Traditions of Modern Japan*, Los Angeles: University of California Press, 1998, p. 165.

传统柔术之间建立起理想的联系，这为创造广泛的社会共鸣与认同打下了坚实的基础。毫无疑问，这是一种精心策划的“传统的发明”。正是嘉纳治五郎对传统柔术的再造，使柔道这一充满新意又夹杂着传统泥土芬芳的运动形式受到广泛认同，并成功地推动柔道于1964年东京奥运会期间成为奥林匹克运动正式比赛项目之一。柔道成为日本在国际奥林匹克运动上民族身份的代言人。柔道的发明，实现了日本武术“文化传统”与现代西方竞技文化的完美融合。同时，由于对日本精神的内化吸收，柔道也成为国际化传播“大和民族”文化传统，彰显日本民族身份的弄潮儿。嘉纳治五郎的柔道——这一现代日本武术形式的典型——有力地推动了日本现代武道的形成，以及日本武道在20世纪50年代的复兴。

（二）桑搏：苏联的民间武术文化传统创造

在苏联，也曾经存在过武术传统被发明的现象。现在广泛流行的，以摔投技法、格斗技法、手臂与下肢关节锁技等为主要内容的桑搏（Sambo）武艺就是那个特殊时代的产物。桑搏（Sambo，самбо）一词来自俄语“САМозащита Без Оружия”，是源起于苏联时期的一种徒手格斗武艺。在东西方武术传统共同的影响下，桑搏由苏联武术家发明而来，但由于其诞生于高度集权的布尔什维克国家，这导致其生产过程充满了民族主义的政治色彩。为了建构一个共享的历史，以及通过体育促进苏联的民族主义，苏联视他们发明的桑搏武术传统为纯粹的苏联武艺传统。① 在发明桑搏的过程中，奥申科夫（Vasili S. Oshchepkov）以及斯皮里多诺夫（Viktor A. Spiridonov）等先驱的实践为桑搏的诞生起到了重要的奠基性作用，赫拉皮耶夫（Anatoly A. Kharlampiev）则直接推动了桑搏武艺在苏联的出现。

布尔什维克革命使“苏维埃社会主义共和国联盟”得以成功建立，这

① Brian Wilson, *Modern Martial Arts and the Reinvention of Traditon*, Arkansas Tech University, 2015, p. 64.

是一个建立在15个加盟共和国，超过300个民族基础上的高度集权的巨大的社会主义联邦国家。1917年，布尔什维克革命后，新成立的政府试图将苏联社会各种各样的文化融合成一个整体。这一时期，苏联集中注意的是不同的社会阶级，而不是民族，因为布尔什维克的目的之一是消灭阶级。这也是苏联政府想要在生活在这个巨大国家的超过300个民族的基础上创建一个新的“苏联人”的重要原因。这导致他们努力去制造出“苏联”音乐、文学、艺术、建筑、剧院，以及体育运动。[①] 在共产主义的大旗下，如何将不同的民族有效地粘合成一个真正的具有共同传统与认同的社会集体是苏联在成立之初迫切需要解决的问题之一。苏联的执政者认识到，全社会共同参与的体育运动和身体文化能够用来发明形成集体记忆与认同的传统。继列宁之后，斯大林同样实施运用体育运动推动民族主义发展的传统生产策略。至20世纪30年代末，在斯大林的领导下，武艺传统的发明成为这一策略的重要组成部分。[②]

桑搏的发明是创造一个真正属于“苏联”的格斗技艺的努力与尝试。这与苏联政府从组成苏联各民族的本土文化的基础上开创一个新“苏联”文化的目标是相一致的。[③] 奥申科夫（Vasily S. Oshchepkov，1893—1938）热爱武术格斗运动，曾经为苏联政府服务，被派往日本和中国工作多年。1911年，他参加嘉纳治五郎的讲道馆，学习柔道技艺。1913年，他成为第一位获得黑带段位的苏联人和第四位获得此段位的欧洲人。不仅如此，在日本期间，他还广泛学习了其他各流派的武艺。1921年，奥申科夫晋升为

① Thomas A. Green Edited, *Martial Arts of the World: An Encyclopedia* , Santa Barbara: ABC - CLIO, 2010, p. 507.

② Heather Reid, *Introduction to the Philosophy of Sport*, Lanham: Rowman & Littlefield Publishers, 2012, pp. 173 - 174.

③ Thomas A. Green Edited, *Martial Arts of the World: An Encyclopedia* , Santa Barbara: ABC - CLIO, 2010, p. 507.

苏联红军的指挥官，被秘密派往中国执行特殊任务。在中国，他学习了武术。[①] 这为他后来创编具有自身特色的柔术打下了坚实的基础。1926 年，奥申科夫带着一身武艺返回苏联国内后不久，便着手消化吸收他平生所学的各式武艺。他试图将西方的拳击、中国的武术、日本的柔术与柔道、法国踢拳术（Savate），以及苏联本土的摔跤融合起来，从而创造出一种全新的属于苏联的武艺。奥申科夫的努力对斯大林领导下的苏联以及“冷战”时期的苏联的武术传统的发明带来了很大的影响。不但如此，奥申科夫还对徒手格斗之于现代战争的重要性进行全方位的论述，这受到了苏联红军的重视。最终，奥申科夫编创的武艺体系被苏联红军接纳为训练士兵的重要内容之一，他本人也于 1929 年被派往莫斯科的红军中心（Central House of the Red Army）传授该技艺。[②] 同时，在斯大林运用运动（基于武术格斗为核心的）和身体文化建构苏联民族主义的逻辑下，受到广泛认可的奥申科夫的格斗术被纳入斯大林时期苏联推行的“苏维埃社会主义共和国联邦劳动防御计划”（Gotov k trudu I oborone SSSR——GTO）[③] 之中。推行 GTO 的主要目的在于通过武术等体育运动项目的锻炼，提升苏联全体人民的身体素质和精神风貌，以显示布尔什维克的优越性。同时，James Riordan 研究认

---

① Scott Sonnon, *Mastering Sambo for Mixed Martial Arts*, https://books.google.co.uk/books?id=sYTKAwAAQBAJ&pg=PT12&lpg=PT12&dq=vasili+oshchepkov+sambo&source=bl&ots=b6PL9n8f2y&sig=HTmCItIUlc9Ro6axH22YA9RA9JU&hl=en&sa=X&ei=RySSVLHSNJHcau3LgpgC&ved=0CEQQ6AEwBjgK#v=onepage&q&f=false。

② 1927 年，驻扎在新西伯利亚的时候，Oshchepkov 发表了一篇关于他创编的被称为“红军中的日本柔术”（*Japanese ju-jitsu to the Red Army*）新的自我防卫体系的文章。见 Brian Wilson, *Modern Martial Arts and the Reinvention of Traditon*, Arkansas Tech University, 2015, pp. 65-66。

③ 注：Gotov k Trudu I Oborone SSSR，简称“GTO”，1931 年 3 月 11 日，苏联启动的一项关于全苏联人民身体文化训练项目。该项目主要针对普通人民实施，因此，它是运动员的苏联体育统一分类分级体制（俄语，Единая Всесоюзная спортивная классификация；英语，Unified Sports Classification System of the USSR）的有力补充。到 1976 年，有 2 亿 2000 万人被授予 GTO 荣誉勋章。见 *Great Soviet Encyclopedia* (*in Russian*) (3rd ed.), Moscow: Sovetskaya Enciklopediya, 1977. vol. 24 (part II), p. 277.

为，苏联也通过这个项目从民众中挑选精英分子参加进一步的军事训练。[①]

奥申科夫创造的武艺带有浓郁的柔道特点，但又与日本的柔道有着明显的区分，因此很多人将他的武艺称为“Oshchepkov 柔道”。在奥申科夫创造苏联武艺的同时，该国与奥申科夫同时期的另一位杰出的格斗家斯皮里多诺夫（Viktor A. Spiridonov，1882—1944）也在尝试为苏联创编新的武艺。斯皮里多诺夫曾经是第一次世界大战中的格斗老手，实战经验丰富。在后来的日俄战争中，他的左臂被刺刀刺伤，留下轻微的残疾。斯皮里多诺夫也曾经是苏联“迪纳摩”（Dinamo）聘请的首位教授格斗和自卫术的指导教官。他从日本柔道与柔术、古罗马摔跤、美式摔跤、英国拳击、荷兰斯兰特（Silat），以及斯拉夫人的摔跤等不同的武艺中汲取元素创造自己的格斗体系。[②][③] 虽然斯皮里多诺夫与奥申科夫都致力于为苏联创造出属于自己的格斗武艺，但是二人的观点和思路不同，因此最终没能形成联合。[④] 尽管如此，他们二人所创造的个人特色鲜明的武艺在苏联军警系统和社会上广为流传，这为苏联桑搏武艺的形成打下了坚实的基础。

1937 年，奥申科夫以日本间谍的罪名遭到逮捕。愤怒的斯大林将奥申科夫创造的柔道从其 GTO 项目中剔除。尽管如此，奥申科夫创造的武艺并没有从苏联社会中被完全清除，他的很多学生为“奥申科夫柔道”的传承做出了很大的贡献。与此同时，斯大林对奥申科夫格斗武艺的清除导致了新的苏联武艺传统的发明——桑搏的诞生。

---

① James Riordan, *Soviet Sport and Soviet Foreign Policy*, Soviet Studies, 1974, Vol. 3, No. 26, pp. 322 – 343.

② Scott Sonnon, *Mastering Sambo for Mixed Martial Arts*, https://books.google.co.uk/books?id=sYTKAwAAQBAJ&pg=PT12&lpg=PT12&dq=vasili+oshchepkov+sambo&source=bl&ots=b6PL9n8f2y&sig=HTmCltIUlc9Ro6axH22YA9RA9JU&hl=en&sa=X&ei=RySSVLHSNJHcau3LgpgC&ved=0CEQQ6AEwBjgK#v=onepage&q&f=false.

③ Brian Wilson, *Modern Martial Arts and the Reinvention of Traditon*, Arkansas Tech University, 2015, p. 68.

④ R. M. SCHNEIDERMAN, *Once – Secret Martial Art Rises in Ring's Bright Lights*, http://www.nytimes.com/2008/07/19/sports/othersports/19fight.html?_r=0.

赫拉皮耶夫（Anatoly A. Kharlampiev）是奥申科夫的一名优秀学生，他不仅学习了世界各地的武艺，最为难得的是他致力于传承奥申科夫的格斗技术以及精神传统。赫拉皮耶夫联合奥申科夫的其他学生一起在奥申科夫格斗技艺以及众多苏联本土武艺的基础上广泛吸收世界各地的武艺综合创造出了桑搏。赫拉皮耶夫也因此常常被后人尊称为“桑搏之父”。1936年，赫拉皮耶夫任职苏联自卫徒手格斗中央委员会（Central Council Division on Self - Defense without Weapons），这为他推广桑搏提供了很大的便利。1938年，桑搏被苏联体育运动委员会正式接纳为“官方”体育运动，这奠定了桑搏无法取代的社会地位，桑搏成为苏联的“国术”。桑搏是基于东西方武艺而发明创造出来的武艺，有意思的是，在各种宣传下，桑搏被视为隶属于苏联的具有历史根源和纯正血统的独一无二的武艺。苏联民族主义的发展在桑搏武艺上留下了清晰的烙印。有研究人员指出，斯大林时期形成的武艺传统在“冷战”期间以各种方式继续推动着民族主义与苏维埃意识形态的发展。① 事实上，武艺传统与民族主义之间的关系表现出互为的一面，苏联的民族主义也在推动着桑搏武艺传统的形成与发展。随着苏联体育民族主义的发展，桑博运动在整个“冷战”期间吸收了大量的苏联社会文化元素。②

在很多方面，桑搏看上去与日本柔道、自由式摔跤以及古罗马摔跤十分相似，但无论如何桑搏有着自己的发展轨迹。正如我们前面的讨论，桑搏的创立者精通很多格斗武艺，他们从世界各地的武艺体系，如古罗马摔跤、自由式摔跤、格鲁吉亚夹克服摔跤、土耳其摔跤、美国本土摔跤、苏联本土摔跤、中国蒙古跤、日本柔术、柔道、关节技、英国拳击、法国踢

---

① Stuart Mirsky, *Sambo: The Russian Connection*, *Black Belt Magazine*, February 1986, pp. 80 - 81. Igor G. Kozak, *Sambo: The Russians Judo*, *Black Belt Magazine*, November and December 1964, p. 5.

② Andy Adams, *Russia Prepares to Export Sambo*, *Black Belt Magazine*, January 1, 1967, pp. 1 - 3.

腿术、南奥塞梯格斗技等武艺体系中汲取营养，并对之进行最大程度的融合。[①][②] 最终，他们成功地建构了桑搏。正如苏联执政者希冀的一样，被广泛用于军警训练和普通民众健身的桑搏，的确冲破了种族的藩篱，成为苏联的“民族”体育和苏联人防身自卫的重要手段。桑搏为“苏联人”塑造了共同的传统与文化记忆。在苏联时期，桑搏作为“官方”的自卫技艺被大力推广，也曾一时是除柔道之外唯一合法允许练习的武艺。[③] 当然，桑搏的出现也并非是凭空想象的产物。众所周知，俄国具有悠久的摔跤传统，桑搏也是这个传统发展的结果。

随着苏联的解体以及俄罗斯的出现，桑搏这项苏联时代的产物被俄罗斯接纳，并视为俄罗斯的武艺。当前，桑搏主要由国际桑搏联盟（International Sambo Federation——FIAS）负责管理。其主要形式演变成三个主要形式，即竞技桑搏、军事桑搏和自卫桑搏。作为竞技运动，桑搏已经在世界范围内广泛流传；作为格斗技艺，桑搏被俄罗斯军警系统广泛习练；所谓自卫防身武艺，桑搏也拥有大量忠实的普通习练者群体。

图 8 - 5　笔者在俄罗斯莫斯科研习考察桑搏

① John Corcoran & Emil Farkas, *Martial Arts: Traditions, History, People* , New York: Gallery Books, A Imprint of W. H. Smith Publishers Inc. 1983, p. 115.

② Thomas A. Green Edited. *Martial Arts of the World: An Encyclopedia* , Santa Barbara: ABC - CLIO, 2010, pp. 508 - 509.

③ 注：虽然柔道不是苏联的“民族”武艺，但柔道是奥运会项目，苏联政府热切渴望能够在奥运会中拿到更多的奖牌，因此柔道在苏联的习练与传承得到了许可。

第四节 民间武术传统复兴与再造的反思

一 民间武术主体的身份认同探寻与自我启蒙

民间武术文化传统的当代复兴并不是回望式的乡愁，也绝非莫名的巧合与凭空臆造的产物，而是在文化全球化背景下的民族复兴进程中的自我主体性的彰显与身份坐标的认同和探寻，以及在文化资源资本化取向下的传统符号借用与价值转换。传统文化热从21世纪初即已充斥从民间到官方的各个文化场域之中。包括民间武术文化传统复兴与再造在内的这股传统文化热的深刻背景是，中国改革开放30年来取得的巨大经济成就带来新的文化自信与中国和平发展所带来的国际地位的迅速提高。[①] 这场自下而上发生的传统文化复兴热潮，从民间到官方，以及学界都展现出了不同的文化表征。[②] 在追求民族复兴的现代化进程中，文化传统的一些具体表征曾经与其他传统文化一道被视作“封建”“迷信”“落后”而遭到否定与批判，此举造成了传统文化的“空洞”与“虚无”。当社会发展到经济相对富足、社会环境相对宽松的阶段，人们告别身体的饥饿，开始找寻并发现传统的价值与意义所在。对民间武术文化传统的重塑，是特定群体对文化传统危机空洞的一种源起于内在心理需求的正常反应。

民间武术文化传统的复兴与再造，是文化全球化背景下，外来文化强势入侵与传播，给本土民众造成身份认同危机所引发的主体性诉求和话语权争夺的强烈反弹。民间武术文化传统中蕴藏的丰富的传统文化内蕴和表征使其成为这一“全球—地方”文化张力中的急先锋。同时，也彰显出对

① 张颐武：《传统复兴的意义和问题》，《广州社会主义学院学报》2009年第1期，第40页。

② 张志强：《传统与当代中国——近十年来中国大陆传统复兴现象的社会文化脉络分析》，《开放时代》2011年第3期，第34—35页。

“东方主义”的焦虑以及进行抵抗的民间力量与话语实践。民间武术对文化传统探寻与再生产所昭示的主体性的自觉，按照哈贝马斯等人的观点，也构成了民间武术现代性的根本标志。作为现代性的基本原则，主体性的核心内容就是把主观意识的“自我”实体化为“主体”，强调自我意识的同一性是保证其他一切存在者存在的最终根据。只要确立作为突出的基底的我思自我，绝对基础就被达到了，那么就是说，主体乃是被转移到意识中的根据，即真实的在场着，就是在传统语言中十分含糊地被叫作“实体”的那个东西。[①] 传统与历史是民间武术合法性存在的本源与基础性根据，对传统的探寻是民间武术主体对历史性的彰显，也是该群体自我理解的尝试性启蒙。

民间武术被视为地方文化身份象征的合适的公共场域。人们试图通过对民间武术文化传统的复兴与重塑来标榜自身，表达自己独具特色的文化身份与文化特质。“我是谁?”一直是四川民间武术社会在身份认同危机中的自我发问方式，以及集体认同焦虑的外在体现。如果说传统社会里，身份的界定依靠的是神话的逻辑，那么在现代社会中这样的身份界定更多地仰赖于理性的逻辑。[②] 民间武术文化展演逻辑过程中羼入了政治性的维度，这是一种民间与官方以及学界的综合创造。四川民间武术文化传统一方面有民间武术人士对文化传统的接受与再造；另一方面，还有地方政府，以及一些地方精英与知识分子的合谋参与。他们在复兴传统的同时，也构成了对地方民间武术文化的改造，这种改造是在适应社会的需求以及人们对再现民间武术文化传统，探寻历史合法性的内在心理诉求。因此，与其说是我们发现了民间武术，倒不如说是我们发现了他们想象中的民间武术。在某种程度上，民间武术总是充满活力与创造力，它更是一个宽泛意义上

① ［德］海德格尔：《面向思的事情》，陈小文、孙周兴译，商务印书馆 1999 年版，第 355 页。
② 赵旭东：《文化认同的危机与身份界定的政治学》，《社会科学》2007 年第 1 期，第 55 页。

的、武侠的、社会学与文化人类学的而非严格意义上的史学的民间武术。因此，民间武术文化传统的重构是构成社会生活的一个侧面，民间武术文化不是固有的存在，而是社会文化演化的过程性的建构。虽然这给区分民间武术文化传统的真伪带来了极大的困难，但我们不能忽视的是，一定程度上民众信仰的东西比真实的东西重要。因而，探讨民间武术文化传统的真伪似乎就显得不是那么特别的重要，而是将它们作为民间武术文化的整体中的构成要素来加以研究才是我们真正应该关心的东西。民间武术文化传统的发明，为共同体认同提供了中介，通过选择或发明，民间武术文化传统的复兴与再造塑造出强烈的地方主义乡土情结，这可以更容易建立出一种共同的归属感。

二　经济诉求、表征再造与想象的共同体建构

民间武术文化传统的复兴与再造本为文化领域的范畴，但我们发现在其传统叙述的背后，有着强烈的经济诉求。四川的峨眉山、青城山、都江堰等都是世界级文化遗产旅游资源，这些资源的开发导致峨眉武术、青城武术等四川民间武术已经与地方旅游经济形成深度耦联。将现代格斗装进“打金章”的传统旧瓶中，也凸显出民间武术文化传统的经济资本潜力。民间武术文化传统已然嵌入到地方经济结构网之中，成为地方经济中的结构性要素。[①] 在四川民间武术文化传统复兴的浪潮中，民间武术被包装服务于商业化的需要，显示出了比真正的传统的民间武术更加广阔的市场。结合全国各地民间武术资源的开发来看，摆在我们面前的事实是，民间武术商业化已不是什么新鲜事，新鲜的是商业化的民间武术文化传统本身。

---

① 注：青城派主要传承人刘绥滨时常被都江堰市政府派往各地推介本地旅游产品。青城武术成为都江堰、青城山旅游产品和服务项目之一。刘绥滨以及青城武术已成为都江堰乃至四川地方旅游的品牌代言人之一。峨眉武术节也是“武术搭台，旅游唱戏”的产物。

民间武术文化传统的复兴与再生产也是一个新的表征的再创造过程。武术被视为中国优秀的文化传统之一是民国以降形成的共识，这多少让武术人青睐那些有一定历史与传统的东西，他们尝试挖掘整理并传播这些文化传统，并将那些历史上曾经出现过的习俗转变为确定无疑的文化表征，从而创造出差异。我们总是寻找或构建“我”之所以为“我”的历史记忆。在社会治理层面，“地方特色”和“地方文化”的地域性，凸显了“我”与“他者”的差异。就四川民间武术而言，峨眉派、青城派等民间武术门派在当代对其传统和历史的再表述过程就是一个差异的区分和比照过程，这有效地增强了特定群体的归属感，调动了相关人员参与门派建设的积极性。改革开放以后，中国融入世界的进程进一步加快，全球化影响之于中国武术也日趋明显。在世界各地武艺在中国普遍流行以及中国内部各地民间武术文化资源品牌竞争日趋激烈的当下，民间武术的独特性文化表征已成为地方坚守与维护武艺文化多样性，应对全球武艺符码流动与文化殖民，以及创造传统的时代价值，最终在文化品牌竞争中胜出的关键。

就像“历史并不隶属于我们，而是我们隶属于历史”（伽达默尔语）一样，文化传统并不隶属于我们而是我们隶属于文化传统。承认民间武术的文化传统，并不是否认对民间武术文化传统的创造。相反，恰恰是在文化传统之中我们才获得了更加坚实的根基，同样，正是我们先于我们的理解存在于民间武术文化传统之中，我们才获得了阐释与建构民间武术文化传统的可能，这构成了对民间武术文化传统进行创造的重要前提。民间武术社会对自身文化传统的主体性反思是存在于民间武术文化传统时间维度中的一次闪光。无论如何，我们总是生活在不同的文化传统中，传统也是给予人们生活意义和价值的重要源泉。[①]

① 贺来：《“传统间”关系：“传统复兴”的前提性问题》，《哲学动态》2011 年第 2 期，第 23 页。

民间武术文化传统的复兴与再生产是“想象的共同体”的建构的核心。文化传统往往被人们赋予神圣的克里斯玛（charisma）特质，在对四川民间武术考察的过程中，我们发现各种神话和仪式都被应用于建构这种克里斯玛（charisma）特质，成为引起或激发信奉者敬畏之情的常用手段。在民间武术社会中，某个门派的创始人或拳种的开创者一般都带有异乎寻常的、奇迹般的神话色彩。这在峨眉、少林、武当等大门派的阐发与建构中尤其明显，并成为其他门派建构效仿的楷模。其创始人，如白猿祖师、达摩、张三丰等都一般都具有或被认为具有非凡的经历或超越常人的生活。这些民间武术文化传统被赋予的神圣或超凡的特质，体现出一种克里斯玛（charisma）特性，因此受到民间武术的迷恋和敬重，并表现出对民间武术人的行为具有强大的道德规范作用。

考察民间武术文化传统再造的维度，我们应该做出区分，有些文化传统是政府部门主导发明的，有些文化传统则是习武民众自发创造的。他们敏锐地注意到了神话、典礼和仪式中潜藏的克里斯玛（charisma）特性，并使其发挥出了重要作用。但是，四川民间武术文化再生产并不是完美无缺的，他们建构的峨眉武术祖师爷的努力并没有得到大多数民间武术门派的认同，这让寻求共同起源的努力多少显得些许无力和惨淡。迄今为止，所谓的“峨眉武术”仍尚未推出典型的代表性技术，归纳共享的技术特色也异常艰难。与少林、武当相比，峨眉的服装、手势、代表性器械等文化符号表征也有待进一步在协商中达成共识。虽然近年来在四川省武术协会的主导下，有些方面得到了大力的推进，但离成功还有很长的路要走。不能否认的是，四川独特的地域历史与文化结构使四川民间武术通过文化传统建构“想象的共同体”难上加难。也许，邻国日本以及俄罗斯的武艺文化再生产能够为此提供些许有价值的经验借鉴。

本章小结

民间武术在发展的过程中逐渐形成了较为丰富的文化传统样态。这不但包括技能性文化传统，也包含有制度性、习俗性、仪式性、思想性等文化传统。我们今天看到的民间武术中一些看似或声称有着悠久历史的文化传统，却是在较为晚近的时间中形成的。犹如霍布斯鲍姆所言，有些甚至是被发明出来的。当然，民间武术文化传统的形成与延续并不是偶然的，而是整个民间武术群体共同实践与建构的结果。在当代，四川民间武术中一些文化传统在经过断裂以后，又得以再次复兴起来，而且变得更加复杂与程式化。民间武术文化传统的复兴再造，一方面体现出民间武术主体身份的认同探寻与自我启蒙，另一方面也映射出强烈的经济诉求、表征再造与想象的共同体建构。研究揭示，对民间武术文化传统的发明是一个泛国际性的文化现象，不独中国所有。无论国内还是国外，传承人在民间武术文化传统发明的过程中起到了至关重要的核心作用。与日本、俄罗斯等国的民间武术文化传统创造相比，我国民间武术文化传统创造还有待进一步提升，以实现民间与官方的贯通。

第九章　非物质文化遗产运动与民间武术

2004 年，中国正式签署加入联合国教科文组织的《保护非物质文化遗产公约》（以下简称“公约”），标志着中国政府正式将“非物质文化遗产”引入国内。中国以非遗文化保护的新形式参与到国际文化政治体系中，与国际接轨，在把一套关于文化的新话语引进来的同时，也凸显出中国在保护全球文化多样性和文化生态中所发挥的重要作用。这个由联合国教科文组织发起，并对各民族国家中的具有悠久传统与原创的弱势、边缘、草根文化进行保护与传承的思想一经引入，中国便以任何一个“公约”缔约国都无法比拟的效率进行了实践。非物质文化遗产保护在中国引起了强烈的共鸣，十余年来已然形成了一场声势浩大的非物质文化遗产保护运动，为中国社会带来了奇迹般的巨大变革。中国民间武术也被“裹挟”进了这场文化运动之中，并正在被非物质文化遗产运动前所未有地改变和塑造着。

第一节　席卷中国的“非遗”保护运动与“非遗后时代”的到来

在当代中国，我们离民间文化遭遇极大破坏的那个年代并不久远。1966 年，中国爆发了史无前例的“破四旧”运动，一切旧习俗、旧文化、旧习惯、旧思想一夜之间都成为清除的对象。这一运动对民间文化带来的破坏是灾难性的，全国上下无数优秀的文化事项惨遭洗劫，其所形成的思想观念持续影响着这个国家对民间文化的态度和认知。人们一度认为，“破四旧”导致的文化伤痛也许永远无法完全康复。然而，这一切在2000年前后，因为非物质文化遗产保护的引入开始发生转机。

一　席卷中国的非物质文化遗产保护运动热潮

众所周知，出于保护世界文化多样性与文化生态，应对人类的文化和生态危机，联合国教科文组织于1972年通过了《保护世界文化和自然遗产公约》。那时候的中国尚处于“文化大革命”之中，“遗产”保护并没有引起当时中国政府的兴趣与关注。直到1985年，中国参加了联合国教科文组织举办的世界遗产大会，加入了《保护世界文化和自然遗产公约》缔约国以后，遗产保护在中国逐渐成为具有重要意义的议题。随着西方文化的强势传播以及世界各地的本土文化与草根文化的生存空间受到严重挤压，人们开始反思现代性所带来的后果。因此，在《保护世界文化和自然遗产公约》的基础上，经过近三十年的探索实践，联合国教科文组织于2000年正式决定设立“人类非物质和口头遗产代表作名录”，次年便运作起来。这一次，中国跟上了世界的步伐，昆曲被列入第一批名录之中。随后的各批次名录中几乎都有来自中国的非物质文化遗产（目前已达38项）。2003年，联合国教科文组织通过了《保护非物质文化遗产公约》，2004年8月，十届全国人大常委会第十一次会议批准我国加入《保护非物质文化遗产公约》。自此，中国正式成为《保护非物质文化遗产公约》的发起国和缔约国之一，一个新时代也就此开启。

表 9-1　中国非物质文化遗产保护相关要事一览表（2004—2014）①

年份	中国非物质文化遗产相关重要事项
2004	十届全国人大常委会第十一次会议批准我国加入《保护非物质文化遗产公约》
2005	国务院办公厅关于加强我国非物质文化遗产保护工作的意见出台；《国家级非物质文化遗产代表作申报评定暂行办法》颁布实施；非物质文化遗产保护工作部际联席会议制度建立；全国范围内启动非物质文化遗产代表作名录体系建设；文化部和国家发展和改革委员会、教育部、国家民委、财政部、建设部、国家旅游局、国家宗教局、国家文物局在北京举行非物质文化遗产保护工作部际联席会议第一次工作会议；设立“文化遗产日”
2006	国务院公布第一批国家级非物质文化遗产名录（518 项），其中少林功夫、武当武术、回族重刀武术、沧州武术、太极拳（杨氏太极拳、陈式太极拳）、邢台梅花拳、沙河藤牌阵、蒙古族博克等民间武术入选
2007	“首届中国成都国际非物质文化遗产节”成功举办，发表“保护非物质文化遗产成都宣言”；首个国家级文化生态保护实验区——“闽南文化生态保护实验区”获批；文化部公布 224 名第一批国家级非物质文化遗产项目代表性传承人名单
2008	国务院公布第二批国家级非物质文化遗产名录（510 项），其中峨眉武术、天桥摔跤、沙力搏尔式摔跤、红拳、八卦掌、形意拳、鹰爪翻子拳、八极拳（月山八极拳）、心意拳、心意六合拳、五祖拳、查拳、螳螂拳、苌家拳、岳家拳、蔡李佛拳、满族二贯摔跤、传统箭术（南山射箭）、苏桥飞叉会入选；国务院公布第一批国家级非物质文化遗产扩展项目名录（147 项），其中沧州武术（劈挂拳、燕青拳、孟村八极拳）、太极拳（武式太极拳）入选。文化部公布 551 名第二批国家级非物质文化遗产项目代表性传承人名单

① 上述信息统计主要来自，中央政府门户网站（www. gov. cn），中国社会科学网（http：//www. cssn. cn/），中国非物质文化遗产网 · 中国非物质文化遗产数字博物馆，http：//www. ihchina. cn/；《中国非遗保护发展报告（2014）》（宋俊华主编，社会科学文献出版社 2014 年版）；《中国非遗保护发展报告（2015）》（宋俊华主编，社会科学文献出版社 2015 年版）。

续　表

年份	中国非物质文化遗产相关重要事项
2009	“第二届中国成都国际非物质文化遗产节”成功举办，此后，文化部正式批准同意国际非遗节永久落户四川、定点成都
2010	“亚太地区非物质文化遗产国际培训中心”在京挂牌成立
2011	全国人大通过了《中华人民共和国非物质文化遗产法》，由国家主席签署命令，该法自 2011 年 6 月 1 日开始施行；国务院公布第三批国家级非物质文化遗产名录（191 项），其中拦手门、通背缠拳、地术拳、佛汉拳、孙膑拳、肘捶、十八般武艺、撂石锁入选；国务院公布国家级非物质文化遗产名录扩展项目名录（共计 164 项），其中沧州武术（六合拳）、梅花拳、摔跤（朝鲜族摔跤、彝族摔跤、维吾尔族摔跤）、八卦掌、形意拳、心意拳、螳螂拳入选；2011 年 9 月，文化部印发了《关于加强国家级非物质文化遗产代表性项目保护管理工作的通知》，建立了国家级名录项目的“退出机制”
2012	第一批“国家级非物质文化遗产生产性保护示范基地”公布；12 月 20 日，文化部公布了第四批国家级非物质文化遗产项目代表性传承人共 498 名，加上前三批已公布的 1488 人，共计 1986 人
2013	教育部将非遗传承纳入职业教育体系；以中山大学为牵头单位的“文化遗产传承与数字化保护协同创新中心”正式挂牌；截至 2013 年年底，文化部已命名 41 个国家级非遗生产性示范基地；截至 2013 年 1 月，已建成 15 个国家级文化生态保护试验区
2014	按照《中华人民共和国非物质文化遗产法》的表述，将“国家级非物质文化遗产名录”名称调整为“国家级非物质文化遗产代表性项目名录”；国务院公布第四批国家级非物质文化遗产代表性项目名录（153 项），其中通背拳、戳脚、精武武术、绵拳、咏春拳、徐家拳、梅山武术入选；国务院公布国家级非物质文化遗产代表性项目名录扩展名录（153 项），其中太极拳（吴式太极拳、李氏太极拳、王其和太极拳、和式太极拳）、蒙古族博克、螳螂拳、岳家拳入选；截至 2014 年，我国已设立了 18 个国家级文化生态保护试验区

保护非物质文化遗产是联合国教科文组织推出的一个政府间合作项目，截至2015年4月，《保护非物质文化遗产公约》已有163个缔约国。[①] 但是，无论哪个国家都没有呈现出像中国对于保护非物质文化遗产那样的热烈情怀。在屈指可数的十年中，以政府为主导的非物质文化遗产保护在中国得到了大力推行，制定了新的法律，形成了新的文化政策，保护体制机制日益完善。也许用表格的形式更能让我们清楚地了解保护非物质文化遗产在中国政府引导下取得的一系列实践与成就。

中国加入《保护非物质文化遗产公约》后的短短数年时间内，非物质文化遗产这一外来概念迅速从很小的范围传播到整个社会及至民间最底层。非物质文化遗产持续性地受到了来自官方、学界、新闻媒体，以及来自民间底层的地方文化精英和普通民众的广泛关注。尤其是在中国遴选的昆曲艺术、古琴艺术、新疆维吾尔十二木卡姆、蒙古族长调民歌分别于2001年、2003年和2005年先后被联合国教科文组织列为“人类口头和非物质文化遗产代表作”以后，媒体的报道使“非物质文化遗产”在中国从上至下引起了热烈的讨论、共鸣和一定深度的认知。紧随其后的中韩端午节申遗之争，以及中国政府相继于2005年、2007年、2010年和2013年主导的第一、二、三、四批国家级非物质文化遗产代表作名录申报与遴选，再加上推出的对传承人的保护以及建立文化生态保护区等活动，将“非物质文化遗产”内化为民族国家的一种文化自觉。非物质文化遗产运动在中国掀起了史无前例的“非遗热”“传统热”与“民间文化热”。不但如此，2011年《中华人民共和国非物质文化遗产法》的出台与实施，更是将保护非物质文化遗产纳入国家体制之内。非物质文化遗产保护“中国模式”呼之欲出，同时该项运动也成为民族复兴、文化强国和国家文化软实力建设的重要国策。对此，

---

① *The States Parties to the Convention for the Safeguarding of the Intangible Cultural Heritage*，http：//www. unesco. org/culture/ich/en/states - parties - 00024.

有学者感叹道："'非物质文化遗产'虽然是一个新近流行开来的概念，但是它已经嵌入我们的语言，已经纳入国家的议事日程，已经成为利益博弈的对象和思想交锋的热点。"① 非物质文化遗产保护为中国植入了新的文化理念，在发展过程中演化为了全社会广泛参与的社会文化运动。对中国而言，这一文化实践是革命性的，长期处于底层社会、遭到贬低的文化被重新赋予了新的意义和价值，它促使主流思想得以改变，同时发生改变的还有国家制度与民间草根文化之间的关系，奇迹发生了！

在全国普查与各地申报的基础上，国务院先后于2006年、2008年、2011年和2014年公布了四批次国家级非物质文化遗产代表性项目目录，共计1836项，其中涉及民间武术65项。已有1986人被命名为国家级非物质文化遗产项目代表性传承人，建立了18个国家级文化生态保护试验区。此外，还建成了国家、省、市、县四级保护体系，各省市地方也建立了各自相应的名录，出台了相应的保护政策与条例。经过十余年的实践，中国非物质文化遗产保护已经取得了阶段性的重要成果，名录体系、法律制度、博物馆建设、传承人保护等得以基本建立与落实，自上而下的保护非物质文化遗产体制建设逐渐完善。中国已经走过了摸家底、寻路径、找方法的阶段。

二"非遗后时代"的到来

当前，中国的非物质文化遗产保护正在迈向"非遗后时代"。"非遗后时代"最早见于2011年11月冯骥才先生在"中国木版年画国际论坛"上关于中国非物质文化遗产保护的论断。他说，在基本完成了非遗工作之后，我们就大功告成了，不再管它何去何从了吗？当然不是。应该说，我们进入了"非遗后"的时代，即完成了非遗认定之后的时代。同时，他还提出

① 高丙中：《作为公共文化的非物质文化遗产》，《文艺研究》2008年第2期，第78页。

“非遗后时代”的任务是科学保护、广泛传播、利用弘扬和学术研究。[①] 随后，他又在不同场合反复提及了这一说法。[②③④] 笔者认同冯骥才先生的洞察与判断。需要强调的是，非遗保护没有完成时，当前只是完成了初级阶段的一些基本工作而已，更艰难、更细致的任务将出现在接下来的“非遗后时代”。

“非遗后时代”既是一个对中国非物质文化遗产保护的历史性判断，也是一个具有启发意义的有待深化的学术性思想话语。截至2014年，中国的非物质文化遗产保护取得了一系列辉煌的阶段性成果，这来之不易。然而，非物质文化遗产是与人类永远伴随的情感、符号与精神文化，是融进生活的文化，是民族精神和民族文化的重要载体。因此，对非物质文化遗产的保护不可能有终结的一天。中国目前取得的成就只是一些最为基本的东西，并非达到了非遗保护的终极目标。这些基本成就的获取是至关重要的，它给了我们一个保护的支点，为我们进一步的非遗保护奠定了基础，而非物质文化遗产保护的拐点和新起点——“非遗后时代”的到来，意味着一个真正的、细致的非物质文化遗产保护恰好由此开始。

“非遗后时代”必然要求中国非物质文化遗产保护要有一系列的思想转变与实践深化。因此，对第一段的非物质之文化遗产保护的总结与提炼必不可少。由于非遗的濒危性和抢救的时效性要求，“非遗”保护相关人员在处理这个问题时做的更多的是全国性的田野普查，完善濒危名录体系建设等。目前，仍没能提出一套关于非物质文化遗产保护的社会/文化理论。另

---

① 冯骥才：《“非遗后时代”我们做什么?》，《中国艺术报》2011年11月18日第013版。

② 项江涛：《“非遗后时代”保护是学者的时代担当》，《中国社会科学报》2011年12月15日第006版；冯骥才：《非遗后时代：传承仍让人充满忧虑》，《中国艺术报》2013年6月14日第S01版。

③ 冯骥才：《非遗后时代：传承仍让人充满忧虑》，《中国艺术报》2013年6月14日S01版。明江：《“非遗后时代”的关注与守望》，《文艺报》2013年7月5日第5版。

④ 明江：《“非遗后时代”的关注与守望》，《文艺报》2013年7月5日第5版。

一方面，尽管有民俗学、人类学等学科研究人员的参与，但他们更多地将精力放在了探讨非遗保护应该如何执行的具体的“术”的层面上，即使形塑了“非物质文化遗产”概念的学术性，[①] 但尚缺乏对“非物质文化遗产学”的理论构建。非物质文化遗产保护正在形成一门与民俗学、人类学、社会学、文艺学、体育学、音乐学、舞蹈学、建筑学、考古学等学科具有紧密联系，但又不完全等同的跨学科属性明显的专门学科，“非遗后时代”必然要求我们内向观视非遗保护的实践，总结提炼出一些具有广泛洞穿力和解释力的相关社会文化理论，这将是对“非物质文化遗产学”的构建和推动全球非物质文化遗产保护的思想理论贡献。

“非遗后时代”的非遗保护总体思路必然是逐渐由申报认定向科学保护转变。2014 年，国务院公布了第四批国家级非遗代表性项目，至此，已经有 1836 项非遗项目被遴选出来，但这并不是中国非遗的最终数目，由于种种原因，一些很有价值的项目仍然没有被纳入到体系中去。仍需要我们到民间去大浪淘沙般的寻找那些具备条件的项目，让它们能够进入保护体系内。这就涉及专家学者的进一步深度参与。目前，我们的非遗 80% 以上仍没有专家保护。[②]“非遗后时代”，专家学者要有所担当，不能缺席。这不但是要做“民间创造，精英挑选”的工作，同时也是避免非遗保护流于表面，甚至失去方向的有力保障，以及对非遗保护进行理论升华的必然要求。

让非遗真正回归到它的生态空间、生存土壤和民众日常生活中去，广泛传播，激发民众文化自觉，让全社会参与进来，“国退民进”，实现目前的“政府主导 + 传承人”保护模式向全社会参与的保护模式转变，是“非遗后时代”的应有目标与历史使命。中国非遗保护的第一个十年是政府强

---

① 高丙中：《非物质文化遗产：作为整合性的学术概念的成型》，《河南社会科学》2007 年第 2 期，第 15 页。

② 冯骥才：《我们的非遗 80% 以上没有专家保护》，http：//news. xinhuanet. com/politics/2014－03/09/c_ 133172240. htm。

力干预主导发展的时期，这一模式是起始阶段的不得已而为之之举。然而，非遗是存在于日常生活之中的，对非遗的保护与传承的最佳状态理当在民众日常生活中进行。另外，从非遗管理角度看，无限制地增加国家级非遗数量并非最优的制度安排。非遗后时代，需要加强对已公布非遗项目进行监督和评估，在继续完善名录的同时，进一步完善和真正落实“非遗法”，真正实施退出降级甚至是淘汰的动态管理竞争机制，将国家级非遗项目数量保持在适度规模，激发地方政府、传承人和地区民众在非遗保护上的潜能，迫使其为此不断进步。

对于非物质文化遗产保护，各个国家都没有更多的历史经验可以遵循借鉴。因此，在实践过程中容易出现各种问题。“非遗后时代”在调整思路转变目标的同时，还有必要针对当前和今后一段时间暴露出的问题予以解决。不管怎样，“非遗后时代”既是一个全新的时代，也将是一个复归的时代。“非遗后时代”要解决非遗保护自身的新问题，也必须面对国家与社会发展的新态势，非遗保护并不能超然于国家与社会发展之外进行。另外，“非物质文化遗产”这一外来话语的介入对中国本土文化影响深远。它已经使前现代社会中的“生活世界”内容衍化为具有鲜明现代认知特征的知识形态。[①] 中国本土民间文化不可避免地要被“非物质文化遗产”所打造、筛选、形塑与重构。返回那个最初的原点，尊重民众的主体性和创造性，在日常生活中考察最根本的、原初的、本真的文化，是“非遗后时代”之于学术研究应有之义。如此，才能生发出非物质文化遗产保护的新意义，成就中国本土经验与价值。

---

① 王咏：《从生活世界到现代知识形态：“非物质文化遗产”研究的现代性批判》，《文艺理论研究》2011 年第 4 期，第 140 页。

第二节 “非遗”话语下的民间武术再认识

上文提及，目前已经有65项民间武术代表性项目列入国家级非遗名录，构成了国家级非遗的重要组成部分。纳入国家级非物质文化遗产体系的峨眉武术、少林武术、武当武术、苏桥飞叉会、沙河藤牌阵、沧州武术、心意拳、回族重刀武术等民间武术文化，除了个别形态外，大多都曾是不入政府、学者、媒介法眼的底层边缘存在，它们甚至遭到主流意识形态的否定与国家文化体制以及体育体制的排斥。然而，当它们遇到了非物质文化遗产所带来的时代机遇，一切都改变了。这些民间武术成为大家讨论的中心、媒介的聚焦点，学者关怀以及国家财政支持的对象。①② 非物质文化遗产的概念带来了我们不再把普通民众当作思想观念有重大缺陷的认识对象的机会。③

一 民间武术话语的颠覆与转换

从内容来看，被列入各级非物质文化遗产名录的武术都是民间武术，因此，武术非物质文化遗产并无多少新意。但是，正如高丙中先生所言，非物质文化遗产所伴随的话语是全新的。④ 民间曾经被作为藏污纳垢的空

---

① 2008年，国家级非物质文化遗产传承人每年将获得中央财政拨发的8000元工作津贴，见《国家级非物质文化遗产传承人将获工作津贴》，http：//www. gov. cn/fwxx/wy/2008 -11/17/content_ 1150839. htm。2011年，该补贴上调至1万元并保持至今。见文化部《把非遗传承人传习补贴用在刀刃上》，http：//www. ce. cn/culture/gd/201408/20/t20140820_ 3391730. shtml。

② 自2006年起到2014年，中央财政累计投入35. 14亿元用于非遗保护，其中30. 4亿元对地方开展1372个国家级非遗项目、1986名国家级代表性传承人、18个国家级文化生态保护实验区的保护工作予以支持。截至2013年年底，各省共公布了9647项省级非遗项目，认定了7713名省级项目代表性传承人，并通过省级财政予以不同程度的经费支持。见 http：//www. time - weekly. com/html/20150414/29279_ 1. html。

③ 高丙中：《作为非物质文化遗产研究课题的民间信仰》，《江西社会科学》2007年第1期，第150页。

④ 同上。

间，以及清除改造的对象，民间武术信仰也曾经被视作为“迷信”而遭到打压。随着对竞技武术“孤注一掷”地发展，民间武术也成为可有可无，无人问津的存在。另外，部分参与20世纪80年代武术挖掘整理的学者认识到了民间武术消极的方面，他们对其中的一些“封建迷信”进行了批判，为政府改造武术提供依据和支撑。批判是有必要的，但过度的批判使民间武术一步步地成为“不可救药”的鄙视对象。再加上80年代末“海灯法师事件”给民间武术带来的负面消极影响，迫使政府牵头另起炉灶，创造一种“科学”的、不沾染民间尘埃的竞技武术套路就显得更加理所当然。可以说民间所赋予武术的很多东西都是不值一提的，民间的话语对特定的民间武术和实践者来说也是极其不利的。民间武术在竞技武术一枝独秀的现代社会中是边缘的、无力的、弱势的。然而，非物质文化遗产的出现，让民间武术找到了突围的着力点。非物质文化遗产帮助民间武术完成了话语转换，抽掉了其中被认为是“落后的”的属性，使民间武术超越了民间武术拳师个人或小群体所带有的狭隘层面，进而在被认定为非物质文化遗产后被标注成为集体的、公共的和不可替代的全社会的文化财产。因此，非物质文化遗产的介入，让我们获得了重新解读民间武术，反思民间武术与整个中国武术体系的关系，探讨民间武术作为武术之“根源”与武术学的关系，以及作为可供转换的社会文化资源之于民族国家文化建设的可能性与方式。

中国的非物质文化遗产热也提示我们要换一个角度来认识中国武术的发展史、学术史与思想史，同时还要厘清民间武术在民族文化建设和社会传统认同之间的密切关系。民间武术是我们探寻中国社会历史连续性和民族文化认同的有效范畴。中国社会历史的连续性既体现在大量的元典性文献的传承上，也显现在与日常生活紧密融合的活态的民间文化中。民间武术的沿袭与传承历久弥新，具备持续不断的贯通性，其所融合的各种民族传统内涵与符号观念一直都伴随着中国的历史进程而得到活态传承。像民间武术这样的“小传统”，是理解我们国家社会文化历史的重要范畴，以及解读民族文化血脉的纵深实存。民国以降，民间武术被赋予了“国术”“国粹”“中华武术”“非物质文化遗产”等“中华性”与特殊民族价值。在时代变迁和全球化、现代化突飞猛进的社会变革大潮中，民间武术彰显了中国底层民众自觉坚守民族文化，保持中华文化历史连续性，这终将成为中华民族认同以及国家认同的重要文化标志，同时也是塑造社会凝聚力的潜在文化资源。但是，我们也不得不反思，在“救亡图存”和“反传统”“塑新民”的不同历史时期，民间武术在知识精英话语体系中的不同命运遭遇。尤其是以陈独秀、鲁迅等为代表的“新文化派”对民间武术的批判与指责，直接为其贴上了诸如“迷信”“愚昧”的标签。他们的威权以及这些标签为民间武术后期沦为政府和知识界随意处置的对象提供了正当性，民间武术被污名化，以致无法理直气壮地表达自己的诉求和权利主张。非物质文化遗产的介入让我们不得不重新思考关于民间武术所承载的多方面的学术表述，反省关于民间武术的知识再生产机制，进而创造有效沟通“大与小”“官与民”“上与下”之间相互理解的通道与机制。

非物质文化遗产使人们不得不从积极向上的层面看待民间武术，并把民间武术视为值得珍惜的民族文化“活化石”。当我们走过任人欺凌的不堪历史，走出“百事不如人”的文化自卑，在新时期民族复兴的征程中，是时候自信地、正确地面对属于我们自己的民间武术文化了，让民间武术得到应有的尊重和重视。非物质文化遗产的引入，要求学术界和政府之间通力合作，努力减少民间武术文化中不符合时代需求的东西，使民间武术更加合理并内化进全体民众对非遗的保护与传承意识之中。

中国民间武术之所以边缘化，得自于官方权力的制造，但在文化机制上可以归因为民间武术人对自己所创造和传承的文化价值判断的话语权和权利在公共领域和国家体制中的丧失。然而，非物质文化遗产的介入，大大改变了这一状况。借助非物质文化遗产，民间武术各群体拥有了向全社会诉说自己文化历史与价值的有效渠道与平台。同时，《非物质文化遗产公约》以特殊的形式要求政府对被列入名录的武术非物质文化遗产给予承认、尊重与弘扬，曾经的意识形态控制和阶级斗争思想对民间武术所造成的否定、打压与排斥得到消解中和，并使民间武术文化能够融入这场最为前沿的全球性文化运动之中，因而获得了应有的话语权与各种权利主张。

二　民间武术中“文化革命”意识的消解

在过去的20世纪中，以“五四”新文化运动为肇始，以极端的“文化大革命”为高潮，中国社会经历风雨激荡的现代“文化革命”历程。这场文化革命，使很多本土文化与传统遭受无情的批判、改造甚至否定颠覆，而外来文化堂而皇之地登堂入室并占据主流。“打倒孔家店，反对旧道德”几乎摧毁了中国既有的文化逻辑和生活秩序。毛泽东在《新民主主义论》中说，“五四”运动“是彻底地反对封建文化的运动，自有中国历史以来，还没有过这样伟大而彻底的文化革命”。[①] 逐渐占据主流意识形态的文化革命为民间武术打上了封建的、落后的、“九天玄女传于轩辕黄帝，轩辕黄帝传于尼姑”“把戏”等标签。“文化大革命”更是将一些民间武术拳师打成“牛鬼蛇神”，很多有价值的拳谱资料、武术器械被作为“封、资、修的毒草”而收缴损毁，民间武术既是“封建迷信”，也是“传播封建迷信的工具”。[②] 然而，任何形式的“文化革命”都不可能完全革除一个社会骨子里的固有文化基因，它们不可能被“革命”。

改革开放后，政府放松了对民间的高压控制，社会逐渐变得正常，曾经被列入“四旧”的民间武术也借助“挖掘整理”得以复兴并重获新生。

① 毛泽东：《新民主主义论》，《毛泽东选集》第2卷，人民出版社1991年版，第700页。
② 国家体委武术研究院：《中国武术史》，人民体育出版社1997年版，第368—369页。

不得不承认的是，尽管“文化大革命”结束了，但大半个世纪形成的“文化革命”逻辑和心理意识仍然在当今中国社会中若隐若现，也在武术上有所体现。人们生搬硬套地用西方体育的审美标准对中国武术进行改造，推出了“竞技武术”。急切的加入奥林匹克的情绪，让我们失去了理性，僵硬的以现代西方竞技体育文化为标准改造中国固有武术体系，创造新的武术文化，导致对中国民间武术否定与清除过度，遮蔽了其中大量有真实价值的文化，其结果必然是中国流传悠久的民间武术不能代表现代意义的“先进”文化，也不能被国家官方体育体制所认可接纳。然而，当笔者与西方一些专家学者交流中国武术时，他们多数并不认同那（竞技武术套路）是中国功夫/武艺（Chinese Martial Arts）。他们付之一笑地说，那是“舞蹈”（Dancing），不是真正的中国功夫/武艺（Chinese Martial Arts）。听之无不让人感觉悲从中来！不容否认的是，改革开放后中国社会对传统与现代性反思的成效一直在累积，2000 年持续至今的“非遗热”的出现，即是一个中国新的文化运动的征兆与表现。非物质文化遗产恰是在这样一个“天时地利人和”的节点输入中国，成为中国文化新启蒙的人文思想、动员手段与操作平台。中国民间武术借由非物质文化遗产实现了对自身（民间武术传承人、民间武术文化等）价值的肯定与命运解放，突破了人为制造的封闭空间的束缚，洗刷了诸多被强加在身上的污名，实现了与世界主流思想的接轨。当国家通过加入国际法并颁布国家大法和一系列公共政策开展非物质文化遗产保护的时候，我们清楚地看到，持续近百年的文化革命的价值、逻辑在不知不觉之间被替代、颠覆，被革命否定的文化现象又重新获得积极的肯定。[①] 民间武术迎来了发展的春天，一个民间武术的新的历史就此生成。

---

① 高丙中：《中国的非物质文化遗产保护与文化革命的终结》，《开放时代》2013 年第 5 期，第 147 页。

三　民间武术成为重要的意义之源与集体认同指向

非物质文化遗产使竞技武术不再是中国武术明天的唯一意义之源。在体制内具有崇高地位的竞技武术之外，民间武术文化得以复兴，再加上大量的外来武艺文化，中国武术呈现出了混杂多元的文化版图。竞技武术仍然是官方体制倡导的主旋律，虽然它脱离日常生活，几乎没有观众，但因官方权力的强力维系，逐渐形成了“中国武术的新传统”。外来武艺文化甚为斑驳庞杂，有来自欧美的拳击、MMA、踢拳术、巴西柔术、截拳道等，也有来自东北亚的柔道、跆拳道、空手道、合气道、柔术等，还有来自东南亚的泰拳、菲律宾短棍等，这其中有很多都是近三十多年来涌入中国的。它们都有不同的人群参与特征，竞技武术主要是体制内的运动员，外来武艺更多的是俱乐部参与者，而具有民俗性的民间武术更多的是在街坊人群中传承，这一块的比重也是最大的。

非物质文化遗产为中国武术找寻集体认同提供了路径与指向。从近些年中国武术运动管理中心主导开展的一些工作看，中国武术存在很大的认同焦虑。占比重最大的民间武术文化并没有被设定为集体认同的对象。有关武术的政府管理部门出于工作的需要，想要通过推出竞技武术塑造全国一盘棋式的共同体，建立最为广泛的“中国武术”的集体意识。然而，这种认同只存在于通过体制捆绑的人数较少的运动员群体内，而且多年训练导致的疲劳使很多运动员退役后并不能坚持练习所谓的竞技武术，他们要么放弃，要么最终转向民间武术之中。国家耗费大量经费打造的竞技武术认同已经蜕变为一少部分人的认同，这已是不争的事实。武术与非物质文化遗产运动的对接，让民间武术经过符号转换与重命名，纳入非物质文化遗产体系之中，成为人类共享的文化资源，以及法律保护和政府资助的对象，因而荣誉加身，地位高抬。一些知名的武术非物质文化遗产因其知名度和美誉度甚至成为地方构建文化品牌的绝佳资源，以及开发地方旅游经济的“药引子”。通过非物质文化遗产，民间武术得到了创造性的转化，为建立国家和地方层面的文化认同提供了可能。非物质文化遗产之于民间武术独特效用的发挥，来自对民间武术“遗产”属性的聚光凸显与确认，对官方权力精英和知识精英强加给民间武术价值判断的解构，以及对民间武术传承人/群体对自身文化价值判断优先权的赋予。民间武术通过非物质文化遗产的实践与意义转换，冲开了近代以来赋予的“体育”这个上位概念的束缚，融合进了更广泛的文化范畴，并在同类项中获得了优越地位与优先价值。透过民间武术，我们也看到了非物质文化保护对于民间文化所发挥出的“炼金术的神奇作用”（高丙中语）。

四　构成中国武术文化自觉的技术性路径

非物质文化遗产让原来隶属于民间个人或群体传承的武术文化获得承认，并成功转化为全民共享的公共文化。这对于民间武术身份与地位的改变是卓有成效的，在促进民族文化认同上也是很有价值的。从话语实践上看，中国政府2004年签署《保护非物质文化遗产公约》，将一种新的话语引进国内，并通过强大的舆论塑造与社会动员，建构了国家—省—市—县四级非遗保护体系，这对民间武术具有革命性的意义。始于新文化运动，并被后来文化革命承继的、对民间武术具有进化论色彩的评价被悬置起来，体制外边缘的、弱势的众多民间武术转而成为社会地位高尚、文化身份正宗、无可替代的文化遗产。这看上去似乎有“咸鱼翻身”之感，但是笔者更想表达的是，非物质文化遗产并不是让民间武术“咸鱼翻身”，也不是“鲤鱼跳龙门”，而是让它真切地获得了与自身实际价值相吻合的、合法并合理的身份与地位。也就是说，非遗的启蒙，使全社会超越了非先进即落后，非科学即迷信的两元对立论，对民间武术进行了正确的定位，因此，也改变了中国武术的文化结构和话语逻辑。

近现代以来，中国武术的文化再生产与文化格局演变过程中始终有西方文化的在场，尤其是为迎合奥林匹克而对中国武术进行的竞技改造，充满了“自我东方主义”（self－orientalism）的色彩。我们孤注一掷地往奥林匹克靠拢，制造出来的东西非但没有受到西方的认同，国内也充塞一片质疑批判之声。最为严重的是，我们一直在向前行进，几乎淡忘了中国武术的母体——民间武术的所在。我们更多的是谈日本柔道、韩国跆拳道的入奥，却缺少他们对本国武艺传统的保留与重视，更不用说我们去参考印尼巴厘岛居民针对外国人对民族舞蹈“喀恪”（Kecak）传统的保存与改造，[①]而且我们也缺少入奥以后的长远规划。因此，我们这样的文化自觉多少有点过于盲目，我们远没有表现出应有的智慧，非物质文化遗产保护让我们得以反身内向思考。不言而喻的是，对中国武术而言，入奥并非与国际接轨的唯一途径，更不是彰显文化软实力与维护国家文化安全的绝佳平台。武术非物质文化遗产保护更贴近发展武术、肯定自我的需要，也更有利于维护民族文化传统的独特与独立，抵制西方文化霸权的影响，避免被西方文化同化。因为非物质文化遗产让我们回过头来看中国武术的来源与出处究竟是什么、在哪里，来思考民间的意义。它真正地构成了中国武术文化自觉的技术路径。

第三节 “非遗”介入民间武术产生的多样化影响：基于四川三个门派的分析

在“非遗后时代”，有必要对“非遗”运动给民间武术带来了什么进行反思，以期评估“非遗”给民间武术带来的影响以及武术非物质文化遗产自身的发展。针对民间武术与“非遗”，更多的学者研究的是围绕应该如何

① ［日］寒川恒夫：《民族スポーツとセルフ・オリエンタリズム》，《身体文化学报》2011年第十三辑，第7—9页。

抢救、保护与传承等应然层面的东西，并提出相应的对策与建议。[①] 而把“非遗”之于民间武术作为一个整体现象来看待，或者说，视“非遗”为施加于武术的自变量的研究还是较为少见。这一研究取向造成的结果就是我们更多地关注了应该如何保护武术非物质文化遗产，却忽视了作为社会运动的“非遗”给民间武术带来了哪些实然性的影响。在从宏观上探讨“非遗”对民间武术带来诸多改变的前提下，笔者接下来将基于四川地区的田野考察，展示“非遗”给民间武术在细节上带来的多样化的影响。

与河南、河北、湖北等地相比，四川地区民间武术并没有第一时间跟上“非遗”的步伐。从“非遗”与四川民间武术的接轨看，峨眉山地区率先于2007年将“峨眉武术”推入省级非遗名录，随后在2008年又将其推入第二批国家级“非遗”名录。峨眉武术被列入国家级非遗名录，迅速引起了四川地区民间武术圈的关注。接下来的2009年，青城武术、峨眉盘破门武术、土家余门拳、绿林武术成功申报为四川省第二批省级非物质文化遗产项目，加上2011年成功申报的李雅轩太极拳，目前，四川省具有省级武术非物质文化遗产项目六项。通过深度田野考察发现，“非遗”的介入分别给这些民间武术带来了不同的气象，笔者选取其中峨眉武术、青城武术以及L武术分别加以说明阐释。

图9-1　国际非遗节上的胸口碎大石表演

① 这一研究中牛爱军、虞定海、王林、张云涯、张志雷、范铜钢、周伟良、程大力等学者的成果比较有代表性，为非物质文化遗产保护在民间武术中的推进塑造了有利的舆论氛围，并提供了较有价值的建议。

图9-2 李雅轩太极拳非遗认证

一 峨眉武术

（一）申遗：触动后的自觉

在国家开始运作非物质文化遗产保护之初，偏居中国西南一隅的四川官方与民间武术界都没有给予本地民间武术“非遗”的申报与保护应有的重视。直到2006年，国务院公布了第一批非物质文化遗产，少林功夫、武当武术、回族重刀武术、沧州武术、太极拳（杨氏太极拳、陈式太极拳）、邢台梅花拳、沙河藤牌阵等民间武术赫然入选，民间武术“非遗”保护才在四川引起各方的关注。尤其是少林功夫与武当武术的入选，让一向声称与其比肩，共同组成中国民间武术三大门派的峨眉武术界深感触动——如不加紧申遗，峨眉武术将在这场文化运动中失去话语权，并可能最终落下阵来，这对本地区发展也毫无益处可言。

一直以来，峨眉山市地方精英努力尝试将峨眉武术建构成发源于峨眉山的武术。受少林、武当等民间武术文化资本化的启发，他们也一直尝试打造峨眉武术品牌，开发峨眉武术文化资源，使其与峨眉山市的经济发展紧密结合起来。当少林、武当等民间武术被列入国家级非遗名录时，立即引起了峨眉山本地精英的注意。当时，峨眉山市武术协会主席、原文体局负责人林立主导了峨眉武术整个申遗工作。他说：“2005年，我从广电局调到文体局当局长。2006年的时候，有一天我在报纸上看到所公示的第一批国家级非物质文化遗产中有武当（武术）、少林（功夫），却没有峨眉武术。”这一发现让林立颇为惊讶，也深受启发。他反思道，“三大派武术地位是相同的，但为什么峨眉武术却没有成为国家非物质文化遗产呢？”在他看来，峨眉武术、少林功夫、武当武术的社会地位是等同的，少林功夫、武当武术能够入选国家级非遗项目，峨眉武术理所当然应该位列其中才符合常理。同时，他也认识到自己应该为这件事做点什么。因此，他亲自到省文化厅“非遗”办公室去咨询此事，看能否立即申报上去或者补报。文化厅相关工作人员否定了他的想法，并建议他向国家文化部问询此事。思量再三后，他带着关于峨眉武术的一些文字和视频资料到国家文化部进行咨询。他得到的答复是，“现在不可以申报了。因为文化部已经通过评审，现在已经送到国务院，要想补报确实很难。……实在不行就去抓紧申请第二批，现在是两年一评，而且还是一级一级往上报，不能越级”。虽然林立此行没有完成为峨眉武术补报为国家级非遗的愿望，但他了解了国家级非遗项目的整个申报流程与要求，这为他们后来成功将峨眉武术成功申报为省级非物质文化遗产项目与国家级非物质文化遗产项目打下了基础。

通过对林立的访谈可以看出，在“非遗”遴选之初，四川地方基层相关部门官员们并不知道可以将民间武术申报国家级非物质文化遗产。国家轰轰烈烈的“非遗”运动与地方社会之间的信息显示出一定的不对称性。这有可能是国家相关非遗保护工作精神没有被顺利的通过官方渠道传达到基层工作部门，抑或他们之前对“非遗”这个外来概念在中国的传播没有足够的敏锐性。但无论如何，即使是通过报纸，他们还是受到了“非遗”的启发。从峨眉武术申报国家级“非遗”历程看，最先被“启蒙”的是地方有文化觉悟的相关官员，民间武术传承人与省级体育（武术）管理人员集体失语。民间武术传承人作为文化主体，应当说他们是不缺乏文化自觉精神的——他们的实践说明了一切。然而，他们缺乏的是对国家文化政策的理解与认识，以及进行申报的资格与权力。因为“非遗”申报在初期的制度安排上都是通过政府管理部门进行的，没有赋予文化主体申报的权利和渠道。另外，“非遗”申报这一信息，也没有被有效地传达到民间文化主体之中。一些传承人表示，他们当时并不知道这件事，是后来才知道的，当时都是文体局在操作。“非遗”事项一直由国家文化部到省级文化厅再到基层文体部门，这样一级一级传达进行的。虽然各级政府部门都有统筹，但省级体育主管部门（主要指所属的省级武术运动管理中心）一直以来以竞技体育（武术）为重，他们缺乏文化意识，也没有被赋予管理、组织武术类文化遗产申报的责任，其在民间武术申遗中缺席也就在所难免。“非遗”的介入不但让相关人员获得了启蒙，也暴露了相应的一系列问题，需要引起关注的是，申请“非遗”让他们不得不对峨眉武术进行重构与表述。

图9－3　笔者访谈部分管理者、拳师

（二）地方基层的积极性被调动起来：“峨眉武术”的重构

由于峨眉山市在“峨眉武术”申遗上的“先知先觉”，以及建构文化品牌对地方社会发展的渴望，峨眉山市的申遗积极性被调动起来了，而且完全掌握了峨眉武术申遗的各项权利。峨眉武术申遗需要解决的最大的问题便是在申报材料中表述清楚峨眉武术的历史脉络。由于峨眉武术在界定和表述上一直存在多个版本，这给整个申遗带来了不少困难。[①] 峨眉武术必须适当重构才能实现申遗的目标。

在以申遗为导向的峨眉武术重构中，最为显著的是对峨眉武术概念的再生产。始于20世纪80年代对峨眉武术概念的建构让峨眉武术申遗遇到了困难，他们无法对峨眉武术进行追根溯源。因为前期所谓的“峨眉武术”，并不是指起源于峨眉山的武术，起源于峨眉山的武术只是峨眉武术的一部分而已，这是20世纪80年代以后在四川武术界逐渐形成的共识。因此，峨眉山市相关部门与组织不得不对此进行重构。在峨眉武术“国家级非物质文化遗产名录申报材料”中，峨眉武术被表述为，“峨眉武术指起源于四川峨眉山并广泛流传于整个四川乃至整个西南地区武术的总称。峨眉武术发祥于峨眉山，发展至今，有近三千年的历史，已成为四川武术的代名词，门派多达80多个，套路拳种成百上千”[②]。峨眉武术成功入选国家级非物质文化遗产名录，这一说法成为当代关于峨眉武术的代表性表述之一。

峨眉山市抛出的峨眉武术概念招致了来自省级武术主管部门以及部分历史学者们的批判，质疑之声一片。批判主要针对峨眉武术概念界定的有失严谨展开。如果推敲申报书中关于峨眉武术的表述，第一句——“峨眉武术指起源于四川峨眉山并广泛流传于整个四川乃至整个西南地区的总称”是没有多大问题的。他们所要申报的是“起源于四川峨眉山并广泛流传于整个四川乃至整个西南地区的”武术，他们将之称为“峨眉武术”。在“峨眉武术”没有注册商标，没有知识产权保护的情况下，峨眉山市对其使用

---

① 关于这一点，峨眉武术申遗“操盘手”林立有着切身的感受。他说：“整理资料很困难，因为文化与体育不一样，体育里面的峨眉武术就是四川武术，以及巴渝武术，它就是个名称而已。而从文化的这条线来讲就不一样，申报非遗必须是从根追溯，脉络必须清楚。体育上称的峨眉武术是散的，仅仅是个总称。如果就以峨眉武术这个名称来申报峨眉武术非遗，是不可以的。所以在申报材料时，所有从外面搬迁到峨眉这边的，都算不上是峨眉武术。申报非遗的必须是本土的。”访谈对象：林立。峨眉山市武术协会主席，原峨眉山市文体局局长。访谈地点：成都体育学院。访谈时间：2014年6月20日。

② 《国家级非物质文化遗产名录申报书（峨眉武术）》，内部资料，2007年，第4页。

并不涉及任何法理层面的问题，更何况当年提出“峨眉武术”也是借用了峨眉山的山名。问题主要在于紧随其后的阐释性表述，即“已成为四川武术的代名词”“峨眉武术共有 68 个门派，2638 个徒手、器械、对练套路、练功方法和技击项目”。这就与之前取得社会共识的《四川武术大全》中建构的峨眉武术概念的外延完全重合，导致将原先代指四川民间武术的“峨眉武术”的根源指向峨眉山。显然，在这一点上是有违史实的。此“峨眉武术”非彼“峨眉武术”。概念的偷换让本已不大平静的峨眉武术界再添波澜。同时，这也凸显了不同地域以及相关利益相关部门在文化资源争夺上的矛盾。最终，峨眉山地区口头上抛出了“大峨眉”武术与“小峨眉”武术来指代原来的“峨眉武术”与他们现在建构的“峨眉武术”，试图以此来消解平息这一争论。然而，不管怎样，峨眉山市为四川省“争取”到了一项国家级“非遗”项目的事实不能改变。在峨眉山地区申报的“峨眉武术”成功获批国家级非物质文化遗产后，争论各方都乐于接受国家级非遗——峨眉武术这一事实，符号的共享让不同利益主体之间达成了对“国家级非物质文化遗产——峨眉武术”一致的认同。

在对峨眉武术进行重构的过程中，基层政府部门峨眉山市文化体育局发挥了重要的作用。根据“非遗”的相关规定，这一基层行政单位在开展申遗工作之前需要一个来自相应文化主体的委托。因此，峨眉山佛教协会就在峨眉武术申遗这场活动中登场了。峨眉武术的逻辑起点是起源于峨眉山，因此峨眉山佛教协会作为传承“峨眉山武术”的“合法”文化主体，以“授权委托书”的公函的形式授予峨眉山市文化体育局“全权负责峨眉山武术申报乐山市级、省级和国家级非物质文化遗产名录工作”。[①] 随后，峨眉山市文化体育局组织了地方文化精英力量对峨眉武术的历史源流进行收集资料和理论论证，并撰写申报材料。

① 《峨眉山佛教协会授权委托书》，内部资料，2006 年 9 月 3 日。

图9-4 第四届国际峨眉武术节开幕

图9-5 峨眉武术联合总会成立

2007年，峨眉武术入选四川省非物质文化遗产名录后，随即准备冲击国家级非物质文化遗产名录。为此，峨眉山市围绕峨眉武术加紧开展各项活动，诸如编制发展规划、编排峨眉武术操进行校园推广、建立峨眉武术培训基地、组织参与传统武术比赛、在地方新闻媒体开辟专栏介绍传播峨眉武术文化、承办国际峨眉武术节、成立“四川峨嵋武术研究院”“峨眉武术联合总会”……重新燃起的峨眉武术风让峨眉武术在新时期以资源整合的形式被重新塑造，文化品牌实力与影响力大大增加。“非遗”的介入让地方最基层的文体部门以及相关组织都被动员起来，加入了这场文化运动，竭尽所能进行运作与组织。不但如此，峨眉山当地的众多武术精英被组织起来参与峨眉武术操的编写，连地方的小学生及其家长都被调动起来参加峨眉武术节的展演活动。峨眉武术在地方社会受到了前所未有的关注，也融进了地方百姓的日常生活，成为街谈巷议的话题，这些重构对保护与传承峨眉武术的影响是非常显著与积极的。

（三）峨眉武术传承人“日常生活”的改变

峨眉武术入选市级、省级、国家级“非遗”名录彻底改变了当地一些民间拳师的日常生活。依据《保护非物质文化遗产公约》以及中国政府出台的一系列“非遗”保护法律法规，作为非物质文化遗产的峨眉武术必须要进行保护，而且着重要对传承人进行保护。经过峨眉山市地方内部遴选，峨眉山市地方拳师王超、杨烈洪、张世忠、江德忠、张林、沈贵华、李保明七人被确定为峨眉武术传承人重点培养对象。2007 年，在政府部门的撮合下，这七人集体拜入峨眉山释通永[①]（1899—2010）长老门下，并在报国寺举行了收徒仪式。2008 年，峨眉山市文体局将释通永、王超师徒二人推荐为峨眉武术省级非物质文化遗产代表性传承人。此外，乐山地区的汪健（1968—2013）以多年来对峨眉武术发展的耕耘与付出获得社会认同，在其负责的“乐山市峨眉武术研究会”的推荐下，也成为峨眉武术代表性传承人。[②] 2007 年，峨眉山市成立了“峨眉武术发展中心”，该中心为市文体局管理的财政全额拨款的股级事业单位。核定编制 4 名，设主任 1 名，其编制

---

① 注：据说，通永长老继承了峨眉派功夫，尤以猴拳见长。民国时期，通永和尚多次代表峨眉山前往成都参加武林擂台赛，力克众多武林高手，并与海灯法师切磋武艺。“文化大革命”期间，红卫兵造反派曾多次冲击寺庙，通永老和尚总是挺身而出，以身护法，保护寺庙文物。见林立《峨眉武术代表性传承人释通永长老圆寂》，http：//www. chinanews. com/sh/news/2010/04 - 30/2257200. shtml。

② 四川省文化厅教科处（省非遗办）：《第三批省级非物质文化遗产项目代表性传承人推荐名单公告》，发布时间：2008 年 12 月 22 日，http：//www. sccnt. gov. cn/gnwhxw/201104/t20110410_3546. html。

分别在文化馆、图书馆、少儿业余体校中调剂。[1][2] 为此，王超被借调过去，他从一名小学体育教师转换为全职的峨眉武术传承人与保护工作人员。

图 9－6　峨眉七雄

图 9－7　四川峨眉武术研究院

"非遗"让这些峨眉民间拳师名气骤增，一些人慕名前来拜师学艺，这为他们带来了一定的经济收入。根据四川省"非遗"相关政策，省级非物质文化遗产代表性传承人每年可以从政府获得 4000 元的保护经费资助。除此以外，一些热爱峨眉武术的人也开始找到王超等人拜师学艺。他们开始

① 《峨眉山市机构编制委员会关于设立峨眉武术发展中心的通知》，峨编发［2007］68 号文件。

② 注：2014 年，在四川省政府公布的"四川省第一批非物质文化遗产传习基地名单"中，峨眉山市的"峨眉武术发展中心"成为"四川省峨眉武术练习基地"。

通过收徒来传承“峨眉武术”，沈贵华还开办了一所峨眉武校。据一位信息提供者称，“他们（指王超、杨烈洪、张世忠、江德忠、张林、沈贵华、李保明等七人）都收了徒弟的，而且拜师费还不低，几乎都是一万多一个人。我知道的他们有人收了好几个徒弟。这些徒弟交了拜师费之后终身受益，以后就不会再交什么学费了。”

“非遗”完全改变了这些民间拳师的日常生活，他们的职业身份、社会地位、知名度等都发生明显的变化。王超、杨烈洪、张世忠、江德忠、张林、沈贵华、李保明七人以及汪健都拜师佛教大师释通永，获得了各自的法号，他们成了峨眉山佛教的俗家弟子。不但如此，王超等七人还被当地冠以“峨眉七雄”称号进行包装打造。① 释通永大师在百岁高龄收徒授艺，笔者想这是他之前也未曾预料到的。王超的生活最富戏剧性，“非遗”让他从一名体育教师变成了全职的峨眉武术传承人，享受政府提供的保护津贴，并任职峨眉武术协会秘书长。其他几位拳师也因峨眉武术“非遗”而名气大增，每年都有登门拜师学艺者。事实上，峨眉武术传承人汪健在四川武术界名气较大。他头脑灵活，善于经营，1993 年便创办了乐山大佛文武学校。“非遗”的介入对汪健的影响非常显著，2013 年他决定将武校搬迁至峨眉山。不但如此，他还著书、创办峨眉武术研究会、开办峨眉武术网、参与筹办峨眉武术赛事、策划塑造峨眉武术品牌等，有峨眉武术“领军人物”之誉。遗憾的是，2013 年正当我们计划访谈他的时候，却获知了他去世的消息。汪健的离去对峨眉武术“非遗”来说无疑是一大损失。再加之释通永于 2010 年圆寂，当前非物质文化遗产峨眉武术认定的三位代表性传承人只剩下王超一人，其传承压力陡然增加。除了这些传承人之外，原峨眉山

---

① 孙雁鸣、蔡威：《七雄聚会研讨峨眉武术》，《乐山日报》2009 年 1 月 18 日第 002 版。笔者推测，这很可能是受到还珠楼主武侠小说《峨眉七矮》，以及梁羽生武侠作品《七剑下天山》的启发。

市文体局局长林立的生活也因此而改变。因对峨眉武术申遗以及组织策划等方面功不可没，林立深受峨眉山市武术界的认可与称赞。虽然他不练峨眉武术，但被委以峨眉山市武术协会主席、四川武术协会传统武术委员会主任、四川武术协会峨眉武术委员会主任等职。“非遗”的介入对峨眉武术的影响是多方面的，对传承人群体的日常生活改变尤其值得关注。“非遗”来自于民众的日常生活，在日常生活中传承，同时“非遗”这场文化运动也塑造了民众的日常生活。

二　青城武术

青城武术是笔者决定引入分析“非遗”的介入对民间武术产生影响的又一个案。笔者从2008年开始关注青城武术，并在此基础上完成了博士学位论文，随后持续对其保持了高度的兴趣与关注度。2009年，经都江堰市文化馆报送，青城武术被列入四川省第二批非物质文化遗产名录。次年，青城武术主要弘扬者何道君与刘绥滨被列入四川省第四批省级非物质文化遗产项目代表性传承人名单。由此，青城武术成了“非遗”项目，“非遗”也成了青城武术不可分割的重要内容和属性。

近十年来，“非遗”已经成为影响青城武术发展的重要维度。青城山地区的民间武术与峨眉山地区的民间武术的境况有很大不同，青城武术的代表人物、发展脉络都更加清晰。而且，透过上述分析，我们可以看出峨眉山地区民间武术的发展状态具有明显的“强政府弱社会”特征。青城山地区民间武术则不然，刘绥滨与何道君在都江堰地区以青城武术为业，对青城武术倾其全力的传承、创造与发展，这使青城山地区民间武术的整体气象表现出“强社会弱政府”的特征。作为个性特征突出的青城武术，用来分析“非遗”介入的效应是一个绝佳的案例。

（一）是巧合吗：与“非遗”引入同步出现的生存转机

前文已经提到，在青城武术发展过程中，其传承人倾向于将其建构为一个独立于峨眉武术的流派。在“非遗”出现之前，除共用“青城武术”名号外，刘、何二人相对独立。青城武术被纳入省级“非遗”名录后，刘绥滨与何道君两个团体共同构成了青城武术的一体两面。

刘绥滨与何道君传承发展青城武术的过程充满了曲折与酸楚。刘绥滨于 1995 年在都江堰市青城山镇创办“青城山功夫馆”，开始经营青城武术。2005 年，武馆更名为“青城武术馆”。1992 年，何道君与鲜宗丽从成都市来到都江堰市崇义镇创办了“青城道君精武馆”，经营至今。20 世纪 80 年代过后，“武术热”渐渐趋于平静，刘、何二人经营青城武术异常艰难。笔者于 2010 年对刘绥滨的夫人杨漫进行过访谈，她告诉笔者：“2004 年前后是我们经营青城武术最困难的时刻，到了春节全家只剩下三百多块钱，当时紧张得不得了……那时候我们好困难！我们情况好转也就是这几年的事。”何道君的发展也十分惨淡，以至于武馆曾三次面临关门倒闭，直到 2000 年过后才趋于稳定，并逐渐转好。2006 年前后，青城武术逐渐成为各方关注的焦点。

历史性地审视刘、何二人传承发展青城武术的情况，我们不难发现青城武术情况的好转几乎是与“非遗”被引进国内同步的。这是巧合吗？笔者不这样认为。刘、何二人的发展离不开他们持之以恒的坚持、拼搏与奋斗，但“非遗”制造出的绝佳的社会环境与平台为青城武术实现转机带来的各种可能不应被忽视。2004 年以后，“非遗”在中国社会扎下根来。随着国务院办公厅“关于加强我国非物质文化遗产保护工作的意见”的出台，“文化遗产日”的设立，“第一批国家级非物质文化遗产代表性项目”的遴选与公布，以及“首届中国成都国际非物质文化遗产节”成功举办，整个中国社会对民间传统文化的认知产生了巨大的改变，保护民间文化逐渐深入人心。

由此，各级地方官员对地方民间武术文化也更加看重。2007 年，“首届中国成都国际非物质文化遗产节”在成都举办，青城武术以近百人的规模与少林功夫一道出现在了开幕式巡游表演第四板块“龙腾盛世”展演现场。笔者翻阅当时的田野调查笔记发现，现场播放的解说这样介绍青城武术——“青城武术是中国武术四大门派之一，青城武术发端于道教发祥地青城山，其武术功力表现为长短兼施，踢打摔拿，能攻善守，变化无穷的韵味，拳如坚石，功如轻风，剑如流星，修身养性，独步天下，凝聚着天人合一的理念，彰显着和谐相生的哲学”“首届中国成都国际非物质文化遗产节”期间的“天府大巡游”是向世界展示人类非物质文化遗产的绚丽多姿，主办方在选择项目时都是经过专家再三权衡比较后确定的。虽然当时刘绥滨与何道君没有参加巡游队伍，但“青城武术”能够与来自世界各地的31支人类“非遗”表演队一道向世界进行展示，已经足够说明问题。“非遗”让青城武术受到各方关注，尤其是来自地方政府部门的重视。当青城武术遇到“非遗”，一些奇妙的变化开始了。

（二）从“爱管不管”到“备受重视”

起初，青城武术在青城山地区并不为当地政府重视。20世纪90年代初，刘绥滨与何道君倾尽全力的传承与发展青城武术遭遇了各种磨难与挫折。尤其是刘绥滨，甚至连武馆都差点失去。据刘绥滨讲，有一年他的武馆失去了场地，当时有媒体对这件事进行了报道，呼吁“请为青城武术找个家”。即使青城武术传承人坚守梦想，当地政府一度没有意识到青城武术的价值，并且还对其抱有不少负面看法。刘绥滨对此很有感触，他说：“我们有个领导曾对我说，以前我们对你很不以为然，觉得你这个人不务正业。你不是省武术队的，也不是国家武术队的，又不是体院武术系的，你的职业是医生。我们政府花钱供你读书，最后医生不干，去开武馆，这不是不务正业嘛。他们就没把你当回事。有外地领导和朋友来问我，我也反应不过来你是谁。”当地政府官员对青城武术传承人“不务正业”“反应不过来你是谁”的印象与评价暴露出地方政府曾经对于青城武术满不在乎与歧视鄙夷，也体现出青城武术在当地遭遇到的尴尬处境。

在“非遗”话语情境下，青城武术逐渐成了大众媒介的关注点。“非遗”传入中国后，民间文化、传统文化几乎一夜之间成为从官媒到一般媒介的新宠，他们乐于选取民间文化议题进行报道。媒介以“非遗”的名义建构国家认同的同时，也反映出受众对民间文化、传统文化的诉求。在媒介反复的报道下，政府官员逐渐改变了对青城武术传承人的看法。一位地方官员告诉刘绥滨，“后来，这个媒体在报道，那个媒体也在报道。慢慢接触了觉得你（传承与发展）这个还是对的”。“请为青城武术找个家”的报道出来后，当地政府也出面找到刘绥滨说，“青城派不能流浪江湖，不能走，要留在这，你的根在这”。“非遗”引发的媒介话语让青城武术冲出了“魔咒”，并被作为“高尚”文化进行再解读，彻底改变了地方政府对青城武术的认知与评价，使他们对这一本土文化资源变得更加在意。青城武术在地方社会的生存环境大为改观，青城武术传承人备受鼓舞，这是其进一步获得更好的传承与发展的重要基础。

当青城武术被列入省级“非遗”名录后，青城武术的资源价值属性更加清晰，地方政府深刻地认识到了这一点，这让青城武术更加受到地方政府的重视，传承人与政府间的合作也更加顺畅。在青城武术被列入“非遗”名录后，紧接着的2009年，刘绥滨获得了“第十五届全球中华文化艺术薪传奖之中华武艺奖”。为此，青城武术文化研究会组织了一个座谈会，当时的都江堰市市委书记刘俊林欣然应邀出席，并做了重要发言。他说：“今天刘绥滨这件事情，是都江堰在我们文化研究、文化展示、文化体验、旅游发展文化建设上的一个重大事情。也是我们共同为我们民族文化复兴所做的努力，是新的成果。所以，我代表市委出面参加这个活动表达我们的愿望和态度……青城武术获得世界华人层面上的高度认可，我们大家今天来研究它、重视它，那么我们也是通过这一类活动作为我们整个灾后重建文化提升和文化发展的一个重要事情……我希望以刘绥滨为代表的都江堰青城武术精英掌门人能够在这样大的时代背景下，在特定的重要的条件下，继续努力，发挥更大的作用。”地方“一把手”的高度认同与肯定，传达出青城武术所处的社会环境已今非昔比。同时也可以看出，地方政府对青城武术非物质文化遗产进行支持与帮扶的积极态度，以及作为文化品牌进行包装利用的决心。

青城武术被作为一种文化资源嵌入进政府主导的地方社会文化建设与旅游经济开发洪流之中。原青城山旅游管理局副局长，时任都江堰市文化广电新闻出版局副局长高尔军认为，“政府这几年对青城武术投资还是比较大……当地看到的是什么，是看到文化这一块，文化可以带来它产业的发展，旅游的发展，形象的提升。……如果哪天何道君和刘绥滨两家武馆办垮了或搬走了，就是都江堰地方的损失，也是都江堰政府的一个损失。青城武术消亡了，都江堰文化就失去了那么一点点。我们应该为它增光添彩，应该促进、丰富地方文化，繁荣地方文化，而不是使地方文化越来越没有内容……都江堰需要青城武术，青城山需要青城武术，（青城山）道教也需要青城武术。”地方各级政府已经将青城武术视为一个特色的“文化品牌”“一个文化突出的东西”“宣传的一个切入点”。针对何道君所传承的青城武术，时任都江堰市崇义镇纪委副书记的郭仕贵表示，“何道君获得了省非物质文化遗产传承人（称号），这是非常难得的。我们镇政府有一个设想就是开发打造武文化。何道君的到来对崇义镇文化也是个丰富，也是个品牌。何道君有自己的武馆，有他的场地，有很好的基础，也获得了一些大奖，这引起市政府重视。地震过后整个崇义镇的街道重新打造，重新包装，就是要打造两个品牌。第一个品牌是武馆。第二个品牌就是‘官家花园’。规划已经拿到成都去审计去了。镇上非常重视。想把它做成产业化的一个东西……实际上，青城武术也是一个旅游的品牌，它里头有文化的东西。任何区域地方都需要有品牌，那么崇义镇有什么文化？那就是武术。这个应该是文化较突出的东西。武术也是我们宣传的一个切入点。”“非遗”为青城武术带来的变化是显著的，它增加了青城武术的文化含金量，其文化价值也逐渐被地方政府所认知。作为“非遗”的青城武术成为地方社会的一大靓丽的可以“拿得出手”的文化品牌。青城武术也因此成了都江堰市旅游资源推介必打牌，随政府部门到世界各地推介都江堰青城山地区旅游事业成了青城武术传承人时常需要做的工作之一。向旅游团体传授青城武术文化也成了青城武术传承人赚取生存所需，活态传承青城武术的重要内容。

（三）启蒙与实践：非遗后时代青城武术传承人的文化自觉

“非遗”的介入，帮助青城武术传承人在思想上完成了启蒙，他们更加珍惜、肯定与认同“非遗”，并在谋求生存之余，也开始主动思考如何更好地传承这一“非遗”文化。长期的边缘化处境，让部分民间武术传承人并未能够认识到自身及其所承载文化的价值。同时，艰难的发展让他们更多地聚焦于如何生存下去，关注更多的是民间武术的经济价值。然而，“非遗”的降临不但改变了政府与社会对民间武术的认知，也改变了传承人自身对民间武术理解的高度与深度。被遴选为传承人后，何道君对所从事的青城武术有了新的定位与思考。他说：“民间武术的传承是个大问题，以前我不考虑这个问题，现在我要考虑这个问题了。为什么以前我不考虑这个问题呢？以前是想不行我就把武馆卖了，我还是可以养老。但是走到这步，不是养老的问题了，是传承的问题了，提高一个档次了的嘛。怎么传？哪个来接手？有没有能力来接手？”在传承人看来，青城武术不再仅仅是“养家糊口”的赚钱工具，备受各方认同的“非遗”定位让他们倍感荣耀，也深感“传承”之责任重大。“谁来传”“怎么传”“如何传好”等自省式的发问表露出青城武术传承人发自内心的文化自觉。

热情被调动起来了的青城武术传承人积极探索在地方中小学中传承青城武术文化。2010 年，刘绥滨试图将青城武术推广到都江堰市中小学，通过学校教育来传承青城武术。[①] 2011 年，刘绥滨与都江堰市青城小学开始实质性合作，时常亲率弟子到该校为学生传授青城武术，以帮助灾后重建的青城小学打造武术特色。目前青城武术在该校的传承普及已制度化，形成了规模，取得了积极的成效。

图 9－8 刘绥滨及弟子在青城小学授拳

图 9－9　何道君等人接受聘任

目前，都江堰市青城小学已被成都市非物质文化遗产保护中心授牌为“非遗传承基地学校”。[②] 何道君也把教育传承视为青城武术传承的重要途

① 武媚：《都江堰中小学课间将练青城功夫》，《中国体育报》2010 年 3 月 25 日第七版。

② http：//www. cdich. org/item/128. aspx。

径，除了加强武馆的教学外，他积极尝试与当地中小学校建立合作关系。2015 年 9 月，何道君受聘为崇义中学武术兴趣班武术指导。同年 10 月，树德中学都江堰外国语实验学校聘请何道君为武术顾问，其妻鲜宗丽被聘为武术总教练。学校对保护与传承青城武术文化的积极参与，说明青城武术“非遗”的影响力在当地正以几何数量级增长，青城武术文化持有者与政府以及非营利组织三者间的共识与默契正在形成，青城武术传承与保护已经走进“社区参与”模式阶段。

青城武术传承人认识到青城武术“非遗”的传承与保护必须重在“活态”，而且要走出民间底层向社会“高端”群体传播，只有如此，他们才能够以此为生，才能将青城武术更好的发扬光大。为此，近些年他们开始对青城武术技术尝试性地进行适度改编，以适应向“高端”人群普及的需要。刘绥滨传承的“青城玄门太极”来自余国雄，该技法最初共八十一式，较为繁复，需要有一定的时间保障才能练完一套。“中产阶层”及以上社会“高端”群体大多工作繁忙，时间零碎，很难抽出充裕的时间完整的习练青城玄门太极拳。针对这一特性，刘绥滨将其简化改编为 36 式、18 式、13 式、9 式和 6 式，并取名“青城玄门太极养生功”。这一改编取得了较好的效应。“青城玄门太极养生功”契合了青城派的道教养生文化内涵，也与社会上的“养生热”潮流高度吻合。刘绥滨通过收徒、短期培训、论坛讲学等形式，已经使“青城玄门太极养生功”在大量的国外旅游团队、商人、企业家、政府公务员、职业经理人等经济收入较高的社会群体之中生根。不但如此，法国、英国、美国、南极洲等地都留下了刘绥滨“高端路线”传拳的身影。

我们看到，“非遗”的介入对峨眉山地区的峨眉武术与青城山地区的青城武术的影响是积极有益的，其表现有类似之处，也有不同之点。在“非遗”的带动下，政府、传承人以及文化主体所在的社区都不同程度在启蒙觉醒，保护与传承民间武术的意识已经深入人心，而且“非遗”传承的特殊要求也促使文化持有者不断地进行适当的改编与创造。由于青城武术与峨眉武术具有不同的社会发展历史背景，因此“非遗”影响的发挥也呈现出不同的表达方式。如果说“非遗”对峨眉山地区峨眉武术起到的是“起搏器”的作用，那么“非遗”对青城山地区青城武术则是“助推器”。近些年“非遗”带来的整个社会大环境的改变让青城武术的发展出现了转机，青城武术成为政府、媒介与社会的关注焦点，传承人的热情进一步被激发点燃，他们正在创造并探索实践着青城武术的传承之道。

三　L 武术

L 武术作为一个传承有序，不善于与政府打交道的民间武术，“非遗”的介入对其传承与发展的影响微乎其微，甚至还带来了一定的消极作用。清光绪年间，L 武术起源于川西一带，后散播四方。2009 年，L 武术经所在地文化馆层层报送后，被列入省级“非遗”名录之中，YR 在申报书上被列为代表性传承人。成功申遗后，L 武术传承人为之振奋。当时健在的“掌门人”就要求弟子们要借国家对传统文化挖掘保护的春风，把他传授的 L 武术发扬光大，让世人了解传统武术。纳入“非遗”后的 L 武术也得到了相关媒体的关注，随后，还成立了“L 武术文化研究会”，L 武术名气渐长，社会影响日甚。由此观之，“非遗”在一定程度上促进了 L 武术的传承、繁荣与发展。

尽管 L 武术传承与发展整体上良好，但“非遗”的介入也人为制造了一些矛盾。2005 年，经人介绍，正在读高中的 YR 拜师 L 派的 H 拳师，成为 L 武术的入门弟子。“非遗热”在中国逐渐掀起后，2008 年，YR 找到其师父，表达了将 L 武术申遗的想法。在得到师爷、师父等同门长辈的同意与支持后，2009 年，YR 在其父亲的帮助下，成功将其申报为省级非物质文化遗产。然而，问题就此而生。在未与师门长辈商议的情况下，YR 在 L 武术“非遗”申报书中擅自将自己定为代表性传承人。[①] L武术“非遗”申请成功获批后，尽管当时政府没有公布代表性传承人，但L武术门派认为这一离谱的表述是对长辈的极大冒犯，任由其发展下去将会导致门派分裂。他们对此大为震惊和愤怒。

在师爷、师父、师叔等一大群门内长辈尚健在的情况下，一个传习三年不到的晚生后辈被列为代表性传承人是无论如何都不能让人接受的。L武术武德要求严格，门规森严，最后该民间武术群体根据他们的门规以一份“声明”对此表示否定，宣称与YR断绝一切关系。此事在L门派内部闹得沸沸扬扬。“非遗”风波过后，L武术传人们对“非遗”的兴趣明显衰减，同时对政府相关部门也非常失望。L武术的一位传承人颇有感触地告诉笔者，“出了这个事情后，老爷子闭口不提‘非遗’的事了。现在众弟子的共识是，评不评‘非遗’，加不加入对我们没啥影响。L派这么多年了，我们会原封不动地把老一辈传的东西传下去的”。为了廓清“非遗”风波所造成的负面影响并发扬光大L派武术，年岁已高的“掌门人”与众弟子商定后，决定将L派“掌门人”传位给弟子H。传位仪式于2010年12月在当地一公园茶馆中举行，老掌门亲手将掌门玉印和他本人在20世纪80年代初参加全国传统武术观摩大会所获雄狮奖牌交给了弟子H。“非遗”风波逐渐平息下去后，L武术内部却没有人愿意再讨论“非遗”这个话题。

从峨眉山与青城山地区民间武术纳入“非遗”后受到政府给予的“礼遇”来看，L武术似乎也应该会得到地方政府的强力支持，但事实并非如此。笔者走访了当地相关管理部门，他们对L武术的反应较为平淡。相关负责人告诉笔者，L武术主要是传承人在做，政府现在主要在做当地其他一些“非遗”的生产性保护工作。在他们看来，似乎生产性保护与民间武术无关一般。当

① 注：2010年，因YR太过年轻，没有通过四川省非遗传承人遴选评审认定。目前该非遗项目的传承人仍处于空缺状态。

地政府对L武术的淡漠折射出政府部门在非遗保护上的功利主义取向，那些能够进行生产，能够创造出更多经济价值的“非遗”项目才是他们重点保护的对象。当地政府在保护L武术上的缺席，对L武术传承人产生了直接的消极影响。L派武术一位传承人针对政府在L武术非遗上的表现认为，“政府啥也没给，就给了个空名，这个名要不要对L派来说没多大意义”。这让“不大跟官场打交道”的L武术与政府主导的“非遗”渐行渐远。

L派民间武术与“非遗”之间的关系，让我们看到“非遗”对民间武术影响的另一面。事实上，“非遗”在整个武术界所造成的影响远不如其他民间文化圈那般强烈，武术主流学术圈对“非遗”也没有给予太多的关注，尽管武术研究者一直声称武术是重要的中华民族传统文化。究其原因，与武术研究习惯于围绕政府武术管理部门主导的一些工作做研究的价值取向有关。民间武术仍旧不是政府武术管理部门的关注焦点，因此也不是大多数学者关注的重点。中国武术研究仍旧局限于“体育”的思维地图，新中国成立以来的数十年，武术没有上升到“国术”与“国学”的高度与之不无关系。

当然，“非遗”对民间武术影响的局限可能跟当前的国家相关管理体制之间存有深刻的关系。“非遗”是文化部统领负责管理的，而民间武术则在国家体育总局的体育管理系统范围之中。国家体育管理系统一直被排斥在“非遗”之外。在2006年国务院成立的由国务委员陈至立为组长的“国家文化遗产保护领导小组”中，文化部、国家发展和改革委员会、教育部、国家民委、财政部、建设部、国家旅游局、国家宗教局、国家文物局、公安部、国土资源部、海关总署、国家林业局、国务院法制办等都赫然在列，唯独没有国家体育总局的身影。[①] 管理条块的分割与统筹的不到位，必然使“非遗”对民间武术的影响大打折扣。这就是民间武术“非遗”保护工作中

① 《国务院办公厅关于成立国家文化遗产保护领导小组的通知》，国办发［2006］33号文件，http：//www. gov. cn/zwgk/2006－04/30/content_ 272136. htm。

很少看到地方体育局的原因所在。不过，这也有积极的一面，即它打破了对民间武术管理的传统框架与思维定式，给民间武术融入“文化”提供了自由的空间。

非物质文化遗产运动给民间武术带来了不一样的变化和多种多样的影响，任何单向度的评价“非遗”给民间武术带来的影响都是不到位的。“非遗”对民间武术的影响是通过政府、传承人、媒介、社区等多种渠道实现的，其中地方政府和传承人是两个最为重要的影响因子。地方政府对武术“非遗”的重视总是表现出强烈的功利主义色彩，因为他们看到了“非遗”品牌能够为地方带来经济和社会效益。“非遗”对民间武术所造成的影响因不同民间武术类型而不同。对于依靠政府主导发展的民间武术，它所呈现的是“起搏器”的作用；对以传承人孜孜以求发展的民间武术，“非遗”则扮演了“助推器”的角色；对古风犹存，自娱自乐，与官方保持距离的民间武术而言，“非遗”的影响则微乎其微。“非遗”的介入，让民间武术在发展方向、技术演化、仪式复兴、资源整合、文化自觉等方面都发生了显著的变化。无论如何，“非遗”作为外来文化概念表现出了强大的影响力。鲜活丰富的民间武术在新一轮文化运动中被再一次筛选、打造、塑形、编码以及重构，“非遗”激发了民间武术文化的生命力和新的生长点。虽然“非遗”保护没有完成时，但在历史长河中“非遗”也是一个时代命题。“非遗后时代”，民间武术需要在生活中传承与发展，在反观自身中寻找适合自身的文化传承之路，如此才能够传承得精彩。

本章小结

通过非遗的启蒙与实践，在“非遗后时代”，全社会超越了对民间武术的非先进即落后、非科学即迷信的两元对立论。对民间武术具有进化论色彩的评价被悬置起来，体制外边缘的及弱势的众多民间武术转而成为社会地位高尚、文化身份正宗、无可替代的文化遗产。中国民间武术的文化结构与话语逻辑进而也被颠覆重构。如此看来，非遗之于民间武术构成了中国民间武术文化自觉的技术路径。

结　语

经历了时代的更迭与文化变迁之后，民间武术与其他民间文化一样发生了剧烈的变化。在这一转变过程中，民间武术被不断重构，它从边缘的草根性存在到被纳入了官方的管理体制之中，走进了精英的视野，民间与官方的关系被更新重塑，民间武术经历着被重新打造的历史进程。在整个变迁过程中，民间武术、民间武术传承人的生活、民间武术文化不停地发生着变迁，有些甚至是彻底地被改变了。

这项研究从四川民间武术的源头开始考察，对不同时期民间武术的文化流变与显著的文化现象进行了探究揭示。从源头上看，民间武术的起源较为复杂。不但生存需求、军事战争、原始宗教、历史移民等社会性因素与四川民间武术的起源密切相关，而且一些神话传说也显示出了四川民间武术创生的独特性。历史上，四川民间武术中的峨眉拳与峨眉枪最为显耀。吴殳等人的贡献尤其显著，这不仅仅是他们让下里巴人的四川民间武术呈现在“知识分子”的文本之中，获得了传承，更在于对四川民间武术技术理论的创造性构建。民间武术的社会空间属性使其与秘密结社、民俗节庆等同属于民间文化范畴的社会文化之间发生了密切的融合性关系，这使民间武术进一步贴近了民众的日常生活，民间武术的境况也因此发生了巨大的改变。民国以降，国家政治权力的强势进入，彻底改变了民间武术的文化生态。在救亡图存的“国术化”主旋律下，民间武术以及传承人被重新发现与定位，获得了前所未有的身份与地位。在新中国历史进程中，伴随着社会文化气候的变迁，以及非物质文化遗产新话语的出现，民间武术走过了曲折艰辛的发展道路，迎来了“文化传统”的复兴热潮，一股新的民间武术风尚正在形成。

本研究展现出了一幅民间武术的发展变迁画卷。直到20世纪，由于缺乏对民间武术的关注，国家权力很少影响到民间武术的发展。四川民间武术是相对“自由自在”的，并贴近底层民众日常生活。由于少有政府的介入，作为民间武术传承主体的传承人、结社组织等承担有很大的发展责任，对民间武术的传承与推广起到了重要作用。尽管在晚清，民间武术已经在社会运动中显示出了极大的影响力，但政府并没有意识到对其进行有效的管理，或者说飘摇欲坠的清王朝无力关注这等民间底层“玩意”。“庚子事件”使“拳民”遭到追剿与打压，这反倒给地处西南边疆地区的四川民间武术带来了新的火种。由于义和团、哥老会、红灯教、啯噜子等秘密结社组织对民间武术的利用，民间武术文化出现了重要的转变，这些转变包括民间武术的宗教化与神秘化、进一步的普及与推广、与民主革命洪流的融合等方面，当然也包括社会精英分子对民间武术这个草根文化的态度的转变等等。民间武术逐渐与“国家”“民族”的历史命运与前途关联起来。

经过民族生存危机之后，“救国保种”与“救亡图存”的尚武呼唤充斥整个中国。国民政府兴起的“国术运动”在某种意义上就是国家权力对民间武术施加影响并促使中国武术产生官、民两分的历史进程。在解构与建构的二元对立过程中，以“身体”为导向的民间武术成为20世纪末中国启蒙运动的重要组成部分，并且再一次与民族国家命运紧紧联系在一起。民间武术最终获得了国家权力、社会精英的“有限”认同。然而，民间武术在最近一次的时代更迭中未曾能够避免曲折与反复的命运安排。改革开放为整个中国带来了全面的变化，这其中也包括民间武术中兴起的“武术热”现象——这意味着民间武术开始进入一个全新的时代。民间武术的组织、师徒传承、祖师爷信仰等文化传统逐渐复兴起来，人们甚至开始再造民间武术“传统”。在非物质文化遗产话语的影响下，民间武术成为媒介的焦点、大家讨论的中心、学者关怀以及政府财政支持的对象，民间武术在被“非物质文化遗产”打造、塑形与重构的同时，获得了前所未有的话语权与权利主张。民间武术的当代再生产实践，使前现代社会中处于边缘与底层的民间武术衍化为具有鲜明现代认知特征的知识形态。

这项研究以四川民间武术为个案，考察了民间武术的重要作用与价值。该研究证明，民间武术总是能够出现在社会变革（甚至是革命）、强种救国等宏大叙事的主题之中，承担起民间武术的时代使命与责任，同时它也与人们日常生活、地方经济发展等民生议题紧密融合在一起的。我们看到，民间武术在晚清反帝反封建革命、民国初改造国民、建设新中国等重大历史事件中的重要作用，也发现民间武术在融入民俗日常生活、重建民众信仰、作为资源进行品牌塑造等方面的特殊价值呈现。这也许能够解释为什么“武术”可以从一个再边缘不过的民间草根文化，经过历史的洗礼之后一跃变成“国术”，并被当代誉为“民族传统文化代表”的原因。因此，我们常说“中国武术”的不同寻常之处，更多的应该是指“民间武术”所塑造的文化隐喻。这也注定了民间武术能够在当代被认定为一种国家级文化遗产。

通过深入的讨论，我们从四川民间武术文化的变迁中了解了民间武术的连续性，认识到民间武术与官方以及社会精英之间错综复杂的关系。“民间”与“官方”是相对的一个概念，但民间武术并非独立于官方之外的世外桃源。正如萧凤霞（Helen Siu）所认为的，“地方社会积极培养了一种与国家文化共生而不是敌对的关系"。[①] 官方对民间武术文化的发展赋予了十分灵活的空间。我们注意到，四川民间武术与青羊宫花会的融合得益于地方军政官员的推进，在民国政府的强势支持下，当时的民间武术拳师才有了融入体制内的可能。新中国政府的倡导让"挖整"工作得以展开，并一同构筑了20世纪80年代的"武术热"，政府的大力支持使民间武术非物质文化遗产得到有效的保护。多数情况下，政府官员一般不反对民间武术的发展，相反他们有时还会直接参与其中。不过，国家以及社会精英时刻对民间武术给予关注，并以其强大的权力，采用各种方式对其施加必要的影响。比如，对民间武术或改造，或压制，或提倡，或敲打，或塑造。在不同的政治与社会环境下，这些措施总是不同程度地出现。官方与社会精英总是把自己打扮成居高临下的改造者形象。相反，民间武术总是扮演着被动的受改造者形象。然而，官方以及社会精英的权力都没有找到成功的措施以彻底改造民间武术的发展逻辑与规律。就像笔者在文中所讨论过的，当政府从民间武术中改造出体制内的官方武术后，它就会放弃对民间的持续关注。同时，从官方体制内退役出来的武术人将再次以不同的形式融入民间武术之中。尤其是在当代民族复兴的时代背景下，民间武术作为一种文化传统得以持续的放大与再生产。虽然民间武术不可避免地发生了变化，但民间武术与官方保持了良好的互动，并将以一种生活方式得到存续。

通过观察我们发现，民间武术是一个隐性的结构，在与主流文化意识形态的互动过程中形成了具有主体性的一套话语体系。无论民间如何被改造，它的文化基因——"宗法"与"江湖"内蕴，不可能被彻底清理掉。我们可以清晰地看到，不管是当代的民间武术文化传统的复兴，还是在"非遗"语境下民间武术的再生产实践，宗法文化特性与"江湖"文化内涵

① Perry Link, Richard P Madsen, Paul Pickowicz (eds), *Unofficial China: Popular Culture and Thought in the People's Republic*, Colorado: Westview Press, 1990, p. 122.

都充斥其间。民间武术的多维度与立体化不断丰富着中国武术的精神与情感，是中国武术未来发展的、富有本土内涵的重要文化资源。在与整个社会的交流互动中，民间武术形成了一个充满启蒙与实践的场域，同时也构成了中国武术知识生产的重要源泉，以及武术研究者与武术家精神生成的文化土壤。中国武术未来的多种可能性都蕴藏在民间武术之中。

参考文献

一　中文书籍类

[1] 曹秉仁纂：《宁波府志》，清雍正十一年修，清乾隆六年补刊本。

[2] 张廷玉等撰：《明史》（第十八册），中华书局1974年版。

[3] 唐顺之纂：《四部丛刊·荆川先生文集》（二），商务印书馆1936年版。

[4] 郑若曾：《江南经略》，《文渊阁四库全书》，子部，兵家类，商务印书馆1986年版。

[5] 赵尔巽主编：《清史稿》列传二百七十一《文苑一》，中华书局1977年版。

[6] 吴乔撰：《围炉诗话》，据清嘉庆十三年续修四库全书集部《诗文评类》刻本影印。

[7] 钱谦益：《列朝诗集小传》（汇刻列朝诗集小传序），上海古籍出版社1959年版。

[8] 陈寅恪：《柳如是别传》（下册），上海古籍出版社1980年版。

[9] 赵尔巽（主编）：《清史稿》列传二百六十七《儒林一》，中华书局1977年版。

［10］马力：《中国古典武学秘籍录》上卷，人民体育出版社 2006 年版。

［11］赵尔巽主编：《清史稿》列传二百九十二《艺术四》，中华书局 1977 年版。

［12］陈谦、罗绶香等纂修：《犍为县志》卷 14《杂志》，成都协美印刷公司 1934 年版。

［13］唐大彦主编：《南川县志》卷 6《杂俗》，1931 年刊本。

［14］林志茂主编：《简阳县志》卷 22《灾异篇》，1927 年修。

［15］胡寄尘主编：《清季野史》，岳麓书社 1985 年版。

［16］中国人民大学清史研究所、档案系中国政治制度教研室合编：《康雍乾时期城乡人民反抗斗争资料》（下），中华书局 1979 年版。

［17］王增琪：《聊园诗存再续》卷一，光绪三十年刻本。

［18］周密：《武林旧事·社会》，西湖书社 1981 年版。

［19］张继禹主编：《中华道藏》（第四十八册），华夏出版社 2004 年版。

［20］易君左：《川康游踪》，中国旅行社（桂林）1943 年版。

［21］杨燮：《成都竹枝词》，四川人民出版社 1982 年版。

［22］林孔翼辑：《成都竹枝词》，四川人民出版社 1986 年版。

［23］程本立：《钦定四库全书》，集部，《巽隐集》卷二《寫予怀》，商务印书馆 1935 年版。

［24］李攀龙：《摛藻堂四库全书荟要·沧溟集》卷十四《早春寄吴使君四首》，世界书局 1985 年版。

［25］徐珂：《清稗类钞（第二册）》，中华书局 2010 年版。

［26］苑书义等主编：《张之洞全集》，河北人民出版社 1998 年版。

［27］许嘉璐主编：《史记》列传第三十九《叔孙通》，汉语大词典出

版社 2004 年版。

［28］陈山榜、邓子平编：《颜李学派文库》，河北教育出版社 2009 年版。

［29］鲁迅：《鲁迅全集第一卷》，人民文学出版社 2005 年版。

［30］陈独秀：《陈独秀文章选编》（上册），生活·读书·新知三联书店 1984 年版。

［31］广东省社会科学院历史研究室、中国社会科学院近代史研究所中华民国史研究室、中山大学历史系孙中山研究室编：《孙中山全集》（第 5 卷），中华书局 985 年版。

［32］冯天瑜等主编：《语义的文化变迁》，武汉大学出版社 2007 年版。

［33］常璩：《华阳国志校注》，刘琳校注，巴蜀书社 1984 年版。

［34］四川省博物馆：《四川船棺葬发掘报告》，文物出版社 1960 年版。

［35］高明：《古文字类编》，中华书局 1980 年版。

［36］张品兴：《梁启超全集》第十二卷《先秦政治思想史（1906—1922）》，北京出版社 1999 年版。

［37］张品兴：《梁启超全集》第四卷《新大陆游记（1902—1903）》，北京出版社 1999 年版。

［38］郭沫若著作编辑出版委员会：《郭沫若全集·考古编》第一卷，科学出版社 1982 年版。

［39］姚淦铭、王燕主编：《王国维文集》（第四卷），中国文史出版社 1997 年版。

［40］梁启超：《饮冰室专集之二十二·新大陆游记节录》，中华书局 1936 年版。

［41］龚茂富：《中国民间武术生存现状及传播方式研究》，人民体育出版社 2012 年版。

［42］马爱民：《传统武术文化新探》，人民体育出版社 2003 年版。

［43］乔凤杰：《传统武术的道与术》，《山东体育学院学报》2004 年第 4 期。

［44］韩雪：《中州武术文化研究》，人民体育出版社 2006 年版。

［45］温子建：《武侠小说鉴赏大典》，漓江出版社 1994 年版。

［46］顾颉刚：《史林杂识初编·武士与文士之蜕化》，中华书局 1963 年版。

［47］余英时：《现代儒学的回顾与展望》，生活·读书·新知三联书店 2004 年版。

［48］连阔如：《江湖丛谈》，当代中国出版社 1995 年版。

［49］闰泉主编：《江湖文化》，中国经济出版社 1995 年版。

［50］欧阳恩良、潮龙起：《中国秘密社会》第四卷《清代会党》，人民出版社 2002 年版。

［51］曹新宇、齐军、鲍齐：《中国秘密社会》第三卷《清代教门》，福建人民出版社 2002 年版。

［52］王纯五：《袍哥探秘》，巴蜀书社 1993 年版。

［53］邵雍：《中国秘密社会》第六卷《民国帮会》，福建人民出版社 2002 年版。

［54］力平、马芷荪主编：《周恩来年谱（1898—1976）》，中央文献出版社 1998 年版。

［55］上海市档案馆编：《上海解放》，中国档案馆出版社 2009 年版。

［56］汤志钧编：《陶成章集》，中华书局 1986 年版。

［57］刘平：《文化与叛乱——以清代秘密社会为视角》，商务印书馆 2002 年版。

［58］中国社会科学院语言研究所词典编辑室：《现代汉语词典》（第 5

版），商务印书馆 2005 年版。

［59］萧一山：《近代秘密社会史料》，岳麓书社 1986 年版。

［60］蔡少卿：《中国近代会党史研究》，中华书局 1987 年版。

［61］徐珂：《清碑类抄·会党类》，中华书局 1986 年版。

［62］王兆祥：《白莲教探奥》，陕西人民出版社 1993 年版。

［63］文史精华编辑部编：《近代江湖秘闻》（下），河北人民出版社 1997 年版。

［64］许嘉璐主编：《二十四史全释·史记·游侠列传》，汉语大词典出版社 2004 年版。

［65］吴毓江：《墨子校注》，中华书局 1993 年版。

［66］柯文：《历史三调：作为事件、经历和历史的义和团》，杜继东译，江苏人民出版社 2000 年版。

［67］周锡瑞：《义和团运动的起源》，张俊义、王栋译，江苏人民出版社 2005 年版。

［68］马西、韩秉方：《中国民间宗教史》（上册），中国社会科学出版社 2004 年版。

［69］马林诺夫斯基：《巫术科学宗教与神话》，李安宅编译，上海文艺出版社 1987 年版。

［70］张紫晨：《中国巫术》，生活·读书·新知三联书店 1990 年版。

［71］程大力：《中国武术——历史与文化》，四川大学出版社 1995 年版。

［72］马林诺夫斯基：《巫术科学宗教与神话》，中国民间出版社 1984 年版。

［73］葛剑雄：《中国移民史》（第二卷），福建人民出版社 1997 年版。

［74］班固：《汉书》，中华书局 1962 年版。

[75] 范晔：《后汉书》，中华书局 1956 年版。

[76] 陈寿：《三国志》，中华书局 1959 年版。

[77] 江立华、孙洪涛：《中国流民史古代卷》，安徽人民出版社 2001 年版。

[78] 路遇、腾泽之：《中国人口通史》，山东人民出版社 2000 年版。

[79] 童恩正：《古代的巴蜀》，重庆出版社 1998 年版。

[80] 习云太：《中国武术史》，人民体育出版社 1985 年版。

[81] 马力：《中国古典武学秘籍录》（上卷），人民体育出版社 2006 年版。

[82] 政协第五届南充市顺庆区委员会编：《顺庆武术》（顺庆文史资料第七辑），内部资料 2014 年版。

[83] 戚继光：《纪效新书》，马明达点校，人民体育出版社 1988 年版。

[84] 马明达：《说剑丛稿》（增订本），中华书局 2007 年版。

[85] 秦宝琦、孟超：《秘密结社与清代社会》，天津古籍出版社 2008 年版。

[86] 刘平：《文化与叛乱：以清代秘密社会为视角》，商务印书馆 2002 年版。

[87] 路遥主编：《山东大学义和团资料汇编》（上），山东大学出版社 2000 年版。

[88] 路遥：《义和拳运动起源探索》，山东大学出版社 1990 年版。

[89] 王兆祥：《白莲教探奥》，陕西人民教育出版社 1993 年版。

[90] 佐藤公彦：《义和团的起源及其运动：中国民众 Nationalism 的诞生》，宋军、彭曦、何慈毅译，中国社会科学出版社 2007 年版。

[91] 中国第一历史档案馆编辑部：《义和团档案史料续编》（下），中华书局 1990 年版。

［92］吴康零主编：《四川通史》（第六册），四川大学出版社 1994 年版。

［93］隗瀛涛：《四川近代史稿》，四川省社会科学院出版社 1985 年版。

［94］中国人民政治协商会议四川省新都县委员会文史资料委员会：《新都文史》（第七辑），1987 年版。

［95］中国义和团运动史研究会：《义和团运动与近代中国社会》，四川省社会科学院出版社 1987 年版。

［96］中国社会科学院近代史研究所《近代史料编辑组》编：《义和团史料》（上、下），中国社会科学出版社 1982 年版。

［97］路景琪、程啸编：《义和团源流史料》，中国人民大学出版社 1980 年版。

［98］中国社会科学院近代史研究所：《义和团史料》，中国社会科学出版社 1982 年版。

［99］《袁养寿园奏议辑要》（卷四），项城袁氏宗祠 1931 年刻本。

［100］王栋译：《义和团运动的起源》，江苏人民出版社 1998 年版。

［101］中国人民大学清史研究所、中国第一历史档案馆合编：《天地会》（六），中国人民大学出版社 1980 年版。

［102］严如熤：《三省山内风土杂识》，陕西通志馆印 1936 年版。

［103］孙桐生：《国朝全蜀诗钞》，巴蜀书社 1985 年版。

［104］吴善中：《晚清哥老会研究》，吉林人民出版社 2003 年版。

［105］《高宗实录》卷 103，乾隆四年十月癸卯影印本，中华书局 1985 年版。

［106］陈谦、罗绶香等纂修：《犍为县志》卷 14《杂志》，成都协美印刷公司 1937 年版。

［107］薛君度：《黄兴与中国革命》，杨慎之译，湖南人民出版社 1980 年版。

［108］孙中山、蔡元培等：《中国哲学思想论集·现代篇一》，水牛出版社 1978 年版。

［109］傅崇矩：《成都通览》（下），巴蜀书社 1987 年版。

［110］邹鲁：《中国国民党史稿》，中华书局 1960 年版。

［111］成都体育学院体育史研究所：《中国近代体育史料》，四川教育出版社 1988 年版。

［112］佘竟成自述：《近代史资料》，1958 年版。

［113］邹鲁：《中国国民党史稿·佘俊英传》，中华书局 1960 年版。

［114］郑光路：《四川旧事》，四川人民出版社 2007 年版。

［115］秦宝琦：《中国洪门史》，福建人民出版社 2012 年版。

［116］中国人民政治协商会议全国委员会文史资料研究委员会编：《辛亥革命回忆录》（第三集），文史资料出版社 1981 年版。

［117］欧大年、候杰、范丽主编：《保定地区庙会文化与风俗辑录》，天津古籍出版社 2007 年版。

［118］孙旭军、蒋松、陈卫东：《四川民俗大观》，四川人民出版社 1989 年版。

［119］张学君、张莉红：《成都城市史》，成都出版社 1993 年版。

［120］四川省文史馆：《民国四川军阀实录》，四川人民出版社 2011 年版。

［121］成都通史编纂委员会：《成都通史·民国时期》，四川人民出版社 2011 年版。

［122］费正清编：《剑桥中华民国史 1912—1949 年》（上卷），杨品泉等译，中国社会科学出版社 1994 年版。

［123］李劼人：《死水微澜》，人民文学出版社 2001 年版。

［124］M. 巴赫金：《陀思妥耶夫斯基诗学问题》，白春仁、顾亚铃译，

生活·读书·新知三联书店 1988 年版。

[125] 赵世瑜:《狂欢与日常——明清以来的庙会与民间社会》,生活·读书·新知三联书店 2002 年版。

[126] 四川省文史研究馆:《成都城坊古迹考》,成都时代出版社 2006 年版。

[127] 王栻主编:《严复集》(第一册),中华书局 1986 年版。

[128] 黄金麟:《历史、身体、国家:近代中国的身体形成(1895—1937)》,新星出版社 2006 年版。

[129] 梁启超:《饮冰室合集》(五),中华书局 1936 年版。

[130] 梁启超:《梁启超全集第三卷》,北京出版社 1999 年版。

[131] 梁启超:《饮冰室专集之二十二》,中华书局 1936 年版。

[132] 杨瑞松:《病夫、黄祸与睡狮:"西方"视野的中国形象与近代中国国族论述想象》,政大出版社 2010 年版。

[133] 刘晴波、彭国兴编,饶怀民补订:《陈天华集》,湖南人民出版社 2008 年版。

[134] 陈独秀:《陈独秀文章选编》(上卷),生活·读书·新知三联书店 1984 年版。

[135] 陈独秀:《独秀文存》,安徽人民出版社 1996 年版。

[136] 高翠编著:《从"东亚病夫"到体育强国》,四川人民出版社 2002 年版。

[137] 郭希汾:《中国体育史》,上海文艺出版 1993 年版。

[138] 王宗光等编:《上海交通大学志》,上海交通大学出版社 1996 年版。

[139] 平江不肖生:《江湖奇侠传》,岳麓书社 2009 年版。

[140] 平江不肖生:《近代狭义英雄传》,(台北)联经出版事业公司

1984 年版。

［141］中央技击学会编：《国术大全》，山西科学技术出版社 2006 年版。

［142］徐中约：《中国近代史》（上），计秋枫、朱庆葆译，香港中文大学出版社 2005 年版。

［143］张之江：《张之江先生国术言论集》，中央国术馆 1934 年版。

［144］梁启超：《饮冰室专集之二十四》，中华书局 1936 年版。

［145］毛注清等编：《蔡锷集·军国民篇》，湖南人民出版社 1983 年版。

［146］广东省社会科学院历史研究室、中国社会科学院近代史研究所中华民国史研究室、中山大学历史系孙中山研究室编：《孙中山全集》（第 1 卷），中华书局 1981 年版。

［147］广东省社会科学院历史研究室、中国社会科学院近代史研究所中华民国史研究室、中山大学历史系孙中山研究室编：《孙中山全集》（第 2 卷），中华书局 1981 年版。

［148］孙中山：《孙中山全集》（第 5 卷），中华书局 1985 年版。

［149］邵元冲：《邵元冲先生文集》，近代中国出版社 1983 年版。

［150］王栻：《严复集》（第一册），中华书局 1986 年版。

［151］杨天宏：《基督教与中国社会》，四川人民出版社 1994 年版。

［152］兰比尔·沃拉：《中国：前现代化的阵痛——1800 年至今的历史回顾》，廖七一等译，辽宁人民出版社 1989 年版。

［153］汤志钧编：《章太炎政论选集》（上册），中华书局 1977 年版。

［154］顾长声：《传教士与近代中国》，上海人民出版社 1981 年版。

［155］萨义德：《文化与帝国主义》，李琨译，生活·读书·新知三联书店 2003 年版。

［156］汤林森：《文化帝国主义》，冯建三译，上海人民出版社 1999 年版。

［157］杜赞奇：《从民族国家拯救历史：民族主义话语与中国现代史研究》，王宪明等译，社会科学文献出版社 2003 年版。

［158］罗志田：《乱世潜流：民族主义与民国政治》，上海古籍出版社 2001 年版。

［159］李世涛主编：《知识分子的立场：民族主义与转型期中国的命运》，时代文艺出版社 1999 年版。

［160］罗志田：《民族主义与近代中国思想》，东大图书股份有限公司 1998 年版。

［161］张品兴：《梁启超全集》第二卷《瓜分危言（1899—1901）》，北京出版社 1999 年版。

［162］吉尔·德拉诺瓦：《民族与民族主义》，郑文彬等译，生活·读书·新知三联书店 2005 年版。

［163］费正清：《美国与中国》，张理京译，世界知识出版社 1999 年版。

［164］康有为：《康有为全集》（二），上海古籍出版社 1990 年版。

［165］康有为：《康有为遗稿》，上海人民出版社 1986 年版。

［166］郑师渠：《晚清国粹派：文化思想研究》，北京师范大学出版社 1997 年版。

［167］黄节：《国粹保存主义》，政艺通报 1902 年版。

［168］叶瑞昕：《危急中的文化抉择——辛亥革命时期国人的中西文化观》，商务印书馆 2007 年版。

［169］艾恺：《最后的儒家——梁漱溟与中国现代化的两难》，江苏人民出版社 1996 年版。

［170］梁漱溟：《东西文化及其哲学》，商务印书馆 1999 年版。

［171］《体育史料》（第 16 辑），人民体育出版社 1990 年版。

［172］马良：《棍术科》，商务印书馆1918年版。

［173］孙中山：《孙中山选集》，人民出版社1981年版。

［174］沈云龙主编：《近代中国史料丛刊三编第二十一集·陈英士先生革命小史》，文海出版社1989年版。

［175］陈公哲：《精武会五十年》，春风文艺出版社2001年版。

［176］陈铁笙编：《精武本纪》，商务印书馆1919年版。

［177］张润苏：《张之江传略》，学林出版社1994年版。

［178］中央国术馆编：《张之江先生国术言论集》，中央国术馆1931年版。

［179］吴蕴瑞、袁敦礼：《体育原理》，勤奋书局1933年版。

［180］矿文楠主编：《中国武术文化概论》，四川教育出版社1990年版。

［181］释永信等编：《民国国术期刊文献集成》（第11卷），中国书店出版社2008年版。

［182］向恺然、陈铁笙、唐豪等编：《国技大观》（名论类·上），国技学会1923年版。

［183］释永信等编：《国术期刊集成》（第9卷），中国书店出版社2008年版。

［184］《体育史料》（第15辑），人民体育出版社1990年版。

［185］四川省地方志编纂委员会：《四川省志·体育志》，四川科学技术出版社1998年版。

［186］重庆体育运动委员会编：《重庆武术志》，重庆出版社1993年版。

［187］毛注清等编：《蔡锷集·军国民篇》，湖南人民出版社1983年版。

［188］南充县志编纂委员会编：《南充县志》，四川人民出版社1993年版。

[189] 南充市地方志编纂委员会编:《南充市志》四川科学技术出版社1994年版。

[190] 刘鸿池:《传统查拳》(上卷),人民体育出版社2006年版。

[191] 陈龙骧、李敏弟:《李雅轩杨氏太极拳架精解》,四川科学技术出版社2007年版。

[192] 国家体委武术研究院:《中国武术史》,人民体育出版社1997年版。

[193] 麦克法夸尔:《剑桥中华人民共和国史(1949—1965)》,谢亮生等译,中国社会科学出版社1990年版。

[194] 赵子虬、陈尚洁:《四川武术史》(初稿),内部资料,1987年。

[195] 四川省武术遗产挖整组:《四川武术大全》,四川科学技术出版社1989年版。

[196] 陈墨:《刀光侠影蒙太奇:中国武侠电影论》,中国电影出版社1996年版。

[197] 郑光路:《气卷神州》,成都出版社1992年版。

[198] 邹德发:《武术纵横》(上篇),世界知识出版社1992年版。

[199] 唐骈:《据谈录》,艺文印书馆1966年版。

[200] 四川省志编纂委员会:《四川省志·公安·司法志》,四川人民出版社1997年版。

[201] 范应莲:《我的恩师海灯》,四川人民出版社1991年版。

[202] 松田隆智:《中国武术史略》,吕彦、阎海译,四川科学技术出版社1984年版。

[203] 上海军事志编纂委员会:《上海军事志》,上海社会科学院出版社1994年版。

[204] 四川省武术协会:《峨眉武术史略》,内部稿,2014年。

[205] 郭同旭：《海灯疑案》，安徽文艺出版社 1991 年版。

[206] 张扬：《海灯神话》（上、下），中国文联出版公司 1998 年版。

[207] 王玉德：《中国神秘文化》，湖南出版社 1993 年版。

[208] 钱锺书：《康有为大同论两种》，生活·读书·新知三联书店 1986 年版。

[209] 爱弥儿·涂尔干：《宗教生活的基本形式》，渠东、汲喆译，上海人民出版社 1999 年版。

[210] 约翰·R. 霍尔、玛丽·乔·尼兹：《文化：社会学的视野》，周晓虹、徐彬译，商务印书馆 2004 年版。

[211] 马贤达：《中国武术大辞典》，人民体育出版社 1990 年版。

[212] 维克多·特纳：《仪式过程》，黄剑波等译，中国人民大学出版社 2006 年版。

[213] 庞朴：《文化的民族性与时代性》，中国和平出版社 1988 年版。

[214] 汤一介：《港台海外中国文化论丛》，生活·读书·新知三联书店 1990 年版。

[215] 余英时：《文史传统与文化重建》，生活·读书·新知三联书店 2004 年版。

[216] 邵汉明主编：《中国文化研究二十年》，人民出版社 2003 年版。

[217] E. 希尔斯：《论传统》，傅铿、吕乐译，上海人民出版社 1991 年版。

[218] 霍布斯鲍姆、兰格主编：《传统的发明》，故杭、庞冠群译，译林出版社 2004 年版。

[219] 罗立群：《中国武侠小说史》，花山文艺出版社 2008 年版。

[220] 释永信主编：《民国国术期刊文献集成》（卷 24），中国书店 2008 年版。

［221］四川省武术遗产挖整组：《四川武术大全》，四川科学技术出版社 1989 年版。

［222］四川省地方志编纂委员会：《峨眉山志》，四川科学技术出版社 1996 年版。

［223］乐山市地方志编纂委员会：《乐山市志》，巴蜀书社 2001 年版。

［224］海德格尔：《面向思的事情》，陈小文、孙周兴译，商务印书馆 1999 年版。

［225］《毛泽东选集》（第 2 卷），人民出版社 1991 年版。

［226］国家体委武术研究院：《中国武术史》，人民体育出版社 1997 年版。

［227］司马迁：《史记》，韩兆琦评注，岳麓书社 2004 年版。

［228］唐豪：《中国武艺图集考》，山西科学技术出版社 2008 年版。

［229］冯天瑜、何晓明、周积明：《中华文化史》，上海人民出版社 1990 年版。

［230］J. C. 亚历山大：《国家与市民社会——一种社会理论的研究路径》，邓正来译，中央编译出版社 1999 年版。

［231］唐豪：《少林武当考》，山西科学技术出版社 2008 年版。

［232］邵汉明主编：《中国文化研究二十年》，人民出版社 2003 年版。

二　中文论文、报刊、档案、公告类

［1］牛爱军：《非物质文化遗产保护视野下的传统武术传承制度研究》，《体育文化导刊》2007 年第 4 期。

［2］陈永辉：《非物质文化遗产视角下我国民间武术的开发》，《沈阳体育学院学报》2008 年第 6 期。

［3］陈永辉：《非物质文化遗产与我国民间武术文化保护》，《首都体育

学院学报》2009 年第 1 期。

[4] 张峰：《非物质文化遗产视野下的传统武术保护方法》，《体育与科学》2008 年第 5 期。

[5] 陈振勇：《巴蜀武术文化探骊》，博士学位论文，上海体育学院，2006 年。

[6] 王兴一：《论“以武犯禁”与“御贼备战”——中国古代民间武术兴衰考析》，《搏击·武术科学》2006 年第 3 期。

[7] 侯杰：《晚清民间武术发展简论》，《南开学报》1998 年第 3 期。

[8] 林伯原：《民国时期民间武术祖织的建立与发展》，《体育文史》1994 年第 3 期。

[9] 王岗等：《传统武术与竞技武术的文化差异》，《体育文化导刊》2003 年第 3 期。

[10] 李旺华、霍如：《从方法论看传统武术的文化本位与文化自觉》，《广州体育学院学报》2008 年第 2 期。

[11] 龙劲、马飞：《我国民间武术运动文化遗产的传承与保护研究》，《搏击·武术科学》2009 年第 3 期。

[12] 张峰：《非物质文化遗产视野下的传统武术保护方法》，《体育与科学》2008 年第 5 期。

[13] 叶鹏等：《从“非物质文化遗产”的高度审视传统武术的保护问题》，《广州体育学院学报》2008 年第 1 期。

[14] 郭玉成：《中国民间武术的传承特征、当代价值与发展方略》，《上海体育学院学报》2007 年第 2 期。

[15] 喻德桥：《21 世纪传统武术的发展现状与对策研究》，《广西师范大学学报》2005 年第 2 期。

[16] 李成银等：《传统武术发展应坚持三个方向》，《体育文化导刊》

2007 年第 5 期。

[17] 裘珍：《立足传统，面向民间——武术振兴的必由之路》，《武当》2004 年第 4 期。

[18] 吴剑：《后奥运时代民间体育发展趋势的研究——基于杭州市武术社团发展的现状调查》，《浙江体育科学》2009 年第 5 期。

[19] 邓晓峰：《我国民间武校的现状及对策》，《上海体育学院学报》1996 年第 1 期。

[20] 杨涛：《山东省武术馆校发展现状及可持续发展对策研究》，硕士学位论文，天津大学，2007 年。

[21] 姚丽华：《河南省武术学校现状与对策研究》，硕士学位论文，河南大学，2001 年。

[22] 张玉强：《河南省民办武术学校滑坡现象原因的探讨》，硕士学位论文，华南师范大学，2007 年。

[23] 黄光丽：《内江地区民间武术馆校的现状调查及思考》，《内江师范学院学报》2003 年第 1 期。

[24] 陈永辉、陈勤：《对一个地域村落乡土武术的考察与分析》，《中国体育科技》2007 年第 4 期。

[25] 杨方、陈永辉：《乡土武术在新农村建设中的发展研究——以湖南新化梅山武功为例》，《体育科技文献通报》2008 年第 11 期。

[26] 陈思和：《民间的沉浮——对抗战到文革文学史的一个尝试性解释》，http：//www. literature. org. cn/Article. aspx？ id =24173。

[27] 周立民：《“民间”内外：从〈民间理念与当代情感〉谈王广东的“民间研究”》，《当代作家评论》2005 年第 2 期。

[28] 王光东：《“民间”的现代价值》，《中国社会科学》2003 年第 6 期。

［29］钟敬文：《话说民间文化》，人民日报出版社 1990 年版。

［30］郭于华：《民间社会与仪式国家》，http：//www. aisixiang. com/data/16628. html。

［31］邓正来：《市民社会与国家——学理上的分野与两种架构》，http：//www. aisixiang. com/data/5658. html。

［32］梁治平：《“民间”“民间社会”和 CIVILSOCIETY——CIVILSOCIETY 概念再检讨》，《云南大学学报》（社会科学版）2003 年第 1 期。

［33］邹欣星：《民间：从想象到消费——大众文化视域中的冯小刚电影研究》，博士学位论文，苏州大学，2011 年。

［34］江讯、木鱼：《为民间社会辩护》，《南方》（台湾）1987 年第 10 期。

［35］钱宗范：《中国宗法制度论》，《广西民族学院学报》（哲学社会科学版）1996 年第 4 期。

［36］金景芳：《论宗法制度》，《东北人民大学人文科学学报》1956 年第 2 期。

［37］冯天瑜：《宗法文化刍议》，《中原文化研究》2013 年第 6 期。

［38］姚伟钧：《宗法制度的兴亡及其对中国社会的影响》，《华中师范大学学报》（人文社会科学版）2002 年第 3 期。

［39］龚茂富：《传统的延续：当代中国民间武术的祖师爷信仰》，《中华文化论坛》2013 年第 1 期。

［40］吴祖鲲、王慧姝：《文化视域下宗族社会功能的反思》，《中国人民大学学报》2014 年第 3 期。

［41］李恭忠：《“江湖”：中国文化的另一个视窗》，《学术月刊》2011 年第 11 期。

［42］宋巍：《从地下秩序到彼岸世界：论武侠小说中的“江湖”概

念》,《前沿》2009 年第 8 期。

[43] 王学泰:《从水浒看江湖文化》,《上饶师范学院学报》2005 年第 4 期。

[44] 齐思和:《战国制度考》,《燕京学报》1938 年第 24 期。

[45] 刘平:《近代江湖文化研究论纲》,《文史哲》2004 年第 2 期。

[46] 野夫:《江湖——中国民间社会的传承》,http://www.21ccom.net/articles/sxwh/gxxc/2013/0620/85963.html。

[47] 李银贞:《从中古三部小说看中国江湖文化》,博士学位论文,山东大学,2013 年。

[48] 郝勤、龚茂富:《论武术与武术文化形态》,《中华武术研究》2012 年第 1 期。

[49] 雷颐:《义和团的悲剧》,http://www.21ccom.net/articles/lsjd/lccz/article_ 2012082866520.html。

[50] 四川省博物馆:《四川新繁水观音遗址试掘简报》,《考古》1959 年第 3 期。

[51] 王家佑:《记四川彭县竹瓦街出土的青铜器》,《文物兵器》1961 年第 11 期。

[52] 杨炳昆:《彭祖即巫彭》,《社会科学研究》1991 年第 6 期。

[53] 郝勤:《古代巴蜀养生考》,《四川体育史料》1985 年第 4 期。

[54] 赵世瑜:《传说·历史·历史记忆——从 20 世纪的新史学到后现代史学》,《中国社会科学》2003 年第 2 期。

[55] 万建中:《民间传说的虚构与真实》,《民族艺术》2005 年第 3 期。

[56] 卢华为:《虚构与真实——民间传说、历史记忆与社会史“知识考古”》,《江苏社会科学》2004 年第 6 期。

［57］《录副档·农民运动》，卷1890第一号。

［58］《军机处录付奏折》，嘉庆十七年九月十一日广西巡抚成林折。

［59］《录副档》，道光十六年九月十三日山东巡抚经额布折。

［60］《录副档》，嘉庆十七年十二月六日山东巡抚同兴折。

［61］《朱批奏折》，兵部右侍郎邪尔图奏折，乾隆四年十月十九日。

［62］伍士谦：《〈义和团在四川的战斗史料汇编〉综叙》，《四川大学学报》（哲学社会科学版）1979年第2期。

［63］《巴县档案》光绪二十八年五月六日。

［64］林顿：《清代四川红灯教研究》，《成都大学学报》（社科版）1992年第3期。

［65］《孙昉，刘平．女工·女匪·女神——义和团时期四川“廖观音”形象研究》，http：//www. historychina. net/qsyj/ztyj/shs/2013 - 03 - 08/33420. shtml。

［66］曹蓉：《谈谈四川红灯教》，《文史杂志》1992年第2期。

［67］《巴县档案》，重庆府饬巴县文，光绪二十七年八月十八日。

［68］《录副档》，道光九年五月二十六日阮元折。

［69］《南川县志》卷13《前事》，1931年刊本。

［70］《军机处录付奏折·农民运动》，故宫博物院明清档案部藏，卷3009，第3号。

［71］张鸣：《义和团的文化象征与政治隐喻》，《开放时代》2000年第9期。

［72］欧阳恩良：《形异神同：中国秘密社会两大系统的比较研究》，博士学位论文，中国人民大学，2003年。

［73］《朱批奏折》，乾隆四年十月十九日兵部右侍郎雅尔图奏。

［74］历史系四川地方史研究室：《义和团运动在四川》，《四川师范大

学学报》(人文社会科学版) 1978 年第 2 期。

[75] 隗瀛涛:《孙中山与四川辛亥革命》,《文史杂志》1985 年第 1 期。

[76] 孔路原:《辛亥革命时期四川会党初探》,《天府新论》1986 年第 2 期。

[77] 黎丽:《四川哥老会与辛亥保路运动》,《四川档案》2011 年第 5 期。

[78] 王笛:《"吃讲茶":成都茶馆、袍哥与地方政治空间》,《史学月刊》2010 年第 2 期。

[79] 广东文化网:《狮子舞》,http://www.gdwh.com.cn/mjzt/2010/1020/article_ 1060.html。

[80] 王晓辉、周叶清:《广东中山民间武术与民俗文化研究》,《搏击·武术科学》2014 年第 10 期。

[81] 《国家级非物质文化遗产:苏桥飞叉会》,http://www.gov.cn/jrzg/2008-10/24/content_ 1130181.htm。

[82] 陈永建:《成都花会探源》,《文史杂志》1992 年第 5 期。

[83] 于文倩:《青羊花市景无边:花会与民国时期成都市民的娱乐生活》,《文史杂志》2012 年第 1 期。

[84] 孙跃中:《从花会到劝业会:成都庙会文化的历史沿革》,《文史杂志》2005 年第 3 期。

[85] 尚言:《花会场国术比赛第二十七次盛志》,《成都华西日报社(花会专刊)》1936 年 4 月 10 日第 2 版。

[86] 郑光路:《解放前闻名全国的青羊宫武术打擂》,《体育文化导刊》2003 年第 1 期。

[87] 江义高:《武林盛会——青羊宫"打金章"》,《龙门阵》2006 年

第 11 期。

[88] 孙跃中:《近代成都劝业会研究》,硕士学位论文,四川大学,2006 年。

[89] 赵世瑜:《中国传统庙会中的狂欢精神》,《中国社会科学》1996 年第 1 期。

[90] M. 巴赫金:《陀思妥耶夫斯基诗学问题》,白春仁、顾亚铃译,生活·读书·新知三联书店 1988 年版。

[91] 杨瑞松:《想象的民族耻辱:近代中国思想文化史上的"东亚病夫"》,《国立政治大学历史学报》2005 年第 23 期。

[92] 苏全有:《论"东方病夫"到"东亚病夫"的流变》,《求索》2014 年第 6 期。

[93] 程登科:《怎样利用军警权力辅助民众体育使全民体育化》,《体育季刊》1935 年第 2 期。

[94] 黄曾甫:《平江不肖生为何许人》,《长沙文史资料》(增刊)1990 年。

[95] 徐斯年、向晓光:《平江不肖生向恺然年表》,《西南大学学报》2012 年第 6 期。

[96] 刘一兵:《清末尚武思潮述论》,《历史档案》2003 年第 4 期。

[97] 马良:《中华北方武术体育五十余年纪略》,《体育与卫生》1924 年第 3 期。

[98] 张冀:《晚清民初尚武思潮的缘起与五四激进主义发生》,《华中科技大学学报》(社会科学版)2010 年第 4 期。

[99] 胡伟希、田薇:《中国文化激进主义思潮的历史演进》,《中国人民大学学报》2001 年第 6 期。

[100]《论尚武主义》,《东方杂志》1905 年第 2 期。

[101] 刘一兵：《清末尚武思潮述论》，《历史档案》2003 年第 4 期。

[102]《同盟会全国设五大支部，重庆占一席》，《重庆晨报》2011 年 11 月 17 日第 025 版。

[103]《精武技击运动纪》，《申报》1916 年 11 月 6 日第 3 版。

[104] 黄巧波：《孙中山与精武会》，《中山日报》2007 年 8 月 19 日第 B01 版。

[105] 田汉：《日本学者对非基督教运动的批评》，《少年中国》1922 年第 10 期。

[106] 邓实：《人种独立》，《政艺通报》1903 年第 23 号。

[107] 余英时：《中国近代思想史中的激进与保守》，《历史月刊》1990 年第 29 期。

[108] 郑师渠：《近代中国的文化民族主义》，《历史研究》1995 年第 5 期。

[109] 杨思信：《近代中国文化民族主义研究》，博士学位论文，北京师范大学，1999 年。

[110] 章太炎：《国学讲习会序》，《民报》1906 年第 7 号。

[111]《拟设国粹学堂启》，《国粹学报》第 3 年第 3 期。

[112] 侯彤彤：《黄节国粹主义思想研究》，硕士学位论文，河北师范大学，2009 年。

[113]《民族主义》，《江苏》2001 年第 7 期。

[114] 郑师渠：《近代中国的文化民族主义》，《历史研究》1995 年第 5 期。

[115] 王健吾：《华北之体育》，《体育季刊》1935 年第 2 期。

[116] 马廉祯：《马良与近代中国武术改良运动》，《回族研究》2012 年第 1 期。

[117] 谭华:《近代中国社会的变革与武术的进步》,《华南师范大学学报》(社会科学版) 2003 年第 1 期。

[118] 马良:《中华北方武术体育五十余年纪略》,《体育与卫生》1924 年第 3 期。

[119] 禅者:《佛山精武与教育》,《佛山精武月刊》1925 年第 2 期。

[120] 杨媛媛:《近代上海精武体育会研究 (1910—1949)》,硕士学位论文,华东师范大学,2014 年。

[121] 张之江:《国术研究分馆之成立预备会》,《申报》1928 年 6 月 21 日第 15 版。

[122]《军政领袖提倡国技》,《申报》1928 年 3 月 4 日第 4 版。

[123]《蒋委员长令军事机关练习国术》,《勤奋体育月报》1935 年第 2 卷第 1 期。

[124] 许义雄:《中国近代民族主义体育思想之特质》,《中华民国体育学会体育学报》1990 年第 12 期。

[125] 昌沧:《南京中央国术馆始末》,《体育文史》1997 年第 4 期。

[126]《国民政府指令 174 号》,《国民政府公报 · 第 41 期》,成文出版社 1972 年版。

[127] 丁守伟:《中国传统武术转型研究 (1911—1949)》,博士学位论文,陕西师范大学,2012 年。

[128] 谢以颜:《评大公报七日社评》,《体育周报》1932 年第 1 卷第 30 期。

[129] 吴蕴瑞:《今后之国民体育问题之我见》,《体育周报》1932 年第 33 期。

[130] 毕博:《论"土体育"——国术质大公报记者并吴蕴瑞君》,《国术与体育》1932 年。

［131］《国术摘锦比赛之发明》，《申报》1929 年 1 月 23 日第 11 版。

［132］向恺然：《提倡国术的意义》，《第六届华中运动大会总报告》1936 年。

［133］丁守伟：《中国传统武术转型研究（1911—1949）》，博士学位论文，陕西师范大学，2012 年。

［134］《中国的奥运之路，1936 年中国武术震惊世界》，http：//2008. sohu. com/20080703/n257916950. shtml。

［135］《1936 年柏林奥运：中国武术出风头政府欧洲》，http：//v. ifeng. com/history/shishijianzheng/201207/ac856dbd – f5c3 – 4583 – a13e – f6407b0411ed. shtml？ptag = vsogou。

［136］陈季康：《松溪内家拳宗师——陈晓东先生》，http：//sxnjg-ft. com/newsdetail_ 24015. html。

［137］《省市国术馆组织大纲》，国民政府档案，二史馆编《汇编》（第五辑）（第一编・文化・二）。

［138］陈长河：《民国时期的中央国术馆》，《历史档案》2009 年第 3 期。

［139］孙仲达：《四川近代传统武术》，《四川体育史料》1983 年第 1 期。

［140］范克平：《旧时国立南京中央国术馆写真》，《中华武术》2004 年第 7 期。

［141］范克平：《旧时国立南京中央国术馆写真》，《中华武术》2005 年第 4 期。

［142］范克平：《旧时国立南京中央国术馆写真》，《中华武术》2004 年第 11 期。

［143］《中央国术馆六周年特刊》，民国二十四年。

［144］朱梅玲：《台北之行——记武术史学家周剑南》，《中华武术》2013 年第 5 期。

［145］朱国福：《形意六合拳撮要（一）》，《精武》2009 年第 10 期。

［146］张又匀：《重庆形意拳传承与发展的思考》，《搏击·武术科学》2013 年第 1 期。

［147］郑光路：《北方武术精英入川传艺》，《成都日报多媒体报刊》，http：//www. cdrb. com. cn/html/2013 - 10/28/content_ 1943393. htm。

［148］《网络孔子学院词条“朱国祯”》，http：//www. chinese. cn/kungfu/article/2009 - 12/02/content_ 90130. htm。

［149］《郑怀贤档案》，成都体育学院藏。

［150］张铜霞、张岱林：《查拳名师张英振》，《中华民族》1991 年第 8 期。

［151］秦耕：《查拳名师张英振》，《体育报》1984 年 3 月 24 日第 2599 期，4 月 7 日第 2607 期，4 月 14 日第 2611 期。

［152］《王树田档案》，成都体育学院藏。

［153］冯文彬：《新民主主义的国民体育》，《新体育》1950 年第 1 期。

［154］魏承思：《巴蜀道医王庆余》，http：//www. nfpeople. com/story_ view. php? id =5157。

［155］南充市文化广播影视体育局：《关于南充市武术协会与业务主管单位（市文化广播影视体育局）脱钩的报告》2014 年 4 月 10 日。

［156］张建伟：《为了恩师的重托——寄海灯关门弟子王全一》，《少林与太极》2011 年第 1 期。

［157］杨玉辰：《“少林功夫进军营”的思考》，《中国民兵》1986 年第 6 期。

［158］《北京军区部队叫停大批表演性课目　包括硬气功》，http：//

news. xinhuanet. com/mil/2014 - 02/24/c_ 126179731. htm。

［159］《技艺高超功夫真　中国硬气功驰誉卢森堡、意大利、比利时》，《人民日报》1980 年 2 月 11 日。

［160］《我武术硬气功演出团在巴黎首场演出》，《人民日报》1981 年 4 月 7 日。

［161］《高手绝活铁头力敌万钧》，《世界日报》2002 年 8 月 26 日。

［162］《第七届洛杉矶世界太极气功日将于帕市举行　千名太极气功爱好者共襄盛举》，《美国侨报》2015 年 4 月 13 日。

［163］《海灯法师永远美丽的神话》，《中国气功科学》1995 年第 5 期。

［164］《少林寺武术家海灯法师回四川省访问》，《中国体育报》1962 年 8 月 9 日。

［165］海灯法师：http：//www. jiangyou. gov. cn/jiangyou/28964214908 1776128/20121127/398841. html。

［166］易旭东：《舌剑唇枪辩海灯——范应莲诉敬永祥“侵害海灯法师名誉权”一案始末（续）》，《新闻记者》1993 年。

［167］孙家红：《重温“海灯神话”》，http：//www. iolaw. org. cn/showarticle. asp？id = 3173。

［168］四川省武术协会官网：http：//www. scwushu. com/portal. php？mod = list&catid = 29。

［169］岳永逸：《磕头的平等：生活层面的祖师爷信仰——兼论作为主观感受的民俗学》，《中国农业大学学报》（社会科学版）2008 年第 3 期。

［170］林毓生：《五四反传统思想与中国意识的危机》，《中国时报 · 人间副刊》1979 年 5 月 9 日。

［171］李乔：《中国行业神崇拜》，《百科知识》2006 年第 6 期。

［172］习五一：《近代北京的行业神崇拜》，《北京联合大学学报》（人

文社会科学版）2005 年第 1 期。

［173］岳永逸：《磕头的平等：生活层面的祖师爷信仰——兼论作为主观感受的民俗学》，《中国农业大学学报》（社会科学版）2008 年第 3 期。

［174］周伟良：《师徒论——传统武术的一个文化现象诠释》，《北京体育大学学报》2004 年第 5 期。

［175］高长江：《民间信仰：和谐社会的文化资本》，《世界宗教研究》2010 年第 3 期。

［176］庞朴：《文化传统与传统文化》，《科学中国人》2003 年第 4 期。

［177］李慎之：《中国文化传统与现代化》，《战略与管理》2004 年第 4 期。

［178］朱维铮：《传统文化与文化传统》，《复旦学报（社会科学版）》1987 年第 1 期。

［179］程大力：《僧门著名武术家侯坦及其得意门生》，《体育文史》1994 年版。

［180］程大力、王小兵、程馨：《“峨眉派”祥考——兼论峨眉派武术绝非峨眉山武术》，《中华武术研究》2015 年第 4 期。

［181］孙培基：《车君毅齐纪念碑记》，《山西国术旬刊》1934 年第 5 期。

［182］刘泰福等：《四川武术拳种》，《四川体育史料》1987 年第 1 期。

［183］刘泰福、周直模：《四川武术与峨眉武术》，《中华武术》1996 年第 8 期。

［184］周伟良：《史学视野中的峨眉武术史研究》，《搏击·武术科学》2012 年第 1 期。

［185］朱珠：《中国传统正宗武术门派调查：历史上的峨眉派》，http：//news. sina. com. cn/c/sd/2009 - 12 - 03/101019181377. shtml。

［186］张颐武：《传统复兴的意义和问题》，《广州社会主义学院学报》

2009 年第 1 期。

[187] 张志强:《传统与当代中国——近十年来中国大陆传统复兴现象的社会文化脉络分析》,《开放时代》2011 年第 3 期。

[188] 赵旭东:《文化认同的危机与身份界定的政治学》,《社会科学》2007 年第 1 期。

[189] 贺来:《“传统间”关系:“传统复兴”的前提性问题》,《哲学动态》2011 年第 2 期。

[190] 高丙中:《作为公共文化的非物质文化遗产》,《文艺研究》2008 年第 2 期。

[191] 冯骥才:《“非遗后时代”我们做什么?》,《中国艺术报》2011 年 11 月 18 日第 013 版。

[192] 项江涛:《“非遗后时代”保护是学者的时代担当》,《中国社会科学报》2011 年 12 月 15 日第 006 版。

[193] 冯骥才:《非遗后时代:传承仍让人充满忧虑》,《中国艺术报》2013 年 6 月 14 日第 S01 版。

[194] 明江:《“非遗后时代”的关注与守望》,《文艺报》2013 年 7 月 5 日第 005 版。

[195] 高丙中:《非物质文化遗产:作为整合性的学术概念的成型》,《河南社会科学》2007 年第 2 期。

[196] 冯骥才:《我们的非遗 80% 以上没有专家保护》,http://news.xinhuanet.com/politics/2014-03/09/c_133172240.htm。

[197] 王咏:《从生活世界到现代知识形态:“非物质文化遗产”研究的现代性批判》,《文艺理论研究》2011 年第 4 期。

[198]《国家级非物质文化遗产传承人将获工作津贴》,http://www.gov.cn/fwxx/wy/2008-11/17/content_1150839.htm。

[199] 文化部:《把非遗传承人传习补贴用在刀刃上》, http://www.ce.cn/culture/gd/201408/20/t20140820_3391730.shtml。

[200] 高丙中:《作为非物质文化遗产研究课题的民间信仰》,《江西社会科学》2007 年第 1 期。

[201] 高丙中:《中国的非物质文化遗产保护与文化革命的终结》,《开放时代》2013 年第 5 期。

[202] 寒川恒夫:《民族スポーツとセルフ・オリエンタリズム》,《身体文化学报》2011 年第十三辑。

[203]《国家级非物质文化遗产名录申报书(峨眉武术)》, 内部资料, 2007 年。

[204]《峨眉山佛教协会授权委托书》, 内部资料, 2006 年 9 月 3 日。

[205] 林立:《峨眉武术代表性传承人释通永长老圆寂》, http://www.chinanews.com/sh/news/2010/04-30/2257200.shtml。

[206] 四川省文化厅教科处(省非遗办):《第三批省级非物质文化遗产项目代表性传承人推荐名单公告》, 2008 年 12 月 22 日, http://www.sccnt.gov.cn/gnwhxw/201104/t20110410_3546.html。

[207]《峨眉山市机构编制委员会关于设立峨眉武术发展中心的通知》, 峨编发 [2007] 68 号文件。

[208] 孙雁鸣、蔡威:《七雄聚会研讨峨眉武术》,《乐山日报》2009 年 1 月 18 日第 002 版。

[209] 武媚:《都江堰中小学课间将练青城功夫》,《中国体育报》2010 年 3 月 25 日第 7 版。

[210]《国务院办公厅关于成立国家文化遗产保护领导小组的通知》, 国办发 [2006] 33 号文件, http://www.gov.cn/zwgk/2006-04/30/content_272136.htm。

三　外文书籍类

[1] Jürgen Habermas, *The Structural Transformation of the Public Sphere*, Translated by Thomas Burger, Cambridge, The MIT Press, 1989.

[2] AvronBoretz, *Gods, Ghosts, and Gangsters: Ritual Violence, Martial Arts, and Masculinity on the Margins of Chinese Society*, Honolulu, University of Hawai'i Press, 2011.

[3] Ping - Ti Ho, *The Ladder of Success in Imperial China: Aspects of Social mobility* (1368 - 1911), Columbia University Press, 1962.

[4] SusanBrowell, *Training the Body for China: Sports in the Moral Order of the People's Republic*, Chicago: The University of Chicago Press, 1995.

[5] Anthony Cohen, *The Symbolic Construction of Community*, New York: Tavistock Publications, 1985.

[6] R. W. Thompson, Griffith John, *The Story of Fifty Years in China*, London: Forgotten Books, 1908.

[7] David A. Palmer, *Qigong Fever: Body, Science, and Utopia in China*, New York: Columbia University Press, 2007.

[8] Nan Lin, *Social Capital, A Theory of Social Structure and Action*, New York, Cambridge University Press, 2001.

[9] Inoue Shun, "The Invention of the Martial Arts: Kano Jigoro and Kodokan Judo. Stephen Vlastos", Ed. Mirror of Modernity: *Invented Traditions of Modern Japan*, Los Angeles: University of California Press, 1998.

[10] Kano, Jigoro, *Mind over Muscle: Writings from the Founder of Judo. Compiled by Naoki Murata, translated by Nancy Ross*, Tokyo: Kodansha International, 2005.

[11] Inoue Shun, "The Invention of the Martial Arts: Kano Jigoro and

Kodokan Judo. Stephen Vlastos ", Ed. Mirror of Modernity: *Invented Traditions of Modern Japan* , Los Angeles: University of California Press, 1998.

[12] Thomas A. Green Edited, *Martial Arts of the World: An Encyclopedia*, Santa Barbara: ABC – CLIO, 2010.

[13] Heather Reid, *Introduction to the Philosophy of Sport*, Lanham: Rowman & Littlefield Publishers, 2012.

[14] Thomas A. Green Edited, *Martial Arts of the World: An Encyclopedia*, Santa Barbara: ABC – CLIO, 2010.

[15] Scott Sonnon, *Mastering Sambo for Mixed Martial Arts*, https://books.google.co.uk/books? id = sYTKAwAAQBAJ&pg = PT12&lpg = PT12&dq = vasili + oshchepkov + sambo&source = bl&ots = b6PL9n8f2y&sig = HTmCItI-Ulc9Ro6axH22YA9RA9JU&hl = en&sa = X&ei = RySSVLHSNJHcau3LgpgC&ved = 0CEQQ6AEwBjgK#v = onepage&q&f = false.

[16] *Great Soviet Encyclopedia* (*in Russian*) (*3rd ed.*), Moscow: Sovetskaya Enciklopediya, vol. 24 (part II), 1977.

[17] ScottSonnon, *Mastering Sambo for Mixed Martial Arts*, https://books.google.co.uk/books? id = sYTKAwAAQBAJ&pg = PT12&lpg = PT12&dq = vasili + oshchepkov + sambo&source = bl&ots = b6PL9n8f2y&sig = HTmCItI-Ulc9Ro6axH22YA9RA9JU&hl = en&sa = X&ei = RySSVLHSNJHcau3LgpgC&ved = 0CEQQ6AEwBjgK#v = onepage&q&f = false.

[18] JohnCorcoran & Emil Farkas, *Martial Arts: Traditions, History, People*, New York: Gallery Books, A Imprint of W. H. Smith Publishers Inc. 1983.

[19] Thomas A. Green Edited, *Martial Arts of the World: An Encyclopedia*, Santa Barbara: ABC – CLIO, 2010.

[20] Lefevre, *Critique of Everyday Life* (*Vol. 2*): *Foundations for a Sociol-*

ogy of the Everyday, Trans. by John Moore, London & New York: Verso. 2002.

[21] Perry Link, Richard P Madsen, PaulPickowicz (eds), *Unofficial China: Popular Culture and Thought in the People ′s Republic* , Westview Press, 1990.

四 外文期刊论文、公告类

[1] Robert Redfield, *The Folk Society*, American Journal of Sociology, No. 4, 1947.

[2] Sebastien Billioud, Confucialism, "*Cultural Tradition" and Official Discourse in China at the Start of the New Century* , China perspectives, No. 3, 2007.

[3] Brian Wilson, *Modern Martial Arts and the Reinvention of Traditon*, Arkansas Tech University, 2015.

[4] JamesRiordan, *Soviet Sport and Soviet Foreign Policy*, Soviet Studies, Vol. 26, No. 3, 1974.

[5] Brian Wilson, *Modern Martial Arts and the Reinvention of Traditon*, Arkansas Tech University, 2015.

[6] R. M. SCHNEIDERMAN, *Once - Secret Martial Art Rises in Ring's Bright Lights*, http://www.nytimes.com/2008/07/19/sports/othersports/19fight.html? _ r = 0

[7] StuartMirsky, Sambo: *The Russian Connection*, Black Belt Magazine, February 1986, pp. 80 - 81.

[8] Igor G. Kozak, *Sambo*: *The Russians Judo*, Black Belt Magazine, November and December 1964.

[9] Andy Adams, *Russia Prepares to Export Sambo*, Black Belt Magazine,

January 1, 1967.

[10] *The States Parties to the Convention for the Safeguarding of the Intangible Cultural Heritage*, http: //www. unesco. org/culture/ich/en/states - parties - 00024

后　记

这部著作中的部分章节已经在相关期刊上发表过。比如，关于祖师爷信仰的内容，以《传统的延续：当代中国民间武术的祖师爷信仰》为题发表在《中华文化论坛》2013 年第 1 期；关于武术非物质文化遗产的内容，以《启蒙、实践与重构："非遗后时代"民间武术发展的实证研究》为题发表在《体育文化导刊》2016 年第 10 期；关于"打金章"的内容，以《民俗生活中民间武术的权力实践与狂欢精神——基于民国青羊宫花会"打金章"的历史人类学考察》为题发表在《成都体育学院学报》2017 年第 1 期。此外，本书第一、二、三章中的部分关于四川民间武术源流、创生、历史流变的内容，因其系统性与开创性，被笔者承担的四川省武术协会的委托课题研究成果《峨眉武术史略》一书引用。

静候该书出版之际，笔者时常追忆完成课题过程中的点点滴滴。其中既有发现新奇与获取突破的喜悦，也有沉思而不得其解的惆怅。当然，这一过程中最难以忍受的还是与家人的分离之苦。记得背起收集来的第一手资料前往美国康奈尔大学做博士后研究时，我的女儿只有半岁。临行前，看着她躺在襁褓中的可爱模样，我百感交集。如果不是国家留学基金委的博士后资助临近截止，恐怕我是不愿远离家人而踏上异国求学研究之旅的。我顺利地完成了学业，也取得了较为理想的研究成果。尽管这本著作还存在诸多不够完美之处，但是我还是愿意把它作为礼物送给我的女儿，希望她茁壮成长。

中国民间武术是丰富多彩的，总能引起很多关注。课题完成后，中国民间武术圈中又发生了很多有趣的事情。其中，最为引人关注的莫过于2017年4月徐晓东以综合格斗术MMA挑战雷公太极创始人魏雷一事。结果，徐晓东以迅雷不及掩耳之势KO魏雷取得了本次民间切磋的胜利。本是再正常不过的一次民间“抢手”，由于大众媒介，尤其是自媒体的介入，使其一夜之间发酵成了一个人尽皆知的媒介事件。下至市井小民，上至巨富名流一股脑地掺和进来。连我这个清修的学者也被各种媒体追着采访，不得已将所持观点一而再再而三的阐述给记者朋友们。徐晓东和魏雷演绎的故事已经告一段落，其中逻辑也已水落石出，这里无需再探讨。

有趣的是，就像我在书中分析的一样，民间总是拥有搅动三界的力量。区区一个不入流的民间比武竟引得中国体育最高权力机构介入，并发出红头文件《关于进一步加强武术赛事活动监督管理的意见》来禁止所谓的“私下约架、自封大师（掌门、正宗、嫡传）、自创门派”等社会现象。笔者赞同有效的、必要的引导与监督。这一政策的出台有其用心良苦之处，但也有很多地方欠妥乃至无法落地执行。

这一武术事件之所以能够演变成本年度最热社会事件之一，原因错综复杂，非三言两语能够说清道明。不过，持“网红”心态的当事者、大量介入的媒介、围观的网民、无限拔高讨论的好事者，以及这背后隐藏的一切利益相关方无疑是事件发展的主要推力。民间武术事件逐渐演变成了大众媒介事件。其间的讨论也远远超出了武术本身，而且从一些媒体的留言板块可以看出，这最后甚至演变成了传统与现代之争、东西方文化之争。当年关于文化讨论的那些陈词滥调也随之再次沉渣泛起。不过，可以肯定，这种争斗以及相应的讨论对武术运动的发展还是有一定的益处的。

民间武术并非世外桃源，在纷扰的社会中不可能独善其身。民间武术的发展打上了社会变迁的印记。更进一步而言，它自身就是社会的缩影。因此，对民间武术的理解不能脱离整个社会，在民间武术中也能管窥整个社会之变迁。当下，武术并不为更多的民众所了解，有时候甚至连一些民间武术人士自己也身陷囹圄，不能自拔。在进行深度武术文化研究的同时，也许我们还需要做更多的武术科普工作，为民间武术祛魅，使其进一步科学化与普及化。无论传统武术的现代化之路走向何方，都不能忽视实战格斗的要素。纵观世界武道，不变的本质始终是“打”，也即“技击”。因此，在不久的将来，中国武术发展的着力点更多地会在技击特性更加鲜明且传统文化内涵浓厚的项目上倾斜，比如中国式摔跤、传统射艺。

民间武术是重要的传统文化资源，对其进行创造性转化与创新性发展是时代的呼唤。随着中国经济的发展，整个社会文化自觉与文化自信的氛围愈加浓厚，民众对优秀传统文化的认同度也愈加高涨。从民间武术的历史转变来看，更多是已经处于文化遗产与民俗文化的范畴之中，这就给民间武术的进一步发展提供了很好的基础。但是，丰富的民间武术资源亟待做出向资本的创造性转换，才能做到创新性发展。

最后，再次感谢每一位给予我帮助与启发的朋友！

龚茂富

2017 年 12 月

于成都武侯祠畔